ZDENA MALÁ

ČESKY 2
KROK ZA KROKEM

PRACOVNÍ SEŠIT 11–20

AKROPOLIS

Česky krok za krokem 2
Pracovní sešit: Lekce 11–20

Zdena Malá

Děkuji všem spolupracovníkům, uvedeným v tiráži knihy.
Dále děkuji milým kolegyním z ÚJOP UK Krystal za cenné podněty a připomínky.

Upozornění:
Toto dílo, včetně všech svých částí, je opatřeno výhradou autorských práv a je chráněno zákonem. Jiné než zákonem předepsané užití je trestné – jde především o přísný zákaz dalšího rozmnožování bez písemného souhlasu nakladatele.
No part of this publication may be reprinted, reproduced or distributed in any form or by any means, or stored in a database retrieval system without prior written permission of the publisher.

Lektorovaly: Lída Holá a Pavla Bořilová
Redakce: Jitka Dřevojánková, Jana Hupáková, Hana Dvořáková Suchánková a Jiří Pešička (pravopis).
Sazba a předtisková příprava: Alena Srpová

© Text Zdena Malá, 2016, 2022
© Illustrations Martin Hron, 2016. 2022
© Graphic & Cover Design Martina Bartošová, 2016, 2022
© Images – all rights reserved! shutterstock.com
Ostatní fotografie jsou z archivu autorky a nakladatelství.
© Filip Tomáš – Akropolis, 2016, 2022

Vydal Filip Tomáš – Akropolis
5. května 1338/43, 140 00 Praha 4
www.akropolis.info
v roce 2016 jako svoji 310. publikaci

Dotisk 1. vydání (2022), 216 stran

Na FSC papíře vytiskly: Těšínské papírny, s. r. o., Lípová 1965, 737 01 Český Těšín

Bližší informace: www.czechstepbystep.cz

ISBN 978-80-7470-108-5

Úvod

Pracovní sešit obsahuje doplňková cvičení k většině aktivit v učebnici Česky krok za krokem 2. Tento učební materiál se hodí jak pro práci v hodině, tak pro samostatnou domácí přípravu. K orientaci a k výběru vhodného cvičení slouží trojúhelníčky vedle cvičení, které odkazují na strany a cvičení v učebnici Česky krok za krokem 2. Znaménkem + (plus) jsou označena náročnější cvičení, jejichž úroveň může přesahovat úroveň B1. Takto označená cvičení jsou vhodná pro studenty se zájmem o rychlejší progres ve výuce a pro studenty, jejichž mateřštinou je některý ze slovanských jazyků. Slovní zásoba cvičení a textů vychází z dané lekce a z výběrového slovníčku k učebnici.

Pracovní sešit obsahuje i výukové texty, které svou tematikou, slovní zásobou i gramatikou odpovídají příslušné lekci. Tyto texty a cvičení, která k nim patří, jsou označeny šedivým podkladem.
Na konci každé lekce je pravopisné minimum. V rámečku je jednoduché vysvětlení daného pravopisného jevu a poté následuje jeho procvičení. Za účelem hlubšího osvojení jsou uváděné pravopisné jevy nejen procvičovány, ale v každé následující lekci i systematicky opakovány.
Téměř všechna cvičení (kromě těch, která jsou určena k diskusi) lze zkontrolovat podle klíče uvedeného v závěru Pracovního sešitu.

Zdena Malá

Učebnice Česky krok za krokem 2 vznikla na základě oficiálního popisu Prahové úrovně B1 – čeština jako cizí jazyk. Po jejím dokončení dosáhnou studenti úrovně B1. Pro vaši informaci uvádíme přehled úrovní podle Společného evropského referenčního rámce pro výuku jazyků[1].

C2	Snadno rozumím téměř všemu, co si vyslechnu nebo přečtu. Dokážu shrnout informace z různých mluvených a psaných zdrojů a přitom dokážu přednést polemiku a vysvětlení v logicky uspořádané podobě. Dokážu se spontánně, velmi plynule a přesně vyjadřovat a rozlišovat jemné významové odstíny dokonce i ve složitějších situacích.
C1	Rozumím širokému rejstříku náročných a dlouhých textů a rozpoznám implicitní významy textů. Umím se plynule a pohotově vyjadřovat bez zjevného hledání výrazů. Umím jazyka užívat pružně a efektivně pro společenské, akademické a profesní účely. Umím vytvořit srozumitelné, dobře uspořádané, podrobné texty na složitá témata, čímž prokazuju ovládnutí kompozičních útvarů, spojovacích výrazů a prostředků koheze.
B2	Dokážu porozumět hlavním myšlenkám složitých textů týkajících se jak konkrétních, tak abstraktních témat včetně odborně zaměřených diskusí ve svém oboru. Dokážu se účastnit rozhovoru natolik plynule a spontánně, že můžu vést běžný rozhovor s rodilými mluvčími, aniž by to představovalo zvýšené úsilí pro kteréhokoliv účastníka interakce. Umím napsat srozumitelné podrobné texty na širokou škálu témat a vysvětlit své názorové stanovisko týkající se aktuálního problému s uvedením výhod a nevýhod různých možností.
B1	Rozumím hlavním myšlenkám srozumitelných spisovných[2] sdělení týkajících se běžných témat, se kterými se pravidelně setkávám v práci, ve škole, ve volném čase atd. Umím si poradit s většinou situací, které můžou nastat při cestování v oblasti, kde se tímto jazykem mluví. Umím napsat jednoduchý souvislý text na témata, která dobře znám nebo která mě osobně zajímají. Dokážu popsat své zážitky a události, sny, naděje a cíle a umím stručně vysvětlit a odůvodnit své názory a plány.
A2	Rozumím větám a často používaným výrazům vztahujícím se k oblastem, které se mě bezprostředně týkají (např. základní informace o mně a mé rodině, o nakupování, místopisu a zaměstnání). Dokážu komunikovat prostřednictvím jednoduchých a běžných úloh, které vyžadují jednoduchou a přímou výměnu informací o známých a běžných skutečnostech. Umím jednoduchým způsobem popsat svou vlastní rodinu, bezprostřední okolí a záležitosti týkající se mých nejnaléhavějších potřeb.
A1	Rozumím známým každodenním výrazům a zcela základním frázím, jejichž cílem je vyhovět konkrétním potřebám, a umím tyto výrazy a fráze používat. Umím představit sebe a ostatní a klást jednoduché otázky týkající se informací osobního rázu, např. o místě, kde žiju, o lidech, které znám, a věcech, které vlastním, a na podobné otázky umím odpovídat. Dokážu se jednoduchým způsobem domluvit, mluví-li partner pomalu a jasně a je ochoten mi pomoci.

Více o Společném evropském referenčním rámci pro výuku jazyků v angličtině a jiných jazycích najdete na http://www.coe.int/t/dg4/linguistic/Cadre1_en.asp.

Obsah

	Téma lekce	Gramatika	
11	**Zdraví a životní styl**	Objektové konstrukce s akuzativem a dativem Imperativ	5
12	**Kultura a umění**	Genitiv pl. Posesivní adjektiva	21
13	**Jací jsme a jak vypadáme**	Komparace adjektiv a adverbií Tvoření adverbií	39
14	**Žijeme ve věku informací**	Lokál pl. Plurálová substantiva Země a národnosti	58
15	**Společnost, hodnoty a my**	Kondicionál „Kdyby" a „aby" věty Modalita a modální výrazy	77
16	**Naše planeta Země**	Dativ pl. Spojky a spojovací výrazy	97
17	**Investujeme, obchodujeme, podnikáme**	Instrumentál pl. Deklinace slov: *den, týden, rok, člověk, dítě*	117
18	**Móda a oblečení**	Násobné číslovky. Deklinace číslovek Zlomky a desetinná čísla Zájmeno *ten* a odvozeniny	135
19	**Česká historie: 1948–1989**	Reflexivní *se/si*. Reflexivní pasivum Deskriptivní pasivum Verbální substantiva a adjektiva	154
20	**Čteme česky**	Obecná čeština Pravopis	173
	Klíč ke cvičením		191

Vysvětlivky

 **107/4** Aktivita se vztahuje ke cvičení 4 na straně 107 v učebnici Česky krok za krokem 2.

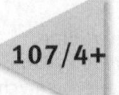 **107/4+** Aktivita se vztahuje ke cvičení 4 na straně 107 v učebnici Česky krok za krokem 2, je těžší než ostatní, proto není určena všem studentům. Je vhodná pro studenty se zájmem o rychlejší progres ve výuce a pro studenty, jejichž mateřštinou je některý ze slovanských jazyků.

LEKCE 11 Zdraví a životní styl

▶ 1. Co to znamená? Spojte.

1. dýchat
2. malebný
3. nudný
4. povinnost
5. rozdělit
6. rozdílný
7. řešit
8. venkov
9. vesnice
10. zábavný

A. udělat z něčeho víc částí
B. hledat, co dělat v komplikované situaci
C. veselý
D. hezký (o přírodě, městě, vesnici)
E. místo, kde žije málo lidí
F. krajina mimo město
G. nabírat vzduch nosem
H. ne stejný
I. nezajímavý
J. to, co musím udělat

▶ 2. Doplňte slova ze cvičení 1 ve správné formě.

1. Rodiče mají .... starat se o své děti.
2. Líbila se ti ta komedie? – Ne, byla hrozně ...., ani jednou jsem se nezasmál.
3. Kde máš chalupu? – To asi neznáš. Je to malá .... blízko Plzně.
4. O víkendu jsme byli v Českém středohoří. Je tam krásně, to je tak ....
5. Ve firmě máme hrozně moc problémů. Vůbec nevím, jak je budeme ....
6. Znáš Filipa? Je moc fajn člověk, celý večer nás bavil a vyprávěl nám .... historky.
7. Moje sestra chce žít na .... Myslí si, že tam je život klidnější než ve městě.
8. Správný manažer nedělá všechno sám, ale umí .... povinnosti mezi své zaměstnance.
9. Když jsi nervózní, musíš zhluboka ....
10. Jana a Linda jsou sestry, ale jsou úplně ....

▶ 3. Co dělat proti stresu? Doplňte do textu slova.

| být | od rána do večera | řešit |
| dýchat | před usnutím | spolupracovat |

Lékaři říkají, že bychom neměli (1.) .... stres jídlem a alkoholem, jíst rychle a hodně, pracovat (2.) ...., (3.) .... myslet jen na problémy a dělat všechno sami. Podle lékařů bychom naopak měli myslet na něco příjemného, (4.) .... s kolegy, (5.) ...., zhluboka, někdy si udělat radost a (6.) .... na sebe hodní.

▶ 4. Jak zvládají stres Josef, Alena a Radek? Poslechněte si ještě jednou texty v učebnici na str. 107 a doplňte výrazy.

na uklidnění	pořád nemocný	si stěžuje	topí v krbu
nestíhá	poslední dobou	si užít	všeho nechá
nezastaví	přijal	skoro	vypnout
podnikat	s účetnictvím	stará o	zvládá líp

Monolog 1
Manažer Josef se ve firmě (1.) .... export, pracuje až dvanáct hodin denně. Ani o víkendu neumí (2.) .... a dodělává, na co během týdne neměl čas. Chodí spát pozdě a ráno musí brzy vstávat. (3.) .... má zdravotní problémy. Rodina (4.) ...., že ho (5.) .... nevidí.

Cvičení pokračuje na následující straně.

Monolog 2

Maminka na mateřské Alena se minulý rok s rodinou přestěhovala do Prahy. Děti se nemohly adaptovat v nové škole a nejmladší syn byl (6.) .... Manžel skoro nebyl doma, protože začal (7.) .... Alena mu pomáhala (8.) .... Pracovala hodně a bylo toho na ni moc. V noci špatně spala a pořád měla pocit, že něco (9.) .... Doktor jí pak dal léky (10.) .... Začala taky chodit na jógu a manžel (11.) .... místo ní účetní. Teď už všechno (12.) ....

Monolog 3

Instalatér Radek se během týdne (13.) ...., ale o víkendu (14.) .... a jede na chatu. Tam chytá ryby, hraje s manželkou ping pong a v zimě (15.) .... Někdy si zazpívají nebo zajdou na pivo. Není bohatý, ale chce (16.) .... život.

▶ **5. Slova označená kurzívou nahraďte následujícími výrazy.**

jsem na tom byla špatně	neužil	vypnout
dostanu se do postele	přijal	začal podnikat
jsem nestihla něco zařídit	všeho nechám	zvládám

1. Neumím relaxovat. – Neumím ....
2. Můžu jít spát až ve dvě. – .... až ve dvě.
3. Minulý rok jsem neměla dobré období. – Minulý rok ....
4. Manžel si založil vlastní firmu. – Manžel ....
5. Měla jsem pocit, že jsem neudělala všechno. – Měla jsem pocit, že ....
6. Manžel zaměstnal účetní. – Manžel .... účetní.
7. Už to všechno dělám líp. – Už to všechno .... líp.
8. Proč bych si nevychutnal život? – Proč bych si .... život?
9. Hned přestanu s tím, co právě dělám. – Hned ....

▶ **6. Doplňte *se* nebo *si*.**

1. domluvit ____ s manželem
2. nezastavit ____ od rána do večera
3. přestěhovat ____ do Prahy
4. starat ____ o export
5. stěžovat ____, že mě skoro nevidí
6. užít ____ život
7. zajít ____ na pivo
8. zazpívat ____ písničku

▶ **7. Doplňte *se* nebo *si* na správnou pozici.**

1. ____ starám ____ o děti i byt.
2. Vždycky ____ jsem ____ staral ____ o děti i byt.
3. ____ nestěžuju ____ na to.
4. Nikdy ____ jsem ____ na to ____ nestěžoval.
5. V práci ____ člověk ____ celý den nezastaví.
6. V pondělí ____ jsem ____ celý den ____ nezastavil.
7. ____ chceme ____ přestěhovat.
8. ____ přestěhovali ____ jsme ____ minulý měsíc.
9. ____ musíme ____ domluvit, kdy půjdeme na tu večeři.
10. Už ____ jste ____ domluvili ____, kdy půjdeme na tu večeři?
11. V pátek ____ chceme ____ zajít ____ na pivo.
12. V pátek ____ jsme ____ zašli ____ na pivo.
13. Doufám, že ____ užijeme ____ příští dovolenou.
14. Dovolenou ____ jsme ____ opravdu ____ užili.

▶ **8. Které spojení slov není správné? Škrtněte je.**

Například: zavolat doktora / pomoc / kamarádovi / dům

1. vládnout *státu / království / princezně / městu*
2. uzdravit *zvíře / pacienta / rozbitý počítač / nemocného člověka*
3. bát se *pavouka / bouřky / hrozně / dobře*
4. kácet *květiny / stromy / palmy / les*
5. vonět *krásně / nahlas / jako citrón / dřevem*
6. vyléčit *problém / nemoc / starou babičku / psa*
7. poslat *peníze kamarádovi / děti k babičce / pozdravy rodině / sebe na dovolenou*

▶ **9. Přečtěte si ještě jednou pohádku v učebnici na str. 108. Spojte věty.**

108/4

1. Solimán vládl
2. Princezna
3. Drvoštěp se nebál
4. Drvoštěp kácel
5. Chleba voněl
6. Drvoštěp dostal zlata,
7. Princezna byla nějaká
8. Princeznu píchá
9. Princeznu probudilo
10. Drvoštěp vyléčil

A. práce.
B. kolik unesl.
C. krásně.
D. bledá.
E. v Solimánském království.
F. všude.
G. palmy kolem paláce.
H. se uzdravila.
I. princeznu.
J. slunce.

▶ **10. Zopakujte si pohádku O princezně solimánské. Doplňte krátké formy osobních zájmen.**

Například: Moc 1. ji (princeznu) miloval.

Bylo jednou jedno království, ve kterém vládl sultán Solimán. Měl jednu dceru, krásnou princeznu Zubejdu. Moc (1.) _____ (princeznu) miloval. Princezna ale jednou onemocněla. Sultán se (2.) _____ (princezny) ptal, co (3.) _____ (princezně) je. Odpověděla (4.) _____ (sultánovi), že (5.) _____ (princeznu) všude bolí, že (6.) _____ (princeznu) všude píchá a nic (7.) _____ (princezně) nechutná. A tak sultán zavolal doktory, aby (8.) _____ (princeznu) uzdravili.

Doktoři (9.) _____ (princezně) dávali léky a masti, ale nic (10.) _____ (princezně) nepomáhalo. Potom (11.) _____ (sultánovi) někdo poradil, aby pozval opravdového doktora z cizí země, který by (12.) _____ (princeznu) vyléčil. Pozná (13.) _____ (doktora) podle toho, že bude mít před jménem Dr.

Sultán hned poslal posly, aby (14.) _____ (doktora) našli a přivedli. V české zemi poslové potkali muže, který kácel stromy. Když se (15.) _____ (muže) zeptali, co dělá, odpověděl (16.) _____ (poslům), že je drvoštěp. Poslové se radovali a řekli (17.) _____ (drvoštěpovi), aby šel s (18.) _____ (posly) do jejich země, protože pro (19.) _____ (drvoštěpa) mají práci. On (20.) _____ (poslům) řekl, že se práce nebojí a že je do (21.) _____ (práce) jako drak.

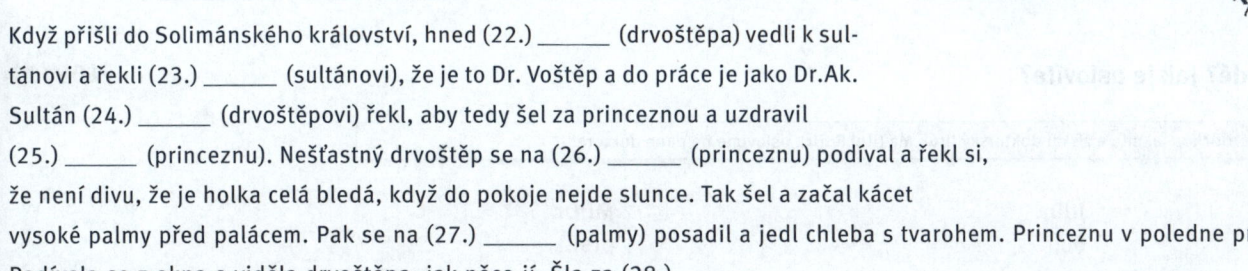

Když přišli do Solimánského království, hned (22.) _____ (drvoštěpa) vedli k sultánovi a řekli (23.) _____ (sultánovi), že je to Dr. Voštěp a do práce je jako Dr.Ak. Sultán (24.) _____ (drvoštěpovi) řekl, aby tedy šel za princeznou a uzdravil (25.) _____ (princeznu). Nešťastný drvoštěp se na (26.) _____ (princeznu) podíval a řekl si, že není divu, že je holka celá bledá, když do pokoje nejde slunce. Tak šel a začal kácet vysoké palmy před palácem. Pak se na (27.) _____ (palmy) posadil a jedl chleba s tvarohem. Princeznu v poledne probudilo slunce. Podívala se z okna a viděla drvoštěpa, jak něco jí. Šla za (28.) _____ (drvoštěpem) ven a on (29.) _____ (princezně) kousek chleba dal.

Přišel sultán a viděl (30.) _____ (princeznu a drvoštěpa), jak sedí a jedí chleba s tvarohem. Měl radost, že se princezna uzdravila a že (31.) _____ (princezně) chutná. Dal drvoštěpovi spoustu zlata a drvoštěp se spokojeně vrátil domů.

11. Označte správné sloveso (imperfektivní nebo perfektivní).

1. Vidíš ten starý strom? *Roste / vyroste* tady už skoro 200 let.
2. Lindo, je to možné? To je tvůj syn? Ten ale *rostl / vyrostl*. – No jo, děti *rostou / vyrostou* jako z vody.
3. Pavel má už tři týdny angínu. Až se *bude uzdravovat / uzdraví*, bude mít strašně moc práce ve firmě.
4. Pan Šimek byl vážně nemocný, ale už je to lepší. Pomalu se *uzdravuje / uzdraví*.
5. Jarda je nemocný? To je mi líto, tak ať se brzy *uzdravuje / uzdraví!*
6. Paní Novotná byla těžce nemocná, ale ten mladý doktor ji nakonec *léčil / vyléčil*.
7. Eleno, jak dlouho už *se léčíš / vyléčíš* u toho kardiologa?
8. Co je to za parfém? *Voní / zavoní* krásně.
9. Cítil jsi to? *Voněla / zavoněla* tady na chvíli gulášová polévka, ale už je to pryč.
10. Až se zítra *budeš probouzet / probudíš*, hned mi zavolej.
11. Každé ráno se *probouzím / probudím* v osm, ale dneska jsem se *probouzela / probudila* už v půl sedmé.
12. Že nevíš, koho jsem včera *potkával / potkal* v divadle? Našeho učitele matematiky.
13. Nevím, jak se ten kluk jmenuje, ale *potkávám / potkám* ho často na stanici tramvaje.
14. Proč *se směješ / zasměješ*? Mně se to moc veselé nezdálo.
15. Ta komedie moc dobrá nebyla. *Smála / zasmála* jsem se jenom jednou.

12. Doplňte formy sloves ve 3. osobě sg.

infinitiv	3. sg. minulý čas	3. sg. přítomný čas	3. sg. budoucí čas
léčit			
	vyléčil	---	
*		směje se	
*		---	zasměje se
		probouzí se	
	probudil se	---	
potkávat			
	potkal	---	
*		roste	
*		---	vyroste

13. Jaký titul mají tito lidé? Jak je oslovíte?

Například: Pan Doucha vystudoval filozofickou fakultu a získal doktorský titul. Má titul PhDr., oslovíme ho pane doktore.

| Bc. | JUDr. | MUDr. |
| Ing. | Mgr. | prof. |

1. Paní Šípová vystudovala na elektrotechnické fakultě program Kybernetika a robotika. Má titul .... a oslovíme ji ....
2. Pan Jirsák studoval na právnické fakultě. Má titul .... a oslovíme ho ....
3. Slečna Vondrová studovala 5 let na pedagogické fakultě. Má titul .... a oslovíme ji ....
4. Pan Čáp studoval 3 roky na Fakultě sociálních studií v Brně. Má titul .... a oslovíme ho ....
5. Paní Zídková učí na Filozofické fakultě v Olomouci. Je vedoucí katedry, má titul .... a oslovíme ji ....
6. Paní Slavíková vystudovala medicínu. Má titul .... a oslovíme ji ....

▶ **14. Doplňte sloveso do vět (někdy existuje víc možností).**

baví	chybí	mrzí	nezajímá
bolí	je	nechutná	nudí
hodí	je	nejde	sluší

1. Co myslíš, mám si koupit tyhle kalhoty? .... mi?
2. Nikdy nečtu poezii. Poezie mě ....
3. Dneska nejdu na procházku. .... mě noha.
4. Ne, v pátek večer nemůžu přijít. Ale .... se mi to ve čtvrtek večer.
5. Nikdy nejím hovězí maso. .... mi.
6. Mohl bys otevřít okno? .... mi horko.
7. Zase bych někdy chtěla jít hrát golf. Hrozně mě to ....
8. Jolana žije v Americe už dlouho, ale pořád říká, že jí tam .... české knedlíky.
9. Nemám šanci ten test napsat dobře. Fyzika mi prostě ....
10. Dnes mám narozeniny. .... mi 32 let.
11. Jakub je nemocný a o víkendu s námi nepojede? Ale to mě opravdu ....
12. Ta naše holka je poslední týdny divná. Nikam nechodí, nic ji ....

▶ **15. Zopakujte si zájmena v dativu a akuzativu. Doplňte tabulku.**

nominativ	já	ty	on/ono	ona	my	vy	oni
dativ		ti			nám		
akuzativ	mě		ho				

▶ **16. Akuzativ nebo dativ? Označte správnou formu zájmena.**

1. Nebaví *mu / ho* to.
2. Svědí *mu / ho* pravá ruka.
3. Zajímá *jí / ji* to.
4. Není *mu / ho* dobře.
5. Sluší *jí / ji* to.
6. Zdá se *jim / je*, že je to moc drahé.
7. Je *jim / je* zima.
8. Nechce se *jí / ji* učit se biologii.
9. Těší *jí / ji*, že vás poznává.
10. Nevadí *jim / je* to.
11. Bolí *mu / ho* obě oči.
12. Nudí *jí / ji* knihy o sportu.
13. Hodí se *jim / je* to v pátek.
14. Mrzí *mu / ho*, že nemůže zítra přijít na párty.
15. Píchá *jí / ji* v zádech.
16. Chutná *mu / ho* káva s mlékem bez cukru.

▶ **17. Doplňte správné slovo.**

kniha – divadlo – básničky – film

1. .... mě nebavilo
2. .... mě nebavila
3. .... mě nebavil
4. .... mě nebavily

její boty – jeho auto – jejich nový byt – její kočka

9. .... se mi nelíbil
10. .... se mi nelíbilo
11. .... se mi nelíbila
12. .... se mi nelíbily

prst – ruka – nohy – ucho

5. bolel mě ....
6. bolely mě ....
7. bolelo mě ....
8. bolela mě ....

koncert – lidé – studium – jeho přítelkyně

13. .... ho nudila
14. .... ho nudil
15. .... ho nudilo
16. .... ho nudili

▶ **18. Doplňte -, -a nebo -o.**

1. Matematika mě nikdy nebavil____.
2. Malá Terezka snědla tři zmrzliny a pak jí byl____ špatně a bolel____ ji břicho.
3. Líbil____ se mi ta sukně, tak jsem si ji koupila.
4. Je dobře, že sis nekoupil ten modrý kabát. Vůbec ti neslušel____.
5. Nezajímal____ ho to.
6. Vždy mě zajímal____ biologie.
7. Už jako dítě měla Hanka alergii na jahody. Když nějakou snědla, svědil____ ji pak celé tělo.
8. Naší babičce byl____ minulý týden 80 let.
9. Včera jsem si nevzala kabát a byl____ mi zima.
10. Těšil____ mě, že jsem vás poznal, paní Křížová.
11. Dlouho běžel a pak ho píchal____ vpravo na hrudníku.
12. Mrzel____ mě, že nepřišel na moji oslavu narozenin.

▶ **19. Doplňte -i, -y nebo -a.**

1. Filmy o historii Roberta vždycky nudil____.
2. Honzovi se vždycky líbil____ rychlá auta.
3. Ty špagety, které jsem včera jedl u Kamily, mi vůbec nechutnal____.
4. Po tom dlouhém výletě mě hrozně bolel____ nohy.
5. Dlouhé vlasy jí neslušel____.
6. Ti dva mladíci vedle u stolu mi vadil____.
7. Dva roky jsem bydlela v tom velkém městě a moc mi chyběl____ stromy a květiny.
8. Učitelé matematiky mě vždycky nudil____.
9. Zelená jablka mi nikdy nechutnal____.
10. Počítačové hry ho nikdy nebavil____.

▶ **20. Zeptali jsme se paní Kateřiny a pana Roberta na jejich školní léta. Doplňte správné koncovky sloves. Pozor: někdy koncovku nepotřebujete.**

Robert (52 let, průvodčí)

Já jsem do školy moc rád nechodil, škola mě nebavil____. Nikdy jsem nechtěl____ ráno vstávat. Nudil____ mě hlavně čeština, nikdy mě nebavil____ literatura. Ale vždycky mi dobře šl____ angličtina. Tu potřebuju i dneska, když jsou ve vlaku cizinci. Taky se mi líbil____ zeměpis. Zajímal____ mě hlavní města, uměl jsem všechna hlavní města Evropy. Měl jsem hodně kamarádů a bavil____ mě hrát si s nimi venku. Ve školní jídelně mi nejvíc chutnal____ pečené kuře s bramborem, ale nikdy mi nechutnal____ ten slazený čaj, který nám tam pořád dávali k pití.

Kateřina (50 let, zubní lékařka)

Vždycky mě bavil____ škola. Nikdy jsem neměla problémy s učením. Nejvíc mě bavil____ biologie. Trochu mě ale nudil____ matematika. Chemie mi šl____ dobře, ale nešl____ mi fyzika, tu jsem se musela hodně učit. Ve škole jsem neměla moc kamarádů. Nejraději jsem měla Moniku. Chodily jsme spolu do kina, nejvíc se nám líbil____ filmy s Delonem. Jako všechny děti jsem chodila na obědy do školní jídelny, moc mi tam chutnal____ ovocné knedlíky, ale nikdy mi nechutnal____ rajská omáčka.

▶ **21. Doplňte do vět imperativy jdi / běž a pojď.**

1. Jsem tady nahoře. _____ sem ke mně.
2. Chceš mluvit s Robertem? Dělá něco v garáži. _____ tam za ním.
3. Ne, záchod není tady, ale v prvním patře. _____ tam.
4. Nemáš hlad? Jdu teď na oběd. _____ se mnou!
5. Já nevím, jak se dělá puding. Zeptej se maminky. _____ za ní, je v obýváku.
6. Někdo zvoní dole u dveří, _____ tam a podívej se.
7. Jdu nakoupit. _____ taky!
8. Venku je krásně, já musím ještě pracovat, ale ty _____ ven.
9. Ty materiály má Ondřej. Je vedle v kanceláři. _____ za ním.
10. Jé, ty jsi přinesl víno! _____ sem a dej ho na stůl.
11. Doktor Nebeský má ordinační hodiny zítra. _____ k němu, on ti určitě pomůže.
12. Ahoj Radku, už jsem tě dlouho neviděl. Jestli máš čas, _____ se mnou na pivo a popovídáme si.
13. Doma není nic k jídlu. Lucko, _____ do obchodu a kup něco k večeři.
14. Marečku, ty už jsi velký kluk. _____ ke mně, dám ti bonbónek.

▶ **22. *Sem*, *tam* nebo *tady*? Vyberte správné slovo.**

1. Tužka a blok jsou *sem* / *tady* na stole.
2. Miloš je ve svém pokoji. Dones mu *sem* / *tam* čaj.
3. Jsem v kavárně Slavia. Přijď *sem* / *tam* za mnou.
4. To je stanice Náměstí Republiky. Vystupuju *sem* / *tady*.
5. Romana je na chatě. Pojedu *sem* / *tam* za ní o víkendu.
6. Jsem v ložnici. Přines mi *sem* / *tam* ten dopis.
7. Nevíš, kde je můj mobil? – *Sem* / *tady* leží.
8. Promiňte, neznám to *tam* / *tady*. Kde je tu nějaká kavárna?
9. Večer budu v hospodě. Přijď *tam* / *sem* a popovídáme si.
10. A *tam* / *sem* vidíte slavnou sochu Davida.

▶ **23. Do vět doplňte imperativy sloves *nezapomenout*, *jíst*, *sníst*, *půjčit*, *uklidit*, *jít*, *jet*, *vrátit*, *vzít*.**

1. .... ten oběd a pak půjdeme nakupovat.
2. .... mi tu knihu, chci si ji taky přečíst.
3. V pokoji máš hrozný nepořádek, ... to tam trochu!
4. Teď nemluv a .... polévku!
5. .... se mnou a se psem ven.
6. .... pomalu, silnice je mokrá.
7. Chutná ti ten dort? Tak si .... ještě jeden kousek.
8. Ty jdeš zítra do knihovny? Prosím, ... tam tuhle knihu!
9. Zítra potřebuju vědět, jestli taky přijdeš na oslavu, ... mi poslat SMS.

▶ **24. Vytvořte formy negativního imperativu.**

Například: Tady nemůžete kouřit. – Nekuřte tady!

1. Tady nemůžete hrát karty. – .... tady karty!
2. Tady nesmíte mluvit tak hlasitě. – .... tady tak hlasitě!
3. Tady nemůžete jíst. – .... tady!
4. Tady nemůžete otvírat okno. – .... tady okno!
5. Tady nesmíte dělat nepořádek. – .... tady nepořádek!
6. Tady nemůžete spát – .... tady!
7. Tady nesmíte zpívat. – .... tady!
8. Tady nemůžete běhat. – .... tady!
9. Tady nemůžete číst noviny. – .... tady noviny!

▶ **25. Tvořte imperativ podle modelu.**

Například: Tady můžeš mluvit nahlas. – Mluv nahlas!

1. Musíš zhubnout. – ....!
2. Můžeš to zkusit. – .... to!
3. Můžeš zavřít okno. – .... okno!
4. To můžeš vyhodit. – .... to!
5. Teď můžeš spát. – .... teď!
6. Nesmíš to pít. – .... to!
7. Nesmíš na to zapomenout. – .... to!
8. Nemůžeš mu tykat. – .... mu!
9. Nesmíš si pořád stěžovat. – .... pořád!
10. Nesmíš se smát. – ....!

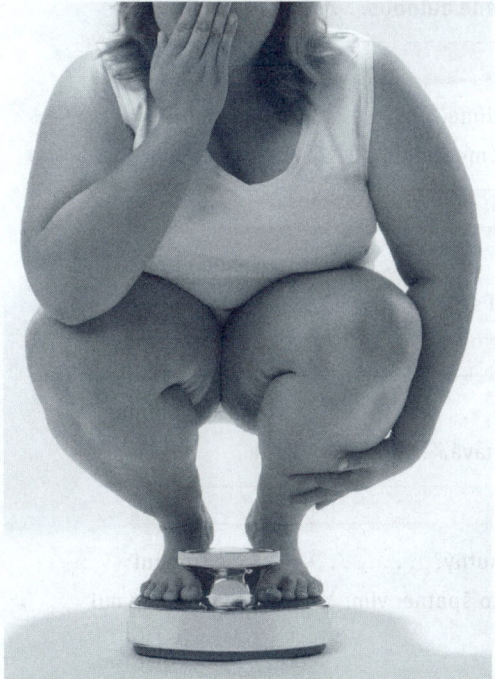

26. Doplňte.

infinitiv	3.pl. oznamovací způsob (oni-forma)	2.sg.imperativ (ty-forma)
otvírat	otvírají	
zavřít*		
pozvat*		
volat		
vypít*		
psát*		
naučit se		
počkat		
pospíšit si		pospěš si
kupovat		

27. Vyberte vhodné sloveso a vytvořte imperativ.

Například: dávat / dát
Zita nemá ráda růže. Nikdy jí je ....
– Nikdy jí je nedávej.
Máš kapesníky? .... mi jeden, prosím.
– Dej mi jeden, prosím.

nejíst / sníst
1. Ta jablka jsou zelená. .... je!
2. Ta polévka je zdravá a dobrá. .... ji!

neotvírat / otevřít
3. Je tu zima. .... to okno!
4. Je tu horko. .... okno!

nepospíchat / pospíšit si
5. Máme spoustu času. .... tolik!
6. Za pět minut jede autobus. .... si!

nevolat / zavolat
7. Zítra se neuvidíme. .... mi na mobil!
8. Zítra budu mít meeting. .... mi!

nebrat / vzít
9. Ten deštník si .... Nebude pršet.
10. Ještě jsi neměl svůj lék. .... si ho!

nepít / vypít
11. Už musíme jít. .... ten čaj a jdeme.
12. Ta voda je špinavá. .... ji!

nesmát se / zasmát se
13. Proč jsi tak smutný? .... se trochu!
14. Udělala jsem to špatně, vím. .... se mi!

nezavírat / zavřít
15. Za mnou jde ještě Honza. .... ty dveře.
16. Prosím tě, ... dveře. Nemám volné ruce.

nemýt se / umýt se
17. Máš špinavý obličej. ....!
18. To mýdlo není kvalitní. .... s ním!

neučit se / naučit se
19. To je ještě moc těžká gramatika. Tu se ....!
20. Imperativ musíš umět. .... se ho.

nečekat / počkat
21. Za chvíli jsem hotová. Půjdu s tebou .... na mě!
22. Budu ještě pracovat. Jdi sám. .... na mě!

neuklízet / uklidit
23. Tady je nepořádek, honem to ....!
24. To pexeso ...., budeme si ještě hrát.

nedělat / udělat
25. Ty ještě nemáš domácí úkol? .... si ho teď!
26. Tohle nemůžeš dělat. To už nikdy ....!

nezvat / pozvat
27. Ten člověk je divný. Už ho nikdy .... na návštěvu.
28. Tam jde Monika. .... ji taky na tu oslavu narozenin.

▶ **28. Hlídáte dvě malé děti, Péťu a Janičku. Dělají něco, co vy nechcete. Co nemají dělat? Tvořte formy negativního imperativu.**

Například: Janička a Péťa se hádají o autíčko. – Nehádejte se!

1. Janička si bere z kuchyně ostrý nůž. – .... ho!
2. Péťa zapíná počítač. – .... ho!
3. Péťa se chce v televizi dívat na horor. – .... na něj!
4. Péťa rychle běhá po pokoji sem a tam. – .... tady!
5. Péťa chce malovat obrázek na tapety. – .... na ně!
6. Janička jí už šestý bonbón. – .... ho!
7. Péťa vyndává ze skříně všechny hračky. – .... je!
8. Janička zpívá už po osmé hrozně nahlas jednu písničku. – .... ji!
9. Péťa chce pít pivo. – .... ho!
10. Janička si obléká maminčiny šaty. – .... je!
11. Péťa otvírá okno, i když v bytě je zima. – .... to okno!
12. Janička pláče. – ....!

▶ **29. Co řeknete Péťovi a Janičce? Tvořte opisný imperativ s imperfektivním slovesem a spojkou *ať*.**

Například: Péťa chce otevřít okno, i když v bytě je zima. – Řeknu mu, ať ho neotvírá.

1. Janička si chce vzít z kuchyně ostrý nůž. – Řeknu jí, ať ho ....
2. Péťa chce pít pivo. – Řeknu mu, ať ho ....
3. Péťa se chce v televizi dívat na horor. – Řeknu mu, ať se na něj ....
4. Péťa rychle běhá po pokoji sem a tam. – Řeknu mu, ať tady ....
5. Péťa chce malovat obrázek na tapety. – Řeknu mu, ať na ně ....
6. Janička chce jíst už šestý bonbón. – Řeknu jí, ať ho ....
7. Janička si chce obléknout maminčiny šaty. – Řeknu jí, ať si je ....
8. Janička chce zpívat jednu písničku už po osmé. – Řeknu jí, ať ji ....

▶ **30. Pamatujete se na paní Valentovou z lekce 9? Než odjela do lázní, napsala panu Valentovi, co má dělat. Tady je lístek s jeho úkoly. Tvořte imperativ.**

Například: brát – Ber každý večer prášky!

1. dávat – .... denně jídlo kočce!
2. zaplatit – .... za elektřinu!
3. vyluxovat – .... v pátek!
4. koupit – .... novou ledničku!
5. mýt – .... každý den nádobí!
6. opravit – .... mixér!
7. nechodit – .... do hospody!
8. vynášet – .... často odpadky!
9. uklízet – .... každý den!
10. vyprat – .... ve čtvrtek prádlo!
11. sníst – .... ten guláš s knedlíkem!
12. vyměnit – .... žárovku v koupelně!
13. chodit – .... každé ráno se psem ven!
14. kupovat – .... každý den mléko a rohlíky!
15. nejíst – .... k večeři saláty s majonézou!
16. zavolat – .... mi!

▶ **31. Co napsala paní Valentová panu Valentovi? Tvořte opisný imperativ se spojkou *ať*.**

Například: Paní Valentová napsala panu Valentovi, ať bere každý den prášky.

| kupovat | nechodit | opravit | vyprat |
| mýt | nejíst | vyluxovat | zaplatit |

1. ať .... každý den mléko.
2. ať .... saláty s majonézou.
3. ať .... do hospody.
4. ať .... v obýváku.
5. ať .... za elektřinu.
6. ať .... mixér.
7. ať .... denně nádobí.
8. ať .... prádlo.

▶ **32. Co ještě napsala paní Valentová panu Valentovi? Tvořte opisný imperativ se spojkou *aby*.**

Například: Paní Valentová napsala panu Valentovi, aby bral každý den prášky.

dávat	koupit	vyluxovat	vynášet
chodit	sníst	vyměnit	zavolat

1. aby .... žárovku.
2. aby .... ledničku.
3. aby .... ten guláš.
4. aby jí aspoň jednou ....

5. aby každé ráno .... se psem ven.
6. aby v pátek .... v obýváku.
7. aby často .... odpadky.
8. aby denně .... jídlo kočce.

▶ **33. Podívejte se na obrázek a přečtěte si text.**

To je Jarda. Není moc spokojený se svým životem. Je mu 23 let. Nedodělal střední školu, teď je nezaměstnaný. Má málo peněz. Dost často je v hospodě, hodně kouří a rád jí. Nemá žádnou přítelkyni. Nejraději si obléká pracovní oblečení – montérky. Bydlí u maminky, která mu vaří a peče a chce všechno vědět. Občas hraje v hospodě na automatech a někdy prohraje dost peněz. Musí si pak půjčit od maminky.

**Úspěšný kamarád Pavel radí Jardovi, co má dělat, aby změnil svůj život.
Tvořte věty se spojkami *ať* nebo *aby*.**

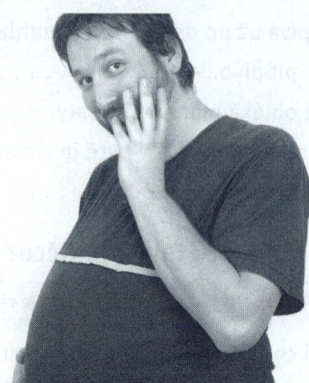

Například: Pavel radí Jardovi, ať začne studovat večerně střední školu.
Pavel radí Jardovi, aby si udělal maturitu.

1. aby .... (nehrát) na automatech.
2. ať .... (neprohrávat) peníze.
3. aby .... (dát si) inzerát na jobs.cz.
4. ať .... (najít si) práci.
5. aby .... (chodit) na brigády.
6. ať .... (žít) zdravě.

7. aby .... (přestat) chodit do hospody.
8. ať .... (neutrácet) peníze za cigarety.
9. aby .... (trochu (zhubnout).
10. ať .... (oblékat se) moderně.
11. aby .... (seznámit se) s milou dívkou.
12. ať .... (nepůjčovat si) od maminky.

▶ **34. Alice a Bohdan jsou manželé už dva roky, ale dost často se hádají. Doplňte věty, proč se hádají.**

fotbal	květiny	nemluví	stejné boty
kouřit	na pivo	sportovat	s uklízením

Alici vadí, že

1. Bohdan nechce přestat ....
2. Bohdan doma vůbec ....
3. jí Bohdan málo pomáhá ....
4. Bohdan chodí moc často ....

5. Bohdan skoro vůbec nechce ....
6. jí Bohdan skoro nikdy nepřinese ....
7. Bohdan pořád nosí ....
8. se Bohdan moc často dívá na ....

byt	moderně	svíčkovou
chodí na víno s kolegy	nejde na fotbal	ve fitcentru
mamince	oblečení	

Bohdanovi vadí, že

9. Alice utrácí za ....
10. Alice moc často telefonuje ....
11. Alice s ním nikdy ....
12. Alice tráví moc času ....

13. Alice po práci často ....
14. Alice nikdy neuvaří ....
15. se Alice obléká moc ....
16. Alice moc často uklízí ....

▶ **35. Alice a Bohdan se zase hádají. Co říká Bohdan a co Alice? Použijte věty se spojkami *ať* a *aby*.**

1. Alice žádá, ať Bohdan pořád .... (nenosit) sportovní boty.
2. Alice chce, aby Bohdan .... (přestat) kouřit.
3. Alice chce, ať jí Bohdan víc .... (pomáhat).
4. Alice chce, aby s ní Bohdan víc .... (mluvit).

5. Alice říká, ať Bohdan tak často .... (nechodit) na pivo.
6. Alice říká, aby jí Bohdan někdy .... (přinést) květiny.
7. Alice prosí, ať Bohdan trochu víc .... (sportovat).
8. Alice říká, aby se Bohdan tolik .... (nedívat) na fotbal.
9. Bohdan říká, ať Alice míň .... (telefonovat) mamince.
10. Bohdan říká, ať Alice tolik .... (neutrácet) za oblečení.
11. Bohdan žádá, ať Alice .... (netrávit) tolik času ve fitcentru.
12. Bohdan nechce, aby Alice tak často .... (chodit) s kolegy na víno.
13. Bohdan žádá, ať Alice někdy .... (uvařit) svíčkovou.
14. Bohdan prosí, aby se Alice .... (neoblékat) tak moderně.
15. Bohdan říká, ať Alice tak často .... (neuklízet) byt.
16. Bohdan chce, aby s ním Alice někdy .... (jít) na fotbal.

▶ **36. Ilona má manžela, syna, dceru a psa. Doplňte do vět *ať* nebo *aby*.** 113/4+

1. Ilona říká psovi, ... neštěkal.
2. Ilona říká synovi, ... nedává psovi šunku.
3. Ilona říká dceři, ... zavolá tatínka k večeři.
4. Ilona říká manželovi, ... šel s dětmi ven.
5. Ilona říká psovi, ... neležel uprostřed kuchyně.
6. Ilona říká manželovi, ... si jí víc všímá.
7. Ilona říká synovi, ... neprovokuje sestřičku.
8. Ilona říká dceři, ... poděkuje babičce za dárek.
9. Ilona říká manželovi, ... natřel židli na terase.
10. Ilona říká synovi, ... si obuje teplé boty.
11. Ilona říká dceři, ... nakrájela chleba.
12. Ilona říká synovi, ... chvíli mlčí.

▶ **37. Vyluštěte křížovku. V křížovce jsou části těla.** 114/1

1. část hlavy nad očima
2. orgán, kterým slyšíme (plurál)
3. horní část nohy
4. dolní část nohy
5. části těla na stranách
6. dolní část nohy, kde se noha ohýbá
7. spodní část hlavy
8. část ruky
10. střední část nohy, kde se noha ohýbá
11. část těla vzadu, často bolí
12. spodní část těla, sedíme na nich
13. části pusy / úst
14. část těla, kde začíná ruka
15. je na krku
16. část těla, ve které je srdce

Tajenka: ....
Jak rozumíte přísloví v tajence? Máte podobné ve vašem jazyce?

▶ **38.** *Se* nebo *si*? Vyberte.

1. Když jsem krájela zeleninu, řízla jsem *se / si* do prstu.
2. Au! – Co se stalo? – Spálila jsem *se / si*.
3. Nedával jsem pozor a uhodil jsem *se / si* do hlavy.
4. Když jsem pekl pizzu, spálil jsem *se / si* prst.
5. Spadl jsem a vymkl jsem *se / si* kotník.
6. Lyžovala jsem a přitom jsem *se / si* zlomila nohu.

▶ **39.** Představte si, že máte nějaký zdravotní problém a musíte ho popsat doktorovi. Vyberte.

1. Upadl jsem na schodech a *spálil jsem se / vymkl jsem si* kotník.
2. Minulý týden jsem nezdravě jedl. Pak jsem z toho měl *zácpu / popáleninu*.
3. Dlouho jsem čekal v dešti na zastávce na autobus. *Řízl jsem se / nastydl jsem*.
4. Chtěl jsem kladivem přibít hřebík a *uhodil jsem se / řízl jsem se*.
5. Potřeboval jsem knihu z horní poličky. Dal jsem na stůl židli, vylezl na ni, spadl jsem a *zlomil jsem si / polil jsem si* nohu.
6. V lednu jsem lyžoval v Krkonoších, upadl jsem a měl jsem *otřes mozku / zácpu*.
7. Krájel jsem maso na guláš a *spálil jsem se / řízl jsem se*.
8. Minulou zimu jsem hrozně kašlal a bolelo mě na hrudníku, doktor mi řekl, že mám *zápal plic / otřes mozku*.
9. Snědl jsem nějaké zkažené jídlo a měl jsem pak *chřipku / průjem*.
10. Vařil jsem čaj, polil jsem se horkou vodou a *spálil jsem si / zlomil jsem si* ruku.

▶ **40.** Paní učitelka Holoubková je s dětmi v chemické laboratoři. Děti jsou nešikovné a zlobí. Paní učitelka se o ně bojí, proto křičí zákazy. Doplňte do vět jména dětí ve vokativu a vytvořte imperativ.

Například: . . . . , ... (neběhat) tady! – Lenko, neběhej tady!

1. . . . . , ... (neříznout se)!
2. . . . . , ... (nezlomit si) něco!
3. . . . . , ... (neplakat), nic hrozného se nestalo.
4. . . . . , ... (nespadnout) z té židle!
5. . . . . , ... (neuhodit se) o okno!
6. . . . . , ... (nespálit se) o to!
7. . . . . , ... (nepolít se)!
8. . . . . , ... (neotvírat) to! Je to jedovaté!

▶ **41. Co slyšíte v dialozích u lékaře? Spojte výrazy. Hledejte víc možností.** 114/5

1. dát pacientovi mast
2. dostat
3. muset jet do nemocnice
4. napsat pacientovi
5. objednat se k doktorovi
6. otevřít
7. polít se
8. říznout se
9. uhodit se
10. vyřídit si

A. ústa
B. na popáleninu
C. do hlavy
D. na prohlídku
E. nemocenskou
F. injekci proti tetanu
G. do prstu
H. na vyšetření
I. zdravotní pojištění
J. horkou vodou

▶ **42. Doplňte slova do textu.** 114/5

| do prstu | na prohlídku | obvaz | spadl |
| kartičku pojištěnce | nemocenskou | otřes mozku | v krku |

Dialog 1
Pán se chce objednat (1.) .... k doktorovi, proto musí říct jméno a datum narození.

Dialog 2
Syn se říznul (2.) .... a krvácí to. Sestra se ptá, kdy dostal injekci proti tetanu.

Dialog 3
Paní se včera uhodila do hlavy. Zvracela a bolí ji hlava. Může to být (3.) ....,
proto ji doktor posílá sanitkou do nemocnice na vyšetření.

Dialog 4
Pán si předevčírem polil ruku horkou vodou a spálil si ji. Doktor mu říká, že měl přijít hned. Teď mu na to dá mast
a (4.) ....

Dialog 5
Pán (5.) .... na ledě a strašně ho bolí noha. Musí na rentgen, protože noha může být zlomená.

Dialog 6
Paní má teplotu, kašel a bolí ji (6.) .... Je to angína, musí brát antibiotika. Až je dobere, má
přijít na kontrolu. Doktor se ptá, jestli jí má napsat (7.) ....

Dialog 7
Pacient jde k lékaři, ale nemá (8.) ...., protože není pojištěný. Ptá se, kde si pojištění může vyřídit.

▶ **43. Doplňte do textu slova ve správné formě.** 115/6

| berle | mast | obvaz | recept | sirup |
| kapky | náplast | prášek | sádra | |

1. Marto, říznul jsem se do prstu. Kde máme .... ?
2. Dobrý den, chtěl bych si koupit nějaká antibiotika na angínu. – Ale to musíte nejdříve k lékaři. Antibiotika neprodáváme
   bez ....
3. Když má syn kašel, dávám mu na lžičku ....
4. Hrozně mě bolí hlava, nemáš tady nějaký .... ? Třeba Aspirin.
5. Viděl jsi Ludvíka? Má na noze .... – No jo, prý si zlomil nohu, když upadl na schodech.
6. Včera jsem v televizi viděla reklamu na oční .... Prý pomáhají, když tě bolí oči od práce na počítači.
7. Tohle moc krvácí. Náplast nebude stačit, na to musíme dát sterilní ....
8. Paní Nadrchalová z vedlejšího domu strašně špatně chodí. Musí používat ....
9. Často se mi dělá na rukou vyrážka. Byl jsem u doktora a ten mi předepsal speciální ....

Lekce 11 • **Česky krok za krokem 2** • PRACOVNÍ SEŠIT   17

▶ **44. Kam půjdete, když máte tyto problémy? Vyberte ordinaci nebo lékaře. Pak použijte ve správné formě se správnou prepozicí *na* nebo *k/ke*.**

alergologie	ortopedie	dětská lékařka	neurolog
chirurgie	psychiatrie	gynekoložka	praktický lékař
oční	ušní	kardiolog	zubař

1. Už několik týdnů špatně vidím. Půjdu ....
2. Od soboty mě bolí zub vlevo dole. Zítra půjdu ....
3. Bratranec měl takové deprese, že musel být hospitalizovaný ....
4. Lucie je těhotná. Půjde na vyšetření ....
5. Když sním rajče nebo kečup, mám na obličeji červené fleky. Musím jít ....
6. Dcera má kašel a teplotu. Půjdu s ní ....
7. Krájela jsem maso a řízla jsem se hodně do ruky. Raději rychle pojedu ....
8. Mám problémy se srdcem. Každý měsíc chodím na kontroly ....
9. Už dlouho mě bolí koleno. Musím jít ....
10. Špatně slyším. Musím jít ....
11. Strašně mě bolí záda. Musím jít ....
12. Mám chřipku. Musím jít ....

▶ **45. Ljuba Kostková je u doktora. Přečtěte si, jak mluví se sestrou a s lékařem. Doplňte slova ve správné formě.**

115/8+

| brát | nastydnutí | pojišťovna | svléknout se |
| kontrola | neschopenka | potíže | zhluboka |

Sestra: Dobrý den, jak se jmenujete?
Pacientka: Dobrý den, jmenuju se Ljuba Kostková.
Sestra: Už jste u nás byla?
Pacientka: Ano, už jsem tady jednou byla.
Sestra: Jakou máte (1.) ....?
Pacientka: VZP. Tady je kartička.

Lékař: Dobrý den, paní Kostková. Tak, jaké máte (2.) ....?
Pacientka: Pane doktore, asi mám chřipku. Bolí mě všude, mám teplotu a kašlu.
Lékař: (3.) ...., poslechnu si vás. Dýchejte (4.) ...., na chvíli nedýchejte. Hm, kašel máte, ale na plicích nic není. Máte teplotu?
Pacientka: Jen 37,1.
Lékař: Myslím, že to není chřipka, jen silné (5.) .... (6.) .... dvakrát denně paralen, ležte v posteli a hodně pijte. Aspoň týden zůstaňte doma. Potřebujete (7.) ....?
Pacientka: Ne, nepotřebuju.
Lékař: Dobře, přijďte za týden na (8.) ....

▶ **46. Doplňte věty.**

| Aha, tak se položte. | Máte teplotu? | Musíte do nemocnice na chirurgii na vyšetření. |
| Co vám chybí? | Zvracíte? | A jak dlouho vás to bolí? |

Lékař: Dobrý den, pane Svátku. (1.) ....
Pacient: Bolí mě břicho vpravo dole a je mi špatně.
Lékař: (2.) .... Bolí to tady?
Pacient: Tam ne, trochu níž. Ano, tam to bolí hodně.
Lékař: /3.) ....
Pacient: Začalo to o víkendu, někdy v sobotu v noci.
Lékař: (4.) ....
Pacient: Mám, 38,2.
Lékař: (5.) ....
Pacient: Ne. Ale na nic nemám chuť. Naposledy jsem jedl v sobotu večer.
Lékař: (6.) .... Může to být zánět slepého střeva.

▶ **47. Spojte.**

1. zápal plic
2. padly na to všechny peníze
3. úžasně
4. zhubnout
5. sjezdovka
6. bývalý
7. na to si ještě počkám
8. narazit do někoho/něčeho
9. jet jako blázen
10. rakovina

A. mít méně kilo
B. místo na horách, kde se lyžuje
C. dřívější, dnes už to tak není
D. strašně, hrozně moc
E. těžká nemoc, člověk má silný kašel a teplotu
F. smrtelná nemoc
G. pohybovat se autem / na lyžích hrozně rychle
H. dali jsme za to všechno, co jsme měli
I. bude to ještě dlouho trvat
J. dostat se při pohybu do fyzického kontaktu s někým / něčím

▶ **48. Poslechněte si ještě jednou texty v učebnici na str. 115. Pak doplňte slova do textu.**

bez berlí	na sjezdovce	otřesem mozku	rakovinu žaludku
brát	na vyšetření	polila	zápal plic
na klinice popálenin	narazil	poradil	zastavila

Monolog 1
Jako dítě byla Irena často nemocná, měla kašel, a dokonce (1.) _____ . Musela (2.)_____ antibiotika i desetkrát za rok. Potom jela s maminkou na tři týdny k moři, protože jim to někdo (3.) _____ . Stálo to sice hodně, ale hodně to pomohlo.

Monolog 2
Před pěti lety šel Roman k lékaři, protože ho bolelo břicho a hodně zhubnul. (4.) _____ na onkologii zjistili, že má (5.) _____ . Musel na operaci a potom na chemoterapii, ale teď se zdá, že je v pořádku a že se nemoc (6.) _____ .

Monolog 3
V létě si Klára na chalupě (7.) _____ obě stehna vařící vodou. Hrozně to bolelo, dva týdny byla (8.) _____ . Ještě teď po půl roce má na stehnech červené skvrny.

Monolog 4
Loni měl Libor vážný úraz (9.) _____ na horách, protože do něj (10.) _____ lyžař. Převezli ho do nemocnice se zlomenou nohou a (11.) _____ . Operovali ho a půl roku musel chodit na rehabilitace. Teď už chodí (12.) _____ , ale na snowboardu ještě dlouho nepojede.

Procvičujeme pravopis

Pravidlo: Psaní -i a -y v přísudku

Ve 3. osobě plurálu minulého času píšeme v přísudku **-i**, **-y** a **-a**. Psaní **-i**, **-y** a **-a** se řídí podle podmětu (subjektu).
Když je podmět Ma, píšeme **-i** (Studenti by**li** ve škole.).
Když je podmět Mi, píšeme **-y** (Dopisy by**ly** na poště.).
Když je podmět F, píšeme **-y** (Studentky by**ly** ve škole.).
Když je podmět N, píšeme **-a** (Auta by**la** na parkovišti.).
Pozor na výjimku slova dítě: v jednotném čísle je neutrum (Dítě bylo doma.), v množném čísle je femininum (Děti byly doma.).
Poznámka: podobnými pravidly se řídí psaní **-i**, **-y** *a* **-a** *v kondicionálu (viz lekce 15) a v deskriptivním pasivu v minulém čase (viz lekce 19), například* Studenti by**li** poslá**ni** do Anglie. Dopisy by**ly** poslá**ny** do Anglie. Studentky by**ly** poslá**ny** do Anglie. Auta by**la** poslá**na** do Anglie.

▶ **1. Spojte.**

1. sportovkyně   A. běhali
2. kuřata   B. běhala
3. sportovci   C. běhaly

4. koťata   A. si hrála
5. kluci   B. si hrály
6. holky   C. si hráli

7. chodkyně   A. stály
8. auta   B. stáli
9. chodci   C. stála

10. sluchátka   A. ležela na zemi
11. psi   B. leželi na zemi
12. papíry   C. ležely na zemi

▶ **2. Doplňte -i / -y.**

1. Na kurz češtiny přijel__ cizinci z mnoha zemí.
2. Plány studia výborně fungoval__.
3. Učitelé vysvětloval__ novou gramatiku.
4. Všechny učitelky byl__ moc sympatické.
5. Chlapci si s nimi rádi povídal__.
6. Dívky si dělal__ poznámky do sešitů.
7. Pedagogové často používal__ dataprojektory.
8. Dataprojektory vždycky fungoval__.
9. Organizátoři pro studenty připravil__ výlety.
10. Účastníci byl__ moc spokojení.

Pravidlo: Psaní -i a -y v několikanásobném přísudku

Někdy je podmětů více, takovému podmětu říkáme několikanásobný. V tom případě má vždy přednost Ma a v přísudku se píše **-i**, například Studenti a studentky by**li** ve škole.

▶ **3. Doplňte -i / -y.**

1. Učitelky a studentky seděl__ ve třídě.
2. Učitelky a studenti seděl__ ve třídě.
3. Učitelé a studentky seděl__ ve třídě.
4. V cirkuse žil__ medvěd a medvědice.
5. Maminky a děti se smál__.
6. Tatínkové a maminky se smál__.
7. Kočky a myši v noci běhal__ po zahradě.
8. Dvě ministryně a jeden ředitel mluvil__ na konferenci.

Pravidlo: Psaní -i a -y ve větě bez vyjádřeného podmětu

Když podmět ve větě není vyjádřen, musíme postupovat logicky. Jaký byl podmět v předchozí větě?
Studentky by**ly** ve škole. Uči**ly** se novou českou gramatiku a poslouchaly dialogy. *Ve druhé větě píšeme* uči**ly** *a* poslouchaly, *protože z předchozí věty víme, že nevyjádřeným podmětem věty je slovo* studentky.

▶ **4. Doplňte -i / -y.**

1. Ve firmě pracoval__ zkušení manažeři. Měl__ velmi dobré výsledky.
2. Na premiéře filmu byl__ slavní herci. Na konci se fotografoval__.
3. Na olympiádu jel__ nejlepší sportovkyně. Těšil__ se na medaile.
4. Na ulici stál__ dvě policistky. Řídil__ dopravu.
5. V kavárně jsem potkala své kamarádky. Řekl__ mi hodně zajímavých novinek.
6. Včera byl v televizi pořad o cestovatelích. Vyprávěl__ o svých zkušenostech z cest.
7. Děti jel__ na výlet autobusem. Vesele se smál__.
8. Koupila jsem si tři knihy od Viewegha. Všechny se mi líbil__.

LEKCE 12 Kultura a umění

1. Co je v divadle? Napište správně. 117/3

1. ŠHLEDITĚ – ....
2. JEŠVITĚ – ....
3. ORSCHETR – ....
4. NDIRIGET – ....
5. DESALDO – ....
6. ANOPO – ....
7. UHDBENÍK – ....
8. ŘDAA – ....
9. OVECENTBSO – ....
10. TONY – ....

2. Kdo je kdo v kultuře a umění? Zopakujte si plurál životných maskulin. Tvořte výrazy podle modelu. 117/4

Například: jeden autor – dva autoři

1. jeden sochař – dva ....
2. jeden malíř – dva ....
3. jeden dirigent – dva ....
4. jeden režisér – dva ....
5. jeden hudebník – dva ....
6. jeden divák – dva ....
7. jeden básník – dva ....
8. jeden scénárista – dva ....
9. jeden spisovatel – dva ....
10. jeden skladatel – dva ....

3. Vyluštěte křížovku. 117/4

1. hlavní „šéf" u filmu nebo divadelní hry
2. krátký text, který napsal básník
3. křeslo v divadle nebo kině
4. člověk, který píše poezii
5. text k filmu
6. krátká próza
7. kniha, ve které jsou básně
8. umělecké dílo, které stojí v galerii, na náměstí nebo v parku
9. místo v divadle, kde hrají herci
10. text s hudbou
11. dekorativní látka v divadle
12. opak prózy
13. diváci v divadle nebo kině
14. část opery nebo divadelní hry
15. divadelní hra
17. člověk, který skládá hudbu
18. místo v divadle, kde sedí diváci
19. text, který musí každý herec umět
20. delší próza
21. člověk, který profesionálně hraje na nějaký hudební nástroj
23. látka v kině, na které vidíte film nebo na kterou malíř maluje obraz

Tajenka: ...., aby neměla konec.

4. Do vět doplňte slova.

tři dějství	noty	do třetí řady	skladatel
celé hlediště	opona	první sbírka	nové sochy
na jeviště	povídka	sedadlo	sochař

1. Koupil jsem lístky na operu .... Měli jsme .... číslo 8 a 9.
2. V divadle pomalu zhasla světla a .... šla nahoru. Hra začala.
3. Opery mají většinou .... a dvě přestávky.
4. Antonín Dvořák byl operní ....
5. Někteří hudebníci vůbec neznají ...., ale přesto umějí hrát na hudební nástroj.
6. Když opera skončila, přišel .... i dirigent.
7. Mladému básníkovi vyjde příští týden .... básní.
8. Jeho první .... se jmenovala „Jarní láska" a měla 28 stránek.
9. .... ztichlo a poslouchalo slavný monolog.
10. Víš, který .... je autorem .... na našem náměstí?

5. Které slovo sem nepatří a proč?

1. dějství – kamera – opona – hlediště
2. báseň – povídka – píseň – próza
3. socha – koláž – role – výstavní síň
4. píseň – symfonie – skladba – povídka
5. kamera – film – scénář – socha
6. skladatel – malíř – sochař – scénář

6. Procvičujte pády. Doplňte koncovky singuláru.

1. Včera jsem byl/a na výstav(a)____, v galeri(e)____, ve výstavní sí(ň)____, na koncert____,
   v koncertním sál____, na představení____, v divadl(o)____, na balet____.
2. Seděl/a jsem v hledišt(ě)____, na sedadl(o)____, v páté řad(a)____.
3. Viděl/a jsem jevišt(ě)____, opon(a)____, orchestr____, dirigent____.
4. Mluvili jsme o povíd(ka)____, o so(cha)____, o scé(na)____, o druhém dějstv(í)____, o muzikál__,
   o nové sbír(ka)____, o nové bás(eň)____, o poezi(e)____.
5. Povídal/a jsem si se známým sochař____, se slovenskou režisérk(a)____, s polským skladatel____,
   s mladým scénárist(a)____, s úspěšnou sochař(ka)____.

7. Doplňte adjektiva.

abstraktní	černobílé	dokumentární	hudební
animované	detektivní	historické	němý

1. Děti se rády dívají na .... filmy, například o Krtečkovi.
2. Včera jsem viděl .... film o 2. světové válce.
3. Poslední .... film Charlie Chaplina byla Moderní doba, v dalším filmu už mluvil.
4. V mládí jsem ráda četla .... romány, zajímalo mě hlavně antické Řecko.
5. .... filmy se točily do sedmdesátých let dvacátého století, potom začala éra barevného filmu.
6. Můj otec nemá rád .... obrazy. Podle něho musí být vždycky jasné, co na obraze je.
7. Agatha Christie psala .... romány.
8. Beethovenova Óda na radost je známé .... dílo.

► **8. Spojte.**   117/6

1. antikvariát
2. hrůza
3. nedávno
4. pohádat se
5. přemluvit
6. skoro
7. skvělý
8. úžasný
9. výjimka
10. zážitek
11. znovu

A. mít konflikt
B. tak dlouho někomu něco říkat, až bude souhlasit
C. fantastický
D. něco neobvyklého, nesystémového
E. obchod, kde se prodávají staré knihy
F. to, co se mi stalo a teď si to pamatuju
G. něco strašného
H. zase
I. zde: 99%
J. perfektní
K. před krátkou dobou

► **9. Do textů doplňte slova z předchozí tabulky ve správné formě (jedno slovo potřebujete 2x).**   117/6

Hana šla na jazzový koncert kvůli manželovi, kterému se jazz líbí. Hana jazz nikdy ráda neměla, manžel ji (1.) ...., aby šla, ale tenhle koncert byl opravdu (2.) .... Možná je to ale tím, že jazzu nerozumí.

Jan si (3.) .... půjčil povídky Isaaca Bashevise Singera o životě polských Židů v minulosti. Spisovatel dostal Nobelovu cenu. Jan knihu doporučuje, protože je (4.) ....

Kamil si (5.) .... půjčil film Návrat idiota režiséra Saši Gedeona. Podle něj je to (6.) .... film, hlavně scénář a kamera.

Alice měla minulý týden (7.) .... na výstavě lidských těl. Příteli se výstava líbila, ale ona musela odejít dřív. Nemohla se dívat na těla, která tu teď stojí jako exponáty. Pak se o tom s přítelem (8.) ....

Filip rád čte poezii a jeho nejoblíbenější básník je Jan Skácel. Má sbírku (9.) .... všech jeho knih a chyběla mu jen poslední. Včera si koupil v (10.) .... její první vydání. Má strašně rád poezii, je taková (11.) ....

Kristýna obvykle poslouchá moderní muziku, ale před dvěma týdny šla s rodiči na operu Leoše Janáčka Zápisky z mrtvého domu. Byla překvapená, jak dobrý autor Janáček je. Orchestr i zpěváci byli (12.) ...., možná začne chodit na operu.

► **10. Pamatujete si povídku Do Mnichova na Janáčka? Seřaďte věty (1–14).**   118/3

___ Na parkovišti auto nebylo, protože ho policisti odtáhli.
___ V žádném hotelu je nikdo nechtěl ubytovat.
_7_ Nemohl zaplatit v kavárně, a proto číšník zavolal policisty.
___ Během noci někdo ukradl panu Filipovi hodinky a jeho manželce boty.
___ Museli s nimi jít na policejní stanici, kde sepsali protokol.
___ Když chtěli v kavárně zaplatit, pan Filip zjistil, že si zapomněl peněženku v autě.
___ Když se vrátili domů, přečetli si v novinách, že premiéra opery byla velmi úspěšná.
_14_ Až se Filipovi vzpamatují ze šoku, pojedou na Janáčka do Mnichova ještě jednou.
___ Když odešli z policejní stanice, hledali hotel.
___ Zamluvil si lístky na operu.
_1_ Pan Filip slyšel, že v Mnichově budou dávat operu Leoše Janáčka.
___ Uvaděč je nepustil do hlediště a museli čekat v kavárně na přestávku.
___ Kvůli dopravní zácpě přijeli s manželkou do divadla pozdě.
___ Museli přespat na nádraží.

▶ **11. Co to znamená? Spojte.**

1. dorazit někam
2. mlčky
3. odmítnout něco
4. odtáhnout auto
5. policejní hlídka
6. propustit někoho
7. prosedět
8. vyhodit někoho odněkud
9. zácpa
10. zamluvit

A. beze slova
B. nechat někoho odejít
C. zde: poslat někoho pryč
D. dva policisté
E. rezervovat
F. zde: hodně aut na silnici
G. přijít nebo přijet na nějaké místo
H. odvézt auto, které špatně parkuje
I. být dlouhou dobu na židli nebo lavičce
J. nechtít něco

▶ **12. Do textu podle povídky Do Mnichova na Janáčka doplňte slova.**

dávat operu	odtáhli	nový účes	vyhodila
dorazili do divadla	propustili	někdo ukradl	kvůli dopravní zácpě
policejní hlídka	proseděli noc	velmi úspěšná	zamluvil si lístky
mlčky ukázal	sepsat protokol	uvaděč	zjistil

Ota Filip žije v Murnau. Když (1.)..................., že v Mnichově budou (2.).................. Příhody lišky Bystroušky, (3.).................... na premiéru měsíc předem. Lístky byly drahé, ale on chtěl premiéru vidět. Je to opera, kterou složil český skladatel Leoš Janáček. Odpoledne před premiérou si vyžehlil oblek, manželka si zašla k holiči a za šedesát eur si pořídila (4.)................... Pak vyrazili do Mnichova. Cesta normálně trvá asi hodinu, ale ten pátek jeli (5.).................. dvě hodiny.

Parkoviště před operou bylo plné, tak museli dlouho hledat místo na zaparkování. Proto (6.).................. pozdě. (7.).................. je na jejich místa nepustil a řekl, že musí počkat v kavárně. Mohli se tam dívat na operu na velké obrazovce. Dali si tam víno, ale když chtěli zaplatit, zjistili, že nemají peněženku. Pan Filip běžel k autu, paní čekala v kavárně.

Na parkovišti nebylo jejich auto, ale byl tam policista. (8.).................. panu Filipovi na zákaz stání. Pan Filip pochopil, že mu auto nikdo neukradl, ale že ho před chvílí policisti (9.).................. Policista mu dal adresu místa, kde najde auto, ale řekl mu, že si tam bude moct dojít až ráno, protože večer už bylo zavřeno.

Pan Filip se vrátil k manželce do kavárny. Číšník chtěl, aby zaplatil. On ale neměl peněženku ani občanský průkaz, protože je nechal v autě. Číšník zavolal policii a manželé Filipovi museli na policejní stanici (10.).................. Policisté je (11.).................. před jedenáctou. Poslední vlak do Murnau jim ujel, stejně ale neměli klíče od domu, ty byly spolu s peněženkou a doklady v autě.

Chtěli přespat v hotelu, ale bez peněz a kreditní karty žádný pokoj nedostali. (12.).................. na nádraží, kde je několikrát kontrolovali policisti. Jedna (13.).................. je nakonec z nádraží (14.).................. Zjistili pak, že jim (15.).................. boty a hodinky. Ráno došli pro odtažené auto a zaplatili všechny pokuty. Odjeli domů a v novinách si přečetli, jak byla včerejší premiéra (16.).................. Rozhodli se jít na Janáčka později ještě jednou.

▶ **13. Procvičujte slovesa z textu. Doplňte všechny formy ve 3. osobě sg. (on-forma).**

infinitiv	3. sg. minulý čas	3. sg. přítomný čas	3. sg. budoucí čas
propouštět			
	propustil	---	
		odmítá	
*		---	odmítne
		odtahuje	
*	odtáhl	---	
krást*			
*	ukradl	---	

▶ **14. Doplňte.**

infinitiv	3. pl. oznamovací způsob (oni-forma)	2. sg. imperativ (ty-forma)
dát si	dají si	dej si
dojít		
hledat		
počkat		
podívat se		
přemýšlet		
vrátit se		
vyžehlit		
zaplatit		
zkusit		
podepsat		

▶ **15. Představte si, že mluvíte s panem Filipem. Poraďte mu, co musí udělat. Tvořte formy imperativu.**

Například: podepsat – Podepište ten protokol!

1. přemýšlet – ...., kde dnes přespíte!
2. vyžehlit si – .... oblek!
3. dojít si – .... pro auto!
4. zaplatit – .... padesát euro pokuty!
5. vrátit se – .... do kavárny k manželce!
6. počkat – .... v kavárně.
7. dát si – .... víno!
8. zkusit – .... tu situaci vysvětlit!
9. hledat – .... místo na zaparkování!
10. podívat se – .... na hodinky!

▶ **16. Spojte výrazy.**

1. klíče
2. být o deset procent
3. podepsat*
4. rozcuchané
5. sáhnout*
6. stihnout*
7. vejít se*
8. nádražní
9. vyrazit

A. do sukně
B. na dovolenou
C. do tašky
D. smlouvu
E. termín
F. vlasy
G. hodiny
H. od kanceláře
I. dražší

▶ **17. Spojené výrazy ze cvičení 16 doplňte do vět ve správné formě.**

1. Vracela se z procházky a měla větrem ....
2. V posledním roce jsem přibrala dvě kila. Doufám, že se ještě ....
3. V příštím roce prý bude elektřina ....
4. .... ukazovaly půl šesté.
5. Kupuju nový byt, zítra jdu .... a můžeme se stěhovat.
6. Promiň, musím letět, za 15 minut mám schůzku s právníkem a chci ....
7. Když chtěla zaplatit, ..., ale nenašla tam peněženku.
8. Když jsme sbalili kufry a dali je do auta, ...
9. Včera si doma zapomněl ...., musel se pro ně vrátit.

▶ **18. Vyberte vhodné spojky a spojovací výrazy.**

1. Ota Filip koupil lístky na premiéru Janáčkovy opery, *přestože / zatímco* byly hodně drahé.
2. V pátek trvala cesta do Mnichova dvě hodiny, *protože / i když* byla dopravní zácpa.
3. Dlouho hledali místo na zaparkování, *jakmile / proto* přišli do divadla pozdě.
4. Uvaděč jim řekl, *že / co* musí do přestávky počkat v kavárně, *kde / ačkoliv* se můžou na operu dívat na obrazovce.
5. *Když / Dokud* chtěl pan Filip zaplatit víno, zjistil, *že / kde* peněženka je v autě.
6. Běžel k autu, *ale / což* auto nenašel, policisté ho odtáhli, *proto / protože* stálo na zákazu stání.
7. Pan Filip se vrátil do divadelní kavárny, *kde / které* si jeho žena dala ještě dvě kávy.
8. Neměl *ani / buď* peníze *ani / nebo* občanský průkaz, *proto / přestože* číšník zavolal policii.
9. Manželé Filipovi museli jet na policejní stanici sepsat protokol, *takže / což* trvalo dlouho, *proto / ačkoliv* jim ujel poslední vlak.
10. Zbytek noci proseděli na nádraží, *kam / kde* je třikrát kontrolovali policisté.
11. *Jakmile / Až* ráno si všimli, že je okradli zloději.
12. Došli si pro auto a zaplatili všechny pokuty. *Když / Až* se vrátili domů, přečetli si v novinách, *co / že* premiéra opery byla velmi úspěšná.

▶ **19. Do vět doplňte spojky *buď / nebo*, *ani / ani*.**

1. Nemám rád _____ muzikál, _____ operu.
2. O víkendu chodíme _____ do kina, _____ do divadla.
3. Nikdy jsem nebyl _____ na výstavě, _____ na koncertě.
4. Nelíbí se mi _____ jeho sochy _____ jeho obrazy.
5. Lukáš miluje hudbu, chce se stát _____ skladatelem, _____ dirigentem.
6. Nevzpomínám si přesně, jejich syn je _____ režisér, _____ scénárista.
7. Děti dnes nečtou _____ romány, _____ povídky.
8. Do školy musíme přečíst _____ nějakou divadelní hru, _____ nějakou básnickou sbírku.

▶ **20. Zita Krečmarová šla do divadla na operu Rusalka, kterou složil český skladatel Antonín Dvořák. Přečtěte si text. Vyberte vhodné spojky nebo spojovací výrazy.**

Do divadla na Rusalku

Zita už několik let nebyla v divadle. (1.) *Když / kdyby* četla v novinách recenzi o úspěšném představení Dvořákovy opery Rusalka, přemluvila manžela, (2.) *ať / aby* s ní na operu šel. Manžel nakonec souhlasil, (3.) *protože / přestože* operu nikdy neposlouchal (4.) *a / i* o klasickou hudbu se nikdy nezajímal.

Zita koupila lístky do druhé řady, (5.) *jakmile / ačkoliv* byly docela drahé. Do divadla přišli skoro pozdě, (6.) *dokud / jakmile* se posadili na svá sedadla, hlediště se setmělo a orchestr začal hrát předehru. Zita se dívala na hudebníky, (7.) *proto / protože* si hned nevšimla, že opona šla nahoru a na scéně se objevili tanečníci, (8.) *kteří / což* krásně tančili. Hned po předehře začalo první dějství. Zita byla nejdříve překvapená, (9.) *proto / protože* scéna opery byla hodně moderní. Na jevišti nebyly skoro žádné dekorace, zpěváci a tanečníci měli hodně moderní kostýmy. (10.) *Jakmile / Ačkoliv* si Zita Rusalku představovala jinak, za chvíli si zvykla a scéna i kostýmy se jí začaly líbit.

(11.) *Jakmile / Protože* byla přestávka, ptala se Zita manžela, (12.) *jak / co* se mu to líbí. Odpověděl, že se mu nelíbí (13.) *ani / buď* hudba (14.) *ani / buď* scéna, ale že je v divadle hezky teplo a on si čte texty árií na monitoru nad jevištěm, (15.) *přestože / a proto* se nenudí a klidně zůstane do konce představení. Když skončila přestávka, vrátili se na svá sedadla. (16.) *Jakmile / Přestože* se posadili a setmělo se, Zitin manžel usnul. Zita poslouchala krásnou hudbu a nechala ho spát.

Manžel se vzbudil až na konci druhého dějství, (17.) *když / ačkoliv* se v hledišti rozsvítilo a lidé začali tleskat. Třetí dějství neprospal, viděl ho celé, (18.) *co / což* Zitu potěšilo. Cestou domů se ho ptala, (19.) *jestli / co* se mu opera líbila (20.) *a jestli / a co* s ní půjde ještě někdy do divadla. Manžel jí odpověděl, (21.) *dokud / že* jednou se to dalo přežít, ale znovu na operu nepůjde, (22.) *ani kdyby / ačkoliv* to bylo zadarmo.

21. Odpovídejte.

1. Proč chtěla jít Zita na Rusalku? – ....
2. Kde v divadle seděli? – ....
3. Přišli do divadla včas? – ....
4. Proč byla Zita překvapená? – ....
5. Líbila se Zitinu manželovi hudba? – ....
6. Co dělal Zitin manžel během druhého dějství? – ....
7. Co Zitu potěšilo? – ....
8. Chce jít manžel ještě někdy na operu? – ....

22. Ve které zemi jsou tato města? Doplňte ve správné formě.

119/10+

Rusko	Francie	Německo 3x
Dánsko	Čína	Velká Británie
Švýcarsko	Itálie 2x	Rakousko

1. Vídeň je v ....
2. Benátky jsou v ....
3. Kodaň je v ....
4. Řím je v ....
5. Moskva je v ....
6. Ženeva je ve ....
7. Mnichov je v ....
8. Londýn je ve ....
9. Paříž je ve ....
10. Peking je v ....
11. Lipsko je v ....
12. Drážďany jsou v ....

23. Spojte věty podle smyslu. Hledejte víc možností.

120/2

1. Bojím se
2. V práci se účastním
3. Vždycky se ptám na radu
4. Dělám si legraci z
5. Musím být pořád v kontaktu s lidmi. Neobešla bych se bez
6. Když jsem byl nemocný, ptal jsem se
7. Mám rád literaturu. Vážím si všech
8. Když jsem šel po ulici, všiml jsem si
9. Když dělám party, neobejdu se bez
10. Když chci v ČR založit firmu, neobejdu se bez

A. černých pavouků.
B. slavných spisovatelů.
C. drahých vín.
D. mobilních telefonů.
E. zkušených doktorů.
F. hloupých lidí.
G. nápadně oblečených žen.
H. dlouhých porad.
I. nejlepších kamarádů.
J. úředních povolení.

24. Bez čeho se kdo musí obejít? Procvičujte genitiv plurálu.

120/2

auto	drink	kino	párek	sladkost
bonbón	hospoda	klidná noc	ráno v posteli	večer v klubu
cigareta	kamarád	klobása	salám	zákusek

1. Diabetik se musí obejít bez ...., ...
   a ....
2. Člověk, kterému ještě nebylo 15 let, se musí obejít bez ...., ...
   a ....
3. Vegetarián se musí obejít bez ...., ...
   a ....
4. Vězeň se musí obejít bez ...., ...
   a ....
5. Rodiče s malými dětmi se musí obejít bez ...., ...
   a ....

▶ **25. Čeho si všímají tito profesionálové? Procvičujte genitiv plurálu.**

bota	krádež	rty	účes
chyba	nos	stopa	vlas
kaz	pásek	špatně formulovaná věta	zub

1. Učitel si všímá .... a ....
2. Policista si všímá .... a ....
3. Módní návrhář si všímá .... a ....
4. Kadeřník si všímá .... a ....
5. Plastický chirurg si všímá .... a ....
6. Zubař si všímá .... a ....

▶ **26. Čeho nebo koho si vážíme? Z čeho nebo z koho si děláme legraci?**

| dlouhý monolog | hloupý nápad | nová technologie | pomalý úředník | vzdělaný člověk |
| dobrý herec | nepraktický muž | nový vynález | populistický politik | zkušený lékař |

1. Vážíme si

....

....

2. Děláme si legraci z

....

....

▶ **27. Fobie je psychologický termín a znamená strach z něčeho. Co myslíte, čeho se bojí člověk, který má tyto fobie? Doplňte do vět výrazy ve formě genitivu plurálu.**

bakterie	jízdní kolo	parazit	pták	uzavřený prostor
cizinec	lék	pavouk	slovo	zubař
Francouz	člověk	počítač	strašidlo	zvíře
hodiny	myšlenka	pes	stroj	žena

Člověk, který má ...

1. arachnofobii, se bojí pavouků.
2. bakteriofobii, se bojí ....
3. cyclofobii, se bojí ....
4. demofobii, se bojí ....
5. démonofobii, se bojí ....
6. dentofobii, se bojí ....
7. farmakofobii, se bojí ....
8. frankofobii, se bojí ....
9. gynekofobii, se bojí ....
10. chronometrofobii, se bojí ....

11. ideofobii, se bojí ....
12. klaustrofobii, se bojí ....
13. kyberfobii, se bojí ....
14. kynofobii, se bojí ....
15. mechanofobii, se bojí ....
16. ornitofobii, se bojí ....
17. parazitofobii, se bojí ....
18. verbofobii, se bojí ....
19. xenofobii, se bojí ....
20. zoofobii, se bojí ....

▶ **28. Doplňte genitiv plurálu.**

Náš dům stojí blízko dvou (1.) .... (luxusní restaurace), (2.) tří .... (zajímavá zahrada), (3.) čtyř .... (moderní obchod), pěti (4.) .... (starý panelák). Dostali jsme svatební dary od (5.) .... (moji rodiče), (6.) .... (náš přítel), (7.) .... (tvůj kolega), (8.) .... (moje kamarádka), (9.) .... (náš učitel), (10.) .... (moje babička). Přišli všichni kromě dvou (11.) .... (náš soused), (12.) tří .... (milá studentka), (13.) čtyř .... (starší člověk), (14.) .... (jeho sestra), (15.) .... (můj bratr), (16.) .... (tvoje teta), (17.) .... (náš kluk).

▶ 29. Maruška chodí do první třídy, už jí bylo šest let, ale pořád se něčeho bojí. Podívejte se na obrázky. Čeho nebo koho se bojí?

120/2

Maruška se bojí

1. hadů
2. ....
3. ....
4. ....
5. ....
6. ....
7. ....
8. ....
9. ....
10. ....
11. ....
12. ....

▶ 30. Najděte na mapě ČR tato místa. Kam pojedete o víkendu?

120/4+

Aš	České středohoří	Karlovy Vary	Luhačovice	Poděbrady
Beskydy	Domažlice	Kolín	Mariánské Lázně	Strakonice
Brno	Cheb	Krkonoše	Ostrava	Šumava
České Budějovice	Jihlava	Litoměřice	Plzeň	Ústí nad Labem

Když chcete jet na hory, pojedete

1. do ....
2. do ....
3. do ....
4. na ....

Když chcete jet do nějakého českého města, pojedete

5. do ....
6. do ....
7. do ....
8. do ....
9. do ....
10. do ....
11. do ....
12. do ....
13. do ....
14. do ....
15. do ....
16. do ....
17. do ....
18. do ....
19. do ....
20. do ....

▶ **31. Počítejte peníze. Označte správnou formu.**

1. Za ubytování jsme platili 20 *euro / eura / eur* na den.
2. Nemáš drobné? Potřebuju 4 *koruna / koruny / korun*.
3. Nevíte, jaký kurz má momentálně *rubl / rubly / rublů*?
4. Musím si vyměnit za koruny nejmíň 1000 *rubl / rubly / rublů*.
5. Můžeš mi prosím půjčit asi 4 *euro / eura / eur*?
6. Za minulý rok jsem vydělal přes 1 000 000 *koruna / koruny / korun*.
7. *Dolar / dolary / dolarů* má teď nižší kurz než před rokem.
8. Prosím vás, kolik *libra / libry / liber* dostanu za 2000 *koruna / koruny / korun*?
9. Mám v peněžence jenom asi 10 *libra / libry / liber*.
10. Nemůžu to zaplatit, chybí mi ještě 2 *koruna / koruny / korun*. – Nevadí, dáte mi je příště.
11. Neznám britské peníze. Tohle je 1 *libra / libry / liber*?
12. Kolik to stojí? – 150 *dolar / dolary / dolarů*.

Všimněte si:
V běžně mluvené češtině používáme v genitivu pl. formy eur i euro.
Například: Stojí to 5 eur/euro.

▶ **32. Jaké peníze budete potřebovat, když jedete…**

bolivar	dong	frank	koruna	rubl	libra
dolar	euro	hřivna	šekel	rupie	zlotý

Například: Když jedete do České republiky, potřebujete hodně korun.

1. do USA, potřebujete hodně ....
2. do Vietnamu, potřebujete hodně ....
3. do Venezuely, potřebujete hodně ....
4. na Ukrajinu, potřebujete hodně ....
5. do Švýcarska, potřebujete hodně ....
6. do Švédska, potřebujete hodně ....
7. do Velké Británie, potřebujete hodně ....
8. do Izraele, potřebujete hodně ....
9. do Indie, potřebujete hodně ....
10. do Ruska, potřebujete hodně ....
11. do Německa, potřebujete hodně ....
12. do Polska, potřebujete hodně ....

▶ **33. Co tak obvykle měříme nebo vážíme? Doplňte jednotky míry, váhy a objemu v genitivu pl.**

centimetr	mililitr	milimetr	metr	decilitr/deci
kilometr	litr	tuna	kilogram/kilo	dekagram/deko

1. Kolik .... šunky chcete?
2. Kolik .... je to k vám domů?
3. Kolik .... vážíte?
4. Kolik .... asi měří ten strom?
5. O kolik .... chceš zkrátit tu sukni?
6. Objednali jsme na zimu pět .... uhlí.
7. Na omáčku potřebuju pět .... smetany.
8. Na svatbu jsme objednali 20 .... vína.
9. Miminko už dneska vypilo 120 .... mléka.
10. V šesti týdnech měří embryo asi jenom 5 ....

Všimněte si:
V běžně mluvené češtině používáme v genitivu pl. formy kilogramů i kilo.
Například: Kolik kilogramů/kilo jablek chcete?

▶ **34. Kolik to je? Spojte.**

1. 10 deka
2. čtvrt kila
3. deset centů
4. dvě deci
5. jeden metrický cent
6. dvě tuny
7. půl kila
8. půl metru

A. 100 kilogramů
B. 500 milimetrů
C. 500 gramů
D. 100 gramů
E. 0,2 litru
F. 1 tuna
G. 250 gramů
H. 2 000 kilo

▶ **35. Petr Mareš připravuje oslavu narozenin. Co na ni koupí? Doplňte genitiv sg. nebo pl.**

Petr chce koupit:

1. dvacet lahví piva
2. pět lahví . . . . (víno)
3. osm lahví . . . . (voda)
4. pět krabic . . . . (džus)
5. dva sáčky . . . . (oliva)
6. dvacet . . . . (rohlík)
7. deset . . . . (houska)
8. sedm . . . . (paprika)
9. dvacet . . . . (chlebíček)
10. dvacet . . . . (zákusek)
11. dvanáct kousků . . . . (dort)
12. pět . . . . (okurka)
13. půl kila . . . . (rajče)
14. hodně . . . . (balonek)

▶ **36. Doplňte tabulku.**

To je ...	To jsou...	To je hodně...
1. dítě		
2.	přátelé	
3.		oken
4. X	peníze	
5. člověk		
6.	ruce	
7.		vajec
8.	psi	
9. houba		
10.	uši	
11.		lžic
12.	přítelkyně	

▶ **37. Doplňte nominativ plurálu nebo genitiv plurálu.**

Například: V domě bydlí dva muži. – V domě bydlí několik mužů.

1. V ledničce jsou tři vejce. – Potřebuju víc . . . .
2. V zoo jsou . . . . – V zoo je hodně zvířat.
3. Na ulici stojí tři auta. – Na ulici stojí hodně . . . .
4. V bytě jsou dvě televize. – V bytě je několik . . . .
5. Na hřišti jsou tři . . . . – Na hřišti je málo kluků.
6. Na stole leží čtyři lžíce a dva nože. – Na stole leží hodně . . . . a míň . . . .
7. Po zahradě běhají tři . . . . – Po zahradě běhá několik dětí.
8. Ve městě jsou čtyři banky. – Ve městě je hodně . . . .
9. Na oslavě jsou jeho čtyři . . . . – Na oslavě je hodně jeho přátel.
10. Do konce dovolené zbývají dva dny. – Do konce dovolené zbývá málo . . . .

▶ **38. Doplňte *je* nebo *jsou*.**

1. V televizi _____ teď několik dobrých seriálů.
2. Na mém stole _____ hodně nepřečtených knih.
3. V novinách _____ různé reportáže.
4. V Praze _____ spousta velkých kin.
5. V parku _____ zajímavé moderní sochy.
6. V jeho nové sbírce _____ úžasné básně.
7. V muzeu _____ pět jeho nejslavnějších obrazů.
8. V hledišti _____ mladí i staří diváci.
9. V obecenstvu _____ dnes hodně starších důchodců.
10. Na festivalu _____ tři zahraniční dirigenti.
11. Na plátně _____ spousta výrazných barev.
12. V orchestru _____ několik známých hudebníků.

▶ **39. Co potřebujete nebo chcete? Doplňte formy číslovek a substantiv.** 121/1

Potřebuju jeden / jednu / jedno + akuzativ sg.	Chci dva / dvě + akuzativ pl.	Mám pět + genitiv pl.
1. jedno jablko		
2.	dva pomeranče	
3.		pět čokolád
4.	dvě bonboniéry	
5. jeden jogurt		
6.		pět knedlíků
7.	dvě piva	
8. jedna brokolice		
9.	dvě vejce	

▶ **40. Čí je to? Tvořte posesivní adjektiva.** 122/2

Například: auto Romany – Romanino auto

1. tužka Evy – .... tužka
2. kalendář Evy – .... kalendář
3. okno Evy – .... okno
4. budík Lucie – .... budík
5. kabelka Lucie – .... kabelka
6. tričko Lucie – .... tričko
7. podpis Milana – .... podpis
8. dítě Milana – .... dítě
9. žádost Milana – .... žádost
10. fotografie Leoše – .... fotografie
11. nápad Leoše – .... nápad
12. manželka Leoše – .... manželka
13. stůl Ondřeje – .... stůl
14. židle Ondřeje – .... židle
15. okno Ondřeje – .... okno
16. kabát Kateřiny – .... kabát
17. čepice Kateřiny – .... čepice
18. sukně Kateřiny – .... sukně

▶ **41. Tvořte formy s genitivem podle modelu. Pozor na palatalizaci (=měkčení) některých hlásek.** 122/2

Například: Petřin úraz – úraz Petry

1. Eričin deštník – deštník ....
2. Vlaďčin názor – názor ....
3. Hančin byt – byt ....
4. Blančina čepice – čepice ....
5. Olžina tužka – tužka ....
6. Moničino zavazadlo – zavazadlo ....
7. Radčina nemoc – nemoc ....
8. Petřina dovolená – dovolená ....

▶ **42. Tvořte posesivní adjektiva podle modelu. Pozor na palatalizaci (= měkčení) některých hlásek.** 122/2

Například: sukně Jitky – Jitčina sukně

1. bydliště Barbory – .... bydliště
2. kancelář Dagmar – .... kancelář
3. klíč Věry – .... klíč
4. přístroj Kláry – .... přístroj
5. stížnost Veroniky – .... stížnost
6. podpis Zdenky – .... podpis
7. pyžamo Tamary – .... pyžamo
8. propiska Elišky – .... propiska

43. Doplňte tabulku s posesivními adjektivy v plurálu.

	Ma	Mi	F	N
	kamarádi	problémy	dcery	auta
Petr	Petrovi	Petrovy	Petrovy	Petrova
	Janini			
		Kamilovy		
			maminčiny	
				Emilova
			tetiny	
		bratrovy		
	sousedčini			
Miloš				
	Lindini			
		básníkovy		
			Sofiiny	

44. Tvořte formy posesivních adjektiv v plurálu.

Například: To je Helenin syn. – To jsou Helenini synové.

1. To je Adélin pes. – To jsou . . . . psi.
2. To je Petrův kamarád. – To jsou . . . . kamarádi.
3. To je malířův bratr. – To jsou . . . . bratři.
4. To je kolegův strýček. – To jsou . . . . strýčkové.
5. To je Martinův kolega. – To jsou . . . . kolegové.
6. To je Hančin synovec. – To jsou . . . . synovci.
7. To je synův svetr. – To jsou . . . . svetry.
8. To je Tomášův kamarád. – To jsou . . . . kamarádi.
9. To je Katčina ponožka. – To jsou . . . . ponožky.
10. To je Marečkovo autíčko. – To jsou . . . . autíčka.

45. Už jste někdy slyšeli o Toyen? Přečtěte si text a doplňte do textu slova.

| A jednoho dne | C odešla z domova | E plné snů a halucinací |
| B do konce života | D ostříhané vlasy | F za druhé světové války |

Toyen [čtěte: toajen] byla žena, známá česká malířka. Toyen je pseudonym, který vymysleli (1.) . . . . její přátelé v kavárně. Malířka se vlastním jménem jmenovala Marie Čermínová. Narodila se v roce 1902 v Praze a zemřela v roce 1980 v Paříži. Malovala ve stylu surrealismu. V jejím životě bylo hodně tajemství. Toyen o své rodině nikdy nemluvila.

V šestnácti letech (2.) . . . . a živila se jako dělnice. V letech 1919–1922 vystudovala v Praze na Uměleckoprůmyslové škole. Přidala se k avantgardní skupině českých umělců, kteří si říkali Devětsil. Tito umělci měli vlastní typ surrealismu, který pojmenovali poetismus.

V roce 1925 odjela Toyen do Paříže a stala se členkou surrealistické skupiny kolem André Bretona. V roce 1934 se vrátila zpět do Československa a dál malovala surrealistické obrazy. (3.) . . . . byl surrealismus pronásledovaný, proto nemohla nic veřejně vystavovat.

Cvičení pokračuje na následující straně.

Po válce v roce 1947 odešla z Československa, protože se bála komunistů. Potom už žila v Paříži. Na svou zemi ale nezapomněla, namalovala například cyklus Pražská domovní znamení. Byla známou ilustrátorkou a měla hodně výstav. (4.) .... se snažila malovat, i když jí chyběla síla a energie.

Toyen žila v prostředí české avantgardy, tedy mezi muži. Protestovala proti tradiční roli ženy, proto si vzala neutrální pseudonym Toyen. Žila svobodný život umělkyně, chodila oblečená jako muž, měla (5.) .... jako muž a mluvila o sobě v mužském rodě.

Její obrazy byly nejdřív kubistické, později v poetickém stylu Devětsilu, po odjezdu do Paříže pak surrealistické. Její obrazy jsou (6.) .... Některé mají silně erotické motivy, které byly v tehdejší době stejně provokativní jako její mužské oblečení.

Označte, co je/není pravda.

1. Toyen prožila většinu svého života ve Francii. — Ano / Ne
2. Toyen malovala vždy jen v surrealistickém stylu. — Ano / Ne
3. V Paříži namalovala několik obrazů, na kterých jsou členové její rodiny. — Ano / Ne
4. Toyen se oblékala jako muž, protože chtěla podporovat práva homosexuálů. — Ano / Ne

▶ **46. Doplňte posesivní adjektiva.**

123/7

Nominativ

To je (1.) dědeč(ek)_____ kniha, (2.) bratr_____ pes, (3.) sest(ra)_____ byt, (4.) kamarád_____ dítě, (5.) soused_____ dům, (6.) bratran(ec)_____ firma, (7.) babič(ka)_____ fotografie, (8.) mamin(ka)_____ kočka, (9.) šéf _____ manželka.

Genitiv

Všimla jsem si (10.) koleg(a)_____ úspěchu, (11.) soused(ka)_____ účesu, (12.) tatín(ek)_____ klobouku, (13.) her(ec)_____ nervozity, (14.) tet(a)_____ radosti, (15.) Rad(ka)_____ sukně, (16.) manžel_____ problému.

Dativ

Udělal jsem to kvůli (17.) dce(ra)_____ vzdělání, (18.) syn_____ zkoušce, (19.) kamarád(ka)_____ svatbě, (20.) Ol(ga)_____ oslavě, (21.) ot(ec)_____ majetku, (22.) Robert_____ známému, (23.) Daniel_____ sbírce.

Akuzativ

Dívám se na (24.) student_____ životopis, (25.) přítel_____ syna, (26.) učitel(ka)_____ knihu, (27.) Han(ka)_____ psa, (28.) Libor_____ papouška, (29.) Forman_____ film, (30.) koleg(a)_____ smlouvu, (31.) Šimon_____ vnuka, (32.) Len(ka)_____ dárek.

Lokativ

Mluvíme o (33.) redaktor_____ článku, (34.) malíř_____ obraze, (35.) režisér_____ filmu, (36.) sochař_____ díle, (37.) architekt_____ plánu, (38.) spisovatel_____ práci, (39.) skladatel_____ hudbě, (40.) sportov(ec)_____ rekordu.

Instrumentál

Jsem spokojený s /se (41.) syn_____ vysvědčením, (42.) dce(ra)_____ testem, (43.) manžel(ka)_____ jídlem, (44.) šéf_____ nápadem, (45.) koleg(a)_____ pomocí, (46.) bratr_____ výsledkem, (47.) sest(ra)_____ novým přítelem, (48.) student(ka)_____ úkolem.

▶ **47. Do vět doplňte správné formy posesivních adjektiv.**   123/7

1. Včera jsem se seznámil se (syn) .... kamarádem.
2. Viděl jsi už někdy (šéf) .... manželku?
3. Hrozně se mi líbí (soused) .... auto.
4. Všimla jsem si (kolega) .... strachu.
5. Místo (Roman) .... bratra přišla jeho sestra.
6. Bavili jsme se o (Linda) .... úspěchu.
7. Zítra půjdeme na návštěvu k (Arnošt) .... babičce.
8. Kvůli (Zuzana) .... psovi jsme nemohli jet na víkend na hory.
9. V (Karel) .... obýváku je hodně abstraktních obrazů.
10. Květiny jsme přinesli pro (Renata) .... maminku.

▶ **48. Co jste viděli, četli? Co rádi posloucháte? Doplňte podle modelu.**   123/8

Například: Bizet – Carmen – V divadle jsem viděl/a Bizetovu Carmen.

Bizet – Carmen	Forman – Vlasy	Manet – Snídaně v trávě
Beethoven – Symfonie č. 9	Hašek – Dobrý voják Švejk	Mozart – Malá noční hudba
Čapek – povídky	Kundera – Nesnesitelná lehkost bytí	Sting – písničky
Dvořák – Rusalka	Kubrick – 2001:Vesmírná Odyssea	Svěrák – Kolja
Havel – esej Moc bezmocných	Leonardo – Mona Lisa	Michelangelo – David

1. V kině, v televizi nebo v divadle jsem viděl/a

....

....

2. Už jsem četl/a

....

....

3. Rád poslouchám

....

....

4. V galerii jsem viděl/a

....

....

▶ **49. Přečtěte dialog a pak doplňte, co říká Jenny.**   123/8+

Milošovi je 18 let, chodí na gymnázium do čtvrtého ročníku a letos bude maturovat. Seznámil se s Jenny, to je sedmnáctiletá Angličanka, která je v Praze už několik let se svými rodiči a chodí tu na anglické gymnázium. Také se učí česky. Dnes odpoledne se spolu sešli, protože chtějí jít do kina na nový americký film.

A. A kolik knih musíte přečíst?
B. Aha, tak oni to někde tady v Praze vymysleli a dnes to slovo používá celý svět. To jsem nevěděla.
C. Já bych si vybrala roboty. Čapek psal taky science fiction?
D. Nevěděla jsem, že čteš básničky.
E. No, ale když psal o robotech... A kdy vlastně žil?
F. Povinná četba? Co to znamená?
G. To neznám, co to je?

Cvičení pokračuje na následující straně.

Miloš: Máme ještě čas. Půjdeš se mnou do knihovny? Chci si půjčit Máchův Máj.

Jenny: (1.) ....

Miloš: To je taková dlouhá báseň od Karla Hynka Máchy, žil asi před dvěma sty lety. Znám z ní jenom začátek: „Byl pozdní večer, první máj, večerní máj, byl lásky čas." A to je všechno.

Jenny: (2.) ....

Miloš: No, já zase tak moc básničky nečtu. Je to povinná četba k maturitě.

Jenny: (3.) ....

Miloš: To jsou knihy, které musíme přečíst na češtinu. Ke každé knize musíme napsat referát, potom o ní diskutujeme v hodině.

Jenny: (4.) ....

Miloš: No, asi 25. Máme takový seznam autorů a jejich děl. U některých autorů si můžeme vybrat, co chceme číst. Třeba jestli chceme od Čapka přečíst drama R.U.R. o robotech nebo román Bílá nemoc o nebezpečí války.

Jenny: (5.) ....

Miloš: No, to se tak úplně nedá říct. Psal o vynálezech, které by mohly zničit svět, třeba Krakatit, to bylo něco jako atomová bomba. Ale typický autor sci-fi (čti: scifi) nebyl.

Jenny: (6.) ....

Miloš: Žil v Praze před válkou. A víš, že slovo robot vzniklo kvůli tomuhle dramatu? Čapek psal o inteligentních strojích podobných lidem, nejdřív jim chtěl říkat laboři, ale jeho bratrovi Josefovi se to prý nelíbilo a navrhl slovo robot. Od slova robota, to ve staré češtině znamenalo povinná práce pro pána.

Jenny: (7.) .... A co je ještě ta povinná četba?

Miloš: No, samá klasika, třeba Havlova dramata, Haškův Švejk nebo Babička od Boženy Němcové, tu znáš, ne?

Jenny: Ano, tu znám, učili jsme se o ní na kurzu češtiny. Víš co, půjdeme do té knihovny a já si vypůjčím nějakou napínavou knížku z toho tvého seznamu. Budu taky číst. Co mi můžeš doporučit?

▶ **50. Co budou v pátek dělat Jiří, Jarmila a Pavel? Seřaďte věty.**

Jiří Novotný

___ Ale místo toho půjde do Divadla Na Zábradlí na Strýčka Váňu.
_1_ Kdyby si Jiří Novotný mohl vybrat, šel by do Agarthy.
___ Manželka na to koupila lístky, protože už dlouho chtěla vidět tohle Čechovovo drama.
___ V pátek tam bude hrát známý český jazzový hudebník Emil Viklický.

Jarmila Malá

_1_ Jarmila Malá zajde odpoledne do Veletržního paláce.
___ Jarmila píše do školy seminární práci o české krajinomalbě a na výstavě uvidí díla nejznámějších českých malířů.
___ Říká, že je to nejlepší relaxace.
___ Už několik let se totiž věnuje salse.
___ Je v něm stálá expozice umění 19. a 20. století.
___ Večer si chce s kamarády zajít do Kubánského klubu na latinské tance.

Pavel Synek

___ O starší filmy se nikdy nezajímala, a proto tenhle film vůbec nezná.
_1_ Pavel Synek se domluvil se známými, že se zajdou podívat do Ponrepa.
___ Pavel tenhle film viděl už šestkrát, ale klidně se na něj podívá i po sedmé.
___ Půjde s nimi i jeho přítelkyně.
___ To je první československý film, který v roce 1966 získal Oskara.
___ V pátek tam totiž dávají Obchod na korze.

▶ **51. Poslechněte si znovu dialog na straně 125. Spojte části vět. Přečtěte pak souvislý text.**

125/8

1. Tomáš a Lenka plánují program na večer. Tomáš navrhuje
2. Lence se na výstavu nechce, chtěla by
3. Ale Tomáš nesnáší
4. Má raději klubová kina. Rád by šel na
5. Lenka s tím souhlasí, protože už viděla jeho film Vše o mojí matce a
6. Lenka chce u pokladny koupit dvě vstupenky, ale kvůli tomu, že si Tomáš
7. potřebují lístky dopředu. Pokladní má jen poslední dva lístky,
8. Ty oni nechtějí a rozhodnou se

A. raději do multikina.
B. dlouhé reklamy a neosobní atmosféru.
C. Almódovarův nový film.
D. ten se jí docela líbil.
E. které nejsou vedle sebe.
F. raději si vypůjčit film v půjčovně.
G. jít na výstavu.
H. nevzal brýle,

▶ **52. Doplňte vhodný výraz. Někdy může být víc možností.**

125/12

dojemný	napínavý	slabý
lidský	působivý	strašidelný
nádherný	skvělý	vtipná

1. Celou noc jsem četla ten román, musela jsem co nejdřív znát konec. Byl hrozně ....
2. Byla to pohádka pro děti, ale i já jsem se při tom filmu bála. Byl ....
3. Při tom filmu jsem musela brečet, byl moc ....
4. U té knížky jsem se hodně smál, je fakt ....
5. V tom filmu vidíš snovou krajinu, příběh je také krásný, ten film je ....
6. Ten nový film má výborné recenze a já s nimi souhlasím. Ten film je opravdu ....
7. Tenhle režisér natočil hodně dobrých filmů, ale ten jeho poslední se mi nelíbil, je dost ....
8. To, co se stalo hrdinovi toho filmu, by se mohlo stát každému z nás. Je to takový typicky .... příběh.
9. Na ten film jsem musel myslet ještě několik dnů, byl opravdu ....

Procvičujeme pravopis

Zopakujte si

▶ **1. Jak už víte, po měkkých konsonantech píšeme -i / -í, po tvrdých konsonantech píšeme -y / -ý. Které konsonanty jsou tvrdé a které měkké? Doplňte je do tabulky.**

ž h ch š č k ř c r j ď ť d ň t n

tvrdé konsonanty	měkké konsonanty

▶ **2. Procvičujte psaní -i a -y po měkkých a tvrdých konsonantech. Doplňte -i /-í nebo -y /-ý. Všimněte si, že v rozhodnutí vám pomůže výslovnost.**

1. důchodk__ně
2. hudebn__k
3. št__hlý
4. zah__bat doleva
5. t__den
6. t__kat někomu
7. ř__dit auto
8. r__ma
9. t__chý
10. r__bník
11. poh__b
12. ch__tat ryby
13. chod__t
14. ž__votopis
15. j__zdenka
16. k__selý
17. uš__t
18. poc__t
19. rozd__l
20. n__c
21. š__kovný

Vyjmenovaná slova

Kromě měkkých a tvrdých konsonantů existují také tzv. **obojetné (ambivalentní) konsonanty b, f, l, m, p, s, v, z.**
Po nich píšeme někdy -i /-í a někdy -y /-ý. Seznamy slov, ve kterých se po těchto konsonantech píše -y/-ý, se nazývají **vyjmenovaná slova** *a učí se je i rodilí Češi. Ve všech formách těchto slov (např. slyšet – slyším, slyšel) a slovech příbuzných (např. slyšet – slyšitelný – neslyšný) se píše -y. Postupně se seznámíte s nejpoužívanějšími vyjmenovanými slovy a slovy, která jsou s nimi příbuzná.*

> **Pravidlo: Vyjmenovaná slova po B**
> V těchto slovech a slovech příbuzných vždycky píšeme po písmenu B tvrdé **-y/-ý**:
> **být, obyčej, bystrý, bylina, kobyla, býk**

▶ **3. Co je to? Doplňte vyjmenovaná slova.**

být   obyčej   bystrý   bylina   kobyla   býk

1. existovat: ....
2. chytrý, rychlý: ....
3. nízká zelená rostlina: ....
4. „partner" krávy: ....
5. „partnerka" koně: ....
6. zvyk, tradice: ....

▶ **4. Popište, co vidíte na fotografiích. Používejte přitom vyjmenovaná slova**

1. .... 2. .... 3. .... 4. .... 5. ....

▶ **5. Jaroslav Markvart vypráví o víkendu. Doplňte do textu vyjmenovaná slova.**

kobyla   byliny   obyčej
býka   bystrá   bylin

Vždycky o víkendu máme takový (1.) _____ : chodíme na procházku do přírody. Minulý týden jsme navštívili farmu za městem. Viděli jsme krávy a velkého (2.) _____ . Venku u lesa běhali koně. Moc se nám líbila jedna bílá (3.) _____ . Když jsme šli domů, naše (4.) _____ dcera si všimla, že v trávě rostou různé zajímavé i obyčejné květiny a (5.) _____ . Květiny jsme dali do vázy a večer jsme si z (6.) _____ udělali bylinkový čaj.

▶ **6. S jakými vyjmenovanými slovy jsou příbuzná slova obyčejný a bylinkový, která vidíte v textu?**

....

▶ **7. Se slovem být jsou příbuzná další slova. Co znamenají?**

byt   bydliště   obývák   nábytek   obyvatel   ubytování

1. pokoj, kde je pohovka, křeslo, koberec, televize: ....
2. člověk, který žije v obci, městě, zemi: ....
3. ve formuláři: místo, kde bydlíte: ....
4. možnost bydlení na kratší dobu, např. o dovolené: ....
5. jeden nebo víc pokojů a kuchyňský kout nebo kuchyň: ....
6. stůl, židle, sedačka, křeslo: ....

▶ **8. Doplňte -i /-í nebo -y /-ý.**

1. b__lá barva
2. sestra b__la doma
3. v pokoji je málo náb__tku
4. dám si b__ftek
5. b__t psa
6. b__t v práci
7. b__strý student
8. ob__vák
9. sb__rat známky
10. je silný jako b__k
11. zab__t hada
12. b__dlet na sídlišti
13. b__linkový čaj
14. vaše nové b__dliště
15. počet ob__vatel

LEKCE 13 — Jací jsme a jak vypadáme?

▶ **1. Kdo se komu podobá? Doplňte dativ sg. substantiv.**

1. Dcera se podobá své .... (maminka).
2. Sestra se podobá svému .... (bratr).
3. Vnuk se podobá svému .... (dědeček).
4. Vnučka se podobá své .... (babička).
5. Syn se podobá svému .... (otec).
6. Bratr se podobá svému .... (strýc).

127/1

▶ **2. Kdo se komu podobá? Doplňte dativ krátkých osobních zájmen.**

1. Můj syn se _____ (já) vůbec nepodobá.
2. Děti se _____ (on) moc nepodobají.
3. Dcera a syn se _____ (my) podobají.
4. Tvůj vnuk se _____ (ty) podobá?
5. Vaše dcery se _____ (vy) podobají?
6. _____ (kdo) se podobáte vy?

127/1

▶ **3. Marcelka je osmiletá holčička. Prohlédněte si rodinnou fotografii. Co má Marcelka po kom?**

127/1

Například: Marcelka má dlouhé a vlnité vlasy po tetě Lucii.

Marcelka má...

1. .... oči po ....
2. .... uši po ....
3. .... krk po ....
4. .... nos po ....
5. .... obličej po ....
6. .... nohy po ....
7. .... zuby po ....
8. .... ramena po ....

▶ **4. Která vlastnost k danému typu nepatří?**

127/3

1. Flegmatik je spolehlivý, vyrovnaný, náladový a klidný.
2. Melancholik je tichý, bezstarostný, citlivý a vážný.
3. Cholerik je neklidný, ctižádostivý, energický a lhostejný.
4. Sangvinik je tichý, podnikavý, upovídaný a společenský.

▶ 5. Jaký je takový člověk? Doplňte adjektiva. Tři nebudete potřebovat.

| upovídaný | nafoukaný | nepořádný | puntičkářský | stydlivý |
| lhostejný | naštvaný | protivný | spolehlivý | šikovný |

1. Člověk, který má kvůli něčemu špatnou náladu, je ....
2. Člověk, který si myslí, že je lepší než ostatní, je ....
3. Člověk, který musí mít všechno v absolutním pořádku, je ....
4. Člověk, který se chová nepříjemně, ...
5. Člověk, který pořád mluví, je ....
6. Člověk, který se necítí dobře mezi neznámými lidmi, je ....
7. Člověk, kterému na ničem nebo nikom nezáleží, je ....

▶ 6. Jaký je člověk, který to říká? Doplňte vhodné adjektivum z nabídky předchozího cvičení.

Například: Hm, mně je to jedno. Uděláme to, jak chceš ty. – lhostejný

1. Neviděla jsi někde moje brýle? A nevíš, kde mám druhou ponožku? – ....
2. Ty nemáš značkové oblečení? Já nic jiného nenosím. – ....
3. Já vím, že nemáš čas, ale musím ti ještě říct, že… – ....
4. Určitě na to nezapomenu, neboj se. – ....
5. Pojď pryč, je tady moc lidí. Zdá se mi, že se na mě všichni koukají. – ....
6. Bé, bé, já nechci bonbon, nechci limonádu, nechci si hrát! Bééééé! – ....
7. Podívej se, tenhle stůl a židli jsem udělal sám. – ....
8. Ten projekt je dobrý, ale na straně 128 jste zapomněl napsat tečku za větou. – ....

▶ 7. Odpovězte na otázky.

Milan:

1. Proč jeho děda není typický dědeček? ....
2. Kolik mu je let? ....
3. Co vždycky vyprávěl Milanovi večer na chatě? ....
4. Jakou zápornou vlastnost má dědeček? ....

Dana

5. Proč Dana nemůže říct, kdo je nejlepší člověk jejího života? ....
6. Proč se s učitelkou angličtiny nenudí? ....
7. Proč učitelka angličtiny jednou ztratila testy? ....
8. Co se díky ní Dana naučila? ....

Agáta

9. Proč si nerozumí s rodiči? ....
10. Kdo je stydlivý? ....
11. Proč je Lucka „někdo"? ....
12. Co se stane, když jí Agáta řekne, že je protivná? ....

▶ 8. Přečtěte si, co říká František. Pak do textu doplňte adjektiva.

| nafoukaný | podnikavý | společenská | zábavný |

Nejlepší člověk mého života byla moje žena. Zemřela před dvěma lety, ale já na ni pořád myslím. Každý den si s ní povídám. Ptám se jí, co by udělala na mém místě. Já jsem nikdy nebyl (1.) ...., moje žena byla opravdovou hlavou rodiny a já jsem ji obdivoval. Byla tak energická, vždycky se o všechno starala a uměla se rychle rozhodnout. Byla (2.) .... a měla hodně přátel. Já jsem teď bez ní jako ztracený. Neumím se bavit s cizími lidmi, nejsem (3.) ...., a tak jsem často sám. Někteří lidé si asi myslí, že jsem (4.) ...., ale to není pravda. Jsem jenom osamělý.

9. Je to pravda?

1. Jarmila a Milada vypadají stejně. — Ano / Ne
2. Obě hned po porodu někdo adoptoval. — Ano / Ne
3. Matka se jich po narození nechtěla vzdát. — Ano / Ne
4. Obě sestry žily po narození v dětském domově. — Ano / Ne
5. Obě jsou podruhé vdané. — Ano / Ne
6. Sestry věděly, že jsou adoptované a že pocházejí z dvojčat. — Ano / Ne
7. Sestry se poprvé sešly hned po smrti Miladiných adoptivních rodičů. — Ano / Ne
8. Jarmila se dozvěděla, že má sestru, a začala ji hledat. — Ano / Ne
9. Mladší sestra je ctižádostivější. — Ano / Ne
10. Sestry se nikdy nepohádaly. — Ano / Ne
11. Sestry nemají žádnou špatnou vlastnost. — Ano / Ne

10. Doplňte.

dokončila	rozeznat	se rozešly	uveřejnila
neměly tušení	se našly	si vybrala	vzdala
přiznávají	se pohádaly	tvrdí	zažila

1. Jejich cesty .... hned po narození.
2. Sestry .... o tom, že pocházejí z dvojčat.
3. Matka se jich po porodu ....
4. Jarmila .... základní školu a vyučila se kuchařkou.
5. Milada .... stejné povolání.
6. Milada .... v časopise svou prosbu.
7. Milada .... velký šok, když poprvé uviděla svou sestru.
8. Lidé je na první pohled nedovedou ....
9. Milada ...., že sestra je lepší kuchařka než ona.
10. Sestry ...., že jsou upovídané.
11. Sestry .... jen jednou – o recept na svíčkovou.
12. Sestry jsou rády, že ....

11. Procvičujte další slovesa z textu. Doplňte uvedené formy.

infinitiv	3. sg. minulý čas	3. sg. přítomný čas	3. sg. budoucí čas
hádat se	hádal se		
pohádat se		---	
přiznávat		přiznává se	
přiznat		---	přizná se
rozcházet se			
rozejít* se		---	
rozvádět se			
rozvést* se		---	
uveřejňovat			
uveřejnit		---	
vybírat si			
vybrat* si		---	
vzdávat se			
vzdát se		---	

▶ **12. Imperfektivní nebo perfektivní? Vyberte vhodné sloveso.**   128/4+

1. Jejich cesty se *rozcházely / rozešly* hned po škole.
2. Matka se dětí hned po porodu *vzdávala / vzdala*.
3. Milada *uveřejňovala / uveřejnila* prosbu o pomoc v časopise.
4. Když *dokončovala / dokončila* základní školu, vyučila se kuchařkou.
5. Sestry se *hádaly / pohádaly* jenom jednou, o recept na svíčkovou.
6. Musím *přiznávat / přiznat*, že mám taky nějaké špatné vlastnosti.
7. Dlouho jsem si *vybíral / vybral* povolání, ale *vybíral / vybral* jsem si dobře.
8. Včera večer jsem *zažíval / zažil* největší šok svého života.
9. Sestry jsou rády, že *se nacházely / se našly*.

▶ **13. Vyberte správné slovo.**   128/4+

1. Po střední škole jsem si musel *vybrat / vzdát* vysokou školu.
2. Ctižádostivost je *vlastnost / povaha*.
3. Ten závod byl strašně náročný, pět závodníků ho *vybralo / vzdalo*.
4. V patnácti letech jsem neměla ani *nápad / tušení*, co chci dělat.
5. Můj kolega v práci *rozeznává / tvrdí*, že platy v naší firmě budou klesat.
6. Když jsem šéfovi ještě jednou vysvětlil celou situaci, *uznal / přiznal*, že bych mohl mít pravdu.
7. *Vlastnost / povaha* člověka záleží na jeho genech, na výchově a na dalších faktorech.
8. Moje známá *pochází / vybírá* z venkova, ze severních Čech.
9. Na policii se zloděj *uznal / přiznal*, že ukradl v tramvaji tašku.
10. Naše rodina prý před válkou *uveřejnila / vlastnila* několik domů na náměstí.
11. Moje známá *pochází / si vybírá* své známé podle toho, jestli vystudovali vysokou školu.
12. Ty dva texty napsali dva různí lidé, přesto je jejich *podobnost / tušení* zvláštní.
13. Sestra se nikdy *nevzdala / nepřiznala* svého snu stát se spisovatelkou.
14. Luboši, ty máš doma dvojčata. Jak je od sebe *rozeznáš / tvrdíš*?
15. Paní Šíchová *uveřejnila / vlastnila* svůj životní příběh v novinách.

▶ **14. Vytvořte správnou formu.**   129/11

1. Linda si chce vzít .... (nějaký milionář).
2. Náš kamarád se zítra ožení s .... (Martina).
3. Jiřina se před měsícem vdala za .... (známý politik).
4. Kdy si Ondra vzal .... (Šárka)?
5. .... (Miluška a Kamil) se budou brát.
6. Jan Lucemburský se oženil s .... (Eliška Přemyslovna).
7. Pavel si vezme .... (spolužačka ze školy).
8. Ljuba se vdá za .... (ten kluk z obchodu).
9. Patrik se konečně oženil s .... (Leona Kludská).
10. .... (Ondřej a Marta) se minulou neděli vzali.

▶ **15. Vyberte správnou formu.**   129/11

1. Slyšela jsi to už? Radka *se vdala / si vzala*.
2. Slyšela jsi to už? Radka *se vdala / si vzala* toho účetního.
3. Honza a Jitka *vzali / se vzali* minulý týden.
4. Honza *si vzal / vzal* Jitku minulý týden.
5. Filip *si vzal / se oženil* Milenu, předtím s ní chodil pět let.
6. Filip *si vzal / se oženil* s Milenou, předtím s ní chodil pět let.
7. Sousedka *si vzala / se vdala* za nějakého cizince.
8. Sousedka *si vzala / se vdala* nějakého cizince.
9. Můj bratr *se oženil / si vzal*.
10. Můj bratr *se oženil / si vzal* Kateřinu.

▶ 16. Představte si, že vás kamarád nebo kamarádka prosí o radu, jak pokračovat ve vztahu. Doplňte imperativ. (Všimněte si, že imperfektivní slovesa tvoří i negativní imperativy.)

infinitiv	3. pl. oznamovací způsob (oni-forma)	2.sg. imperativ (ty-forma)
brát si	berou si	ber si, neber si!
vzít si		
vdávat se		vdávej se, nevdávej se!
vdát se		
ženit se		
oženit se		
rozvádět se		
rozvést se		
rozcházet se		
rozejít se		

▶ 17. Doplňte podle smyslu imperativy z předchozího cvičení.

nebrat si / vzít si někoho
1. Honzo, když Moniku opravdu nemiluješ, ... ji!
2. Lucie, jestli máš Roberta opravdu ráda, ... ho!

nevdávat se / vdát se za někoho
3. Ireno, Karel je pro tebe určitě ideální partner. .... za něho!
4. Marie, zdá se mi, že ten Vojtěch je nějaký divný. .... za něho!

neženit se / oženit se s někým
5. Davide, Dáša má spoustu chyb. .... s ní!
6. Filipe, lepší holku než je Klára nenajdeš. .... s ní!

nerozvádět se / rozvést se s někým
7. Adame, vy se s Danou pořád jenom hádáte. .... s ní!
8. Veroniko, dej ještě Martinovi šanci a .... s ním!

nerozcházet se / rozejít se s někým
9. Zdeno, myslím, že si s Josefem nikdy nebudete rozumět. .... s ním!
10. Petře, Marcela tě má strašně ráda. .... s ní!

▶ 18. Přečtěte si, jaký vztah mají tři mladé páry ke svatbě. Doplňte do textu slova.

| brát | vdala | vdávat | vezmou | ženit |
| nevzali | vdává | vezme | vzali | |

Barbora a Jakub se budou (1.) .... Seznámili se teprve loni, ale už teď vědí, že spolu chtějí žít navždycky. Neumějí si představit společný život bez svatby. Barbora už jako malá holčička chtěla velkou svatbu v bílých šatech, ve kterých se bude cítit jako princezna. I Barbořina maminka se už těší, jak pozve všechny příbuzné a přátele a připraví mladým den, na který nikdy nezapomenou. Jakub říká, že svatbou přede všemi potvrdí, že spolu chtějí žít, že si oba svého vztahu váží a je pro ně důležitý. Bude to důležité i pro jejich děti, které chtějí mít. Jakubův otec odešel od rodiny, když mu bylo osm let. Rodiče se rozvedli a maminka se pak znovu (2.) .... a měla jiné jméno než Jakub. Jakub chce, aby jeho děti nemusely psát do formulářů jiná jména, než mají tatínek a maminka.

Cvičení pokračuje na následující straně.

Cvičení začíná na straně 43.

Viktor žije s Eliškou už osm let. Mají společný byt, společné auto, společně šetří peníze a společně se rozhodují o tom, jak je investují. O svatbě několikrát mluvili a dohodli se, že pro ně není důležitá. Viktor říká, že Elišku miluje i bez papírů a chce s ní být do konce života. Myslí si, že manželství je povinnost. Z manželství se brzy ztratí láska a romantika a zůstane jen nuda a stereotyp. Viděl to v manželství svých rodičů. Žijí spolu dodnes, ale nemají si co říct. Každý má svůj vlastní svět. S tím, že se Viktor a Eliška (3.) ...., a přesto spolu žijí, nikdo z rodiny a okolí nemá problém. Jen babička se občas zeptá Elišky, jestli by se nechtěla (4.) .... Eliška jí vždycky odpoví, že žádnou velkou svatbu nechce, za ty peníze raději pojedou na krásnou dovolenou. Viktor ale říká, že se možná jednou (5.) .... kvůli dětem.

Daniela nedávno překvapila rodiče. Přijela v neděli na návštěvu i s Filipem a oznámila jim, že se minulý týden (6.) .... Svatba byla na radnici, kromě nich tam byli jen dva kamarádi jako svědci. Potom šli na malý oběd a bylo to. Potřebují si od banky půjčit peníze na byt a jako manželé to budou mít jednodušší. Nechtěli za velkou svatbu utrácet peníze. Všechno bylo hrozně narychlo, proto ani nikoho nezvali. Danielině mamince bylo chvíli líto, že jí dcera neřekla, že se (7.) .... Ale zase tak moc jí to nevadilo, hlavně, že se ti dva mají rádi. Filipa zná už dlouho a věří mu. A svatba v rodině stejně bude, Danielin bratr Michal se bude (8.) .... v létě. (9.) .... si Blanku, se kterou chodí už dva roky.

▶ **19. Označte, co je/není pravda.**

1. Barbořina maminka souhlasí s velkou svatbou. — Ano / Ne
2. Jakubovi rodiče spolu šťastně žijí dodnes, ale každý má jiné jméno. — Ano / Ne
3. Podle Jakuba svatba všem ukáže, jak si váží své ženy. — Ano / Ne
4. Viktor si nechce Elišku vzít, protože se jeho rodiče rozvedli. — Ano / Ne
5. Viktor a Eliška nemají na svatbu peníze, protože pojedou na dovolenou. — Ano / Ne
6. Eliščiným rodičům nevadí, že jejich dcera žije s Viktorem bez svatby. — Ano / Ne
7. Daniela a Filip se vzali kvůli půjčce. — Ano / Ne
8. Danielina maminka se dlouho zlobila, že ji na svatbu nepozvali. — Ano / Ne
9. V létě se bude vdávat maminčina starší dcera Blanka. — Ano / Ne

▶ **20. Doplňte ve správné formě.**

narodit se	porodit	rodit se	učenec	učit se
naučit se	porodnice	učeň	učit	vyučený

1. Kamarádka dnes odpoledne odjela do .... a v deset večer .... zdravou holčičku.
2. Dcera .... v červnu 1998.
3. Obě moje děti .... moc dobře ....
4. Bratranec je .... mechanik.
5. Do zítra .... musím .... slovíčka z lekce 13.
6. Teta .... biologii na střední škole.
7. Standa je ...., až dokončí školu, bude kuchař.
8. Rabi Löw byl velký ...., který žil v rudolfinské Praze.
9. V hlavě .... mu .... nápad.

21. Doplňte základní formy adjektiv.

Například: sladký – sladší

1. .... – menší
2. .... – vyšší
3. .... – lepší
4. .... – sušší
5. .... – delší
6. .... – energičtější
7. .... – užší
8. .... – kratší
9. .... – horší
10. .... – lehčí

22. Doplňte komparativ.

1. velký – ....
2. nízký – ....
3. zdravý – ....
4. mladý – ....
5. široký – ....
6. pořádný – ....
7. těžký – ....
8. sladký – ....
9. drahý – ....
10. hezký – ....
11. chytrý – ....
12. čistý – ....

23. Procvičujte komparativ.

Například: romantický – romantičtější

1. kalorický – ....
2. ekologický – ....
3. praktický – ....
4. romantický – ....
5. sympatický – ....
6. lidský – ....
7. logický – ....
8. přátelský – ....
9. puntičkářský – ....
10. vědecký – ....

24. Doplňte komparativ podle vzoru.

Například: Ty šaty jsou moc drahé. – Chtěla bych nějaké levnější.

1. To auto je pomalé. Chtěl bych nějaké ....
2. Ta prodavačka je protivná. Měla by být ....
3. Ten film je nudný. Chtěla bych vidět nějaký ....
4. Tenhle dům je obrovský. Chtěla bych nějaký ....
5. Ten úkol je moc těžký. Chtěl bych nějaký ....
6. Ta sukně je moc široká. Měla by být ....
7. Ten kabát je moc světlý. Chtěla bych nějaký ....
8. Ten text je moc krátký. Musím napsat nějaký ....
9. To je chudá země. Raději bych žil v nějaké .... zemi.
10. Ty boty jsou moc nízké. Máte nějaké .... ?
11. Ta jablka jsou moc kyselá. Mám raději ....
12. Ty brambory jsou moc tvrdé. Chtěl bych ....

25. Doplňte základní formu, komparativ nebo superlativ adjektiva.

1. Dcera má .... (dlouhý) vlasy než maminka.
2. Kdo je stejně .... (velký) jako můj syn?
3. Libor je .... (bohatý) než František.
4. Včera jsem mluvila s Evženem, byl ještě .... (naštvaný) než obvykle.
5. Po dlouhé době jsem se sešla s Norou, byla .... (protivná) jako vždycky.
6. Tenhle text je .... (nudný) ze všech.
7. Příroda na podzim je .... (barevný) než v létě.
8. Čeština je .... (lehký) než japonština.
9. Podle mě je krajina kolem Klatov .... (malebný) na světě.
10. Brad Pitt je stejně .... (populární) jako Tom Hanks.

▶ **26. Doplňte správné koncovky a vytvořte komparativ.**

1. vesel___ koťata – .... koťata
2. star___ muž – .... muž
3. tučn___ maso – .... maso
4. inteligentn___ studentka – .... studentka
5. šťastn___ dívka – .... dívka
6. kvalitn___ jídlo – .... jídlo
7. drah___ dovolená – .... dovolená
8. vysok___ hora – .... hora
9. luxusn___ loď – .... loď
10. sladk___ zákusek – .... zákusek
11. nov___ sídliště – .... sídliště
12. romantick___ výlet – .... výlet
13. profesionáln___ pomoc – .... pomoc
14. lehk___ gramatika – .... gramatika
15. mlad___ politici – .... politici
16. chytr___ děti – .... děti
17. čerstv___ pstruzi – .... pstruzi
18. nízk___ domy – .... domy
19. drah___ auta – .... auta
20. prakti(cký)___ přátelé – .... přátelé

▶ **27. Jana, Simona a Lucie jsou kamarádky. Přečtěte si o nich informace v tabulce a doplňte věty.**

	Kolik jí je?	Kolik měří?	Kolik váží?	Jak má dlouhé vlasy?	Je hezká?	Je přátelská?
Jana	26	159	58 kg	++	+	+++
Simona	26	185	62 kg	+++	++	+
Lucie	32	172	66 kg	+	+++	++

1. Jana je stejně .... jako Simona, Lucie je .... než Jana a Simona jsou o 6 let .... než Lucie.
2. Simona je .... ze všech tří. Lucie je .... než Jana. Jana je .... Simona je o 26 centimetrů .... než Jana.
3. Simona je o 4 kilogramy .... než Jana. Lucie je z nich .... Jana je o 8 kilogramů .... než Lucie.
4. Jana má .... vlasy než Lucie. Simona má .... vlasy. Lucie má .... vlasy ze všech.
5. .... je Lucie. Simona je .... než Jana.
6. Lucie je .... než Simona. .... z nich je Jana.

▶ **28. Doplňte věty podle modelu.**

Například: Jana měří 172 centimetrů, Jitka měří 184 centimetrů. – Jana je o 12 centimetrů menší než Jitka.

1. Milan váží 102 kilogramů, Pavel 95. – Pavel je .... než Milan.
2. Katce je 27 let. Hance je 34 let. – Hanka je .... než Katka.
3. Lenka má tři děti, Leona jen jedno dítě. – Lenka má .... dětí než Leona.
4. Tomáš má čtyři kočky, Renata má tři kočky. – Renata má .... koček než Tomáš.
5. Milan má 5 pokojů, Simona jenom tři pokoje. – Milan má .... pokojů než Simona.
6. Libor bere 25 000 měsíčně, Honza jenom 21 000. – Honza bere .... než Libor.

▶ **29. Označte správné sloveso.**

1. cena *se zhoršila / se zvýšila*
2. počasí *se zhoršilo / se snížilo*
3. teplota *se zvýšila / se zvýšila*
4. zdraví *se zmenšilo / se zhoršilo*
5. situace *se zvětšila / se zlepšila*
6. riziko *se zhoršilo / se zvýšilo*

▶ **30. Doplňte slovesa** *zlepšit / zhoršit*, *zvětšit / zmenšit*, *zvýšit / snížit*, *zdražit / zlevnit*.

1. .... porce jídla v restauraci, rozdíly mezi chudými a bohatými, obrázek v počítači
2. .... daně, cenu obědů, nájem
3. .... nemoc, kvalitu jídla v restauraci, jeho češtinu
4. .... benzín, pivo, čokoládu, jídlo

▶ **31. Nebuďte pesimisty. Všechno se může změnit k lepšímu. Doplňte slovesa** *zlepšit*, *zvětšit*, *zvýšit*, *snížit*, *zlevnit* **ve správné formě.**

1. Máte malé oči? Když se naučíte správně malovat, oči se vám opticky ....
2. Včera byla situace beznadějná? Dnes se situace určitě ....
3. Máte nízký plat? Váš šéf vám ho od příštího měsíce ....
4. Počasí je špatné? O víkendu se určitě ....
5. Inflace je už několik let vysoká? Od příštího roku se jistě ....
6. Máte ve škole špatné známky? Učte se víc a vaše známky se ....
7. Chleba je moc drahý? Určitě už brzy trochu ....
8. Včera jste měl teplotu 39,6? Vezměte si léky a teplota se vám rychle ....
9. Měl jste včera špatnou náladu? Dneska se vám stoprocentně ....
10. Jídlo ve vaší jídelně je špatné? Stěžujte si a kvalita jídla se určitě ....

▶ **32. Doplňte adjektivum (ve správné formě) nebo adverbium.**

| dlouhý / dlouho | suchý / sucho | krátký / krátce | nebezpečný / nebezpečně | tvrdý / tvrdě |
| elegantní / elegantně | krásný / krásně | lehký / lehce | trapný / trapně | zdravý / zdravě |

1. Pohádala jsem se s manželem. Bohužel jsem neměla pravdu, musela jsem se mu omluvit. Cítila jsem se přitom ....
2. Kolegyně zapomněla, že se máme sejít. Byla to .... situace, musel jsem poslouchat její hloupé výmluvy.
3. Koupila jsem si .... šaty do divadla.
4. Pracuju jako manažerka a do práce se vždycky oblékám ....
5. V neděli jsme ráno zjistili, že máme jenom .... chleba. Snídali jsme sušenky.
6. Prababička celý život .... pracovala.
7. Ta vaše malá Hanička .... maluje!
8. V neděli bylo .... počasí, celý den jsme byli na zahradě.
9. Nebyl pro něj problém vystudovat vysokou školu, vždycky se učil ....
10. Po obědě jsme si dali .... moučník.
11. Nemám rád sladká vína. Piju jenom .... bílé víno.
12. V létě bylo velmi horko a ....
13. Proč jsi přišel tak pozdě? – Ráno jsem .... čekal na tramvaj.
14. Včera byl .... den. Byl jsem ve škole osm hodin.
15. Uděláme si .... dovolenou. Pojedeme na čtyři dny do Paříže.
16. Milí kolegové, řeknu to .... – projekt musíme bohužel ukončit.
17. Dáša a Honza dlouho nemohli mít děti, ale teď se jim narodil .... a hezký kluk.
18. Všichni víme, že musíme jíst ....
19. Bojím se s ním jezdit v autě, jezdí dost ....
20. Kamarád má .... koníček – dělá horolezectví.

33. Doplňte k adverbiím správné sloveso. Hledejte více možností.

| bydlet | házet | mluvit | vypadat | zhubnout |
| být | jíst | oblékat se | žít | šít |

1. .... hezky, pečlivě, rychle
2. .... teplo, zima, daleko
3. .... daleko, blízko, luxusně
4. .... německy, rychle, dobře
5. .... daleko, blízko, přesně
6. .... dobře, unaveně, staře
7. .... zdravě, pomalu, dietně
8. .... hodně, málo, rychle
9. .... šťastně, dlouho, klidně
10. .... moderně, elegantně, draze

34. Vyberte správnou formu adverbia.

1. Venku je *teple / teplo*.
2. Šéf mu odpověděl *suše / sucho*.
3. Zítra ráno bude *jasně / jasno*.
4. Pan Nový byl *těžce / těžko* nemocný.
5. Na poušti je *suše / sucho*.
6. Včerejší porada trvala hodně *dlouze / dlouho*.
7. Hanka mi řekla *jasně / jasno*, že je mezi námi konec.
8. Když se moc najím, je mi *těžce / těžko*.
9. Když se málo obléknu, je mi venku *chladně / chladno*.
10. Moje babička celý život *těžce / těžko* pracovala.

35. Doplňte správnou formu adverbia.

| dlouze / dlouho | jasně / jasno | teple / teplo |
| chladně / chladno | suše / sucho | těžce / těžko |

1. Když dlouho neprší, je ....
2. Velmi .... jí řekl, že s jeho pomocí nemá počítat.
3. Na nebi nejsou žádné mraky, je ....
4. ...., rozumím, sejdeme se zítra v pět.
5. Neměl jsem jíst tu kachnu, teď je mi ....
6. Paní Márové je devadesát let, často vzpomíná, jak celý život .... pracovala na statku.
7. Zítra bude pět stupňů pod nulou, ... se obleč.
8. Je jaro, venku je konečně ....
9. Když je na podzim .... a prší, je příjemné sedět doma a číst si.
10. Šéf mě .... pozdravil a nic neřekl.
11. Ráno jsem .... čekal na tramvaj.
12. Petr se na Lucii .... díval a pak ji políbil.

36. Doplňte základní formu nepravidelných adverbií.

1. .... – líp / lépe
2. .... – míň / méně
3. .... – výš / výše
4. .... – dýl / déle
5. .... – níž / níže
6. .... – dřív / dříve
7. .... – dál / dále
8. .... – blíž / blíže
9. .... – hůř / hůře
10. .... – víc / více

37. Začíná nový rok. Co plánuje Irena? Doplňte komparativ adverbií.

1. Určitě budu žít .... (dobře), než žiju teď.
2. Ztloustla jsem. Měla bych .... (málo) jíst.
3. Musím taky .... (hodně, moc) sportovat.
4. Každý den budu ráno vstávat .... (brzy) a budu cvičit.
5. Benzín je drahý. Přestěhuju se .... (blízko) k centru a budu jezdit tramvají.
6. Starý byt musím prodat .... (draho, draze), než jsem ho koupila.
7. Teď bydlím v šestém patře, ale chtěla bych bydlet ještě .... (vysoko).
8. Nestíhám dokončit projekt. Každý den zůstanu v práci .... (dlouho) a dokončím ho.

▶ **38. Procvičujte komparaci adverbií. Doplňte pravidelné formy komparativu.**

1. levně – ....
2. pomalu – ....
3. vážně – ....
4. spolehlivě – ....
5. slavnostně – ....
6. hlasitě – ....
7. elegantně – ....
8. zdvořile – ....
9. osaměle – ....
10. pečlivě – ....
11. upřímně – ....
12. naštvaně – ....

▶ **39. Procvičujte formy komparativu adverbií končících na -cky.**

Například: sympaticky – sympatičtěji

1. romanticky – ....
2. prakticky – ....
3. logicky – ....
4. umělecky – ....
5. optimisticky – ....
6. klasicky – ....
7. energicky – ....
8. typicky – ....
9. kriticky – ....
10. pesimisticky – ....

▶ **40. Doplňte do vět formy komparativu.**

| hlasitě | logicky | pečlivě | kriticky |
| levně | osaměle | pomalu | naštvaně |

1. Byl hrozně rozzlobený, opakoval to a mluvil pořád ....
2. Tady vzadu není nic slyšet. Prosím vás, mluvte trochu ....
3. Napište ten úkol ještě jednou a ....
4. Stavba domu už stála moc peněz, budeme muset dál stavět ....
5. Jana byla na Vánoce poprvé sama. Nikdy v životě se necítila ....
6. Ta nová kolegyně je hrozně kritická. Ještě jsem nepotkal člověka, který se chová
   ....
7. Vaše odpověď na maturitní otázku byla trochu chaotická, mohla byste nám ji zopakovat ještě jednou
   a .... ?
8. Promiňte, nerozumím, můžete mluvit .... ?

▶ **41. Viktor nedělá některé věci dobře. Co by měl dělat jinak? Doplňte podle modelu.**

Například: Má se špatně. Měl by se mít lépe.

1. Zpívá moc hlasitě. Měl by zpívat ....
2. Žije hodně hekticky. Měl by žít ....
3. Pracuje chaoticky. Měl by pracovat ....
4. Chodí pozdě. Měl by chodit ....
5. Jí rychle. Měl by jíst ....
6. Bydlí daleko. Měl by bydlet ....
7. Chodí k nám málokdy. Měl by k nám chodit ....
8. Málo cvičí. Měl by cvičit ....
9. Mluví hloupě. Měl by mluvit ....
10. Vypadá smutně. Měl by vypadat ....

▶ **42. Renata také dělá hodně věcí špatně. Co by měla dělat jinak?**

Například: Učí se špatně. – Měla by se učit líp.

1. Hodně utrácí. – Měla by utrácet ....
2. Koupila si drahé auto. – Měla si koupit nějaké .... auto.
3. Do práce se obléká sportovně. – Měla by se oblékat ....
4. Její kamarádi jsou hodně mladí. – Měla by mít .... kamarády.
5. Její úkoly na lekce angličtiny jsou moc krátké. – Její úkoly by měly být ....
6. Mluví moc pomalu. – Měla by mluvit ....
7. Má malý byt. – Měla by si koupit .... byt.
8. Nosí tmavé oblečení. – Měla by nosit .... oblečení.
9. Na schůzky chodí brzy a vždy musí čekat. – Měla by na schůzky chodit ....
10. Má nízký plat. – Měla by mít .... plat.

▶ **43. Podle potřeby doplňte komparativ nebo superlativ adjektiv nebo adverbií.**

Například: Pavel přišel nejdřív ze všech studentů. – Pavel přišel dřív než ostatní studenti.

1. Radek jezdí autem .... (rychle) ze všech.
2. Milena se učí .... (špatně) než Martina.
3. Lukáš skáče .... (vysoko) než Roman.
4. Nora vypadá .... (dobře) než Patricie.
5. Ivan utrácí měsíčně .... (hodně) ze všech.
6. Jakub bydlí .... (daleko) ze všech od centra.
7. Tahle restaurace je .... (drahý) v celém městě.
8. Sněžka je .... (nízký) než Mount Everest.
9. Sabina má .... (dlouhý) vlasy než Jolana.
10. Tereza je .... (praktický) než Štěpán.
11. Vojtěch je .... (chytrý) ze všech.
12. Čeština je .... (těžký) ze všech jazyků.

▶ **44. Adverbium nebo adjektivum? Vyberte.**

1. Guláš od maminky chutná *nejlépe* / *nejlepší*.
2. Guláš od maminky je *nejlépe* / *nejlepší*.
3. Dnes je *tepleji* / *teplejší* než včera.
4. Dnes je počasí *tepleji* / *teplejší* než včera.
5. Petrovo oblečení je dnes *elegantněji* / *elegantnější* než obvykle.
6. Petr se dnes oblékl *elegantněji* / *elegantnější* než obvykle.
7. V tom okamžiku jsem se cítil *nejtrapněji* / *nejtrapnější*.
8. To byl ten *nejtrapněji* / *nejtrapnější* okamžik celého večera.
9. Chování dnešních dětí je *hůř* / *horší* než dříve.
10. Děti se dnes chovají *hůř* / *horší* než dříve.
11. V nové posteli spím *lépe* / *lepší* než ve staré.
12. Spánek v nové posteli je *lépe* / *lepší* než ve staré.
13. Jízda vlakem do Litoměřic je *déle* / *delší* než autobusem.
14. Vlak jede do Litoměřic *déle* / *delší* než autobus.

45. Adverbium nebo adjektivum? Vyberte a použijte v komparativu.

blízký / blízko	dlouhý / dlouho	drahý / draho	lehký / lehce	špatný / špatně
častý / často	dobrý / dobře	klidný / klidně	nízký / nízko	vysoký / vysoko

1. Kino je od našeho domu . . . . než divadlo.
2. Červnové teploty jsou . . . . než březnové.
3. Lenka má světlejší barvu vlasů než dřív a vypadá teď mnohem . . . .
4. Martin už dlouho nebyl u holiče a má teď . . . . vlasy než dřív.
5. Na podzim mám vždy deprese a cítím se . . . . než v létě.
6. Michal držel dva měsíce dietu a teď je o 10 kilogramů . . . .
7. Tramvaj číslo 17 jezdí . . . . než tramvaj číslo 5. Má intervaly jen 4 minuty.
8. Ceny elektroniky jsou teď . . . . než v zimě, proto si chceme koupit novou televizi.
9. Benzín je zase o korunu . . . . než před měsícem, budeme muset méně jezdit autem.
10. Na vesnici je život . . . . než ve městě

46. Na obrázku nahoře je Lucie Spurná dnes, na obrázku dole je Lucie před dvaceti lety. Porovnejte její život dnes a dříve. Používejte slova z nabídky a komparativy.

drahý	hubený	málo	špatně
elegantně	krátký	rychlý	zdravě

1. Dnes je Lucie hubenější než dříve.
2. Dnes má Lucie . . . . vlasy než dříve.
3. Dnes se Lucie obléká . . . . než dříve.
4. Dnes Lucie nosí . . . . oblečení než dříve.
5. Dnes Lucie vidí . . . . než dříve.
6. Dnes Lucie jí . . . . než dříve.
7. Dnes Lucie jezdí v . . . . autě než dříve.
8. Dnes se Lucie směje . . . . než dříve.

Lucie dnes

dlouhý	hodně	pohodlný	sympaticky
dobře	levný	sportovně	velký

1. Dříve měla Lucie . . . . psa než dnes.
2. Dříve se Lucie oblékala . . . . než dnes.
3. Dříve Lucie pila . . . . piva než dnes.
4. Dříve měla Lucie . . . . vlasy než dnes.
5. Dříve měla . . . . auto než dnes.
6. Dříve Lucie viděla . . . . než dnes.
7. Dříve Lucie vypadala . . . . než dnes.
8. Dříve Lucie nosila . . . . boty než dnes.

Lucie dříve

▶ 47. Matěj a Olda Berouskovi jsou bratři. Přečtěte si o nich informace a doplňte věty.

	Matěj	Olda
1. Jak daleko bydlí od Prahy?	128 km	56 km
2. Kolik má dětí?	3	2
3. Kolik let je manželce?	36	28
4. Jaký má plat?	19 500 Kč	24 300 Kč
5. Jak rychle pracuje?	+	++
6. Jak je vysoký?	195 cm	175 cm
7. Kolik mu je let?	39	32

1. Matěj bydlí .... od Prahy než Olda.
2. Olda bydlí .... ke Praze než Matěj.
3. Matěj má .... dětí než Olda.
4. Olda má .... dětí než Matěj.
5. Manželce Matěje je .... než manželce Oldy.
6. Manželka Matěje je .... než manželka Oldy.
7. Manželce Oldy je .... než manželce Matěje.
8. Manželka Oldy je .... než manželka Matěje.
9. Olda vydělává .... než Matěj.
10. Oldův plat je .... než Matějův plat.
11. Matějův plat je .... než Oldův plat.
12. Matěj pracuje .... než Olda.
13. Olda pracuje .... než Matěj.
14. Olda je o 20 cm .... než Matěj.
15. Matěj je o 20 cm .... než Olda.
16. Olda je o 7 let .... než Matěj.
17. Matěj je o 7 let .... než Olda.

▶ 48. Jste nejstarší, prostřední nebo nejmladší dítě, nebo jste jedináček? Přečtěte si text a přiřaďte titulky.

| A. Nejstarší děti | B. Prostřední děti | C. Nejmladší děti | D. Jedináčci |

Povahové vlastnosti lidí se formují v dětství na základě rodinných vztahů. Pořadí, v jakém se dítě narodilo, může mít vliv na jeho povahu.

1. ....
Tyto děti mohou mít problémy se svou pozicí v rodině, protože se jejich místo s příchodem mladšího sourozence změnilo. Proto často soutěží o pozornost rodičů. Jejich typickou vlastností je dobře vycházet s lidmi v okolí. Od dětství totiž musejí umět komunikovat jak se starším, tak s mladším sourozencem. Jsou velmi společenské, flexibilní a diplomatické, ale taky rebelující a soutěživé.

2. ....
Tyto děti jsou od narození zvyklé na pomoc starších sourozenců. Proto je pro ně typické, že jsou jen málo zodpovědné. Většinou jsou zvyklé na to, že jsou středem pozornosti celé rodiny, a proto jsou často rozmazlené. Umí být kreativní, protože chtějí být jiní, než starší sourozenci. Jsou bezstarostné, společenské a empatické a často mají dobrý smysl pro humor. Na druhé straně však můžou být nesamostatné a mít tendenci manipulovat ostatní.

3. ....
Tyto děti tvoří samostatnou kategorii, protože je ovlivňují pouze dospělí a chybí jim interakce s dětmi. Mají problémy s komunikací s ostatními dětmi a často jsou sobecké. Obvykle jsou velmi ambiciózní a chtějí být úspěšné ve všem, co dělají. Jsou to perfekcionisté, ale jsou také tvořivé a mají rádi pořádek a rutinu. V extrémních případech mohou být egoistické a egocentrické.

4. ....
Tyto děti od dětství nesou zodpovědnost nejen za sebe, ale i za své mladší sourozence. Od prvních let života je chrání a pomáhají jim. Proto jsou velmi zodpovědné, ale také dominantní. Obvykle se dobře učí, a proto je lidé dávají za vzor mladším sestrám a bratrům. Na tuto pozici si rychle zvykají a v dospělosti chtějí být také ve všem nejlepší. Mezi jejich pozitivní vlastnosti patří umění vést ostatní lidi a rychle analyzovat situaci. Často jsou také velmi ambiciózní.

▶ 49. Co to znamená? Spojte.

1. tvořivý
2. pouze
3. příchod mladšího sourozence
4. egocentrický
5. mohou
6. rutina
7. (dobře) vycházet s lidmi
8. ambiciózní
9. sobecký
10. být středem pozornosti
11. umět komunikovat
12. být empatický

A. ctižádostivý
B. ten, kdo se stará jenom o sebe
C. to, co dělám pořád stejně
D. jenom
E. mít dobré vztahy s lidmi
F. narození dalšího bratra nebo sestry
G. kreativní
H. všichni se o ně zajímají
I. umět se domluvit
J. egoistický
K. rozumět tomu, co cítí ostatní lidé
L. můžou

▶ 50. Jaké vlastnosti mají tito lidé? Doplňte.

ambiciózní	dominantní	sobečtí	společenští
bezstarostní	rozmazlení	soutěživí	zodpovědní

1. Jako prostřední děti se museli umět domluvit se staršími i mladšími sourozenci, proto jsou ....
2. Jako nejstarší děti se v dětství museli starat o své mladší sourozence, proto jsou ....
3. Jako nejmladší děti byli vždy v centru pozornosti rodiny, proto jsou ....
4. Jako jedináčci nebyli zvyklí dělit se a půjčovat hračky sourozencům, proto mohou někdy být ....
5. Jako prostřední děti museli bojovat o pozici v rodině, proto jsou ....
6. Jako nejstarší děti byli zvyklí být nejlepší, proto jsou ....
7. Jako nejmladší děti byli zvyklí na ochranu a pomoc starších sourozenců, proto jsou ....
8. Jako nejstarší děti byli zvyklí vést své sourozence, proto jsou ....

▶ 51. Doplňte komparativy adverbií nebo adjektiv.

133/6

hezčí	hůře	lépe	víc (2x)
horší	chytřejší	rychleji	

1. Čím déle držím dietu, tím .... mám náladu.
2. Čím tišeji mluvíš, tím .... tě slyším.
3. Čím častěji chodím to fitness centra, tím .... mám postavu.
4. Čím zajímavější je ta kniha, tím .... ji přečtu.
5. Čím déle žiju v České republice, tím .... mluvím česky.
6. Čím víc vydělávám, tím .... utrácím.
7. Čím jsem starší, tím jsem ....
8. Čím déle ho znám, tím .... ho nesnáším.

▶ 52. Vyberte správnou formu komparativu adjektiva nebo adverbia.

133/6

1. Čím *delší / déle* se učím, tím *lepší / lépe* napíšu test z češtiny.
2. Čím *lepší / lépe* je učitel, tím *rychleji / rychle* se naučím česky.
3. Čím *levnější / levněji* nakupujeme, tím *horší / hůř* zboží máme.
4. Čím *delší / déle* budu spát, tím *lepší / lépe* budu mít ráno náladu.
5. Čím *častější / častěji* budu sportovat, tím *lepší / lépe* se budu cítit.
6. Čím *starší / stařel* jsme, tím *horší / hůř* vidíme.
7. Čím *starší / stařel* je víno, tím *lepší / lépe* chutná.
8. Čím *delší / dlouze* jsou dny, tím *kratší / krátce* jsou noci.

Lekce 13• Česky krok za krokem 2 • PRACOVNÍ SEŠIT 53

53. Vytvořte správnou formu komparativu.

1. Čím .... *dlouhý / dlouho* bydlím na vesnici, tím jsem tu .... *spokojený / spokojeně*.
2. Čím .... *často / častý* mluvíme o dovolené, tím .... *malý / málo* se na ni těším.
3. Čím .... *rychlý / rychle* mluvím, tím .... *hodný / hodně* chyb dělám.
4. Čím .... *malý / málo* mluvím německy, tím .... *hodný / hodně* zapomínám.
5. Čím .... *drahý / draho* mám auto, tím .... *malý / málo* se o něj starám.
6. Čím .... *dlouhý / dlouho* ráno spím, tím .... *špatný / špatně* se cítím.
7. Čím .... *zajímavý / zajímavě* je film, tím .... *dlouhý / dlouho* na něj myslím.

54. Doplňte správné adverbium v superlativu.

blízko	často	dlouho	málo	teple
brzy 2x	daleko	dobře	pomalu	

Například: Choď cvičit...................., abys byl fit. – Choď cvičit co nejčastěji, abys byl fit.

1. Musíš ten test napsat ...., potřebuješ dobrou známku.
2. Mluvte na něj ...., ještě dobře nerozumí česky.
3. Zavolej mi ...., abych to věděla.
4. Obleč se ...., bude velká zima.
5. Ten balón musíš hodit ....
6. Přijď domů ...., ať nemám strach.
7. Zůstaň na chatě ...., máš prázdniny a potřebuješ klid a čerstvý vzduch.
8. Kup lístky .... k jevišti, abychom dobře viděli na herce.
9. Na dovolenou vezmi .... věcí, máme jen jeden kufr a jednu tašku.

55. Doplňte reflexivní *se* na správné místo, pokud je třeba.

1. Tomáš _____ včera _____ rozčílil _____ kvůli synovi.
2. Pavla _____ včera _____ rozčílil _____ syn, kterého viděl kouřit v parku.
3. Martino, _____ nerozčiluj _____ zbytečně kvůli takové hlouposti.
4. Večer _____ jsem _____ rozčílila _____ kvůli zprávám v televizi.
5. Už dlouho _____ jsem _____ tak nerozčílil _____ jako dneska na úřadě.
6. Moniku _____ naštvala _____ kolegyně, nepřipravila včas materiály na prezentaci.
7. Nikdy jsem neviděl, že _____ by _____ Ivan _____ naštval. Je to hrozně hodný člověk.
8. Nevíš, co _____ šéfa _____ tak naštvalo?
9. Nechtěl bych, aby _____ Petra _____ zase _____ naštvala _____ . Co mám dělat?
10. Včera _____ jsem _____ asi _____ naštval kolegy v práci, nesouhlasil jsem s jejich návrhy.
11. Když jsem si přečetla ten článek na internetu, _____ rozzuřila _____ jsem _____ .
12. Milada _____ rozzuřila _____ , že jí šéf nechce dát dovolenou.
13. Roman _____ úplně _____ rozzuřil _____ včera v hospodě, pohádal se tam s Ondrou.
14. Luděk _____ rozzuřil _____ učitele, protože mu řekl, že nemá pravdu.
15. Pes _____ rozzuřil _____ a začal štěkat.

56. Přečtěte si znovu text v učebnici na straně 134 a odpovídejte.

1. Kdo si myslí, že kouření je věc kuřáků? – ....
2. Kdo se domnívá, že na veřejnosti by se kouřit nemělo? – ....
3. Kdo pochybuje o tom, že parlament schválí zákaz kouření na veřejnosti? – ....
4. Kdo by byl blázen, kdyby přestal kouřit? – ....
5. Kdo si nestěžuje na auta, i když smrdí a ničí zdraví? – ....
6. Kdo souhlasí s tím, že kouření na zastávce lidem vadí? – ....
7. Kdo si myslí, že auta s kouřením nesouvisí? – ....
8. Kdo kouří jenom doma na balkoně, protože nechce nikoho otravovat? – ....

▶ **57. Co byste řekli kamarádovi? Co byste řekli při obchodním jednání? Označte jako NF (= neformální) a F (= formální).**

133/6

1. Byl bych blázen, kdybych... – _____
2. Domnívám se, že... – _____
3. Jsi úplně vedle. – _____
4. Kecáš nesmysly. – _____
5. Měl by sis uvědomit, že... – _____
6. Měl bys vzít v úvahu, že... – _____
7. Na jedné straně chápu, že... – _____
8. Silně pochybuju o tom, že... – _____
9. Také si to myslím. – _____
10. To je dobrá myšlenka. – _____
11. To je snad jasný, ne? – _____
12. To jsou blbý argumenty. – _____

▶ **58. Doplňte do vět následující výrazy.**

133/6

proč	jak	co	že
že	kolik	abys	aby

Měl bys vzít v úvahu,

1. .... miliónů lidí na světě kouří.
2. .... kouření škodí zdraví.
3. .... rychle se z lidí stanou kuřáci.
4. .... stát nezakáže kouření úplně. Kvůli daním.

Souhlasím s tím,

5. .... bys měl s kouřením skutečně přestat.
6. .... jsi o kouření řekl.
7. .... přestal kouřit.
8. .... kuřáci platili vyšší daně.

▶ **59. Co odpovíte? *To nevadí*, *to je jedno*, nebo oboje?**

135/11

1. Chceš k večeři rýži, nebo těstoviny? – .... Mám ráda oboje.
2. Bohužel, došel nám černý čaj. – .... Dám si ovocný čaj.
3. Zapomněla jsem ti donést tu knížku. – .... Doneseš mi ji zítra.
4. Omlouvám se, že jdu pozdě. – .... Zatím jsem si přečetl noviny.
5. Půjdeme odpoledne plavat, nebo hrát šipky? – .... Jak chceš ty.
6. Máme přijít v osm, nebo v devět? – .... Budu doma celý večer.
7. Promiň, nekoupil jsem máslo. – .... Budeme jíst chleba se sýrem.
8. Nezeptal jsem se Jany, kdy k nám přijdou. – .... Zeptám se jí zítra.

▶ **60. Přečtěte si text Pravidla správné hádky. Doplňte slova.**

135/10

koš	řekl	vliv	vulgární
nutné	utracené	v přítomnosti	vztahu

V každém (1.) .... jsou momenty, kdy se lidé začnou kvůli něčemu hádat. Většinou kvůli maličkostem, jako je nevynesený (2.) ...., studená večeře, televizní program, peníze (3.) .... za oblečení, množství vypitých piv.
Hádka někdy může mít i pozitivní (4.) ...., vyčistí se vzduch a partneři spolu mohou znovu komunikovat.
Je ale (5.) .... dodržet několik pravidel správné hádky.

A. Hádka musí být co nejdříve po kritické události.
B. Nehádejte se 6. .... dětí a dalších osob.
C. Neopakujte staré problémy.
D. Neopakujte to, co 7. .... někdo další.
E. Nemluvte o věcech, které nemají s problémem nic společného.
F. Nepoužívejte 8. .... slova.
G. Nezesměšňujte partnera.
H. Dejte partnerovi možnost taky mluvit.

Cvičení pokračuje na následující straně.

▶ **61. Přečtěte si hádku Dominika a Johanky a napište, které pravidlo správné hádky porušili. Jedno pravidlo nebudete potřebovat. Zvýrazněná slova vám pomohou.**

Dominik a Johanka jsou spolu už pět let. Většinou žijí klidně a bez konfliktů, ale jednou za čas se pohádají kvůli hlouposti. Včera Dominika rozzlobilo, že Johanka ráno před odchodem do práce nechala rozsvícené světlo v koupelně a na chodbě. Teď jsou spolu na večeři v restauraci spolu s několika kamarády. _B_

1. *Dominik*: Teď jsem si vzpomněl. Představte si, že moje žena neumí zhasnout světlo. **Včera** zase nechala svítit světlo v koupelně a na chodbě a klidně šla do práce. _____

2. *Johanka*: No a co se stalo? Za chvíli po mně jsi vstal ty a to světlo jsi zhasnul.
   Dominik: Za chvíli? Za půl hodiny! Víš, kolik platíme za elektriku? A víš, kolik stojí hodina svícení v koupelně? Možná je to jen pár halířů, ale když to děláš skoro pořád, stojí nás to celkem dost peněz.
   Johanka: Jak často to dělám? Kdy jsem naposledy nechala svítit světlo, co? A vůbec, mně budeš vyčítat pár halířů za žárovku a sám denně vyhodíš z okna aspoň stovku za **cigarety**. Akorát po nich smrdíš. _____

3. *Dominik*: No to je výborný, ty mi budeš počítat cigarety, jo? A kolik asi stojí ty tvoje svetříčky, co si furt kupuješ? To nevíš, co? Ty si myslíš, že když si koupíš nový svetr, budeš vypadat jako královna krásy, ale to bys radši měla trochu **zhubnout**. Co myslíš, Karle, nemám pravdu? _____

4. *Johanka*: Co, já mám zhubnout? Ty **idiote**! A to mi budeš povídat ty, ty s tím pivním břichem? To nemyslíš vážně. A proč mám pár kilo navíc, co? Protože pořád sedíme doma, koukáme na televizi. Kdybys se mnou šel na procházku nebo do fitka, tak vypadám jinak. _____

5. *Dominik*: No jasně, to je moje vina, že jsi tlustá. Ale **moje maminka** vždycky říkala, tu si neber, ta bude jednou vypadat jako její máma a ta má aspoň sto kilo. _____

6. *Johanka*: Tvoje matka mě nikdy neměla ráda, ani moji rodinu. Ale ta nemá ráda nikoho. Ty jí nikdy nic neřekneš, když mě kritizuje. Jako minulé Vánoce, jak mi pořád opakovala, že to moje cukroví je jako kámen, že jsem ho měla upéct už na začátku prosince, aby změklo. A co ty? Nic, mlčel jsi jako ryba.
   Dominik: Maminka měla vždycky výborný vánoční cukroví, ale...
   Johanka: Neskákej mi do řeči. **Mlč**! Teď mluvím já. To jsi mě tenkrát tak naštval, že když si na to vzpomenu, ještě dneska mám vztek. _____

▶ **62. Označte, co je/není pravda.**

1. Dominikovi se nelíbí, že Johanka zapomíná zhasínat světlo v koupelně. Ano / Ne
2. Dominikovi se Johanka už nelíbí, protože je tlustá. Ano / Ne
3. Dominikova matka řekla Johance, že je tlustá. Ano / Ne
4. Johanka chce, aby Dominik přestal kouřit. Ano / Ne
5. Johanka podle Dominika moc utrácí za oblečení. Ano / Ne
6. Johanka by chtěla chodit sama cvičit. Ano / Ne
7. Dominikova matka řekla Johance, že má vánoční pečivo péct dřív. Ano / Ne
8. Johanka si chce poslechnout Dominikovy argumenty. Ano / Ne

Procvičujeme pravopis

Zopakujte si

▶ **1. Pamatujete si vyjmenovaná slova po B? Doplňte -i / -y nebo -í / -ý.**

1. sedět v ob__váku
2. silný jako b__k
3. ob__čejný člověk
4. sb__rka pohlednic
5. zab__l mouchu
6. milion ob__vatel
7. nab__t mobil
8. tady jsem b__dlel
9. nový náb__tek
10. dítě zlob__lo
11. starý b__t
12. moje b__dliště

Pravidlo: Vyjmenovaná slova po L
V těchto slovech a slovech příbuzných vždycky píšeme po písmenu L tvrdé -y/-ý:
slyšet, mlýn, blýskat se, polykat, plynout, lýtko, lyže

▶ **2. Co je to? Doplňte vyjmenovaná slova.**

blýskat se   mlýn   lýtko   lyže   plynout   polykat

1. část nohy: ....
2. místo, kde se mele obilí: ....
3. to, co potřebuju při populárním zimním sportu: ....
4. posunovat potravu z úst do krku: ....
5. pohybovat se (o čase, o vodě v řece): ....
6. to, co se děje při bouřce, vidíme to: ....

▶ **3. Popište, co vidíte na fotografiích. Používejte přitom vyjmenovaná slova.**

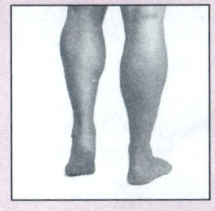   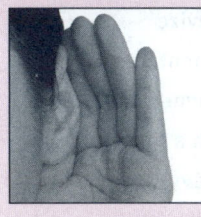 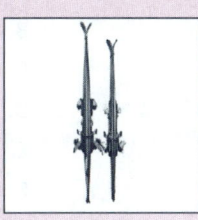

1. .... 2. .... 3. .... 4. .... 5. ....

1. Je velká bouřka. Ještě neprší, ale už ....
2. Těším se na hory! Mám krásné nové ....
3. Na výletě jsme viděli hrad a starý .... u řeky.
4. Čas .... tak pomalu...
5. O víkendu jsem ujel na kole 100 kilometrů. Teď mě bolí kolena a ....

▶ **4. Přečtěte si, co vypráví Eva Potůčková. Doplňte vyjmenovaná slova do textu.**

| mlýnu | se blýská | slyšeli | lyže |
| polykat | plynul | lýtka | |

Minulý víkend napadl sníh, tak jsme se s kamarády domluvili, že pojedeme na běžky. Vzali jsme (1.) _____ a autem jsme dojeli ke starému (2.) _____ Tam jsme zastavili a vyjeli jsme na cestu. Cesta lesem byla krásná a čas (3.) _____ tak rychle, že jsme si ani nevšimli, že přišly černé mraky. Najednou jsme (4.) _____ hrom a viděli jsme, že (5.) _____ . Bouřka v zimě? To bylo opravdu neobvyklé. Rychle jsme se vrátili k autu. Náš pes už měl velkou žízeň a začal (6.) _____ sníh. Museli jsme zastavit u pumpy a dát mu vodu. Druhý den mě z lyžování bolely stehna i (7.) _____ , ale bylo to fajn.

▶ **5. Od kterého vyjmenovaného slova jsou odvozena následující slova?**

| lyžař | mlynář | lyžovat | plyn |
| uslyšet | slyšitelný | plynový | lyžování |

1. slyšet: ....
2. mlýn: ....
3. lyže: ....
4. plynout: ....

▶ **6. Doplňte vhodná spojení.**

| čaj | člověk | pokoj | sporák | studentka | zvuk |

1. plynový ....
2. bylinkový ....
3. slyšitelný ....
4. bystrá ....
5. obyčejný ....
6. obývací ....

▶ **7. Doplňte -i / -y nebo -í / -ý.**

1. L__bí se mi tvoje nové l__že.
2. Bl__zko našeho domu je starý ml__n.
3. Čas rychle pl__ne.
4. Bol__ mě l__tko.
5. Včera byla bouřka. Bl__skalo se a hřmělo.
6. Voda v řece kl__dně pl__nula.
7. Večer dávají v televizi můj obl__bený film.
8. Koupíme tři kel__mky jogurtu.
9. Na horách jsou stovky l__žařů.
10. Nal__ješ prosím do skleniček víno?
11. Učitel mluvil potichu, špatně jsem ho sl__šel.
12. Včera jsem se na lekci učili české l__dové písničky.

LEKCE 14 Žijeme ve věku informací

▶ **1. Co najdeme v novinách a časopisech nebo na internetu? Spojte výrazy.** — 137/2

1. recenze
2. politické
3. sportovní
4. dokumentární
5. předpověď
6. kurzy
7. program
8. zprávy z oblasti ekonomiky a
9. diskuse a
10. dopisy

A. financí
B. televize
C. komentáře
D. polemiky
E. knih a filmů
F. zprávy
G. akcií
H. počasí
I. čtenářů
J. pořady

▶ **2. Co uděláte, když…? Doplňte výrazy ze cvičení v učebnici.** — 137/2

1. Když chci vědět, co se děje v mé zemi, najdu si ....
2. Když chci vědět, co je nového v kultuře, hledám ....
3. Když mě zajímá, jak dopadl nějaký hokejový nebo fotbalový zápas, přečtu si ....
4. Když chci koupit nebo prodat akcie, přečtu si ....
5. Když chci vědět, co se děje jinde než v mé zemi, podívám se na ....
6. Když chci vědět, co budou dávat v televizi, musím se podívat na ....
7. Když chci koupit byt nebo dům, čtu si každý den ....
8. Když se chci zasmát, přečtu si ....

▶ **3. Co také najdete v novinách a časopisech nebo na internetu?** — 137/2

1. b
2. ž
3. e
4. ř
5. z
6. z
7. m
8. ř
9. e
10. p
11. d
12. l

2. hra, ve které mohou čtenáři něco vyhrát
3. propagace nějakého produktu
4. informace o zítřejším počasí
5. informace o nových událostech
6. to, co kritik píše o nové knize, filmu nebo CD
7. článek, ve kterém autor píše názor na určitý problem nebo na politickou situaci
8. prázdná tabulka, do které píšeme slova podle jejich definic
9. instrukce, jak připravit jídlo
10. anekdota
11. text, který napsal čtenář a poslal poštou
12. text, ve kterém někdo nesouhlasí s jiným autorem

Tajenka: ....

4. Přečtěte si text a vyberte vhodné slovo.

Bulvární tisk

Bulvární tisk je označení novin nebo časopisů, ve kterých hrají hlavní roli emoce, krev a sex. Mají pětkrát až desetkrát (1.) .... počet vydaných kusů než seriózní noviny. Dále jsou pro něj typické také vytváření skandálů, negativismus a jednoduchost.

Označení „bulvár" (2.) .... z francouzského slova „boulevard", které znamená širokou ulici. Na ní stáli od třicátých (3.) .... 19. století prodavači novin a prodávali je dělníkům, (4.) .... šli ráno do práce. (5.) .... prodali víc kusů, vyvolávali senzační tituly. Postupně se slovo „bulvár" stalo synonymem pro neseriózní noviny orientované na skandály a celebrity.

Bulvární noviny mají velké titulky a obrázky, články jsou krátké, věty jednoduché, jazyk může být vulgární, slovní zásoba není moc široká. Zaměstnávají fotografy, kteří se snaží (6.) .... skandální fotografie celebrit. Takovým fotografům se říká paparazzi. V Česku byl v roce 2011 nejprodávanější deník Blesk.

Ale bulvár má i své kladné stránky. Patří mezi (7.) .... informace o politických událostech pro nejširší masy, v některých novinách bezplatné sociálněprávní rady a často velmi kvalitní sportovní rubrika.

Pravidla bulváru bohužel někdy přejímají i seriózní noviny. Snaží se tak (8.) .... zájem čtenářů a tím i zisky z reklamy.

1. a) vysoký   b) vyšší   c) nejvyšší
2. a) pochází   b) přichází   c) prochází
3. a) roky   b) let   c) letech
4. a) který   b) kteří   c) které
5. a) kvůli   b) protože   c) aby
6. a) získat   b) protože   c) získají
7. a) nich   b) je   c) ně
8. a) zvýšit   b) zlepšit   c) zdražit

5. Označte, co je/není pravda.

1. Seriózní tisk se prodává méně než bulvární tisk. — Ano / Ne
2. Hlavní témata bulvárního tisku jsou informace o celebritách a skandálech. — Ano / Ne
3. Název „bulvár" je podle místa, kde se prodávaly první bulvární noviny. — Ano / Ne
4. Číst bulvární tisk je lehčí než číst seriózní noviny. — Ano / Ne
5. Na bulvárních novinách není nic dobrého. — Ano / Ne
6. I některé seriózní noviny se občas chovají jako bulvár. — Ano / Ne

▶ **6. O kom nebo o čem si můžeme přečíst v těchto novinách a časopisech? Doplňte formy lokálu singuláru.**

V regionálních novinách si můžeme přečíst článek (1.) o nov_____ obchodn_____ centr(um)_____, (2.) o hokejov_____ zápas_____, (3.) o fotbalov_____ hřišt_____, (4.) o nov_____ firm_____, (5.) o skandál_____ místního politika, o (6.) plán_____ města na stavbu stadionu, (7.) o situac_____ na radnici.

V časopise pro ženy si můžeme přečíst článek (8.) o kurz_____ šití, (9.) o výchov_____ dětí, (10.) o nov_____ diet_____, (11.) o populárn_____ hereč(ka)_____, (12.) o mód_____ a kosmeti(ka)_____, (13.) o nov_____ recept_____ na guláš, (14.) o nov_____ kni(ha)__.

V bulvárním časopise si můžeme přečíst článek (15.) o nemanželsk_____ syn_____ českého spisovatele, (16.) o nov_____ přítel_____ slavné zpěvačky, (17.) o rozvod_____ známého herce, (18.) o problém_____ televizního moderátora s alkoholem, (19.) o afé(ra)_____ mladého politika.

V časopise pro muže si můžeme přečíst článek (20.) o slavn_____ fotbalist_____, (21.) o nov_____ model_____ auta, (22.) o skandáln_____ film_____, (23.) o sport_____, (24.) o karié(ra)_____, (25.) o kulturisti(ka)_____.

▶ **7. Doplňte do textů slova.**

ani	nechápe	pořad	sedí	tisk
blbosti	nemohl	půjčí	seriály	hledá
časopis	nepoužívá	pouští	stahuje	zvyklý

Jan Toman
Není (1.) .... na internet, proto ho (2.) .... často. V televizi se dívá na zprávy a na (3.) .... o filmech. Každý den čte noviny a odborný (4.) .... Nikdy nečte bulvár a (5.) ...., že to někoho baví.

Nikola Šímová
Denně (6.) .... u internetu, čte blogy, chatuje, hraje hry nebo (7.) .... muziku. V televizi ji hodně baví (8.) ...., noviny nečte, zajímá ji jen (9.) .... Můj pes.

Lukáš Hála
Bez internetu by (10.) .... žít. Dívá se na něm na videa, čte zprávy a (11.) .... tam informace. V televizi jsou jenom (12.) ...., proto ho nezajímá. Půjčuje nebo kupuje si dívídíčka, která si pak (13.) .... na počítači. Nečte noviny (14.) .... časopisy, jen si občas (15.) .... od otce Auto – moto.

▶ **8. Jak využívá internet, televizi a časopisy Kateřina Vančurová? Seřaďte text (1–7).**

Kateřina (68 let)

___ čtu ho už čtyřicet let. Líbí se mi, že tam jsou informace pro celou rodinu,

___ hlavně na dokumentární filmy na ČT2. Někdy tam dávají divadelní představení z různých divadel,

_1_ Internet používám asi dva roky, syn mi totiž koupil k Vánocům počítač a potom

___ Noviny žádné nečtu, stačí mi zprávy v televizi.

___ píše se tam o kultuře i o vaření.

___ to mě hodně baví. Dřív jsem chodila často do divadla, ale teď už je to pro mě moc náročné. Každý týden si kupuju časopis Květy,

___ mě vnuk naučil hledat na internetu a já si tam teď čtu články o historii. Taky se ráda dívám na televizi,

▶ 9. Přečtěte si ještě jednou text v učebnici na straně 138. Spojte. 138/1

1. upozornit
2. dodržovat
3. omezovat přístup
4. vést fotbalovou
5. znásilnit
6. zatknout
7. vracet se
8. přepadnout
9. hrozí mu
10. vybojovat
11. označit něco
12. sledovat

A. poštu
B. průvod gayů a lesbiček
C. stopařku
D. doživotní trest
E. na porušování lidských práv
F. za nemorální
G. lidská práva
H. ligu
I. vítězství
J. k informacím
K. po mateřské dovolené
L. zloděje

▶ 10. Která slovní spojení v předchozím cvičení jsou typická pro tyto texty v novinách? Doplňte.

článek z černé kroniky: ....
sportovní zprávy: ....
zprávy z domova: ....
politické komentáře: ....

▶ 11. Co také můžete číst v novinách? Spojte substantiva a slovesa se stejným slovním základem. Pak doplňte do vět perfektivní sloveso v minulém čase a substantivum. 138/1

substantivum	imperfektivní/perfektivní sloveso
1. přepadení	A. znásilňovat/znásilnit
2. zatčení	B. porušovat/porušit
3. upozornění	C. vracet/vrátit
4. porušení	D. dodržovat/dodržet
5. znásilnění	E. zatýkat/zatknout
6. zastřelení	F. umožňovat/umožnit
7. řešení	G. vybavovat/vybavit
8. zranění	H. řešit/vyřešit
9. dodržování	I. upozorňovat/upozornit
10. vybavení	J. ranit/zranit
11. umožnění	K. přepadat/přepadnout
12. vrácení	L. ---/zastřelit

13. Auto .... cyklistu. Jeho .... naštěstí není vážné.
14. Organizace Amnesty International znovu .... na nedodržování lidských práv. Letos to bylo její třetí ....
15. Policie včera .... známého politika. Politik proti .... protestoval.
16. Neznámý řidič modrého BMW .... stopařku. Bylo to brutální ....
17. Policie informovala o dalším .... banky. Neznámý zloděj včera .... banku v Praze 4.
18. Koupili jste si byt a potřebujete ho .... ? Naše firma prodává moderní .... domácnosti jako jsou ledničky, pračky, myčky a sporáky.
19. Známý vědec konečně .... problém, na kterém pracoval už mnoho let. O svém .... napsal článek do odborného časopisu.
20. Vaše firma .... naši smlouvu. Tentokrát to ještě tolerujeme, ale při dalším .... smlouvy budete platit pokutu.

▶ **12. Vyberte vhodné slovo. Pak zjistěte, které dvě informace patří k sobě.**

1. Centrem Brna prošli gayové a lesbičky, chtěli upozornit na toleranci k *řešení / menšinám*. __G__
2. Českou fotbalovou ligu *sleduje / vede* Slavia Praha. _____
3. K dobrým adresám v Praze *patří / umožňují* Podolí nebo Košíře. _____
4. Mezinárodní organizace Amnesty International *upozornila / označila* na *porušování / sledování* lidských práv v Číně. _____
5. Policie *zatkla / porušila* zloděje, který v srpnu *znásilnil / přepadl* poštu. _____
6. V Budějovicích můžete *navštívit / sledovat* výstavu moderního českého umění. _____
7. V Teplicích se konala konference o možnostech *porušování / řešení* lokální nezaměstnanosti. _____

A. Bydlení tady ale *dodržují / odpovídají* i ceny.
B. Vláda této země ale oficiálně proklamuje, že lidská práva *umožňuje / dodržuje*.
C. Padesátiletý V. J. je dále podezřelý, že *označil / znásilnil* stopařku.
D. Problémy mají také ženy, které se *vracejí / sledují* na pracovní trh po mateřské dovolené.
E. Včerejší souboj *rozhodl / skončil* remízou.
F. Uvidíte zde *kusy / díla* osmdesáti umělců.
G. Akci *sledovala / vedla* policie.

▶ **13. Imperfektivní nebo perfektivní sloveso? Vyberte vhodnou formu.**

1. Mezinárodní organizace Amnesty International pravidelně *upozorňuje / upozorní* na porušování lidských práv v některých zemích.
2. Amnesty International včera *upozorňovala / upozornila* na další případ porušování lidských práv v tomto totalitním státě.
3. Řidiči na této silnici dříve často *nedodržovali / nedodrželi* povolenou rychlost.
4. Politik *nedodržel / nedodržoval* slovo a nenapsal návrh nového zákona.
5. Tragédie na silnici: Tři mladí lidé se *vraceli / se vrátili* v noci z klubu, opilý řidič přejel jednoho z nich.
6. Když se žena *vracela / vrátila* domů, zjistila, že v bytě byl zloděj.
7. Nový přístroj konečně *umožňoval / umožnil* lékařům včas diagnostikovat nemoc.
8. Některé firmy už několik let *umožňují / umožní* svým zaměstnancům pracovat z domova přes internet.

▶ **14. Doplňte chybějící formy do tabulky – infinitiv, 3. osobu sg. (on-formu) minulého, přítomného a budoucího času a 2. osobu sg. (tykání) imperativu.**

infinitiv	3. sg. minulý čas	3. sg. přítomný čas	3. sg. budoucí čas	2. sg. imperativ
upozorňovat				
	upozornil	---		
		dodržuje		
		---	dodrží	
				umožňuj
		---	umožní	
	vracel se			
vrátit se		---		

15. Doplňte formy zájmena *který*.

která	kterého	který (2x)	kterým
které	kterou (2x)	kterých	kteří

1. Policie chytila zloděje, ... přepadl poštu.
2. Pošta, ... zloděj přepadl, je v Židlovicích.
3. Pracovníkovi pošty, ... zloděj zastřelil, bylo teprve padesát let.
4. Slavia Praha, ... po čtvrtém kole vede českou ligu, vybojovala další vítězství.
5. Vítězný gól dal kapitán, se .... si můžete povídat v on-line rozhovoru na www.idnes.cz.
6. Výstava Autoportrét, ... můžete navštívit do 2. listopadu, je v Českých Budějovicích.
7. Byty, ... se nacházejí v nejžádanějších lokalitách, stojí až sto tisíc korun za metr čtvereční.
8. Policie sledovala průvod gayů a lesbiček, ... prošel centrem Brna 28. června.
9. Zboží této firmy si mohou přes internet objednat i lidé z menších měst, ve .... nejsou velká obchodní centra.
10. Konference se zúčastnili i odborníci z úřadů práce, ... diskutovali o nových sociálních programech.

16. Spojte. Výrazy pak napište k definicím.

1. pracovní	A. organizace
2. cílová	B. přepadení
3. doživotní	C. trh
4. nezisková	D. absolvent
5. lokální	E. veřejného mínění
6. čerstvý	F. postoj
7. tolerantní	G. trest
8. svědek	H. nezaměstnanost
9. průzkum	I. o zaměstnání
10. uchazeč	J. skupina

11. člověk, který právě dokončil nějakou školu nebo kurz: _____ 6 _____
12. zde můžete hledat nebo nabízet práci: _____
13. ten, kdo hledá nějakou práci: _____
14. bezproblémový vztah k některým otázkám, např. homosexualitě: _____
15. pobyt ve vězení na celý život: _____
16. skupina lidí, kteří se společně angažují ve veřejném životě: _____
17. stav, kdy jsou v nějaké oblasti lidé bez práce: _____
18. ten, kdo viděl, jak někdo někoho okradl nebo zabil: _____
19. otázky pro lidi o tom, co si myslí: _____
20. několik lidí, na které je orientovaná nějaká aktivita: _____

17. Doplňte do vět slova ve správné formě.

činnost	oblast	postižený	událost	zaměřený
místní	okamžik	tržní	vydaný	

1. Ve sportovních zprávách několikrát opakovali ...., kdy hokejisté dali gól.
2. Článek je o populární herečce, která pomáhá sbírat peníze pro .... děti.
3. Znáš nějaký časopis .... na literaturu?
4. Ten román byl .... už v roce 1931.
5. Hledala jsem informace o nejnavštěvovanějších turistických ....
6. V reportáži mluvili o .... charitativní organizace Člověk v tísni.
7. Na začátku večerních televizních zpráv je přehled nejdůležitějších .... dne.
8. Ceny bytů jsou ...., v Praze jsou byty dražší než v Plzni.
9. V novinách najdete v rubrice Z domova i .... zprávy.

▶ **18. O čem píšou noviny? Doplňte formy lokálu plurálu.**

Noviny píšou o
1. přírodní katastrofa – ....
2. nezaměstnaná žena – ....
3. marketingová akce – ....
4. velká demonstrace – ....
5. úspěšný sportovec – ....
6. nebezpečný zločinec – ....

Časopisy píšou o
7. zajímavá výstava mladého umělce – ....
8. vysoká cena bytů ve městě – ....
9. čerstvý absolvent univerzity – ....
10. klidný průvod gayů a lesbiček – ....
11. velký průzkum veřejného mínění – ....
12. politický skandál známého politika – ....

V televizní debatě se mluví o
13. sportovní zápas – ....
14. nezisková organizace – ....
15. problémová lokalita – ....
16. zatčený zločinec – ....
17. tolerantní postoj – ....
18. slavný člověk – ....

▶ **19. Procvičujte vazbu *být závislý na*. Na čem jsou závislí tito lidé?**

1. Workoholik je závislý na . . . .
2. Shopaholik je závislý na . . . .
3. Gambler je závislý na . . . .
4. Narkoman je závislý na . . . .
5. Alkoholik je závislý na . . . .
6. Kuřák je závislý na . . . .
7. Kleptoman je závislý na . . . .
8. Čokoholik je závislý na . . . .

▶ **20. Procvičujte sloveso *hádat se / pohádat se*. Doplňte *se* nebo *ses (= jsi se)* na správné místo.**

1. Často _____ hádá _____ s _____ přítelem.
2. Proč _____ s _____ ním _____ pohádal?
3. Pohádal _____ jsem _____ se _____ sousedem _____ kvůli jeho psovi.
4. Kvůli _____ čemu _____ jste _____ pohádali?
5. Kvůli _____ tomu _____ bych _____ s _____ ním _____ nehádal.
6. Nechci _____ s _____ tebou _____ hádat!
7. Byla _____ to _____ chyba, _____ neměli _____ jsme _____ pohádat.
8. Byl jsem u ní, ale _____ pohádal _____ jsem _____ s _____ ní.
9. Kdyby _____ s nimi _____ nepohádala, neměla _____ bys _____ teď _____ problém.

▶ **21. Procvičujte sloveso *domlouvat se / domluvit se*. Doplňte *se* nebo *ses (= jsi se)* na správné místo.**

1. Domluvila _____ jsem _____ s Milanem, v kolik zítra pojedeme na výlet.
2. Lenko, mluvila jsi s Karlem? A na _____ čem _____ s ním _____ domluvila?
3. Chci _____ s _____ vámi _____ domluvit na podání žádosti.
4. Mohl _____ by _____ domluvit _____ s paní Šírovou, ta by ti určitě pomohla.
5. _____ domluvila _____ na _____ úřadě _____ na tom, že formulář vyplní později.
6. Honzo, _____ domluvil _____ už _____ s Pavlem, kdy se sejdete?
7. Kolegyně mi může poradit, _____ chci _____ s ní _____ domluvit na schůzce.
8. Bylo by dobré, _____ kdybyste _____ v klidu _____ domluvili.

▶ 22. Pan Slepička je doktor, pan Mára je malíř. Oba mají svou práci moc rádi a často o ní přemýšlejí. Podívejte se na obrázky a doplňte, o čem který z nich přemýšlí.

141/4

doktor
pan Slepička

malíř
pan Mára

Doktor přemýšlí (1.) o zdravotních ...., (2.) o .... na kašel, (3.) o ....
na rány, (4.) o homeopatických ...., (5.) o .... na spáleniny, (6.) o sterilních ...., (7.) o .... B a C, (8.) o .... na antibiotika, (9.)
o .... proti bolestem, (10.) o svých ....

Malíř přemýšlí (11.) o bílých ...., (12.) o špinavých ...., (13.) o abstraktních
.................., (14.) o mladých ...., (15.) o měkkých ...., (16.) o olejových
....

▶ 23. Kryštof se baví s Helenou. Na co se jí ptá? Procvičujte sloveso *záležet*. Doplňte výrazy.

141/4

kam	s kým	o kom	kolik
koho	kde	jestli	co
komu	jak	kdy	jak dlouho

1. Nechceš jít večer do kina? – To záleží na tom, ... dávají.
2. Nechceš jít odpoledne plavat? – To záleží na tom, ... Do bazénu nechci, ale k řece ano.
3. Nechceš jít zítra na tenis? – To záleží na tom, ... Dopoledne nemůžu, ale odpoledne bych šla.
4. Přijdeš ve středu na trénink? – To záleží na tom, ... budu mít čas. Mám hodně práce.
5. Koupíš si auto? – To záleží na tom, ... bude stát. Když mi dají slevu, tak ano.
6. Máš dobré vztahy se sourozenci? – To záleží na tom .... S bratrem ano, ale se sestrami ne.
7. Bavíš se ve škole často o našich kamarádech? – To záleží na tom, ... O Martinovi ano, ale o Danovi ne.
8. Budeš se dívat na celý závod? – To záleží na tom, ... bude trvat.
9. Kupuješ na Vánoce všem příbuzným dárky? – To záleží na tom, ... Mamince ano, tetě a strejdovi ne.
10. Máš ráda kolegy v práci? – To záleží na tom, ... Roberta mám ráda, ale Toma ne.
11. Jíš často v restauraci? – To záleží na tom, ... V restauraci U Hada ano, ale v restauraci U Labutě ne.
12. Nechceš jít večer na procházku? – To záleží na tom, ... bude. Když bude pršet, tak raději ne.

24. Zopakujte si reflexivní slovesa. Doplňte *se* nebo *si*.

1. bavili jsme _____ o počasí
2. bojím _____ bouřky
3. dám _____ jen polévku
4. domluvili jsme _____ na schůzce
5. hodí _____ mi to v pět hodin
6. chci _____ užít dnešní večer
7. naleju _____ skleničku vína
8. pohádali _____ kvůli penězům
9. pořídím _____ nové auto
10. povídali jsme _____ v kavárně
11. pronajmu _____ byt v Praze na rok
12. představuju _____ naši příští dovolenou
13. ptala jsem _____ ho na to
14. rád _____ dívám na české komedie
15. sejdeme _____ večer
16. seznámila jsem _____ s českým spisovatelem

25. Doplňte prepozici *po* nebo *v, ve*. Někdy jsou možné obě prepozice.

Například: Chodil po městě a prohlížel si památky. Ve městě je hodně památek.

1. _____ lese bylo včera hodně lidí, sbírali tam houby.
2. Seděli jsme _____ obýváku a povídali jsme si.
3. _____ jeho zahradě rostou staré stromy.
4. Děti běhaly _____ zahradě a křičely.
5. Cestovali jsme dva týdny _____ České republice.
6. _____ České republice je hodně hradů a zámků.
7. _____ parku jsou zelené koše na odpadky.
8. Procházel se _____ parku.
9. Chodila _____ obýváku sem a tam a hledala ztracený pas.
10. Jezdila na kole sem a tam _____ lese.

26. Přečtěte si, jaký měl Honza Slavík den. Doplňte prepozici *po* nebo *při*.

Například: Když snídal, četl si noviny. – Při snídani si četl noviny. Když se nasnídal, pustil si televizi. – Po snídani si pustil televizi.

1. Když myl nádobí, zpíval si. – _____ mytí nádobí si zpíval.
2. Když se vysprchoval, oblékl se. – _____ sprchování se oblékl.
3. Když jel do práce, poslouchal rádio. – _____ jízdě poslouchal rádio.
4. Když řídil, nikdy nepoužíval mobil. – _____ řízení nikdy nepoužíval mobil.
5. Když skončil v práci, šel na nákup. – _____ práci šel na nákup.
6. Když krájel brambory, řízl se do prstu. – _____ krájení brambor se řízl do prstu.
7. Když dopekl kuře, mohl začít večeřet. – _____ dopečení kuřete mohl začít večeřet.
8. Když žehlil prádlo, díval se na televizi. – _____ žehlení se díval na televizi.
9. Když vystupoval z metra, všiml si známého. – _____ vystupování z metra si všiml známého.
10. Když přemýšlel, chodil po kanceláři sem a tam. – _____ přemýšlení chodil po kanceláři sem a tam.
11. Když se ráno probudil, naplánoval si, co musí udělat. – _____ probuzení si naplánoval, co musí udělat.

27. Co vypráví Zuzana Láníková o pobytu na venkově? Doplňte prepozice.

S mým přítelem Adamem jsme mnohokrát snili (1.) _____ romantických dnech, které prožijeme (2.) _____ _____ dovolené (3.) _____ vesnici, odkud pocházím. Nadšeně jsem mu vyprávěla (4.) _____ místní přírodě: (5.) _____ hlubokých lesích, vysokých horách a čistých řekách v okolí. Pečlivě jsme si naplánovali program, domluvili jsme se (6.) _____ výletech k vodě a (7.) _____ návštěvách několika hradů a zámků. Slyšeli jsme také (8.) _____ dvou nových místních hospodách a řekli jsme si, že tam musíme zajít. Ani na chvíli jsme (9.) _____ našich plánech nepochybovali. Nakonec ale dopadlo všechno jinak. (10.) _____ dvou dnech pobytu jsem zjistila, že Adam je závislý (11.) _____ počítačích a (12.) _____ internetu. Internet ale v naší vesnici nefungoval, takže Adam byl strašně nervózní a celý týden nemluvil (13.) _____ ničem jiném než (14.) _____ tom, že neví, kdo mu napsal e-mail a co se děje (15.) _____ Facebooku a (16.) _____ světě. Nakonec jsme se (17.) _____ našich názorech na život na venkově ošklivě pohádali. Adam mi řekl, že kdyby mu (18.) _____ mně tak nezáleželo, nezůstal by už (19.) _____ venkově ani minutu! Vydržela jsem to ještě dva dny, ale pak jsme radši jeli domů. Nevím, (20.) _____ čem teď přemýšlí on, ale já přemýšlím (21.) _____ tom, že si nejspíš koupíme byt (22.) _____ městě a na venkov už s Adamem nikdy nepojedu.

▶ 28. Co je na obrázku? Vyberte formu *je* nebo *jsou*.

Na obrázku…

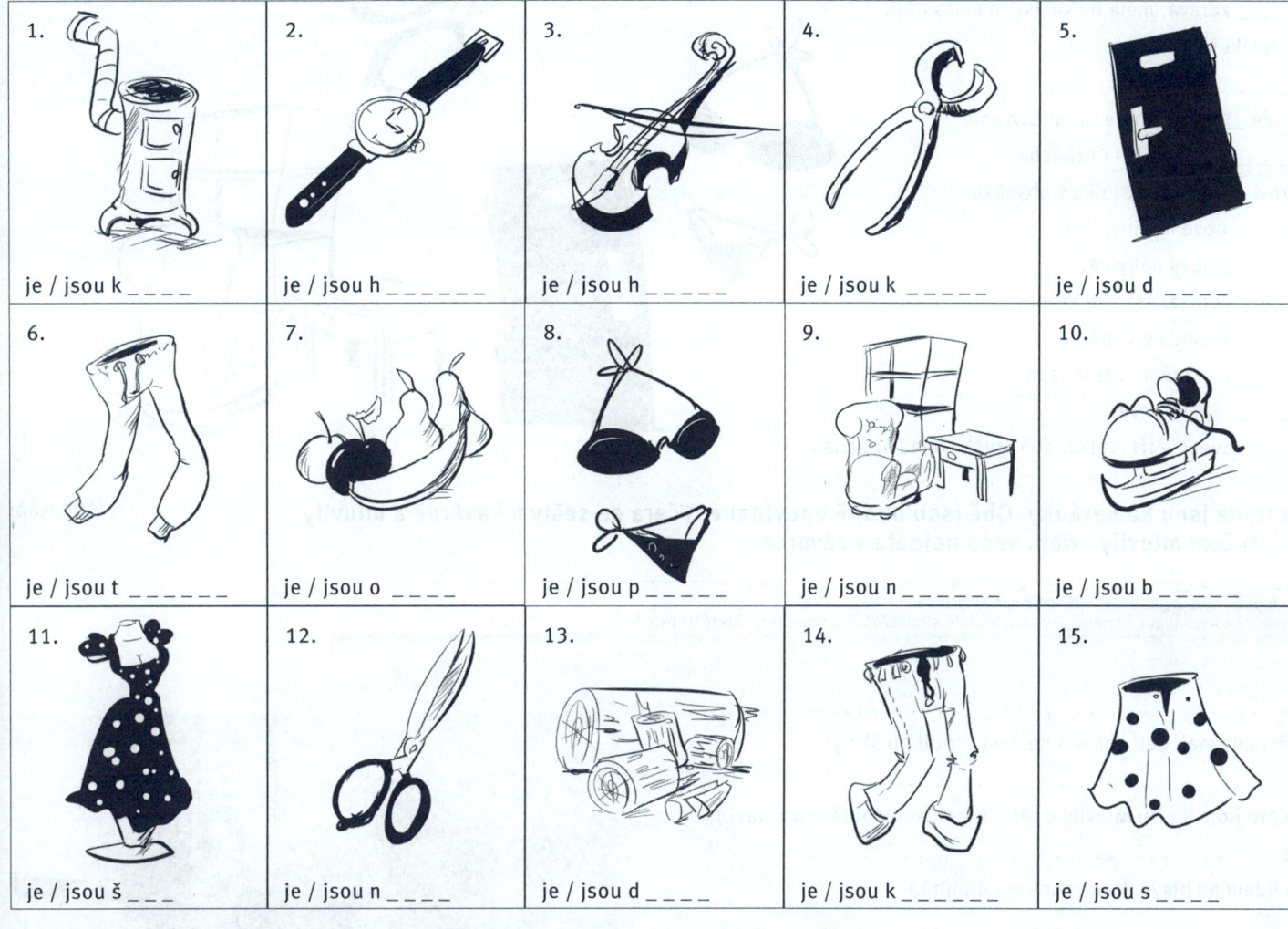

1. je / jsou k _ _ _ _
2. je / jsou h _ _ _ _ _ _
3. je / jsou h _ _ _ _ _
4. je / jsou k _ _ _ _ _
5. je / jsou d _ _ _ _
6. je / jsou t _ _ _ _ _ _
7. je / jsou o _ _ _ _
8. je / jsou p _ _ _ _ _
9. je / jsou n _ _ _ _ _ _
10. je / jsou b _ _ _ _ _
11. je / jsou š _ _ _
12. je / jsou n _ _ _ _
13. je / jsou d _ _ _ _
14. je / jsou k _ _ _ _ _ _
15. je / jsou s _ _ _ _

▶ 29. Které slovo není plurálové substantivum?

1. dřevo / dveře / hodiny
2. kamna / mince / kalhoty
3. hodinky / policie / Velikonoce
4. náušnice / narozeniny / Krkonoše
5. země / záda / Vánoc
6. prázdniny / ramena / plavky
7. pohlednice / šaty / kleště
8. Alpy / šortky / čarodějnice
9. nůžky / Dejvice / svátky
10. ponožky / tepláky / punčocháče

▶ 30. Rozdělte slova na singulárová substantiva a plurálová substantiva.

cukroví	hodiny	lázně	ovoce	Vánoce
České Budějovice	kalhoty	nábytek	peníze	volby
doprava	Karlovy Vary	narozeniny	plavky	vzduch
dřevo	kleště	nezaměstnanost	policie	záda
dveře	Krkonoše	nůžky	ústa	zelenina

singulárová substantiva (mají jen formy singuláru)	plurálová substantiva (mají jen formy plurálu)

Lekce 14 • Česky krok za krokem 2 • PRACOVNÍ SEŠIT 67

▶ **31. Doplňte *je* nebo *jsou*.**

1. Dveře v tom starém bytě _____ nové.
2. Zelenina _____ zdravá, měla by se jíst co nejčastěji.
3. Kde _____ nůžky?
4. Velikonoce _____ na jaře.
5. Doprava v Praze _____ dobře organizovaná.
6. Krkonoše _____ v severních Čechách.
7. Vánoční cukroví _____ na stolku v obýváku.
8. Na stěně _____ nové hodiny.
9. V obýváku _____ nový nábytek.
10. Na stole _____ peníze. Asi 250 korun.
11. Její ústa _____ krásně červená.
12. Karlovy Vary _____ známé české lázně.
13. Ty plavky _____ úplně nové.
14. Na talíři _____ ovoce – tři jablka, dvě hrušky a jeden banán.

▶ **32. Klára a Irena jsou kamarádky. Obě jsou hodně upovídané. Včera se sešly v kavárně a mluvily o spoustě věcí. O čem mluvily? Nápovědu najdete v závorce.**

> *Například:* Mluvily o _____ _____ – Mluvily o minulých Vánocích.
> (Svátky, kdy Češi jí kapra a bramborový salát a zdobí stromeček. Mluvily o těch, které už byly.)

1. Mluvily o ....
   (Týden na jaře, kdy mají děti volno a nemusí chodit do školy).
2. Bavily se o ....
   (Jedno slovo pro jídlo a pití. Mluvily o těch, které jsou dobré pro zdraví.)
3. Povídaly si o ....
   (To, co roste lidem na hlavě. Irena chce mít dlouhé.)
4. Mluvily o ....
   (To, bez čeho nemůžete lyžovat. Irena si koupila drahé.)
5. Povídaly si o ....
   (Věc, která měří čas a nosíme ji na ruce. Irena si koupila luxusní.)
6. Mluvily o ....
   (Svátky, kdy Češi barví vajíčka a muži mrskají ženy. Mluvily o těch, které budou.)
7. Bavily se o ....
   (Oblečení, které v minulosti nosili jenom muži, ale dneska je nosí i ženy. Klára si koupila hezké.)
8. Mluvily o ....
   (Oblečení, které nosí ženy v létě nebo na koncert, do divadla a podobně. Kláře se nelíbí ty moc krátké.)
9. Bavily se o ....
   (Velký federální stát v severní Americe, jeho hlavní město je Washington.)
10. Povídaly si o ....
    (Místa v Česku, kde můžete lyžovat, například Krkonoše nebo Beskydy.)

▶ **33. Doplňte koncovky lokálu plurálu *-ech*, *-ách* nebo *-ích*.**

1. Na dovolenou pojdeme po Vánoc_____ , po prázdnin_____ , po Velikonoc_____ .
2. Honza přišel včera do školy v teplák_____ , šortk_____ , krátkých kalhot_____ , nových bot_____ .
3. Zuzana se necítí dobře v dlouhých šat_____ , v nových džín_____ , v černých punčocháč_____ .
4. Nechutná mi to. Jaké koření je v těch těstovin_____ , špaget_____ , brambor_____ , fazol_____ ?
5. Včera jsme v hospodě mluvili o pen(íze)_____ , o zdravých potravin_____ .
6. Ženy se v kadeřnictvích bavily o vlas_____ , náušnic_____ a hodink_____ .
7. V létě jsem byl v Athén_____ , v Alp_____ a v Benátk_____ .

▶ **34. O jakých horách nebo o jakém městě můžete číst v novinách a časopisech? Doplňte do tabulky formy lokálu pl. Najděte tato místa na mapě České republiky.**

Mariánské Lázně	Moravské Budějovice	Otrokovice	Orlické hory
Domažlice	Beskydy	Litoměřice	Rokycany
Krušné hory	Poděbrady	Bílé Karpaty	Strakonice
Karlovy Vary	Klatovy	Teplice	Jeseníky
Jizerské hory	Krkonoše	Pardubice	Velké Losiny

V novinách můžu číst o ...

-ech	-ách	-ích
Karlových Varech	Krušných horách	Mariánských Lázních

▶ **35. Kde jste? Doplňte formy lokálu plurálu.**

Jedu   Jsem v _____

1. do Beskyd   ....
2. do Klatov   ....
3. do Strakonic   ....
4. do Litoměřic   ....
5. do Českých Budějovic   ....
6. do Mariánských Lázní   ....
7. do Velkých Losin   ....
8. do Orlických hor   ....

▶ **36. Kam pojedete? Doplňte formy genitivu plurálu.**

Jedu do _____   Jsem

1. ....   v Jeseníkách
2. ....   v Krkonoších
3. ....   v Pardubicích
4. ....   v Prachaticích
5. ....   v Domažlicích
6. ....   v Otrokovicích
7. ....   v Karlových Varech
8. ....   v Poděbradech

▶ **37. Co se kde léčí? Použijte formy lokálu pl.**

1. V .... (Karlovy Vary) se léčí nemoci žaludku, cukrovka, obezita a stavy po onkologických operacích.
2. V .... (Poděbrady) se léčí hlavně nemoci srdce.
3. Ve .... (Velké Losiny) se léčí nemoci kloubů a kůže a neuorologické problémy.
4. Ve .... (Františkovy Lázně) se léčí gynekologické problémy.
5. V .... (Mariánské Lázně) se léčí bronchitidy, astma, alergie, obezita a cukrovka.
6. V .... (Luhačovice) se léčí hlavně nemoci jako jsou bronchitida a astma, ale i další.

▶ **38. Označte, co je/není pravda v textu Rozhovor s českým šéfkuchařem.**

1. Antonín Vocilka pracuje jako šéfkuchař už padesát let. — Ano / Ne
2. Vyhrál mnoho mezinárodních soutěží a olympiád. — Ano / Ne
3. Nikdy nežil ve Spojených státech. — Ano / Ne
4. V současnosti má restauraci v Praze. — Ano / Ne
5. Říká, že šéfkuchař si musí vybírat správné ingredience a potraviny. — Ano / Ne
6. Dresink na salát nikdy nedělá bez francouzské hořčice. — Ano / Ne
7. Používá španělské těstoviny a italský olej. — Ano / Ne
8. Pita chléb peče podle tradičního českého receptu. — Ano / Ne
9. Myslí, že australská vína se nehodí k jídlům, které vaří. — Ano / Ne
10. Všechno ovoce, které jíte v jeho restauraci, vyrostlo na brazilských plantážích. — Ano / Ne

▶ **39. Jaké mezinárodní potraviny můžete koupit v supermarketu? Změňte výrazy podle modelu.**

Například: hořčice z Francie – francouzská hořčice

1. suši z Japonska – .... suši
2. puding z Anglie – .... puding
3. víno z Austrálie – .... víno
4. špagety z Itálie – .... špagety
5. vodka z Ruska – .... vodka
6. rýžové nudle z Číny – .... rýžové nudle
7. tortilly z Mexika – .... tortilly
8. káva z Brazílie – .... káva
9. hovězí z Argentiny – .... hovězí
10. pomeranče ze Španělska – .... pomeranče
11. šampaňské z Francie – .... šampaňské
12. chlebové placky z Libanonu – .... chlebové placky

▶ **40. Tvořte formy nominativu pl. národností (jenom mužský rod, který má generativní význam). Zapište je do tabulky.**

Američan	Čech	Ir	Rakušan	Španěl
Angličan	Číňan	Polák	Rus	Švéd
Brit	Ind	Portugalec	Skot	Ukrajinec

-i	-i/-é, nebo jenom -é	i/-ové, nebo jenom -ové
Portugalci	Rakušani/Rakušané	Irové

▶ **41. Kdo žije v této zemi a jak mluví?**

Například: V Polsku žijí _____ a mluví _____ . – V Polsku žijí Poláci a mluví polsky.

1. V Japonsku žijí .... a mluví ....
2. V Německu žijí .... a mluví ....
3. V Rakousku žijí .... a mluví ....
4. V Irsku žijí .... a mluví ....
5. V Norsku žijí .... a mluví ....
6. Ve Francii žijí .... a mluví ....

7. V Maďarsku žijí .... a mluví ....
8. Na Slovensku žijí .... mluví ....
9. V Česku žijí .... a mluví ....
10. Ve Španělsku žijí .... a mluví ....
11. V Americe žijí .... a mluví ....
12. V Číně žijí .... a mluví ....
13. V Indii žijí .... a mluví ....
14. Ve Švédsku žijí .... a mluví ....

▶ **42. Co je to? Spojte adjektiva se substantivy a najděte vysvětlení.** 143/5+

1. americký	A. masáž
2. thajská	B. brambory
3. Arabský	C. kuchyně
4. čínské	D. fotbal
5. francouzské	E. vejce
6. italská	F. káva
7. turecká	G. zelí
8. ruské	H. ptáček
9. španělský	I. poloostrov

A. jídlo se salámem, zeleninou a vajíčky – 5b
B. název pro typický způsob vaření – ....
C. druh sportu – ....
D. geografický název – ....
E. způsob, jak vařit oblíbený nápoj černé barvy – ....
F. technika pro uvolnění svalů – ....
G. malé jídlo se salámem, okurkou a bramborovým salátem – ....
H. jídlo z hovězího masa s omáčkou a knedlíkem – ....
I. druh zeleniny – ....

▶ **43. Přečtěte si článek Nové slovo současnosti: netholismus. Vyberte a doplňte vhodné slovo.** 144/1+

1.	a) sleduje	b) ukazuje	c) znamená
2.	a) každý	b) který	c) vždycky
3.	a) podle	b) po	c) při
4.	a) přece	b) předtím	c) především
5.	a) přiznat	b) uznat	c) poznat
6.	a) o	b) na	c) pro
7.	a) nálada	b) atmosféra	c) chuť
8.	a) zvyká si	b) získává	c) ztrácí
9.	a) jich	b) nich	c) je
10.	a) celkem	b) celkové	c) celé
11.	a) a	b) i	c) ani
12.	a) najít	b) zažít	c) užít si

Cvičení pokračuje na následující straně.

Netholismus (1.) .... závislost na internetu – na prohlížení internetových stránek, na komunikaci po chatu či na psaní e-mailů. Statistiky říkají, že v Německu je (2.) .... dvacátý uživatel internetu netholik, ve Švédsku potřebuje terapii 40 tisíc lidí a v Číně asi bude závislost na internetu uznána jako nemoc. (3.) .... místního ministerstva zdravotnictví je prý závislých deset procent lidí mezi 18 a 30 lety, a to (4.) .... muži. Ve Velké Británii je na internetu závislých 5 až 10 procent lidí. Závislost na internetu můžeme (5.) .... podle několika signálů: člověk nemůže od internetu odejít, dokonce zapomíná (6.) .... jídlo i práci. Objevují se i abstinenční symptomy ve chvíli, když u internetu nemůže být: špatná (7.) ...., nezájem nebo uzavření do sebe.

Závislý člověk (8.) .... zájmy a přátele. Už ho nezajímají jeho bývalé koníčky, ale jen internet. Starých přátel je čím dál míň a místo (9.) .... přicházejí noví, kteří se také zajímají o internet. Závislý člověk sedí (10.) .... hodiny u internetu i přes škodlivé vlivy na zdraví, jako například bolesti zad nebo očí. Závislost na internetu nemá podobu jen zdravotních problémů. Postižena je (11.) .... psychika.

Léčení netholismu je složité, stejně jako léčení alkoholismu a závislosti na hracích automatech. Psychoterapeuti pomáhají nemocnému (12.) .... novou životní strategii, vyplnit prázdné místo po internetu.

Volně podle http://www.kafe.cz/sex-a-vztahy/psychologie/netholismus-zavislost-na-internetu-728.aspx

▶ **44. Označte, co je/není pravda.**

1. Netholismus je nemoc, která se musí léčit. Ano / Ne
2. V Německu je 5% lidí závislých na internetu. Ano / Ne
3. V Číně jsou na internetu závislí hlavně muži. Ano / Ne
4. Závislost na internetu můžeme poznat. Ano / Ne
5. Člověk závislý na internetu je společenský a má hodně nových přátel. Ano / Ne
6. Závislost má vliv na fyzické i psychické zdraví člověka. Ano / Ne
7. Závislost není možné vyléčit. Ano / Ne

▶ **45. Vyberte vhodné sloveso.**

1. *tisknout / stahovat* písničky
2. *surfovat / vypalovat* na internetu
3. *ukládat / klikat* nový program
4. *skenovat / stahovat* text z nějaké knihy
5. *stahovat / tisknout* text na papír
6. *vypalovat / odvirovávat* počítač
7. *vypalovat / tisknout* cédéčka
8. *ukládat / tisknout* soubor na flešku

▶ **46. Co budete dělat?**

| emailovat | chatovat | odvirovávat | stahovat | tisknout | upravovat |
| googlovat | instalovat | skenovat | surfovat | ukládat | vypalovat |

1. Chcete dát do nového počítače nové Windows. Budete je ....
2. Chcete mít v počítači zajímavý obrázek, který jste našli v knize. Budete ho ....
3. Chcete si najít nějakou informaci. Budete ji ....
4. Máte dvacet minut čas a chcete jen tak číst zajímavosti na netu. Budete ....
5. Dopsali jste text a chcete ho mít ve vašem počítači. Budete ho ....
6. Máte v počítači fotografie, chcete je mít na CD. Budete ....
7. Chcete napsat kamarádovi. Budete ....
8. Chcete teď písemně komunikovat s kamarádem. Budete ....
9. Musíte „uzdravit" svůj počítač. Budete ho ....
10. Chcete do souboru přidat obrázky, ale musíte je trochu změnit. Budete je ....
11. Na netu jste našli zajímavé texty a chcete je mít ve svém počítači. Budete je ....
12. Máte hotový text a chcete ho mít na papíře. Budete ho ....

▶ **47. Doplňte chybějící formy do tabulky – infinitiv, 3. osobu sg. (on-formu) minulého, přítomného a budoucího času a 2. osobu sg. (tykání) imperativu.**

144/2,3

infinitiv	3. sg. minulý čas	3. sg. přítomný čas	3. sg. budoucí čas	2. sg. imperativ
klikat				
*	kliknul, klikl	---		
		posílá		
*		---	pošle	
				stahuj
*		---	stáhne	
*		tiskne		
*	vytisknul, vytiskl	---		
ukládat				
	uložil	---		

▶ **48. Co mají nebo nemají tito lidé udělat? Vytvořte vokativ a imperativ.**

144/2,3

Například: Petr má naskenovat obrázek. – Petře, naskenuj ten obrázek!

1. Hanka má stáhnout ten program. – ...., ... ten program!
2. Honza nemá pořád hrát hry. – ...., ... pořád hry!
3. Tomáš má vytisknout fotky. – ...., ... fotky!
4. Sofie má poslat mail Martině. – ...., ... mail Martině!
5. Katka má vypálit dévédéčko. – ...., ... dévédéčko!
6. Ondra má kliknout na tu ikonu. – ...., ... na tu ikonu!
7. Miloš nemá pořád skypovat. – ...., ... pořád!
8. Simona si má odvirovat počítač. – ...., ... počítač!
9. Paní Sitková má upravit fotografie. – ...., ... fotografie!
10. Pan Svoboda má uložit soubor. – ...., ... soubor!

▶ **49. Doplňte do textu slova.**

144/6

chatovala	surfování	upravila	vytiskla
stáhla	šla	vypálit	

Monika nemůže jít na nákup, protože píše projekt do školy. Nevěděla, jak začít, tak (1.) .... pro inspiraci na internet. Nejdřív si přečetla maily a chvíli (2.) .... s kamarádkou. Při (3.) .... na internetu našla hezký program na učení anglických slovíček, tak si ho (4.) .... a nainstalovala. Taky našla fotku známého herce, (5.) .... si ji ve Photoshopu a pak si ji (6.) .... Chce si ještě (7.) .... pár cédéček. Mamince se ale nelíbí, že ještě nezačala pracovat na projektu.

▶ **50. Spojte.**

144/7

1. tečka   A. www
2. pomlčka   B. _
3. zavináč   C. cz
4. podtržítko   D. .
5. lomítko   E. ?
6. vykřičník   F. :
7. otazník   G. –
8. cézet   H. !
9. vévévé   I. @
10. dvojtečka   J. /

▶ **51. Napište s pomocí symbolů.**

1. jana podtržítko sukova zavináč seznam tečka cézet

   ....

2. vévévé tečka ujop tečka cuni tečka cz lomítko cce lomítko index podtržítko cs tečka php

   ....

3. Petře vykřičník Co jsi to udělal otazník

   ....

4. Olina říká dvojtečka To není možné vykřičník

   ....

▶ **52. Vyberte správné slovo.**

1. Když chci psát česky, potřebuju českou *klávesnici / myš*.
2. Když chci skypovat, musím si koupit *přehrávač / sluchátka*.
3. Nepoužívám klávesovou zkratku ctrl+c, ale raději kliknu *klávesnicí / myší* na ikonu.
4. Když potřebuju víc exemplářů jednoho textu, můžu ho rozmnožit na *klávesnici / kopírce*.
5. Když napíšu esej na počítači a chci ji mít na papíru, potřebuju *tiskárnu / mikrofon*.
6. Když potřebuju dokument dostat z papíru do počítače, potřebuju *reproduktor / skener*.
7. Když chci vidět svého partnera při skypování, musím si pořídit *monitor / webkameru*.
8. Když jedu na konferenci, celou prezentaci mám uloženou na *flešce / klávesnici*.

▶ **53. Přečtěte si text a doplňte slova.**

Kdo si ještě umí představit, jaký byl každodenní život bez internetu? A není to zase tak dávno, kdy slovo internet většině lidí nic neříkalo. Ještě v devadesátých letech bylo (1.) .... vzít do ruky telefonní seznam a najít si číslo na nějakou firmu, když jste chtěli sehnat instalatéra. A vzpomínáte, že jsme telefonovali na informace, když jsme potřebovali (2.) .... odjezdy vlaků? Dnes jenom napíšete jizdnirady.cz a za chvíli (3.) .... víte. Když jste potřebovali referát do školy, museli jste jít do knihovny a (4.) .... si encyklopedie nebo odborné knihy. Lidé dříve (5.) .... na poštu posílat dopisy a pohledy. Kdybych občas nemusela poslat doporučený dopis na nějaký úřad, na poštu bych vůbec nešla. Většina korespondence se dá vyřídit po mailu. Dnes si málokdy koupím tištěné noviny. Většinou si přečtu zprávy ráno na internetu. Když se děje něco (6.) ...., například je povodeň nebo se konají volby, pročítám několikrát denně informace z různých serverů. Ani na televizi se (7.) .... dívat. Většina dokumentárních a jiných pořadů se dá najít v archivu České televize a podívat se na ně člověk může, kdykoliv má čas. Ne, bez internetu si už život představit neumíme a ani nechceme.

1.	a) potřebovali	b) nutné	c) lze
2.	a) znát	b) umět	c) vědět
3.	a) všichni	b) všechny	c) všechno
4.	a) vrátit	b) půjčit	c) zařídit
5.	a) chodili	b) chodí	c) půjdou
6.	a) neobvyklé	b) neobvyklého	c) neobvykle
7.	a) nemusíme	b) nesmíme	c) nemáme

Procvičujeme pravopis

Zopakujte si

▶ 1. Pamatujete si vyjmenovaná slova po B a L? Vyluštěte křížovku.

1. zvyk, tradice
2. místo, kde žijeme
3. „partnerka" koně
4. „partner" krávy
5. běžet (o vodě, čase)
6. místo, kde se vyrábí mouka
7. posílat potravu z úst do krku
8. chytrý, rychlý
9. část nohy pod kolenem

Pravidlo: Vyjmenovaná slova po M
V těchto slovech a slovech příbuzných vždycky píšeme po písmenu M tvrdé -y/-ý:
my, mýt, myslet, zamykat, mýlit se, hmyz, myš

▶ 2. Co je to? Doplňte vyjmenovaná slova.

mýt   mýlit se   hmyz   zamykat

1. moucha, včela, motýl: ....
2. zavírat dveře klíčem: ....
3. čistit něco vodou: ....
4. domnívat se něco, co není pravda: ....

▶ 3. Popište, co vidíte na fotografiích. Používejte přitom vyjmenovaná slova.

 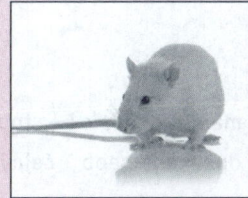 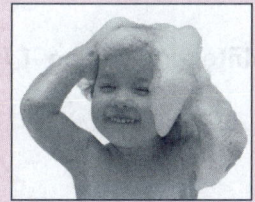 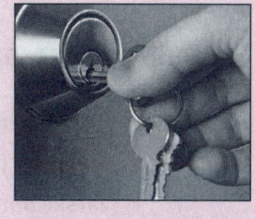 

1. ....   2. ....   3. ....   4. ....   5. ....

▶ 4. Přečtěte si, co vypráví malý Filípek Brožek. Doplňte vyjmenovaná slova do textu.

umýt   mýlila   my   hmyz   myslela si   zamykat   myš (3x)   hmyzu

Začalo jaro a (1.) .... jsme s rodiči jeli na chatu. Celou zimu tam nikdo nebydlel. Když jsme přijeli, máma se šla (2.) .... do koupelny. Najednou uslyšela divné zvuky. (3.) ...., že je v koupelně (4.) ....! Začala křičet a chtěla ven, ale nemohla odemknout zámek. Táta a já jsme přiběhli a mámu uklidnili, tak nakonec odemkla a vyběhla ven. Táta šel tu (5.) .... hledat, ale zjistil, že se máma (6.) .... Nebyla to (7.) ...., ale velký motýl, který tam přežil zimu. Máma pavouky a jiný (8.) .... nesnáší, ale tenhle motýl se jí líbil. Pustili jsme ho na svobodu. Motýl byl určitě rád, ale máma se teď dost bojí (9.) .... v koupelně.

5. Od kterého vyjmenovaného slova jsou odvozena následující slova? Pracujte se slovníkem.

vymyslet	mýdlo	nesmysl	pomyslet si
mycí	myší	odemykat	průmysl
myčka	myšlenka	omyl	umyvadlo

1. mýt: ...., ..., ..., ...
2. myslet: ...., ..., ..., ...
3. myš: ....
4. mýlit se: ....
5. zamykat: ....

6. Co znamenají tato slova? Spojte. Pracujte se slovníkem.

1. myšlenka
2. myčka
3. mýdlo
4. nesmysl
5. omyl
6. průmysl
7. umyvadlo

A. přístroj na mytí nádobí
B. výroba různého zboží
C. idea, nápad
D. místo v koupelně, kde si můžu mýt ruce
E. to, čím si myju ruce kromě vody
F. něco, co nemá smysl
G. chyba

7. Doplňte -i / -y nebo -í / -ý.

1. Kdo chce jet zítra výlet? – M__ všichni!
2. Líbí se m__ gotické kostely v Praze.
3. M__slím si, že jsem se zam__loval.
4. Chci si koupit novou m__čku.
5. Co to říkáš? To je nesm__sl!
6. Když vaříte puding, musíte ho m__chat.
7. V téhle m__stnosti chceme m__t pracovnu.
8. M__nulý týden jsem um__l okna.
9. O víkendu půjdeme do lesa, proto jsem koupila sprej proti hm__zu.
10. To je asi om__l, máte špatné číslo. Tady žádný pan Nováček nepracuje.

8. Zopakujte si vyjmenovaná slova po B, L a M. Doplňte -i / -y nebo -í / -ý.

1. b__lé um__vadlo
2. buď kl__dný
3. velký om__l
4. fotbal se hraje s m__čem
5. l__dská práce
6. bol__ mě l__tka
7. l__žařské boty
8. malá šedá m__š
9. mám rád měsíc l__stopad
10. dneska je neob__čejný den

LEKCE 15 Společnost, hodnoty a my

▶ 1. Co to znamená? Spojte.

1. úspěch
2. bída
3. majetek
4. nejistota
5. osamělost
6. přepych
7. příjem
8. sociální dávky
9. beznaděj
10. žebrák
11. společenské dno

A. peníze, které člověk vydělává prací nebo podnikáním
B. peníze od státu pro nezaměstnané, postižené a podobně
C. situace, kdy člověk neví, co bude dál
D. dům, auto, nábytek, konto…
E. luxus
F. situace, kdy si člověk myslí, že už nemůže nic dělat
G. když má člověk v práci nebo ve studiu velmi dobré výsledky
H. člověk, který na ulici prosí o peníze
I. situace, kdy je člověk velmi chudý
J. když je člověk v situaci, kdy už to nemůže být horší
K. situace, kdy člověk nemá nebo necítí kontakt s ostatními lidmi

▶ 2. Vyberte vhodné sloveso.

1. *dostat se / žít* v bídě
2. *dostat se / být* v beznadějné situaci
3. *mít / brát* starosti
4. *brát / mít* bezstarostný život
5. *brát / žít* sociální dávky
6. *žít / brát* v přepychu
7. *mít / být* na společenském dně
8. *brát / mít* vysoké příjmy
9. *zažít / být* osamělý
10. *dostat se / být* do problémů
11. *mít / brát* moc a peníze
12. *dostat se / mít* úspěch
13. *žít / mít* v nejistotě
14. *zažít / být* neúspěch

▶ 3. Přečtěte si text a vyberte správné sloveso.

Luboš Nejedlý vystudoval vysokou školu a začal pracovat v zahraniční firmě. Protože byl velmi nadaný a pracovitý, brzy (1.) *měl úspěch / byl bezmocný*. Vydělával víc a víc a brzy měl dvakrát větší (2.) *příjem / přepych* než jeho otec. Zvykl si žít (3.) *v bídě / v přepychu*, každý den večeřel ve známých restauracích, nosil jen značkové oblečení, své přítelkyni kupoval drahé dárky. Brzy se stal ředitelem pobočky jedné mezinárodní firmy a měl (4.) *bezstarostný život / moc* nad mnoha zaměstnanci.

Pak ale přišla krize. Všichni jeho kolegové žili (5.) *v nejistotě / osaměle*, vůbec nevěděli, co bude za pár měsíců. Jen Luboš žil dál na vysoké noze. Byl překvapený, když zkrachoval jeho velký projekt. Firma přišla o hodně peněz a nadřízení ho začali kritizovat. Luboš poprvé nebyl nejlepší a poprvé zažil (6.) *pracovní neúspěch / společenské dno*.

Ve firmě se začalo říkat, že někoho propustí. Prý první půjdou ti s nejvyššími platy. Jednoho dne ředitel Lubošovi řekl, že ve firmě končí. Jeho příjmy stačily ještě na pár měsíců luxusního života, ale pak se (7.) *dostal do problémů / měl bezstarostný život*. Musel splácet hypotéku za loft v luxusní čtvrti a půjčku na auto. Už nemohl večeřet se starými kamarády v restauracích v centru ani kupovat přítelkyni drahé dárky. Ztrácel známé a kamarády a začal (8.) *mít vysoké příjmy / být osamělý*. Žil skromně, přesto postupně utratil našetřené peníze. Nechtěl jít na úřad práce a (9.) *brát sociální dávky / mít vysoké příjmy*. Zdály se mu hrozné sny o tom, že půjde žebrat a (10.) *bude žít v přepychu / dostane se až na společenské dno*. Uvědomil si, že musí změnit svůj životní styl. A tak prodal svůj luxusní byt a pořídil si malý byt na kraji města. Prodal také auto a začal jezdit tramvají. Našel si práci v menší firmě a začal znovu.

▶ **4. Používejte výrazy z předchozího cvičení v novém kontextu. Doplňte je do vět.**

147/2

beznaděj	osamělosti	přepychu	úspěch
beznadějná	osaměla	společenský	uspělo
osamělí	přepychový	společnosti	úspěšný

1. Nový film o životě známého režiséra měl u diváků velký ....
2. Člověk, který v určité situaci nemůže nic dělat, cítí ....
3. Monika ...., když se s ní rozešel její přítel.
4. Sociologie je věda o ....
5. Lidé bez rodiny a bez přátel jsou ....
6. Co dělat s pocitem ....? – Musíte začít chodit mezi lidi.
7. Start nové firmy byl ...., po několika týdnech našla desítky nových zákazníků.
8. U zkoušky .... 95 % studentů a mohou dostat certifikát.
9. Většina kritických situací není úplně ...., většinou se najde nějaké řešení.
10. Žít v .... ještě neznamená být šťastný.
11. Pan Hronek si pronajal .... byt v centru Prahy.
12. .... člověk je často a rád mezi lidmi.

bohatí	chudnou	moc	závislost
bohatnou	chudoby	mocná	závislý
bohatství	chudý	závisí	

13. Člověk .... na alkoholu má šanci na vyléčení.
14. V Evropské unii stoupá nezaměstnanost, obyvatelé jižních států stále více ....
15. Většina bohatých států leží na severní polokouli, proto se dá říct, že sever je bohatý a jih ....
16. Pocit štěstí .... na situaci v rodině a v zaměstnání.
17. Četla jsem v novinách článek s titulkem „Češi ...., průměrný plat roste".
18. Už tisíce let jsou pro některé lidi nejdůležitější peníze a ....
19. Problém mladé generace je .... na moderních technologiích.
20. Při diskusi s miliardářem se studenti ekonomie ptali na jeho recept na ....
21. Slovo je .... síla.
22. Více než jedna miliarda lidí na světě žije pod hranicí extrémní ...., tedy za méně než jeden dolar na den.
23. Skutečně .... jsme ve chvíli, kdy si uvědomíme, že máme dost.

▶ **5. Přečtěte si, na co myslí tyto osoby. Pak napište, jaká hodnota je pro ně důležitá.**

147/5

| láska | práce | rodina | víra | vzdělání | zdraví |
| majetek | přátelství | svoboda | vlast | vzhled | |

1. Lydie: „Potřebuju plastickou operaci, mám moc velký nos." – ....
2. Filip: „Rád bych získal titul inženýra na elektrotechnické fakultě." – ....
3. Simona: „Mám moc ráda děti. Chtěla bych ještě dvě nebo tři." – ....
4. Roman: „Neumím si představit, že bych žil bez Boha." – ....
5. Kamila: „Doufám, že si s Janou i Milenou budeme rozumět i za pět let. Co bych bez nich dělala?" – ....
6. Libor: „Nikdy mi nikdo nebude určovat, kde a jak mám žít." – ....
7. Katka: „Přála bych si, abych mohla přestat brát tyhle léky a nemusela pořád chodit na vyšetření." – ....
8. Pavel: „Chtěl bych se stát vedoucím oddělení." – ....
9. Blanka: „Nikdy bych nemohla žít jinde než tady, miluju tu krajinu i lidi." – ....
10. Julie: „Měl by být citlivý a romantický. Měl by to být vztah na celý život." – ....
11. Vladimír: „Koupíme dva byty v Praze a budeme je pronajímat. Až na to budeme mít, koupíme ještě třetí byt." – ....

6. Přečtete si text a tabulku. Označte, co je/není pravda.

147/5

V květnu a červnu 2005 proběhl na vybraných středních školách olomouckého a zlínského regionu průzkum hodnotové orientace mládeže ve věku 15 – 20 let. Průzkumu se zúčastnilo 857 studentů středních škol, gymnázií a učilišť.
Studenti měli hodnoty známkovat 1–5 jako ve škole. Výsledky průzkumu mají pomoct učitelům řešit problémy studentů.

V tabulce najdete výsledek v procentech.

Hodnotová orientace a životní postoje současných adolescentů

zdraví	98 %
přátelství	97 %
rodina	95 %
láska, partnerství	91 %
vzdělání	84 %
úspěšnost ve škole	71 %
volný čas	70 %
peníze a majetek	50 %
fyzický vzhled	38 %
víra	11 %

Podle http://www.paidagogos.net/issues/2006/1/1/article.html

1. Průzkum se konal ve školách ve městech Olomouc a Zlín. — Ano / Ne
2. V průzkumu odpovídalo přes tisíc studentů. — Ano / Ne
3. Průzkum byl vytvořen pro potřeby učitelů. — Ano / Ne
4. Na prvním místě žebříčku hodnot je pro studenty zdraví. — Ano / Ne
5. Rodina je pro studenty důležitější než úspěšnost ve škole. — Ano / Ne
6. Pro polovinu studentů jsou důležité peníze a majetek. — Ano / Ne
7. Nejméně důležitá je pro studenty víra. — Ano / Ne
8. Fyzický vzhled je pro studenty stejně důležitý jako peníze a majetek. — Ano / Ne
9. Na posledním místě žebříčku hodnot je podle studentů fyzický vzhled. — Ano / Ne
10. V žebříčku hodnot studentů převažuje majetek nad přátelstvím. — Ano / Ne

7. Víra, církev, nebo náboženství? Vyberte správné slovo.

147/5+

1. Nejrozšířenější *náboženství / víra* na světě je křesťanství.
2. Na církevních školách je výuka *církve / náboženství*.
3. V krizových chvílích může člověka zachránit *církev / víra* v něco vyššího.
4. *Náboženství / víra* v jiné vrcholí vírou v lidstvo. (Erich Fromm)
5. Československá husitská *církev / víra* je třetí největší *církev / víra* v České republice.
6. *Církev / náboženství* je skupina osob s vlastní strukturou, orgány a rituály založená na základě společné víry.
7. V roce 2001 se v České republice k nějakému *víře / náboženství* přihlásily asi tři miliony lidí.
8. Slovo *církev / víra* je od slova věřit.

8. Doplňte 3. osobu sg. (on-formu) v minulém, přítomném a budoucím čase a 2. osobu sg. (tykání) v imperativu.

infinitiv	3. sg. minulý čas	3. sg. přítomný čas	3. sg. budoucí čas	2. sg. imperativ
	zapomínal			
zapomenout*		---		
			bude vzpomínat	
*		---		vzpomeň si
pamatovat si				
	zapamatoval si	---		

9. Zapomenout *něco*, nebo zapomenout *na něco*? Doplňte prepozici *na*, pokud je potřeba.

Například: Dovolená byla krásná. Zapomněla jsem na všechny pracovní problémy.

1. Věra zapomněla _____ narozeniny své sestry.
2. Jarmila odjela na dovolenou a doma zapomněla _____ zavřít okna.
3. To je škoda, nemám pro tebe tu knihu. Zapomněla jsem _____ ji doma.
4. Petře, nikdy _____ mě nezapomeň!
5. Lucie, máš pro mě ty fotografie? – Bohužel ne, zapomněla jsem _____ je v kanceláři.
6. Laura často zapomíná _____ vzít si na procházku deštník.
7. Kamil včera zapomněl _____ mobil v restauraci.
8. Malý Honzík ráno zapomněl _____ sešit s domácím úkolem na stole ve svém pokoji.
9. Zapomněla jsem _____ číslo svého účtu. Co mám dělat?
10. Martin v pondělí zapomněl _____ důležitou schůzku.
11. Při dietě nesmíte zapomínat _____ hodně pít.
12. Je to dlouho, co jsem chodila na základní školu. Už jsem zapomněla _____ jména spolužáků.

Pozor:
zapomínat/zapomenout na
+ *člověk, událost*
zapomínat/zapomenout
+ *sloveso, konkrétní předmět nebo údaj*

10. Vyberte vhodné sloveso.

1. Nemůžu si *vzpomenout / pamatovat* na jeho jméno. Strašně rychle *zapomínám / si pamatuju*.
2. Já i můj manžel často *vzpomínáme / pamatujeme* na naši loňskou dovolenou ve Francii.
3. Ze včerejší noci si Radek *vzpomíná / nepamatuje* nic.
4. Jak se jmenovala ta tvoje spolužačka? Nemůžu si *zapomenout / vzpomenout*.
5. Promiň, *zapomněla / vzpomněla* jsem na naši schůzku. Je mi to líto.
6. Její úsměv si Milan bude *pamatovat / vzpomínat* navždy.
7. *Nezapomeň / vzpomínej*, že zítra máš důležitou schůzku.
8. Slovíčka z lekce 15 jsou hrozně těžká. Nemůžu si je *zapomenout / zapamatovat*.
9. *Vzpomínáš si / zapomínáš* na naši sousedku? Nevíš, jestli ještě žije v tom domě?
10. *Pamatuju si / vzpomínám* obličeje, ale jména hned *zapomenu / nepamatuju*.

11. Tvořte imperativ.

1. No tak, Martine, ... (vzpomenout si), komu jsi půjčil tu knihu o barokní Praze.
2. Jakube, ... (nezapomenout), že máš v úterý ve tři hodiny termín u očaře.
3. Děti, ... (zapamatovat si) tohle pravidlo pro psaní čárek ve vedlejších větách.
4. Mileno, ... (nezapomínat) na staré přátele, když si najdeš nové.
5. Viktore, ... (pamatovat si), co ti říkám, tohle auto bys neměl kupovat.
6. V muzeu je výstava starých fotografií našeho města, která se jmenuje „Lidé, ... " (vzpomínat).
7. Babi, ... (nezapomenout) si vzít v osm hodin své léky.

▶ **12. Doplňte adjektiva.**

| slavný | úspěšný | výjimečný | zraněný |
| stydlivý | úžasný | zamyšlený | žádaný |

1. Člověk, který nerad mluví před lidmi a nikdy nechce být v centru pozornosti, je . . . .
2. Člověk, který právě o něčem přemýšlí, je . . . .
3. Člověk, kterého zná hodně lidí, je . . . .
4. Člověk, který je jiný než ostatní, například má nějaké nadprůměrné znalosti nebo schopnosti, je . . . .
5. Člověk, kterému se stala nějaká nehoda nebo nějaký úraz, je . . . .
6. Člověk, který je skvělý a ostatní ho mohou jen obdivovat, je . . . .
7. Člověk, který má v životě úspěch, je . . . .
8. Člověk, kterého všichni chtějí zaměstnat, je ve své profesi . . . .

▶ **13. Doplňte 3. osobu sg. (on-formu) v minulém, přítomném a budoucím čase a 2. osobu sg. (tykání) v imperativu.**

infinitiv	3. sg. minulý čas	3. sg. přítomný čas	3. sg. budoucí čas	2. sg. imperativ
			bude pomáhat	
*	pomohl	---		
*			bude vyrůstat	vyrůstej
vyrůst*		---		vyrosť
	posílal			
*		---	pošle	
				smiřuj se
smířit se		---		
	balil			
		---	sbalí	
				soustřeďuj se
		---	soustředí se	

▶ **14. Procvičujte slovesa z textu v novém kontextu. Vyberte vhodnější formu.**

1. Ten e-mail vám *posílám / pošlu* dnes večer.
2. Zkoušku jsi neudělala, s tím se musíš *smiřovat / smířit*.
3. Teď se prosím *soustřeďuj / soustřeď* na náš problém!
4. Strašně nerada před dovolenou *balím / sbalím* kufry.
5. Promiňte, mohl byste mi teď s něčím *pomáhat / pomoct*?
6. Paní Málková, ten váš syn ale *rostl / vyrostl*!
7. Závodník se před startem dlouho *soustřeďoval / soustředil*.
8. Jak dlouho ti ještě mám *pomáhat / pomoct* s domácími úkoly?
9. Pomalu se *smiřuju / smířím* s tím, že se syn nikdy neožení.
10. Každé Vánoce *posílám / pošlu* svým známým papírová blahopřání.

▶ **15. Doplňte vhodné sloveso v imperativu.** 149/9

| neposílat | pomoct | poslat | smířit se |
| pomáhat | posílat | sbalit | soustředit se |

1. Děti, když je to možné, vždycky . . . . slabším.
2. Prosím tě, ... mi s tímhle úkolem, nerozumím tomu.
3. Heleno, nekoukej teď z okna, ... a počítej.
4. Pane Jiránku, zítra mi prosím . . . . ty informace e-mailem.
5. Stelo, rychle . . . . věci a jedeme na výlet.
6. Tomáši, ... mi ty materiály poštou, přijdu si pro ně osobně.
7. Paní Skálová, ... s tou situací, lepší to teď nebude.
8. Prosím vás, ... ty materiály vždycky na mou adresu.

▶ **16. Doplňte zájmena na správné místo ve větě.** 149/11

Například: mu: Děti _____ se _____ smály. – Děti se mu smály.

1. se: Když _____ jsem _____ probudil _____, bylo už světlo.
2. se: Viděli _____ jsme _____ s ním _____ minulý týden.
3. se: Omluvili _____ jsme _____ jí _____ za pozdní příchod.
4. mu: Vždycky _____ se _____ líbily _____ motorky.
5. mu: Nikdy _____ jsem _____ se _____ nepodobal.
6. jí: Hodně _____ jsem _____ se _____ v tu dobu věnovala.
7. jí: V pondělí _____ jsme _____ si _____ na to stěžovali.
8. ho: Báli _____ jste _____ se _____ ?
9. je: Už _____ v pondělí _____ večer _____ jsme _____ začali _____ hledat.
10. nás: Proč _____ tolik _____ nenávidíte?

▶ **17. Doplňte sloveso.** 149/12

| prožila | přežil | užívat | zažiju |
| prožívá | užij | užíváte | zažít |

1. . . . . pravidelně nějaké léky, pane Vágnere?
2. Tak nepříjemnou situaci už nikdy nechci . . . .
3. Odjíždíš zítra? Tak si to tam . . . .
4. Příští měsíc jedu k moři. Budu si tam . . . . klidu a dobrého jídla.
5. Věřím, že jednou . . . . pořádné dobrodružství.
6. Paní Staňková . . . . dlouhý a zajímavý život.
7. Ten, kdo . . . . nějakou přírodní katastrofu, si to bude navždycky pamatovat.
8. V rozhovoru herečka vypráví o tom, že právě teď . . . . nejhorší chvíle své kariéry.

▶ **18. Co by tito lidé nikdy neudělali? Dokončete věty v kondicionálu. Doplňte l-formu (příčestí minulé).** 150/1

1. Martina by nikdy . . . . (nevyjít) z domu bez deštníku.
2. Milena by se nikdy . . . . (nestát) učitelkou.
3. Ondřej by nikdy . . . . (neupéct) koláč.
4. Kamil by se nikdy . . . . (nesejít) s někým na inzerát.
5. Zorka by nikdy . . . . (neříct) vulgární slovo.
6. Simona by si nikdy . . . . (nepronajmout) byt v centru.
7. Zdeněk by nikdy ze vzteku nic . . . . (nerozbít).
8. Stanislav by nikdy . . . . (neutéct) před zlým psem.

9. Šimon by nikdy .... (nezapomenout) na manželčiny narozeniny.
10. Lucie by nikdy nic .... (neukrást).
11. Radek by nikdy .... (neusnout) při fotbale.
12. Renata by nikdy .... (nevézt) v autě kočku.
13. Adam by nikdy .... (nevést) syna do školy.
14. Alice by nikdy .... (nečíst) bulvární časopis.
15. Stela by si nikdy .... (nevzít) mladšího muže.
16. Gabriela by si nikdy k sukni .... (neobout) sportovní boty.
17. Tomáš by nikdy .... (nesníst) ani kousek masa.
18. Bedřich by nikdy nic .... (nenatřít) zelenou barvou.

▶ 19. Adéla Veselovská si stěžuje kamarádce. Jaký mohl její den být, kdyby...? Dokončete věty.

150/4

Hrozné ráno.
Dneska jsem měla hrozné ráno. Nezvonil budík. Zaspala jsem. Přišla jsem pozdě na stanici autobusu. Autobus mi ujel. Čekala jsem 30 minut na další. Přišla jsem pozdě do kanceláře. Nestihla jsem schůzku s klientem. Šéf se zlobil, a navíc mi řekl, že do zítřka musím přepracovat projekt. Dneska budu muset pracovat dlouho přesčas. Nemůžu jít na rande s Karlem, takže Karel určitě půjde na rande s Renatou!

A přitom stačilo tak málo a den by byl úplně jiný. Kdyby budík (1.) ...., nezaspala bych. Kdybych nezaspala, (2.) .... pozdě na stanici autobusu. Kdybych (3.) .... pozdě na stanici autobusu, autobus by mi (4.) .... Kdyby mi (5.) .... autobus, (6.) .... 30 minut na další. Kdybych (7.) .... 30 minut na další, (8.) .... pozdě do kanceláře. (9.) .... pozdě do kanceláře, (10.) .... schůzku s klientem. (11.) .... schůzku s klientem, šéf by (12.) .... Kdyby se šéf (13.) ...., (14.) .... do zítřka přepracovat projekt. Kdybych (15.) .... přepracovat projekt, (16.) .... dlouho přesčas. (17.) .... dlouho přesčas, (18.) .... na rande s Karlem. (19.) .... na rande s Karlem já, Karel (20.) .... s Renatou.

▶ 20. Robert má pořád problémy. Řekněte mu, co by mohlo být jiné. Doplňte *kdyby ses* nebo *kdyby sis*.

150/tab.+

1. .... pamatoval termín schůzky, přišel bys včas.
2. .... oženil, nebyl bys osamělý.
3. .... vzal Janu, byl bys s ní šťastný.
4. .... obul sportovní boty, nebolely by tě nohy.
5. .... s ním chvíli povídal, lépe bys mu rozuměl.
6. .... nepohádal s kamarádem, neměl bys špatnou náladu.
7. .... pořídil psa, musel bys s ním několikrát denně chodit ven.
8. .... učil před testem, napsal bys ho lépe.
9. .... na to zvykl, vůbec by ti to pak nevadilo.
10. .... vzpomněl na domácí úkol, nemusel bys ses dneska omlouvat lektorovi.
11. .... brzy uzdravil, mohli bychom příští týden odjet.
12. .... jí líbil, dala by ti své telefonní číslo.
13. .... pronajal byt v centru, měl bys to blíž na univerzitu.
14. .... víc usmíval, lidé by tě měli raději.

▶ **21. Honza často nepřijde na domluvené schůzky. Pak musí vysvětlovat, co se stalo. Tvořte věty s kondicionálem podle modelu.**

1. Kdybych na schůzku nezapomněl, určitě bych přišel.
2. ...., určitě bych přišel.
3. ...., určitě bych přišel.
4. ...., určitě bych přišel.
5. ...., určitě bych přišel.
6. ...., určitě bych přišel.
7. ...., určitě bych přišel.
8. ...., určitě bych přišel.
9. ...., určitě bych přišel.
10. ...., určitě bych přišel.

▶ **22. Za jakých podmínek by to bylo možné? Tvořte podmínkové věty.**

Například: Kdy by bylo možné udělat oslavu?
Honza – mít čas – Kdyby měl Honza čas.

Za jakých podmínek by byla u nás v kanceláři lepší atmosféra?
1. šéf – nerozčilovat se každý den – .... každý den.
2. ty – odevzdávat včas projekty – .... včas projekty.
3. my – spolu víc mluvit – .... víc.
4. my – rozdělovat si lépe práci – .... lépe práci.
5. kolega – přestat chodit pozdě – .... pozdě.
6. někteří kolegové – nesmát se ostatním – .... ostatním.

Za jakých podmínek by si mohli Novákovi pořídit nový byt?
7. oni – vzít si půjčku – .... půjčku.
8. pan Novák – najít vhodný byt – .... vhodný byt.
9. paní Nováková – konečně se rozhodla – ....

Za jakých podmínek by si Jolana vzala Standu?

10. Standa – rozvést se s Miladou – .... s Miladou.
11. Jolana – být si jistá, že ho miluje – ...., že ho miluje.
12. oba – najít správný termín – .... správný termín.
13. oba – domluvit se na tom, jak vychovávat děti – .... na tom, jak vychovávat děti.

Za jakých podmínek bychom mohli jet na dovolenou?

14. všichni – dohodnout se na místu dovolené – .... na místu dovolené.
15. rodiče – moct dovolenou zaplatit – .... dovolenou zaplatit.
16. my – vybrat si v katalogu hotel – .... v katalogu hotel.

▶ **23. Paní Šimková přemýšlí o víkendu. Doplňte *jestli* nebo *kdyby* (ve správné formě).** 150/5

1. .... musela zůstat v kanceláři déle, nestihla bych vyzvednout Simonku ve školce.
2. .... nemohla vyzvednout Simonku já, musela by pro ni dojít babička.
3. .... zapomenu cestou domů koupit chleba, nebudeme mít nic k večeři.
4. .... bude zítra hezky, můžeme jet do ZOO.
5. .... jeli do ZOO, zůstali bychom tam celý den.
6. .... měla babička zítra večer čas, mohla by hlídat Simonku a my bychom
mohli jít s manželem do kina.
7. .... babička nebude mít čas, budeme všichni doma.
8. .... nebude manžel v neděli pracovat, můžeme jet na houby do lesa.
9. .... najdeme houby, udělám k večeři smaženici.
10. .... Simonka byla celou neděli venku v lese, byla by hodně unavená.

▶ **24. Pavel si přečetl inzerát, že berlínská firma hledá programátora. Doplňte sloveso ve správné formě.** 150/5

1. Jestli Pavel .... (jít) na pohovor, možná ho vyberou na to místo v německé firmě.
   Kdyby Pavel .... (jít) na pohovor, možná by ho vybrali na to místo u německé firmy.
2. Jestli .... (dostat) to místo v Berlíně, bude tam pracovat několik měsíců.
   Kdyby .... (dostat) to místo v Berlíně, pracoval by tam několik měsíců.
3. Jestli .... (odjet) do Berlína, dlouho ho neuvidíme.
   Kdyby .... (odjet) do Berlína, dlouho bychom ho neviděli.
4. Jestli .... (pracovat) v Berlíně, naučí se ještě lépe německy.
   Kdyby .... (pracovat v Berlíně), naučil by se ještě lépe německy.
5. Jestli .... (stát se) programátorem u německé firmy, bude to pro něho velká zkušenost.
   Kdyby .... (stát se) programátorem u německé firmy, byla by to pro něho velká zkušenost.

▶ **25. Spojte.** 150/5

1. Jestli mi ráno nenastartuje auto,   A. budou mít auta na silnicích problémy.
2. Kdyby mi ráno nenastartovalo auto,   B. budu muset jet vlakem.
3. Jestli se nesoustředím,   C. budu muset jít na masáž.
4. Kdybych se nesoustředil,   D. budu s ním muset chodit dvakrát denně ven.
5. Jestli mě ještě budou bolet záda,   E. mohli bychom jít lyžovat.
6. Kdyby mě ještě bolela záda,   F. nemohla bych ho nechávat o víkendu doma samotného.
7. Jestli si pořídím psa,   G. nenapíšu správně ten test.
8. Kdybych si pořídila psa,   H. nikam bych nejela.
9. Jestli bude zítra sněžit,   I. šla bych ještě jednou na neurologii.
10 Kdyby zítra sněžilo,   J. udělal bych moc chyb.

▶ **26. Co bude Linda dělat příští týden? Tvořte věty podle modelu.** 150/5

Například: Jestli bude mít volno, půjde v pondělí odpoledne na výstavu.
Kdyby měla v pondělí volno, šla by v pondělí na výstavu.

1. Jestli bude její kolegyně v pondělí ještě nemocná, ... (muset pracovat) i za ni.
2. Kdyby šéf odjel na služební cestu, ... (mít) víc klidu.
3. Jestli zavolá Julie, ... (moct jít) spolu na kafe.
4. Kdyby přijela maminka, ... (jít) s ní do divadla.
5. Jestli se bude v úterý večer nudit, ... (vyžehlit) všechno prádlo, které vyprala.
6. Kdyby ve středu večer pršelo, ... (zůstat) doma a .... (číst si).
7. Kdyby ve čtvrtek přišla na návštěvu Jiřina, ... (upéct) koláč.
8. Jestli se rozzlobí na Michala, ... (strávit) páteční večer doma u televize.
9. Kdyby někam jela na víkend, ... (odvézt) psa ke kamarádce.

▶ **27. Procvičujte spojku *aby*. Spojte části vět.** 151/1

1. Helena se začala učit švédsky,
2. Začnu se učit švédsky,
3. Začneme se učit švédsky,
4. Pojedeš do Bratislavy,
5. Pojede do Bratislavy,
6. Pojedete do Bratislavy,
7. Měl byste jíst víc zeleniny,
8. Měli bychom jíst víc zeleniny,
9. Měla byste jíst víc zeleniny,
10. Držela dietu,
11. Držela jsem dietu,
12. Drželi dietu,

A. abyste neměla problémy s trávením.
B. abyste neměl problémy s trávením.
C. abychom neměli problémy s trávením.
D. abych mohla zase nosit úzké džíny.
E. aby mohla zase nosit úzké džíny.
F. aby mohli zase nosit úzké džíny.
G. abyste navštívil staré známé.
H. aby navštívil staré známé.
I. abys navštívil staré známé.
J. abychom rozuměli mamince našeho švédského přítele.
K. abych rozuměla mamince svého švédského přítele.
L. aby rozuměla mamince svého švédského přítele.

▶ **28. Doplňte správné formy *abych*, *abys*, *aby*, *abychom*, *abyste*, *aby*.** 151/3

1. Doktor mu doporučuje, ... začal žít zdravěji.
2. Babička říká vnukům, ... si nehráli s ohněm.
3. Šéf mi doporučil, ... si vzal dovolenou v červenci.
4. Kolega ji požádal, ... vyřídila tu reklamaci.
5. Rodiče nám řekli, ... nechodili do toho nového klubu.
6. Varoval jsem vás, ... po české dálnici nejezdili rychleji než 120 km/hod.
7. Připomínám ti, ... nezapomněl na tu schůzku.
8. Soused nás požádal, ... po desáté večer nepouštěli hlasitě hudbu.
9. Chci vám doporučit, ... tu žádost podali co nejdříve.

▶ **29. Náš soused pan Škoda každému rád poradí. Co říká? Tvořte vedlejší věty s *aby*.** 151/3

Například: Říká bratrovi, že má brát léky. – Říká mu, aby bral léky.

1. Říká dceři, že si má stáhnout nový program. – Říká jí, ... nový program.
2. Říká dětem, že nemají jezdit na černo. – Říká jim, ... na černo.
3. Říká sestře, že musí víc pracovat. – Říká jí, ... víc.
4. Říká manželce, že má podat tu žádost. – Říká jí, ... tu žádost.
5. Říká synovi, že si má užít víkend. – Říká mu, ... víkend.
6. Říká vám, že se máte jít omluvit. – Říká vám, ... omluvit.
7. Říká nám, že máme víc šetřit. – Říká nám, ... víc.
8. Říká mi, že mám pravidelně cvičit. – Říká mi, ... pravidelně ....

86 Lekce 15 • Česky krok za krokem 2 • **PRACOVNÍ SEŠIT**

▶ **30. Proč to dělám? Tvořte věty se spojkou *aby* nebo *protože*.** 151/3

Například: Beru léky, protože chci být zdravý. – Beru léky, abych byl zdravý.

1. Trénuju každý den, protože chci vyhrát závod.
   Trénuju každý den, ... závod.
2. Napíšu ti pohled, protože chceš vědět, jak se mám u moře.
   Napíšu ti pohled, ..., jak se mám u moře.
3. Používáme internet, protože chceme mít nejnovější informace.
   Používáme internet, ... nejnovější informace.
4. Dívám se na české filmy, protože se chci zlepšit v češtině.
   Dívám se na české filmy, ... v češtině.
5. Jdu do obchodu, protože chci reklamovat novou pračku.
   Jdu do obchodu, ... novou pračku.
6. Jdu do lékárny, abych koupil sirup proti kašli.
   Jdu do lékárny, ... sirup proti kašli.
7. Jedu do Ameriky, abych viděl Manhattan.
   Jedu do Ameriky, ... Manhattan.
8. Používám mobil, abych byl pořád v kontaktu s kamarády.
   Používám mobil, ... pořád v kontaktu s kamarády.
9. Čtu české noviny, abych věděl, co je nového v České republice.
   Čtu české noviny, ..., co je nového v České republice.
10. Každé ráno chodím běhat, abych byl zdravý.
    Každé ráno chodím běhat, ... zdravý.

▶ **31. Doplňte *aby* (ve správné formě) nebo *že*.** 151/3+

1. Upozorňuju tě, _____ zítra nebudu moct přijít.
2. Upozorňuju tě na to, _____ nezapomněl.
3. Říkám ti to, _____ to věděl.
4. Říkám ti, _____ v létě pojedu k moři.
5. Připomínám ti, _____ se nájem musí zaplatit do středy.
6. Připomínám ti placení nájmu, _____ na to nezapomněl.
7. Říkám ti to, _____ ti pomohl.
8. Říkám vám, _____ tady zítra nebudu.
9. Upozorňuju vás, _____ si pokoj musíte rezervovat včas.
10. Upozorňuju vás na to, _____ neměli problémy s rezervací pokoje.

Pomůže vám otázka:
Co mu říká? = že
Proč mu to říká? = aby

▶ **32. Doplňte *aby ses*, *aby sis*.** 151/tab+

1. Potřeboval bych, _____ pronajal ten byt na tři měsíce.
2. Doporučuju ti, _____ víc usmívala.
3. Chtěl bych, _____ koupila něco hezkého na sebe.
4. Připomínám ti, _____ postaral o mého psa, až budu pryč.
5. Říkám ti, _____ šel stěžovat k někomu jinému.
6. Žádám tě, _____ do zítra rozhodla, co s tím budeme dělat.
7. Doporučuju ti, _____ seznámila s nějakým sympatickým klukem.
8. Chtěl bych, _____ představila, jak to bude krásné, až budeme spolu.
9. Připomínám ti, _____ ráno oblékla něco hodně teplého, mrzne.
10. Radím ti, _____ teď šla v klidu najíst, promluvíme si o tom později.
11. Chci, _____ přestal hrát a poslouchal mě.

33. Leona Morávková přemýšlí. Co by chtěla, aby bylo jinak? Tvořte věty s *aby*.

Chtěla bych,

1. .... (manžel – opravit lux).
2. .... (já – mít víc času).
3. .... (ty – nehádat se se mnou).
4. .... (dcera – chodit včas domů).
5. .... (my všichni – být víc spolu).
6. .... (syn – dostávat lepší známky).
7. .... (my – moct jet k moři).
8. .... (já – nemuset ráno brzy vstávat).
9. .... (sousedé – nedělat oslavy až do rána).
10. .... (ty – přijít někdy na návštěvu).

34. Doplňte *aby* (ve správné formě), *že* nebo *protože*, nebo nedoplňujte nic.

1. Potřebuju _____ koupit chleba.
2. Učím se čínsky, _____ mě ta řeč fascinuje.
3. Spěchám domů, _____ viděl fotbalový zápas.
4. Kamarádi mi radí _____ jet na dovolenou do severských zemí.
5. Sousedka mi říkala, _____ nemám nakupovat v tom novém obchodě, nemají čerstvé zboží.
6. Vzala jsem si prášek, _____ jsem nemohla spát.
7. Říkal jsem ti, _____ to není dobrý nápad.
8. Spěchám na autobus, _____ zase nepřišel pozdě do práce.
9. Připomněla jsem jim, _____ musí psát všechny domácí úkoly.
10. Varuju všechny kamarády, _____ nechodili na oběd do té restaurace. Vaří tam hrozně.
11. Zakázali jsme dětem _____ sedět večer u počítače.

35. Christopher Young vypráví o tom, jak přijel do ČR. Vyberte správnou spojku. Někdy není žádná spojka potřeba.

Do Prahy jsem přijel před dvěma lety, *protože / abych* jsem chtěl chvíli žít ve střední Evropě. Rodiče ale chtěli, *abych / protože* pracoval ve Švédsku. Moji kamarádi mysleli, *že / když* jsem blázen, *aby / když* chci odjet pryč z Ameriky.

Protože / Když jsem přijel do Prahy, bylo všechno nové. Potřeboval jsem čas, *protože / abych* se zorientoval a naučil jazyk. Dneska ale nemám problém *abych / –* mluvit česky. Ale musel jsem studovat intenzivně, *abych / protože* čeština je těžký jazyk. V Praze není tak moc nutné, *aby / –* člověk mluvil česky, *protože / aby* tady hodně lidí mluví aspoň trochu anglicky. *Protože / Když* ale jedu někam na vesnici, je nutné, *abych / že* mluvil česky. Jsem rád, *že / abych* mi to nedělá problémy. Každému cizinci bych poradil, *aby / –* se učil česky.

36. Vyberte správný spojovací výraz.

Na thajskou pláž se vrátila Petra Němcová, *aby / že* tady vzpomínala na zážitek, *když / který* jí úplně změnil život. Petra Němcová a její přítel přijeli do Thajska o Vánocích 2004, *protože / aby* tu chtěli strávit romantickou dovolenou.

Právě si balili kufry, *jakmile / když* přišla obrovská vlna, *která / kde* všechno zničila. Petra přežila díky tomu, *že / kdyby* se osm hodin držela kmene palmy. Její přítel bohužel to štěstí neměl *a / přesto* utopil se. Petra se nezhroutila, *ačkoliv / ale* rozhodla se pomáhat lidem. *Proto / přesto* založila nadaci, která pomáhá dětem. *Kdyby / aby* získala peníze na charitu, napsala knihu Vždy s láskou *i / a* honorář věnovala své nadaci. Říká, *co / že* by si přála, *že / aby* každé dítě dostalo šanci.

Petra byla jako dítě stydlivá, *přesto / proto* dnes pózuje jako modelka. Ještě dnes vzpomíná, *avšak / jak* jí ve škole říkali žirafa.

V USA už žije tak dlouho, *že / aby* pomalu zapomíná češtinu. Kromě práce a tréninku se věnuje i svým koníčkům. Nedávno dokonce začala skákat padákem. Říká: „*Když / kdyby* uděláte skok do neznáma, musíte věřit, *aby / že* co se má stát, to se stane."

▶ 37. Vyberte vhodné modální sloveso.

1. Je možné to říct. – *Musíš / Můžeš* to říct.
2. Je nutné to říct. – *Musíš / Nesmíš* to říct.
3. Je správné to říct. – *Máš / Smíš* to říct.
4. Je zakázané to říct. – *Nemusíš / Nesmíš* to říct.
5. Není možné to říct. – *Nemusíš / Nemůžeš* to říct.
6. Není nutné to říct. – *Nemusíš / Nesmíš* to říct.
7. Není správné to říct. – *Nemáš / Nemusíš* to říct.
8. Není zakázané to říct. – *Smíš / Musíš* to říct.

▶ 38. Ředitel firmy mluví s novým zaměstnancem. Co říká?

1. Je zakázané v pracovní době pít alkohol. – V pracovní době .... pít alkohol.
2. Není možné, abyste zapomínal na porady. – .... zapomínat na porady.
3. Je možné, abyste chodil do práce v neformálním oblečení. – .... chodit do práce v neformálním oblečení.
4. Je nutné, abyste byl v 8.00 v kanceláři. – .... být v 8.00 v kanceláři.
5. Není možné, abyste v kanceláři kouřil. – .... v kanceláři kouřit.
6. Není nutné, abyste pracoval přesčas. – .... pracovat přesčas.
7. Není možné, abyste chodil pozdě. – .... chodit do práce pozdě.

▶ 39. Marek Dopita má v poslední době spoustu problémů. Poraďte mu. Doplňte *měl by / neměl by* nebo *měl / neměl*.

> *Například:* Marka dnes ráno hrozně bolí hlava. Neměl být včera tak dlouho v klubu.
> Marka často bolí hlava. Neměl by tolik času sedět u počítače.

1. Marek ráno nikdy nepřijde do práce včas. – .... dřív vstávat.
2. Marek je hrozně unavený. – .... včera jít spát tak pozdě.
3. Ta Markova dovolená byla hrozná. Měli špatné ubytování i jídlo. – .... jet s jinou cestovní kanceláří.
4. Soňa je hrozně smutná kvůli tomu, co jí Marek řekl o Honzovi. – .... jí to říkat.
5. Markův soused dělá skoro každý víkend doma nějakou oslavu. Marek musí dlouho do noci poslouchat hrozný hluk. – .... jít za ním a požádat ho o klid.
6. Marek měl autonehodu. – .... už nikdy jezdit tak rychle, za deště je to nebezpečné.
7. Je mu tak těžko. – .... jíst tu pečeni s knedlíkem.
8. Koncert skončil až po půlnoci a nic už nejelo. Marek čekal do čtyř hodin na první autobus. – .... mi zavolat, přijel bych pro něj autem.
9. Marek zase zapomněl na schůzku s klientem. – .... si koupit diář, aby se to neopakovalo.
10. Markova maminka je osamělá. – Marek .... maminku častěji navštěvovat.

▶ **40. Doplňte vhodnější slovo.**

asi – spíš

1. Kluci si rádi hrají s míčem, holčičky .... s panenkami.
2. Přijdu .... v deset, ještě nevím přesně.
3. Na hřišti si hrálo .... deset dětí.
4. Mám rád .... kuřecí maso než hovězí.
5. Roman .... nestihl autobus, jinak by tady už byl.

samozřejmě – prý

6. V neděli tě .... v nemocnici navštívím.
7. Bedřich .... ztratil práci. Říkala to Jana.
8. Nezaměstnanost .... bude v příštím roce ještě vyšší, psali to v novinách.
9. Musíš se .... sám rozhodnout, čím chceš v životě být.
10. Honza se .... bude ženit, je to pravda?

určitě – snad

11. V pátek budeme .... psát test, vím to na 100 %.
12. Doufám, že to .... dobře dopadne.
13. .... nebude o víkendu mrznout. Potřebujeme ještě dodělat podzimní práce na zahradě.
14. Až doberete tyhle léky, bude vám .... líp. Jsem si tím jistý.
15. Alkohol vaši situaci .... nevyřeší, zkuste změnit svůj život.

opravdu – třeba

16. Ty šaty si asi nekoupím, nejsem si jistá tou barvou. .... budou mít v jiném obchodě hezčí.
17. Vypadáte .... výborně, paní Šrumová.
18. To je .... výborný dort. Dáte mi recept?
19. Dneska prší, ale .... bude zítra hezčí počasí a budeme moct jet na výlet.
20. .... nic nepotřebuješ, babičko? Nakoupit, vyžehlit, vyměnit žárovku v lampičce?

pravděpodobně – rozhodně

21. Hanko, tyhle šaty si .... nekupuj, nesluší ti.
22. Příští porada bude .... ve čtvrtek. Šéf to musí ještě potvrdit.
23. Morávkovi si koupili drahé auto, ... vyhráli peníze v loterii.
24. S touhle cestovní kanceláří už .... na dovolenou nechci jet. Její služby byly hrozné, nic nefungovalo.
25. Ještě nevím, co budu dělat večer. .... zůstanu doma.

▶ **41. Přečtěte si text o Adéle Bednaříkové. Vyberte vhodný modální výraz.**

Adéle je 15 let. Chodí na základní školu.

1. Dobře se učí, proto bude příští rok *pravděpodobně / opravdu* chodit na gymnázium.
2. Dnes se musí hodně učit, protože zítra píše velký test z matematiky. Večer tedy *určitě / asi* nepůjde do kina.
3. Příští rok se *možná / rozhodně* nebude vdávat, protože je mladá a nemá přítele.
4. Ve škole jí nejde matematika, ale jde jí angličtina a biologie. *Pravděpodobně / třeba* nebude studovat na matematicko-fyzikální fakultě. *Spíš / rozhodně* bude studovat jazyky.
5. Chce se začít učit ještě jeden asijský jazyk, *jistě / třeba* japonštinu.
6. Zítra bude zima, *snad / asi* si nevezme mikinu, ale *prý / spíš* teplou bundu.
7. Má psa, ráno s ním *spíš / určitě* půjde ven.
8. Je moc hodná dcera. Každý den *samozřejmě / snad* pomáhá mamince uklízet nebo vařit.

▶ **42. Co jim poradíte? Tvořte věty s *aby* ve správné formě. Pozor na správnou pozici *se* / *ses*.** 153/6

Například: Simono, chceš být zdravá? – Je nutné, abys přestala kouřit a nepila alkohol.

1. Vojtěch chce být bohatý. – Je nutné, ...
   (víc pracovat a oženit se s milionářkou).
2. Alena chce být štíhlá. – Je třeba, ...
   (držet dietu a víc se pohybovat).
3. Děti chtějí mít ve škole dobré známky. – Je nutné, ...
   (každý den se učit a psát úkoly).
4. Pan a paní Škopovi chtějí nové auto. – Je potřeba, ...
   (vybrat si typ auta a jít do autosalonu).
5. Roberte a Martine, chcete mít lepší práci? – Je nutné, ...
   (napsat životopis a číst inzeráty).
6. Radku, ty chceš dělat kariéru? – Je třeba, ...
   (zlepšit si angličtinu a naučit se lépe pracovat na počítači).
7. Olina chce najít přítele. – Je třeba, ...
   (zhubnout a chodit mezi lidi).
8. Filipe, chceš lépe spát. – Je třeba, ...
   (chodit spát ve stejnou dobu a mít v ložnici ticho).
9. Jano, chceš mít víc kamarádů? – Je nutné, ...
   (víc se usmívat a zajímat se o ostatní).
10. Chceme se přestěhovat. – Je nutné, ...
    (najít jiný byt a prodat byt starý).

▶ **43. Vyberte vhodné výrazy.** 153/6

1. Tu hvězdu *nelze* / *není třeba* na nebi vidět okem, *lze* / *je třeba* mít dalekohled.
2. *Je třeba* / *Není vhodné* více dbát na zdravou stravu.
3. *Není nutné* / *Lze* to opakovat. Všichni tomu rozuměli.
4. To sako *není vhodné* / *není třeba* pro lidi se silnější postavou.
5. V seznamu najdete místa, kde *lze* / *je vhodné* udělat jazykovou zkoušku B1.
6. Podle dietologů *je nutné* / *lze* pravidelně pít. Aspoň dva litry vody denně.
7. To *nelze* / *není vhodné* pro děti do 15 let.
8. Tomu člověku *není třeba* / *nelze* věřit, už mockrát nám lhal.
9. Ten problém *nelze* / *není jisté* vyřešit teď a tady.
10. *Je nutné* / *Není vhodné* nosit do kanceláře šortky nebo minisukně.
11. *Je nutné* / *Lze* začít na tom projektu pracovat už dnes, času máme opravdu málo.
12. Když jdete na návštěvu, *je jisté* / *je vhodné* přinést nějaký dárek, například květiny.

▶ **44. Napište, jaký význam má slovo *třeba* v následujících větách.** 153/11

A – možná	B – například	C – asi ano	D – je / není nutné

1. Lucko, nebuď smutná. Třeba ti Milan zavolá zítra. _A_
2. Myslím, že není třeba volat doktoru Nývltovi. To vyřešíme sami. ____
3. Večer můžeme jít třeba do kina. ____
4. Třeba potkáš na dovolené nějakého zajímavého muže. ____
5. Mám udělat k večeři smažené řízky? – Třeba. ____
6. Další větu přečte třeba Karolína. ____
7. Když žádáte o prodloužení víza, je třeba vyplnit tento formulář. ____
8. Za sto let budou lidé žít třeba na Měsíci. ____
9. Pozveme na oslavu i Renatu? – Třeba. ____
10. Nevíš, jak začít ten e-mail pro ředitele? – Třeba takhle. ____

45. Doplňte spojky do textů o Mirkovi, Honzovi a Lucii.

| a | aby | ale | i když | kde | protože |

Mirkovi je 38 let. Je rozvedený (1.) .... žije se svým synem. (2.) .... má dobrou práci, byt i auto, není šťastný, (3.) .... nemůže najít tu správnou ženu. Občas si zajde s kamarády do hospody, (4.) .... tam zatím tu pravou nenašel. Psycholožka Klára mu radí, (5.) .... byl víc aktivní. Mohl by třeba chodit do turistického klubu, (6.) .... by mohl tu pravou potkat.

| aby | ale | co | protože | že |

Šestnáctiletému Honzovi rodiče pořád říkají, (7.) .... smí a nesmí dělat. Jeho kamarádi můžou někam večer jít, (8.) .... jeho rodiče ho nikam nepustí, (9.) .... se bojí, že by tam pil. Klára mu napsala, (10.) .... ve svém věku opravdu potřebuje volnost, (11.) .... se naučil sám správně rozhodovat. Měl by si s rodiči promluvit.

| jaké | jestli | která | že |

Lucie má překladatelskou firmu. Většinu času tráví v práci, (12.) .... ji baví. Její matka jí ale pořád opakuje, (13.) .... by měla myslet na rodinu. Klára Lucii odpovídá, že vše záleží na tom, (14.) .... jsou její priority. Je jenom na ní, (15.) .... bude chtít prožít život s rodinou nebo bez ní.

46. Doplňte správné sloveso. Hledejte víc možností.

brát si	měnit	převádět	vybírat si	vyzvednout si
dostávat	platit	rušit	vyplňovat (2x)	zakládat
házet	posílat (2x)	vkládat		

1. .... eura za koruny
2. .... peníze z bankomatu
3. .... balík
4. .... složenku
5. .... výpis z účtu
6. .... nový účet
7. .... účet
8. .... podací lístek
9. .... novou platební kartu
10. .... peníze z jednoho účtu na druhý
11. .... hypotéku
12. .... peníze na účet
13. .... dopis do schránky
14. .... dopis doporučeně

47. Doplňte *si* na správné místo ve větě.

Budu kupovat byt v Plzni a nemám tolik peněz,
1. a tak _____ vezmu _____ hypotéku.
2. musím _____ vzít _____ hypotéku.
3. a budu _____ muset _____ vzít hypotéku.
4. a proto _____ musím _____ vzít hypotéku.
5. a proto _____ jsem _____ musel _____ vzít hypotéku.
6. a proto _____ bych _____ měl _____ vzít hypotéku.

Kdybych u sebe neměla dost peněz,
7. musela _____ bych _____ je _____ vybrat z bankomatu.
8. vybrala _____ bych _____ je _____ z bankomatu.

Včera jsem potřebovala něco zaplatit hotově, šla jsem k bankomatu
9. a _____ vybrala _____ jsem _____ nějaké peníze.
10. a _____ nějaké peníze _____ jsem _____ vybrala.
11. a _____ z něj _____ jsem _____ nějaké peníze _____ vybrala.
12. abych _____ nějaké _____ peníze _____ vybrala.

▶ **48. Doplňte vhodný výraz.**

dostávám výpis z účtu	vyplnit podací lístek
hodit do schránky	vybrat peníze z bankomatu
poslat jako balík	vzít hypotéku
složenkou	založit
vyměnit peníze	zrušit

1. Jedu na dovolenou do Řecka. Musím si ....
2. Chci si koupit dům, ale nemám dost peněz. Musím si ....
3. Chci jít ještě něco koupit, ale v peněžence už nemám žádné peníze. Musím si ....
4. Moje kamarádka v Bratislavě potřebuje jednu knihu, kterou mám doma. Musím jí tu knihu ....
5. Když posílám dopis doporučeně, musím na poště ....
6. Každý měsíc ...., abych věděla, kolik jsem utratila.
7. Dopis musíme napsat, dát do obálky, napsat adresu, nalepit známku a ....
8. Mám dva účty, jeden už nepotřebuju, půjdu ho ....
9. Za nájem platím každý měsíc ....
10. Přijel jsem do Prahy a neměl jsem žádný účet. Musel jsem jít do banky a účet si ....

▶ **49. Spojte.**

1. házet   A. složenku
2. vkládat peníze B. z účtu na účet
3. převádět peníze C. z účtu
4. vybírat peníze D. účet
5. platit   E. účet
6. rušit   F. eura za koruny
7. zakládat   G. dopis do schránky
8. vyplňovat   H. balík
9. měnit   I. na účet
10. posílat   J. podací lístek

▶ **50. Doplňte chybějící formy do tabulky – infinitiv, 3. osobu sg. (on-formu) minulého, přítomného a budoucího času a 2. osobu sg. (tykání) imperativu.**

infinitiv	3. sg. minulý čas	3. sg. přítomný čas	3. sg. budoucí čas	2. sg. imperativ
	posílal			
poslat*		---		
		vyplňuje		
		---	vyplní	
				vybírej
*		---	vybere	
		převádí		
*	převedl	---		
vyzvedávat				
*		---		vyzvedni
			bude zakládat	
		---	založí	

▶ **51. Co můžete říct nebo slyšet na poště nebo v bance? Tvořte věty v imperativu.**

1. Martine, ... (poslat) ten dopis na finanční úřad raději doporučeně.
2. Pane, ... (vyplnit) ten podací lístek.
3. Už nemáš žádné peníze? Tak .... (vybrat si) z bankomatu.
4. Prosím tě, ... (převést) na můj účet pět tisíc korun.
5. Hanko, ... (nevyplňovat) v tom formuláři adresu.
6. Bankomat na náměstí má často poruchu. Lindo, nikdy tam raději peníze .... (nevybírat).
7. Paní Hovorková, radím vám dobře, ... (založit si) účet u té nové banky.
8. Lenko, ... (nezakládat si) další účet, můžeme mít společný účet.

▶ **52. Víte, jak správně vybírat peníze z bankomatu? Přečtěte si text. Doplňte spojovací výrazy.**

| a | jak | než | proto |
| aby | kdyby | pokud | že |

Jak správně vybírat peníze z bankomatu

Vybírání hotovosti z bankomatu je velmi pohodlný a rychlý způsob, (1.) _____ získat hotovost. Bankomaty dnes najdeme ve větších městech doslova na každém rohu. Při jejich používání však manipulujeme se svou platební kartou, s číslem pinu i hotovostí. (2.) _____ je nutné dodržovat základní pravidla bezpečného vybírání peněz z bankomatu. Jak tedy bezpečně vybírat a na co si dát pozor?

A. Vybírejte si peníze z bankomatu, který je na klidném místě. Pečlivě si bankomat prohlédněte, (3.) _____ se vám na něm zdá něco neobvyklého, raději ho nepoužívejte.
B. (4.) _____ začnete peníze vybírat, podívejte se kolem sebe, jestli se v okolí nepohybuje někdo podezřelý. V takovém případě raději odejděte. Ostatní lidé, kteří čekají ve frontě na výběr z automatu, samozřejmě musí stát v dostatečné vzdálenosti.
C. V žádném případě se při výběru nenechte nikým vyrušovat. Pokud vás přitom někdo osloví, buďte opatrní. Někdo by mohl odvést vaši pozornost prosbou o radu nebo o pomoc a potom využít toho, (5.) _____ nejste soustředění na výběr.
D. Svůj PIN zadávejte tak, že na klávesnici položíte jednu ruku, (6.) _____ PIN nemohl nikdo přečíst. V žádném případě nemějte u své karty ani na kartě napsaný svůj PIN kód, ani ho nikomu neříkejte.
E. Vyndejte kartu z bankomatu (7.) _____ hned ji dejte do kapsy nebo tašky. Nezapomeňte si vzít své peníze. Vždy si vezměte potvrzení o výběru.
F. (8.) _____ vám bankomat kvůli technickým problémům hotovost nevydal, okamžitě reklamujte tuto transakci u své banky.
G. Zařiďte si limit pro výběr z bankomatu. Pravidelně kontrolujte své výpisy z účtu.

▶ **53. Ve kterém bodě textu je tato informace?**

1. Dávejte pozor na svůj PIN kód. _D_
2. Je dobré vědět, jaké jsou pohyby peněz na vašem účtu. _____
3. Při výběru peněz s nikým nemluvte. _____
4. Když vám bankomat nedá vaše peníze, ihned to řešte. _____
5. Nenechte v bankomatu vybranou hotovost. _____
6. Nepoužívejte bankomat, když blízko něj stojí další osoby. _____

▶ **54. Přečtěte si texty a vyberte vhodné slovo.**   155/8

1.	a) se setkala	b) potkala	c) potvrdila
2.	a) přistěhoval	b) pronajal	c) přistál
3.	a) jestli	b) co	c) zatímco
4.	a) si založí	b) si založil	c) si založit
5.	a) převody	b) vybírání	c) vedení
6.	a) pro	b) díky	c) kvůli
7.	a) vypráví	b) mluví	c) povídá
8.	a) rozvoj	b) smysl	c) rozdíl
9.	a) z	b) od	c) na
10.	a) vyřešil	b) vybral	c) rozhodl

Dialog 1

Martina (1.) .... na ulici Pierra a divila se, že teď žije v Brně. Pierre jí odpověděl, že se sem (2.) .... asi před měsícem. Teď jde do banky, ale není si jistý, (3.) .... je ještě otevřeno. Potřebuje (4.) .... účet. Pořád ještě totiž používá svou francouzskou kartu, a proto musí platit hodně za (5.) .... z ciziny. Má teď spoustu dalšího běhání po úřadech (6.) .... pojištění, bytu a tak. Martina něco podobného také zažila, když bydlela ve Francii.

Dialog 2

Pierre (7.) .... v bance s bankovním úředníkem, který mu vysvětluje, jaký je (8.) .... mezi dvěma typy účtů. Jeden typ účtu je levnější, ale Pierre by měl jen dva výběry (9.) .... bankomatu a dvě internetové transakce zdarma. Druhý typ je o něco dražší, ale zdarma je pět výběrů a pět transakcí na internetu. U obou je otevření a vedení účtu zdarma. Pierre si (10.) .... ten levnější program. Pro uzavření smlouvy musí dát úředníkovi občanský průkaz nebo pas.

▶ **55. Poslouchejte dialogy na straně 155. Pak doplňte.**   155/11

dopisy	občanský průkaz	ukradl
doporučeně	podací lístek	zablokovat
na bezpečnostní linku	poplatky	zrušit

Dialog 1

Karel nemůže najít kartu a bojí se, že ji někdo (1.) .... Volá tedy (2.) ...., kde si může kartu (3.) ....

Dialog 2

Jiří je na poště a posílá tam dva (4.) ...., jeden normálně a jeden (5.) .... Paní za přepážkou se ho ptá, jestli má vyplněný (6.) .... Jiří jí ho dává. Platí 28 korun a dostane potvrzený lístek.

Dialog 3

Anna chce (7.) .... účet a k tomu potřebuje číslo účtu, (8.) .... nebo pas a platební kartu. Služba je zdarma, jen musí zaplatit (9.) .... za poslední měsíc.

Procvičujeme pravopis

Zopakujte si

▶ **1. Pamatujete si vyjmenovaná slova po písmenech B, L a M? Doplňte -i / -y nebo -í / -ý.**

1. častý om__l
2. pl__nový sporák
3. dej m__ to
4. vyb__tý mobil
5. horská b__střina
6. nové b__dliště
7. sb__rat známky
8. malé m__m__nko
9. kl__dný víkend
10. v m__nulosti
11. m__t čas
12. nesl__šel jsem tě
13. pol__kat léky
14. dobrá m__šlenka
15. b__t doma
16. b__t psa
17. starý ml__n
18. drahé m__dlo
19. malá m__š
20. zam__lovaná holka
21. nal__t víno

> **Pravidlo: Vyjmenovaná slova po P**
> V těchto slovech a slovech příbuzných vždycky píšeme po písmenu P tvrdé -y/-ý:
> **netopýr, pýcha, pytel, pyl, třpytit se**

▶ **2. Co je to? Doplňte vyjmenovaná slova po P.**

netopýr   pýcha   pytel   pyl   třpytit se

1. blýskat se (například o diamantu, kapce vody na slunci): ....
2. hmyzožravec, noční zvíře: ....
3. je na květinách, sbírají ho včely: ....
4. negativní vlastnost: ....
5. obal, např. na brambory: ....

▶ **3. Popište, co vidíte na fotografiích. Používejte přitom vyjmenovaná slova.**

1. .... 2. .... 3. .... 4. .... 5. ....

▶ **4. Přečtěte si pohádku O pyšném netopýrovi. Doplňte vyjmenovaná slova po P.**

do pytle   netopýr 3x   netopýři   pyl   pyšný   pytel se   třpytila

Byl jednou jeden (1.) .... Jako všichni (2.) .... létal v noci a ve dne spal. Tenhle (3.) .... ale nechtěl být jako ostatní. Rozhodl se, že poletí ven ráno, aby viděl svět. Vyletěl na zahradu. Slunce svítilo, rosa (4.) .... jako diamanty a včely a motýli sbírali (5.) .... na barevných květinách. Netopýr byl (6.) ....: „Tohle ještě žádný (7.) .... na světě neviděl," říkal si. Za chvíli ho ale začaly bolet oči. Už měl dost slunce a světla. Chtěl spát ve tmě, jak byl zvyklý. Naštěstí na jednom stromě visel starý (8.) ...., který tam zapomněl zahradník. (9.) .... si vlezl (10.) .... a celý den spal. Tahle zkušenost mu stačila a nikdy už ve dne nelétal.

▶ **5. Doplňte -i / -y nebo -í / -ý.**

1. Jsem p__šný na úspěchy naší firmy.
2. Rád piju p__vo.
3. Co si dáte k p__tí?
4. Koupila jsem dětem p__tlík bonbónů.
5. Včely op__lují ovocné stromy.
6. Jules Verne je známý sp__sovatel.
7. Znáte nějaké české p__sničky?
8. Voda v rybníku je šp__navá.
9. Netop__ři žijí v jeskyních.
10. Na listech stromů se třp__tily kapky vody.

▶ **6. Zopakujte si vyjmenovaná slova po B, L, M a P. Doplňte -i / -y nebo -í / -ý.**

1. m__chat kávu lžičkou
2. neob__čejný den
3. hezký náb__tek
4. um__j to nádobí
5. malý ml__n u řeky
6. nepříjemný hm__z
7. zam__kat auto
8. p__l na květinách
9. p__lný student
10. rozb__té koleno
11. sb__rka p__vních lahví
12. textilní prům__sl

LEKCE 16 — Naše planeta Země

▶ **1. Jaké problémy naší planety a přírodní katastrofy znáte? Doplňte samohlásky do těchto výrazů.** 157/2

1. n__dost__t__k r__py
2. gl__b__lní ot__pl__v__n__
3. ch__dob__
4. vál__čn__ k__nflikt__
5. zn__č__štěn__ ž__votn__h__ pr__střed__
6. n__dost__t__k v__dy a p__tr__vin
7. kác__n__ pr__les__
8. s__cho
9. p__vod__ň
10. zápl__v__
11. z__mětř__s__n__
12. přír__dn__ k__tastr__fa
13. nízk__ ž__v__tní úr__v__ň
14. n__dodrž__v__n__ l__dských pr__v

▶ **2. Doplňte tyto výrazy do vět.** 157/2

dodržováním lidských práv	povodní
globálnímu oteplování	přírodním katastrofám
kácí pralesy	zemětřesení
nedostatek ropy	znečištění životního prostředí
nedostatek vody a potravin	životní úroveň

1. Při . . . . padají domy a pod nimi umírají lidé.
2. Když dlouho prší, mají lidé kolem řek strach z . . . .
3. Světu hrozí . . . ., proto musí hledat jiné možnosti získání energie pro auta.
4. Kvůli . . . . se budou zvyšovat hladiny oceánů o několik centimetrů, a městům u moře tak hrozí záplavy.
5. . . . . je důvodem řady nemocí dětí i dospělých. Proti němu bojují ekologické organizace, např. Greenpeace.
6. Obyvatele afrických zemí trápí . . . .
7. Kvůli kávovníkovým plantážím se . . . .
8. Mezinárodní organizace Amnesty International se zabývá . . . . ve světě.
9. K nejhorším . . . . patří záplavy a sucho.
10. . . . . obyvatel evropských zemí je vysoká.

▶ **3. Procvičujte slovesa z textu. Doplňte infinitiv, formy 3. osoby sg. a 2. osoby imperativu.** 157/3+

infinitiv	3. sg. minulý čas	3. sg. přítomný čas	3. sg. budoucí čas	2. sg. imperativ
třídit				
	roztřídil	---		
		vyhazuje		
		---	vyhodí	
				vypínej
vypnout*		---	vypne	
		znečišťuje		
	znečistil	---		

4. Spojte výrazy z textu.

1. jezdit
2. nekoupat se
3. používat / použít
4. třídit / roztřídit
5. vyhazovat / vyhodit
6. vypínat / vypnout
7. zajímat se o
8. zajímat se o to,
9. zateplovat / zateplit

A. dům
B. kolik energie spotřebuje lednička nebo myčka
C. složení pracích prášků
D. městskou hromadnou dopravou
E. denně v plné vaně
F. baterie do speciálního kontejneru
G. úsporné žárovky
H. odpad
I. počítač

5. Co byste měli dělat, když…? Použijte výrazy ze cvičení 4.

1. Když mám použité baterie, měl/a bych je ....
2. Jezdím do práce sám v autě, měl/a bych ho nechat doma a ....
3. Kvůli spotřebě vody bych se neměl/a denně ....
4. Když kupuju prací prášek, měl/a bych ....
5. Když skončím práci na počítači, měl/a bych ho ....
6. Když mám dům a chci v něm mít teplo a šetřit energii, měl/a bych ho ....
7. Když vybírám novou myčku nebo ledničku, měl bych ....

6. Přečtěte si text a doplňte slovesa.

Kupte si	Podporujte	Přemýšlejte	Šetřete
Nenechávejte	Používejte	Recyklujte	Vypínejte
Perte	Choďte	Regulujte	Zhasínejte

12 tipů, jak žít ekologičtěji

1. .... světla, než odejdete z domu či kanceláře. Je to jednoduchá věc, která ušetří energii i peníze.
2. .... televizi a počítač, když je nepoužíváte.
3. .... místo jízdy autem. Alespoň jednou týdně zkuste jít někam pěšky.
4. .... prádlo v teplé vodě, ne v horké. Snížíte tím spotřebu energie na polovinu.
5. .... pracím práškem. Není třeba do pračky dávat maximum pracího prášku. Většinou ho stačí polovina.
6. .... myčku na nádobí. Na umytí plného dřezu špinavého nádobí potřebujete 18 litrů vody, zatímco moderní myčka k tomu potřebuje necelých 8 litrů.
7. .... topení. Topte pouze tam, kde je to třeba. S termostatem ušetříte mnoho tepla. Pokud je to možné, pořiďte si kvalitní izolaci včetně plastových oken.
8. .... vodu zbytečně téct. Kontrolujte, jestli vám voda zbytečně neteče na záchodě nebo nebo nekape kohoutek v koupelně. Zavírejte vodu při čištění zubů.
9. ...., než začnete tisknout. Nemusíte tisknout všechny e-maily, které dostanete. Pracujte s elektronickými kopiemi.
10. .... staré tašky. Vezměte si na nákup vlastní tašku, ať si nemusíte v obchodě brát novou.
11. .... ekologická balení. Když kupujete balené produkty, ověřte si, že jsou baleny v recyklovatelných materiálech.
12. .... Nezapomínejte na to, že většina věcí, které se chystáte vyhodit, je recyklovatelná.

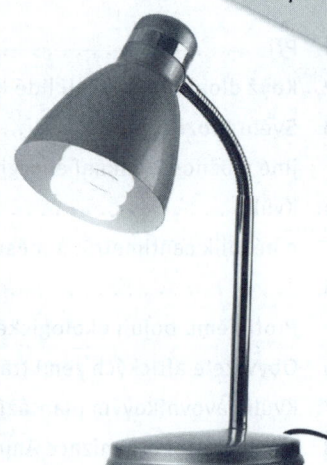

▶ **7. Jak by mohla Jolana Stříbrná žít ekologičtěji? Pozor na věty s *jestli* a *kdyby*.** 157/3

Například: Jestli . . . . (regulovat) teplotu na termostatu radiátoru, ušetří peníze za topení.
Jestli bude regulovat teplotu na termostatu radiátoru, ušetří peníze za topení.

1. Kdyby . . . . (třídit) odpad, pomohla by hodně přírodě. Například z 10 recyklovaných časopisů se dá vyrobit jedna krabice na televizi.
2. Kdyby . . . . (nekoupat se) každý den ve vaně, ušetřila by 100 litrů vody za jedno koupání.
3. Jestli . . . . (jezdit) městskou hromadnou dopravou, ušetří hodně benzínu.
4. Kdyby . . . . (nechat si) zateplit dům, nemusela by tolik topit. Mohla by ušetřit až polovinu nákladů na topení.
5. Kdyby . . . . (dávat) do pračky míň prášku, neznečišťovala by vodu v řekách.
6. Kdyby . . . . v práci . . . . (netisknout si) všechny zprávy, ušetřila by hodně papíru.
7. Jestli . . . . (koupit si) myčku na nádobí, bude pak potřebovat jenom 8 litrů vody na jedno mytí nádobí.
8. Kdyby . . . . (nosit) do obchodu vlastní tašku, nemusela by si v obchodě brát novou.
9. Jestli . . . . (zhasínat) světla v místnostech, kde nikdo není, ušetří hodně energie.
10. Kdyby . . . . (nenechávat) vodu zbytečně téct při čištění zubů, ušetřila by 20 litrů vody za minutu.
11. Kdyby . . . . (používat) ekologické prací prostředky, neznečišťovala by tolik řeky.
12. Jestli . . . . (vypínat) počítač, když ho nepoužívá, ušetří asi jednu korunu za hodinu.

▶ **8. Poslechněte si ještě jednou, co říkají Andrea, Olga a Zdeněk. Doplňte.** 157/5

auto	nemá cenu	pořídil si	starat
daně	ničí	používá	šetří
na charitativní sbírky	podle něho	solární panely	třídit odpad

Andrea:
Podle ní (1.) . . . . nic dělat. Platí (2.) . . . . , proto by se o ekologii měli (3.) . . . . politici. Životní prostředí (4.) . . . . velké firmy a ty by taky měly pomáhat. Jeden člověk nemůže dělat nic.

Olga:
Myslí si, že dělá málo. Doma se snaží (5.) . . . . na sklo, papír a plasty. Kromě toho (6.) . . . . vodou, ale to je všechno. Mají malé děti, a proto potřebují (7.) . . . . Kdyby byla bohatší, posílala by peníze (8.) . . . .

Zdeněk:
(9.) . . . . má každý zodpovědnost za situaci na Zemi. (10.) . . . . ekologičtější topení – má na domě (11.) . . . . Autem jezdí, jen když opravdu musí, jinak (12.) . . . . hromadnou dopravu.

▶ **9. Spojte výrazy z textu na straně 158.** 158/3

1. hospodařit   A. chemikálie
2. pěstovat   B. používat přírodní materiály
3. uvažovat   C. na statku
4. třídit   D. ekologické hospodaření
5. chovat   E. z jídelníčku některé potraviny
6. obsahovat   F. sýry
7. vynechat   G. domácí zvířata
8. vyrábět   H. obilí a zeleninu
9. podporovat   I. odpad
10. snažit se   J. o ekoturistice

10. Který výraz není vhodný? Škrtněte ho.

1. hospodařit *na statku / na farmě / v kanceláři*
2. používat *ekologii / moderní technologie / počítač*
3. smrad *z parfému / z chemické továrny / z chemikálií*
4. pěstovat *obilí / pole / květiny*
5. chovat *psy / papoušky / bioprodukty*
6. roste *zájem / životní prostředí / obilí*
7. zvládat *krajinu / práci na farmě / výchovu dětí*
8. přestoupit *na hospodaření / na tramvaj / na gymnázium*
9. zjistit *někomu něco / o někom něco / s někým k někomu*
10. podporovat *ekofarmu / jejich úspěch / dobře*

11. Přečtěte si texty. Vyberte vhodný výraz.

Pan Homoláč (1.) *pěstuje / hospodaří* na ekofarmě (2.) *s pomocí / díky* své rodiny. Když po revoluci (3.) *vzal / dostal* zpět rodinný statek, chtěl zkusit hospodařit ekologicky. Na svých dvaceti hektarech polí (4.) *pěstuje / chová* obilí a zeleninu a nechce používat žádnou chemii. Také (5.) *pěstuje / chová* domácí zvířata. Na farmě vyrábějí vlastní produkty, které dodávají do bioobchodů v okolí. Zájem o biopotraviny roste. Pan Homoláč (6.) *přesvědčuje / uvažuje* o ekoturistice. Část domu by mohl přestavět a pronajímat rodinám z města. (7.) *Podporovat / zvládat* všechnu práci na statku mu pomáhají synové a manželka.

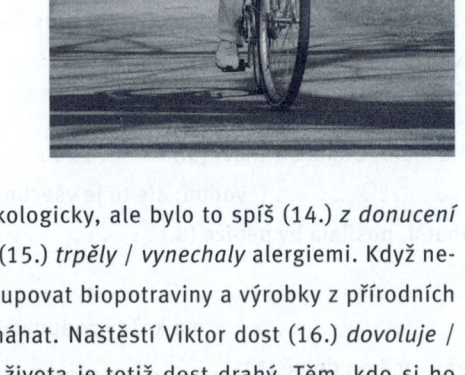

Julie Kratinová se nestala právničkou, ale díky (8.) *zajímá se / zájmu* o životní prostředí začala studovat krajinnou ekologii. Kvůli svému zdraví i budoucím generacím chce žít „bio" a neškodit planetě Zemi. Její rodiče nejsou tak (9.) *nadšení / přesvědčení* pro ochranu životního prostředí. (10.) *Používají / jezdí* auto na cesty do práce, i když mají blízko stanici tramvaje. Julie třídí odpad a jezdí jen městskou hromadnou dopravou nebo na kole, nakupuje biopotraviny, (11.) *totiž / i když* jsou dražší. Tím (12.) *podporuje / dovoluje* ekologické farmy. Ty totiž (13.) *ničí / neznečišťují* přírodu.

Eva a Viktor Jarošovi také žijí ekologicky, ale bylo to spíš (14.) *z donucení / dovolení*. Jejich dvě malé děti (15.) *trpěly / vynechaly* alergiemi. Když nepomohli lékaři, zkusila rodina kupovat biopotraviny a výrobky z přírodních materiálů. Dětem to začalo pomáhat. Naštěstí Viktor dost (16.) *dovoluje / vydělává*, tento ekologický styl života je totiž dost drahý. Těm, kdo si ho mohou (17.) *vynechat / dovolit*, ho ale doporučují.

12. Doplňte otázky.

co	kde	o čem
jak (2x)	komu	z čeho

1. .... hospodaří pan Homoláč? – S pomocí své rodiny.
2. .... je farma? – Uprostřed polí.
3. .... pečou chleba? – Z vlastního obilí.
4. .... uvažuje pan Homoláč? – Že by se věnoval ekoturistice.
5. .... bude pronajímat přestavěnou část domu – Městským rodinám.
6. .... zvládá práci na statku? – Díky rodině.
7. .... tvrdí jeho synové? – Že jim práce na farmě nevadí.

Cvičení pokračuje na následující straně.

čím	jaký	koho	proč
jak	kdy	o čem	

8. .... chtěla být Julie Kratinová nejdřív? – Právničkou.
9. .... se snaží žít bio? – Kvůli svému zdraví.
10. .... ekologie moc nezajímá? – Její rodiče.
11. .... spolu vycházejí? – Dobře.
12. .... se je snaží přesvědčit? – Že není správné jezdit jen autem.
13. .... nepoužívá saponát? - Při úklidu.
14. .... způsob hospodaření chce podporovat? – Ekologický.

co (2x)	jaké (2x)	o čem	proč

15. .... si manželé Jarošovi vybrali eko a bio styl života? – Z donucení.
16. .... potraviny zkusili vynechat z jídelníčku? – S umělými přísadami.
17. .... tvrdí Jarošovi? – Že se zdravotní problémy dětí zlepšily.
18. .... materiály se snažili používat při přestavbě bytu? – Přírodní.
19. .... teď víc přemýšlejí? – O věcech kolem sebe.
20. .... doporučují ostatním rodinám? – Podobný styl života.

▶ **13. Doplňte formy zájmena *který*.**

158/3

která	kterém (2x)	který	kterým
které (6x)	kterou	kterých (3x)	kteří (4x)

1. Na fotografii je pan Homoláč, ... hospodaří na statku své rodiny.
2. Statek, na .... hospodaří, dostal zpátky hned po revoluci.
3. Má dvacet hektarů polí, na .... pěstuje obilí.
4. Z obilí, ... sami vypěstují, si pečou chleba.
5. Vlastní výrobky, o .... je velký zájem, dodává do obchodů v okolí.
6. Pomáhají mu jeho synové, ... tvrdí, že jim práce na statku nevadí.

7. Julie Kratinová, ... se o ekologii zajímá díky svým kamarádům, teď studuje krajinnou ekologii.
8. Rodiče, ... nejsou pro ekologii nadšení stejně jako jejich dcera, si myslí, že je idealistka.
9. Rodiče nejezdí do práce tramvají, ... mají pět minut od domu.
10. Podle Julie mají potraviny, ... kupuje v bioprodejnách, lepší chuť.
11. Julie jejich nákupem pomáhá ekofarmářům, ... mají pozitivní vliv na krajinu.
12. U Julie doma najdete mýdlo a ocet, ... používá místo saponátů.

13. Eva a Viktor Jarošovi žijí ekologicky kvůli dětem, ... byly často nemocné.
14. Vynechali z jídelníčku potraviny, ve .... byly umělé přísady.
15. Zdravotní problémy, ... děti měly, se o hodně zlepšily.
16. Kupují raději výrobky, na .... je označení Fair Trade.
17. Žijí v bytě, ve .... jsou použity přírodní materiály.
18. Viktor, se .... jsme mluvili, říká, že tento styl života je dost drahý.
19. Ale přesto ho doporučuje i dalším lidem, ... si to mohou dovolit.

14. Procvičujte slovesa z textu. Doplňte infinitiv, formy 3. osoby sg. a 2. osoby imperativu

infinitiv	3. sg. minulý čas	3. sg. přítomný čas	3. sg. budoucí čas	2. sg. imperativ
dostávat				
*	dostal	---		
		používá		
*		---	použije	
				pěstuj
vypěstovat		---		
	odmítal			
*		---	odmítne	
				podporuj
podpořit		---		
	zjišťoval			
		---	zjistí	

15. Doplňte do vět slovesa v imperativu sg. nebo pl.

dodat	nepoužívat	podpořit	uvažovat
neodmítat	pěstovat	použít	zjistit

1. Marku, ... na praní tenhle prášek, není ekologický.
2. Leono, v této větě . . . . raději kondicionál.
3. Milí farmáři, ... raději bio zeleninu, my zákazníci ji budeme kupovat raději.
4. Paní Sojková, ... hned tu nabídku práce, přemýšlejte o tom chvíli.
5. Pavle, ... mi prosím, kdy jede příští autobus do Rakovníka?
6. Milí přátelé, ... naši iniciativu „Bojkot nekvalitních potravin v supermarketech"!
7. Pane Homoláči, ... co nejdříve do našeho obchodu 5 kilogramů vašeho sýra.
8. Lidé, ... s námi, jak zastavit tento konzumní trend.

16. Doplňte slovesa ve správné formě.

dostavět	představit si	vystavit
představit	přestavět	zastavit

1. Syn nám minulou neděli . . . . svou novou přítelkyni.
2. Simona a její manžel konečně . . . . dům a nastěhovali se do něj.
3. Než se nám narodila Julinka, ... celý byt, aby bylo víc místa.
4. Vlak už za pár minut . . . . , pospěš si, budeme vystupovat.
5. Děti nakreslily krásné obrázky, chceme je . . . . na chodbě školy.
6. Neumím . . . . , že bych měla dělat zkoušku z matematiky.

17. Odpovídejte na otázky. Slova v závorce použijte v dativu plurálu.

Komu jsi pomohl?

1. . . . . (náš kolega)   3. . . . . (ten manažer)
2. . . . . (její soused)   4. . . . . (tvoje kamarádka)

Čemu nerozumíš?

5. . . . . (tvoje starost)   7. . . . . (její dopis)
6. . . . . (váš problém)   8. . . . . (ta otázka)

Komu se směješ?

9. . . . . (to dítě)   11. . . . . (některý člověk)
10. . . . . (náš pes)   12. . . . . (tvůj přítel)

▶ **18. Odpovídejte na otázky. Použijte následující výrazy v dativu plurálu.** 161/6

| hloupá komedie | krizová situace | problém v zaměstnání | volební program | úspěšný člověk |
| její přítel | malé dítě | sexistický vtip | kolega z práce | zpráva v televizi |

1. Čemu se nesmějete? – .... a ....
2. Komu závidíte? – .... a ....
3. Čemu se chcete vyhnout? – .... a ....
4. Čemu nemůžete uvěřit? – .... a ....
5. Komu musíte vyřídit vzkaz? – .... a ....

▶ **19. *Kvůli*, nebo *díky*? Místo vedlejší věty použijte výraz s prepozicí *kvůli* nebo *díky*.** 161/7

Například: Zůstaneme doma, protože bude špatné počasí. – Zůstaneme doma kvůli špatnému počasí.

1. Romana nebude moct přijít, protože má nemocné dítě.
   Romana nebude moct přijít ....
2. Nemůžeme si to dovolit, protože jsou ceny vyšší.
   Nemůžeme si to dovolit ....
3. Paní Čížková špatně spí, protože má ošklivé sny.
   Paní Čížková špatně spí ....
4. Johanka situaci zvládla, protože má hodné přátele.
   Johanka situaci zvládla ....
5. Kolega nechtěl odjet na rok pracovat do USA, protože má staré rodiče.
   Kolega nechtěl odjet na rok pracovat do USA ....
6. Olga se rychle uzdravila, protože měla výborného lékaře.
   Olga se rychle uzdravila ....
7. Pan Sojka špatně čte, protože má nemocné oči.
   Pan Sojka špatně čte ....
8. Ondřej v tom bytě nemohl dál bydlet, protože nájem byl moc vysoký
   Ondřej v tom bytě nemohl dál bydlet ....
9. Klára o té novince věděla už včera, protože si ji přečetla na internetu.
   Klára o té novince věděla už včera ....

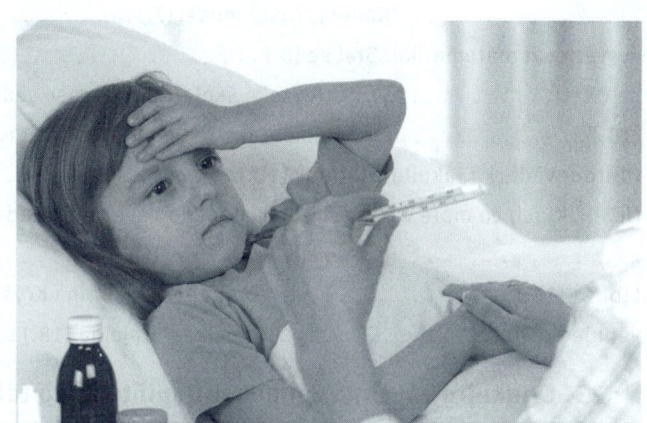

▶ **20. Procvičujte použití prepozice *vzhledem k*. Proč se to stane? Do vět doplňte formy následujících slov v dativu singuláru nebo plurálu.** 161/7

| jeho studijní výsledky | její těhotenství | opakované stížnosti |
| jeho špatný zdravotní stav | naše plány | počet chybějících studentů |

1. Vzhledem k .... je nutné se rozhodnout, jestli má i paní Gondíková začít pracovat na novém projektu.
2. Vzhledem k .... se učitel rozhodl psát test až příští hodinu.
3. Vzhledem k .... hostů se ředitel rozhodl, že pan Šilhavý už nebude pracovat na recepci hotelu.
4. Vzhledem k .... bylo nutné odvézt ho do nemocnice.
5. Vzhledem k .... bude lepší, aby nešel studovat na vysokou školu.
6. Vzhledem k .... na léto musím odmítnout účast na té konferenci.

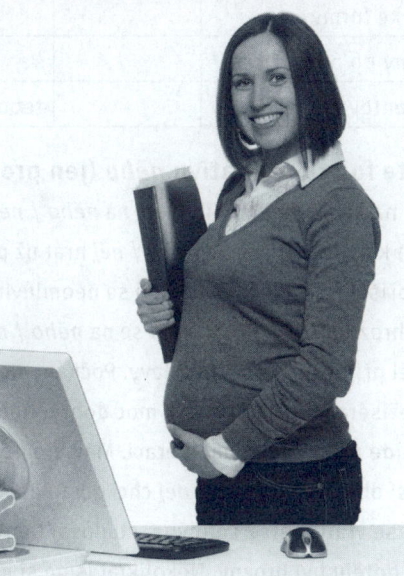

▶ **21. Kudy půjdete? Procvičujte použití prepozice *směrem k*. Doplňte formy dativu plurálu.**

Půjdeme směrem k

1. .... (ten strom).
2. .... (ta socha).
3. .... (to auto).
4. .... (ta budova).
5. .... (turistický autobus).
6. .... (ošklivý panelák).
7. .... (červená tramvaj).
8. .... (moderní výtah).

▶ **22. Přečtěte si text o Radkovi a Tomášovi. Slova v závorce doplňte ve správné formě.**

Radek a Tomáš jsou bratři. Radek je o čtyři roky (1.) .... (starý) než Tomáš, je (2.) .... (on) 28 let. Radek je podobný spíš (3.) .... (maminka) a Tomáš (4.) .... (tatínek). Má po (5.) .... (on) klidnou povahu. Ve škole to šlo líp (6.) .... (Radek), často musel (7.) .... (mladší bratr) vysvětlovat matematiku. Stal se (8.) .... (učitel) matematiky a učí na (9.) .... (vysoká škola). Tomáš zase vždycky dobře rozuměl (10.) .... (biologie) a teď ji studuje na (11.) .... (přírodovědecká fakulta). Tatínek (12.) .... (synové) vždycky říkal: „Kluci, co máte v hlavách, to vám nikdo nevezme." Radek dnes kvůli (13.) .... (práce) žije v (14.) .... (Brno), ale s (15.) .... (mladší bratr) se často vidí. Líbí se (16.) .... (oni) oběma skupina Kryštof, tak spolu často chodí na koncerty. Mladší Tomáš se dokonce sám věnuje (17.) .... (muzika), hraje na (18.) .... (elektrická kytara).

▶ **23. Opakujte všechna zájmena. Doplňte je do tabulky.**

N		já	ty	on /ono	ona	my	vy	oni
G	krátké formy			ho				jich
	formy po prepozici			něho/něj		nás		
	akcentované formy							
D	krátké formy						vám	
	formy po prepozici		tobě					
	akcentované formy							
A	krátké formy	mě			ji			
	formy po prepozici				ni			
	akcentované formy							
L	formy po prepozici		tobě					
I	krátké formy					námi		
	formy po prepozici							
	akcentované formy		tebou				vámi	

▶ **24. Vyberte formu akuzativu *něho* (jen pro Ma), nebo *něj* (pro všechna M).**

1. Jsem zvyklý na svůj starý mobil. Jsem na *něho* / *něj* zvyklý.
2. Máme doma klavír. Učím se na *něho* / *něj* hrát už pět let.
3. Jindřich nepřišel na mou oslavu a ani se neomluvil. Zlobím se na *něj* / *něho*.
4. Zeměpis je hrozně těžký. Připravuju se na *něho* / *něj* několik hodin denně.
5. Večer by měl přijet známý z Bratislavy. Počkám na *něho* / *něj* na nádraží.
6. Nový film režiséra Menzla prý není moc dobrý. Nebudu se na *něho* / *něj* dívat.
7. Dědeček půjde příští týden na operaci. Máme o *něho* / *něj* strach.
8. Na stěně visí obraz. Pod *něho* / *něj* chci postavit stolek.
9. Příští týden se vrátí bratr z Londýna, studoval tam skoro rok. Těším se na *něho* / *něj*.
10. Ten pokoj v hotelu byl hrozný. Několikrát jsme si na *něho* / *něj* stěžovali recepčnímu.

25. Vyberte správnou formu zájmena.

1. Pavel dostal dárek. *Mu / Jemu / Němu* se ale nelíbí.
2. Naše učitelka je hodně přísná, ale nebojím se *jí / ní*.
3. Radim neudělal tu zkoušku z češtiny. Je mi *ho / jeho / něho* líto.
4. Co to mám na stole? To je dárek od *tě / tebe*?
5. Jana a Jirka včera do divadla asi nepřišli. Nikdo *je / ně* tam neviděl.
6. Co tomu jídlu říkáte? *Mi / Mně* ta omáčka vůbec nechutná.
7. Petra už není nezaměstnaná, Filip jí pomohl. To nové místo dostala jen díky *mu / jemu / němu*.
8. Kamil šel s vámi na koncert? *Ho / Jeho / Něho* klasická hudba přece nikdy nezajímala.
9. Jiřina nepozvala Emila na svou oslavu. Hodně *ho / jeho / něho* to mrzí.
10. Manželé Špačkovi dnes nepřijdou. Sešel jsem se s *jimi / nimi* už včera.

26. Změňte slovosled a zájmeno podle modelu.

Například: Nevidí tě. – Tebe nevidí.

1. Miluje ho. – ....
2. Směje se ti. – ....
3. Váží si ho. – ....
4. Nezná tě. – ....
5. Nevěří mu. – ....
6. Nebojí se ho. – ....
7. Zeptá se tě na to. – ....
8. Závidí mi. – ....
9. Nerozumí mu. – ....
10. Neslyší tě. – ....

27. Spojte.

1. Vrátila jí je.
2. Vrátila jim ji.
3. Vrátila mu je.

A. Vrátila kolegům rukavici.
B. Vrátila kolegovi rukavice.
C. Vrátila kolegyni rukavice.

4. Ukázala nám ji.
5. Ukázala jí je.
6. Ukázala jí nás.

D. Ukázala Romaně svoje kamarády.
E. Ukázala Romaně mě a Martinu.
F. Ukázala Romanu mně a Martině.

7. Představuju mu jí.
8. Představuju jim ho.
9. Představuju jí ho.

G. Představuju spolužačce spolužáka.
H. Představuju spolužákovi spolužačku.
I. Představuju spolužákům spolužáka.

10. Dám jí ji.
11. Dám jim je.
12. Dám mu ho.

J. Dám sousedovi jablko.
K. Dám sousedům jablka.
L. Dám sousedce hrušku.

28. Procvičujte osobní zájmena v dativu a akuzativu. Změňte věty podle modelu.

Například: Petr závidí kamarádovi auto. – Závidí mu ho.

1. Simona ukázala kamarádce novou ledničku. – Simona _____ _____ ukázala.
2. Lenka přečetla synovi pohádku. – Lenka _____ _____ přečetla.
3. Dala jsem sestře dárek. – Dala jsem _____ _____.
4. Helena doporučila kolegovi dovolenou u moře. – Helena _____ _____ doporučila.
5. Kamarád půjčil Robertovi auto. – Kamarád _____ _____ půjčil.
6. Šimona koupila dětem bonbóny. – Šimona _____ _____ koupila.
7. Jana vrátila Jolaně peníze. – Jana _____ _____ vrátila.
8. Paní Vágnerová vyřídila šéfovi vzkaz. – Paní Vágnerová _____ _____ vyřídila.
9. Učitelka vysvětlila studentům nová pravidla. – Učitelka _____ _____ vysvětlila.
10. Babička poslala vnučce dárek k narozeninám. – Babička _____ _____ poslala k narozeninám.

29. Místo substantiv použijte správnou formu osobního zájmena.

1. Máme strach o dceru. – Máme o _____ strach.
2. Milana to vůbec nezajímá. – _____ to vůbec nezajímá.
3. Pohádala jsem se se šéfem kvůli přesčasům. – Pohádala jsem se s _____ kvůli přesčasům.
4. Roman si kolegům stěžoval na klienta. – Roman si _____ stěžoval na klienta.
5. Babičku často bolí hlava. – _____ často bolí hlava.
6. František se s Janou seznámil v restauraci. – František se s _____ seznámil v restauraci.
7. Souseda se raději ptát nebudeme. – _____ se raději ptát nebudeme.
8. Martin se do astronomie zamiloval už jako kluk. – Martin se do _____ zamiloval už jako kluk.
9. Katce ta zelená barva opravdu nesluší. – _____ ta zelená barva opravdu nesluší.
10. Proti tvým kamarádům nic nemám. – Proti _____ nic nemám.
11. Kamil Hance zavolal až pozdě v noci. – Kamil _____ zavolal až pozdě v noci.
12. Mezi stromy vesele běhaly děti. – Mezi _____ vesele běhaly děti.
13. Tomášovi už nikdo nevěří. – _____ už nikdo nevěří.
14. S naší tetou jsem se neviděla už deset let. – S _____ jsem se neviděla už deset let.
15. Jejich hádek si už nikdo nevšímal. – _____ si už nikdo nevšímal.

30. Procvičujte pády substantiv a adjektiv. Odpovídejte. Výrazy v závorkách použijte ve správné formě plurálu.

1. Z čeho si Monika často dělá legraci? – Z .... (barevná kravata) šéfa.
2. Bez koho by Monika nejela na dovolenou? – Bez .... (dobrá kamarádka).
3. Vedle čeho stojí její dům? – Vedle .... (nový panelák).
4. Za co utrácí peníze? – Za .... (drahá kabelka).
5. O koho se Monika stará? – O .... (mladší sourozenec).
6. O čem Monika včera slyšela v rádiu? – O .... (tragická povodeň) v Asii.
7. Kvůli čemu se Monika včera zlobila? – Kvůli .... (nová informace) od kolegy.
8. O čem Monika pochybuje? – O .... (nový slib) politiků.
9. Ke komu pojede Monika o víkendu? – K .... (bývalý spolužák) z gymnázia.

31. Doplňte *co*, *jak*, *jaký*, *kam*, *kde*, *kdo*, *odkud*.

1. Lenka mi ukázala, _____ mám uvařit svíčkovou omáčku.
2. Nevím, _____ mám koupit oční kapky. V lékárně?
3. Nevíš, _____ je pan Gajdošek? Mluví trochu jinak než lidé ve městě.
4. Řeknu ti, _____ si myslím o té situaci.
5. Napiš mi co nejdřív, _____ v pátek přijde na oslavu.
6. Už jsi slyšela, _____ chtějí jet Formánkovi na dovolenou? Do Afriky!
7. Renata mi poradila, _____ počítač si mám koupit.

32. *Jaký* nebo *který*? Doplňte ve správné formě.

1. Jano, poraď mi, _____ sukni si mám koupit. Tu zelenou, nebo tu hnědou?
2. Nevíš, _____ vlakem přijede? – Tím v půl desáté.
3. Řekni mi, _____ je ta jeho nová přítelkyně? – No, taková menší a hnědovlasá.
4. Ještě jsem se nerozhodla, _____ boty si večer vezmu. Asi ty černé.
5. Pořád nevím, _____ kabát sháníš? – Nějaký tmavý.
6. Už jsi viděl, _____ auto si koupil soused? Muselo stát aspoň tři miliony.
7. Prosím, poraďte mi, _____ fotoaparát si mám koupit. Nikon nebo Kodak?

POZOR:
který, -á, -é používáme, když si můžeme vybrat z více možností (*např.* Které auto je to tvoje? To zelené, nebo to modré?)

▶ **33. Které spojky a spojovací výrazy mají podobný význam? Vyberte.**

1. ačkoliv = *pokud / i když*
2. ačkoliv = *neboť / přestože*
3. ale = *avšak / -li*
4. a proto = *přestože / a tak*
5. jestli = *neboť / pokud*
6. když = *jestli / avšak*
7. který = *co / neboť*
8. protože = *a tak / neboť*

▶ **34. Doplňte do vět spojky *avšak*, *neboť*, *takže*.**

1. Koupili jsme myčku na nádobí, _____ budeme mít nižší spotřebu vody.
2. Pan Staněk si vzal půjčku na dovolenou, ale je nezaměstnaný, _____ bude mít problém ji splatit.
3. Naši hokejisté včera prohráli, _____ byl to vyrovnaný zápas.
4. Pojedu služebně do Olomouce, _____ si tam musím zajistit ubytování na jednu noc.
5. Všichni lidé si nemohou dovolit kupovat biopotraviny, _____ jsou dražší než ty obyčejné.
6. Dcera je stejně velká jako já, _____ si můžeme některé oblečení navzájem půjčovat.
7. Lukáš zdědil po babičce hodně peněz, _____ štěstí mu nepřinesly. Je osamělý a nespokojený.
8. Rozhodnutí vlády je nečekané, _____ ještě včera tvrdil premiér v rozhovoru pro i-dnes, že se daně zvyšovat nebudou.
9. Bohatství vám život zpříjemní, _____ štěstí vám nepřinese.
10. Surrealismus vznikl po první světové válce. Zabýval se sny a nevědomím, _____ po válce bylo zklamání z reality moc velké.

▶ **35. Co víme o Renatě Suchánkové? Změňte věty podle modelu.**

Například: Ačkoliv se Renata učila, zkoušku neudělala. – Renata se učila, přesto zkoušku neudělala.

1. Ačkoliv je venku pod nulou, Renata si dnes vzala jen ten lehký kabát.
....
2. Renata je nemocná, přesto šla do práce.
....
3. Ačkoliv Renatu bolí noha, jde běhat.
....
4. Renata neviděla Lucku od maturity, přesto ji hned poznala.
....
5. Ačkoliv se Renatě nikdy nelíbila opera, půjde dnes večer s Karlem na Dona Giovanniho.
....
6. Renata už rok šetří, přesto si novou škodovku pořád nemůže dovolit.
....

▶ **36. Spojte.**

1. Jakmile dodělám ten projekt,
2. Dokud nedodělám ten projekt,
3. Než dodělám ten projekt,
4. Chceme koupit dům,
5. Nekoupíme ten dům,
6. Koupíme-li ten dům,
7. Milena se rozešla s Pavlem,
8. Milena se ještě nerozešla s Pavlem,
9. Milena se možná s Pavlem rozejde,
10. Kdybych si pořídila myčku nádobí,
11. Jestli si pořídím myčku,
12. Pokud si nepořídím myčku,

A. nemohu odejít domů.
B. vypiju ještě aspoň pět káv.
C. odejdu domů.
D. budeme si muset vzít hypotéku.
E. i když si budeme muset vzít hypotéku.
F. pokud bychom si museli vzít hypotéku.
G. přesto chtějí společně koupit auto.
H. proto je teď osamělá.
I. přestože se každý den hádají.
J. budu dál trávit hodně času mytím nádobí.
K. ušetřím hodně svého času.
L. ušetřila bych hodně svého času.

37. Doplňte *jakmile*, *dokud* a *než*.

1. .... přijdu domů, hned se vysprchuju a převléknu.
2. .... přijdu domů, můžeš vynést odpadky a uklidit.
3. .... nepřijdu domů, nezapínejte kávovar, možná je rozbitý.
4. .... dovařím večeři, mohl bys dát na stůl talíře a skleničky.
5. .... nedovařím večeři, nemůžu s tebou psát domácí úkol.
6. .... dovařím večeři, můžeme jíst.
7. .... nepřestane pršet, nemůžeme jít ven.
8. .... přestane pršet, půjdeme ven.
9. .... přestane pršet, budeme doma hrát karty.
10. .... budu vědět něco nového, hned ti zavolám.
11. .... nebudu vědět nic nového, nebudu ti volat.
12. .... budu vědět něco nového, bude to chvíli trvat.

38. Změňte věty podle modelu. Používejte spojky *proto* a *protože*.

Například: Bolí mě hlava, proto si vezmu aspirin. – Vezmu si aspirin, protože mě bolí hlava.

1. Chci něco dělat pro přírodu, proto třídím odpad.
....
2. Oblékni si teplý svetr, protože dnes bude zima.
....
3. Musím zaplatit složenky, proto půjdu na poštu.
....
4. Nevšímám si ho, protože mi není sympatický.
....
5. Přesolila jsem brambory, proto budeme večeřet řízek s chlebem.
....
6. Potřebuju náplast, protože jsem se řízl do prstu.
....

39. *Přesto*, *proto*, nebo *protože*? Doplňte.

1. Nemám rád moderní umění, ... s tebou půjdu na tu výstavu do galerie DOX.
2. Nemám rád moderní umění, ... s tebou nepůjdu na tu výstavu do galerie DOX.
3. Půjdu s tebou na tu výstavu do galerie, ... mám rád moderní umění.
4. Zítra zůstaneme doma, ... má podle předpovědi celý den pršet.
5. Zítra má podle předpovědi celý den pršet, ... zůstaneme doma.
6. Zítra má podle předpovědi celý den pršet, ... nezůstaneme doma.
7. Policie rychle zatkla zloděje, ... měla svědka, který jí ho popsal.
8. Policie měla svědka, který jí zloděje popsal, ... ho ještě nezatkla.
9. Policie měla svědka, který jí zloděje popsal, ... ho mohla rychle zatknout.

▶ **40. Vyberte správnou spojku.**

1. Lidé se stále více zajímají o zdravé potraviny, *proto / přesto* jsou stále populárnější farmářské trhy.
2. Více a více lidí nakupuje biopotraviny, *ačkoliv / neboť* jsou dražší.
3. Hodně se mluví o špatné kvalitě potravin v supermarketech, *proto / přesto* tam lidé nakupují kvůli nižším cenám.
4. Ve většině měst a vesnic jsou kontejnery na papír, sklo a plasty, *avšak / takže* lidé mohou pohodlně třídit odpad.
5. Lahve nebo kelímky od jogurtů nemusíme mýt, *než / dokud* je hodíme do kontejneru. Jsou vyčištěny během recyklačního procesu.
6. *Jakmile / Zatímco* běžný Evropan spotřebuje přes 100 litrů vody denně, musí některým obyvatelům Afriky stačit 5 litrů.
7. *Jestli / Kdyby* se lidé denně nekoupali ve vaně, snížila by se spotřeba vody.
8. *Dokud / Než* si pořídíme novou ledničku, musíme si prostudovat, jakou má spotřebu elektrické energie.
9. *Dokud / Než* nebudou lidé víc používat městskou hromadnou dopravu, budou na silnicích kolony aut.
10. Lidé často nechávají zapnutý počítač, *dokud / ačkoliv* odcházejí na celý den z domu pryč.

▶ **41. Změňte věty. Používejte spojky a spojovací výrazy *protože*, *dokud ne*, *jakmile*, *když*.**

Například: Kvůli smíchu nemohla Julie mluvit. – Julie nemohla mluvit, protože se smála.

1. Kvůli chřipce se Petr nemohl zúčastnit lyžařských závodů.
   Petr se nemohl zúčastnit lyžařských závodů, ...
2. Hned po nákupu se Jarmila sešla v kavárně s kamarádkou.
   Jarmila se sešla v kavárně s kamarádkou, ...
3. Před přečtením celého protokolu vám nemůžu nic víc říct.
   Nemůžu vám nic říct, ...
4. Při úklidu si pouštím televizi a poslouchám zprávy.
   . . . . , pouštím si televizi a poslouchám zprávy.
5. Díky pravidelnému studiu udělal Robert všechny zkoušky bez problémů.
   Robert udělal všechny zkoušky bez problémů, ...
6. Před ukončením celého experimentu nemůžeme dát novinářům žádné výsledky.
   Nemůžeme dát novinářům žádné výsledky, ...
7. Po narození dcery se Lucie změnila.
   Lucie se změnila, ...
8. Při přípravě projektu nové třídírny odpadu se Hanka několikrát sešla i se zástupci ekologických organizací.
   . . . . , Hanka se několikrát sešla i se zástupci ekologických organizací.

▶ **42. Na obrázcích vidíte Martinu, Pavla, Simonu a Michala. O každém z nich vytvořte 3 věty se spojkami.**

1.

2.

3.

Martinu bolí hlava.

1. Martinu bolí hlava, přesto dál pracuje na počítači.
2. Martinu bolí hlava, protože . . . .
3. Martinu bolí hlava, proto . . . .

Pavel půjde běhat.

4. Pavel půjde běhat, protože . . . .
5. Pavel půjde běhat, proto . . . .
6. Pavel půjde běhat, ačkoliv . . . .

Simona má alergickou vyrážku.

7. Simona má alergickou vyrážku, protože . . . .
8. Simona má alergickou vyrážku, proto . . . .
9. Simona má alergickou vyrážku, přesto . . . .

Michala bolí loket.

10. Michala bolí loket, protože . . . .
11. Michala bolí loket, přesto . . . .
12. Michala bolí loket, proto . . . .

▶ **43. Představte si, že mluvíte o počasí. Který výraz není vhodný? Škrtněte ho.**

1. bouřka je *silná / prudká / mokrá / velká*
2. mlha je *prudká / řídká / hustá / slabá*
3. déšť je *malý / slabý / prudký / hustý*
4. vítr je *suchý / řídký / silný / prudký*
5. sníh je *těžký / mokrý / řídký / čerstvý*
6. teplota je *prudká / vysoká / nízká / příjemná*

▶ **44. Doplňte sloveso. Hledejte více možností.** 164/3

fouká	padá	stoupá	jsou
je (2x)	padají	svítí	

1. .... přeháňky
2. .... kroupy
3. .... mlha
4. .... sníh
5. .... slunce
6. .... teplota
7. .... vítr
8. .... polojasno

▶ **45. Jaké je počasí? Co mají tito lidé na sobě?** 164/3

1.   2.   3.   4.   5.   6.

1. Dívka má na sobě lehký kabát, v ruce drží květiny. Venku je teplo, neprší. Je jaro.
2. Muž má na sobě .... a na krku má .... V ruce drží ...., protože .... Venku je .... Je ....
3. Žena má na sobě .... Na hlavě má .... Venku je .... Je ....
4. Žena má na sobě .... Na hlavě má .... Na rukou má .... V ruce drží .... Venku je .... Je ....
5. Holčička má na sobě .... Půjde bruslit. Venku je .... Je ....
6. Chlapec má na sobě ...., na hlavě .... a na krku .... Venku .... Je ....

▶ **46. Jaké bylo včera počasí? Jaké počasí je teď? Jaké bude počasí zítra?** 164/5

	včera	teď	zítra
1.	mrzlo		
2.		sněží	
3.			bude padat sníh
4.		klouže to	
5.	bylo náledí		
6.		je bouřka	
7.			bude hřmět
8.		blýská se	
9.	bylo zataženo		
10.		prší	
11.			bude foukat vítr
12.		padají kroupy	
13.	byly přeháňky		

Lekce 16 • Česky krok za krokem 2 • PRACOVNÍ SEŠIT 111

▶ 47. Jaké bylo včera počasí? Doplňte –, -a, -o.

Včera ráno byl__ teplo, slunce svítil__, byl__ jasno. Ale odpoledne byl__ bouřka, blýskal__ se a hřměl__, taky hodně pršel__. V lednu hodně mrzl__, byl__ náledí a klouzal__ to, často taky padal__ sníh.

▶ 48. Napište výrazy v závorce ve správné formě. Pozor na správný čas.

1. Teď . . . . (pršet).
2. Zítra . . . . (sněžit).
3. Včera . . . . (být bouřka).
4. Minulý týden . . . . (blýskat se a hřmět).
5. Příští týden . . . . (foukat silný vítr).
6. Minulý víkend . . . . (mrznout).
7. Minulou neděli . . . . (být nízké teploty).
8. Příští víkend . . . . (být teplo).
9. Před chvílí ještě . . . . (svítit slunce).
10. Letos často . . . . (padat sníh)
11. Loni v prosinci . . . . (být náledí).
12. Toto léto často . . . . (padat kroupy).
13. Před deseti minutami ještě . . . . (být mlha).
14. Zítra . . . . (padat sníh).

▶ 49. Změňte věty podle modelu.

Například: Kvůli dešti nemohla jít maminka s dětmi na hřiště. – Maminka nemohla s dětmi na hřiště, protože pršelo.

1. Kvůli větru jsme nemohli jet na výlet na kolech. – Nemohli jsme jet na výlet na kolech, protože . . . .
2. Díky novému sněhu jsme mohli jezdit na běžkách. – Mohli jsme jezdit na běžkách, protože . . . .
3. Kvůli mrazu jsme museli topit víc než jindy. – Museli jsme topit víc než jindy, protože . . . .
4. Kvůli bouřce jsme se museli schovat pod mostem. – Museli jsme se schovat pod mostem, protože . . . .
5. Kvůli bleskům se v noci děti probudily. – Děti se v noci probudily, protože . . . .
6. Kvůli mlze jsme museli jet autem hodně pomalu a opatrně. – Museli jsme jet autem pomalu a opatrně, protože . . . .

▶ 50. Co by bylo, kdyby...? Doplňte a napište větu v kondicionálu.

| blýskat se a hřmít | být sucho | klouzat |
| být ošklivo | být zima | padat kroupy |

1. Kdyby (být náledí) . . . . ,
. . . . to.

2. Kdyby dlouho (nepršet) . . . . ,
. . . .

3. Kdyby (být bouřka) . . . . ,
. . . .

4. Kdyby (mrznout) . . . . ,
. . . .

5. Kdyby v létě (být hodně zataženo) . . . . ,
. . . .

6. Kdyby (pršet a foukat vítr) . . . . ,

▶ **51. Co by dělala Jolanka v tomto počasí? Tvořte věty s *jestli* a *kdyby*.** 165/10+

Například: Jestli ……………………………… (dopoledne foukat silný vítr, muset si vzít čepici).
– Jestli bude dopoledne foukat silný vítr, bude si Jolanka muset vzít čepici.

1. Kdyby ……………………………………………………………………
   (odpoledne sněžit, stavět s tatínkem sněhuláka).
2. Kdyby ……………………………………………………………………
   (několik dní mrznout, moct jít bruslit na rybník).
3. Jestli ……………………………………………………………………
   (příští týden ochladit se, dostat kašel a rýmu).
4. Kdyby ……………………………………………………………………
   (ráno být mlha, bát se jít sama do školy).
5. Jestli ……………………………………………………………………
   (vyjasnit se, jít si hrát s dětmi na hřiště).
6. Kdyby ……………………………………………………………………
   (pršet, obout si gumové boty a hrát si venku).
7. Jestli ……………………………………………………………………
   (večer být bouřka, sedět u okna a dívat se).
8. Kdyby ……………………………………………………………………
   (hodně svítit slunce, jít fotografovat k řece).

▶ **52. Co byste potřebovali, kdyby… Tvořte věty podle modelu.** 165/11

1. Kdyby bylo náledí, potřeboval/-a bych dobré boty.
2. ……………………………………………………………………………
3. ……………………………………………………………………………
4. ……………………………………………………………………………
5. ……………………………………………………………………………
6. ……………………………………………………………………………
7. ……………………………………………………………………………
8. ……………………………………………………………………………
9. ……………………………………………………………………………

  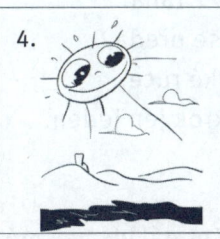  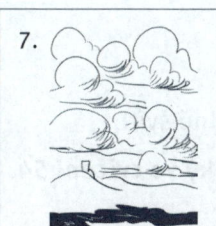 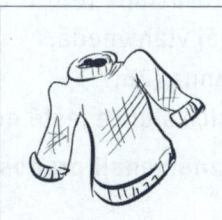
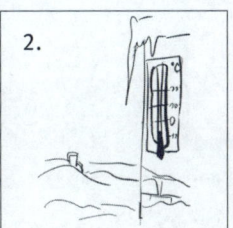  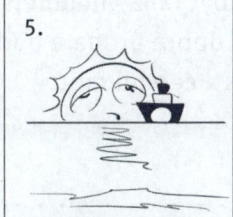 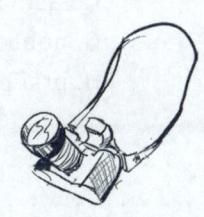  
  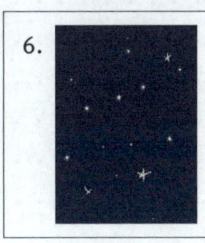 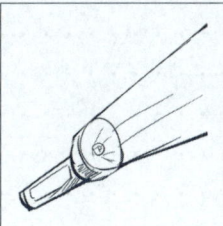  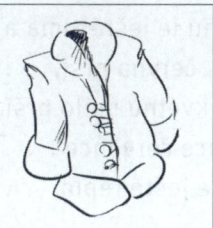

▶ 53. Přečtěte si text a vyberte vhodné slovo.

1.	a) je	b) bylo	c) bude
2.	a) na základě	b) v důsledku	c) díky
3.	a) ale přesto	b) ačkoliv	c) a proto
4.	a) zlata	b) obilí	c) krav
5.	a) trávili	b) snažili	c) směli
6.	a) pochází	b) podobá se	c) překládá
7.	a) zapomínali	b) vzpomínali	c) pamatovali
8.	a) sháníme	b) nacházíme	c) hledáme

Víte, co je pranostika?

Když dnes chcete vědět, jaké o víkendu (1.) .... počasí, přečtete si předpověď počasí někde na internetu nebo v novinách, poslechnete si ji v rádiu nebo se na ni podíváte ve zprávách v televizi. Předpovědi vytvářejí meteorologové (2.) .... meteorologických modelů, pomáhají jim v tom počítače a moderní přístroje.

Ale v minulosti to nebylo tak jednoduché. Žádná technika neexistovala, (3.) .... lidé chtěli vědět, jak bude. Potřebovali naplánovat práce na poli nebo obchodní cesty. Chtěli vědět, kolik (4.) .... na konci léta sklidí, jaká bude úroda.

Lidé tehdy pozorovali počasí a (5.) .... se zapamatovat si, jaké je v různých měsících, a na základě čeho se mění. Protože psát a číst neuměli všichni, vytvářeli si krátké rýmované informace o počasí, říkáme jim pranostiky. Slovo pranostika (6.) .... z latinského slova prognosis, tedy předpověď. Protože lidé neměli kalendáře, (7.) .... si dny spíše podle svátků svatých, které v tom období byly. Proto v pranostikách (8.) .... tolik jmen svatých.

▶ 54. Spojte části pranostik. Hledejte rýmy.

1. Teplý leden,
2. Únor bílý –
3. Březnové slunce
4. Březen – za kamna vlezem, duben –
5. Medardova kápě (8.6.)
6. Když máj vláhy nedá,
7. Svatá Anna (26.7.) –
8. V září sice slunce ještě hodně svítí,

A. čtyřicet dní kape.
B. ale kabát již připravený musíš míti.
C. ještě tam budem.
D. pole sílí.
E. chladno z rána.
F. červen se předá.
G. má krátké ruce.
H. k bídě krok jen jeden.

▶ 55. Co znamenají pranostiky ve cvičení 54. Doplňte.

A. ale chladné dny můžou přijít rychle.
B. ale nedává moc tepla.
C. bude dobrá úroda.
D. teploty také nejsou moc vysoké.
E. bude pršet dál víc než měsíc.
F. začínají být rána chladnější.
G. nebude dobrá úroda a bude nedostatek jídla.
H. prší pak v červnu moc.

1. Když je v lednu moc teplo, ...
2. Když je v únoru sníh, ...
3. Slunce v březnu sice svítí, ...
4. V březnu je ještě zima a v dubnu ....
5. Když 8. června prší, ...
6. Když v květnu málo prší, ...
7. Od konce července ....
8. V září je ještě teplo, ...

Procvičujeme pravopis

Zopakujte si

▶ **1. Pamatujete si vyjmenovaná slova po písmenech B, L, M a P? Doplňte -i / -y nebo -í / -ý.**

1. um__t nádobí
2. m__t hlad
3. dřevěný náb__tek
4. to je mi l__to
5. pl__nový sporák
6. p__šný majitel auta
7. nab__t mobil
8. vyp__té víno
9. bal__ček na poště
10. starý ml__nář
11. voda a m__dlo
12. divný netop__r
13. pol__kat jídlo
14. op__lovat květy
15. p__lný kolega
16. dobrý l__žař
17. nesm__slný nápad
18. p__tlík bonbónů
19. nesm__slný om__l
20. zam__lovaný muž
21. p__šný otec

> **Pravidlo: Vyjmenovaná slova po S**
> V těchto slovech a slovech příbuzných vždycky píšeme po písmenu S tvrdé **-y/-ý**:
> **syn, sytý, sýr, syrový, usychat, syčet, sypat**

▶ **2. Co je to? Doplňte vyjmenovaná slova.**

sytý   syrový   usychat   syčet   sypat

1. dělat sss jako had: ....
2. neuvařený (maso, zelenina): ....
3. trpět bez vody (květiny, stromy): ....
4. člověk, který snědl hodně jídla a už nemůže: ....
5. dávat např. cukr do kávy: ....

▶ **3. Popište, co vidíte na fotografiích. Používejte přitom vyjmenovaná slova.**

1. ....   2. ....   3. ....   4. ....   5. ....   6. ....

▶ **4. Přečtěte si, co říká Jakub Huml. Doplňte vyjmenovaná slova do textu.**

sytý   sypal   usychá   syčel   sýrem   synem

V sobotu jsem šel se (1.) .... do zoo. Moc ho zajímali hlavně hadi a nejvíc se mu líbil jeden velký, který hlasitě (2.) .... Chodili jsme po zoo asi tři hodiny, pak jsme šli do bufetu a dali jsme si chlebíčky se (3.) ...., kávu a džus. Syn ale nechtěl jíst, byl (4.) ...., protože celé odpoledne jedl bonbóny a čokoládu. Navíc začal zlobit, rozlil džus a z legrace mi (5.) .... do kávy místo cukru sůl. „Tak dost," řekl jsem. „Jdeme domů! Mám vybitý mobil a máma už určitě (6.) .... starostí, kde jsme."

▶ **5. Od kterého vyjmenovaného slova jsou odvozena následující slova? Pracujte se slovníkem.**

synovec   nasypat   nenasytný   sýrový   vysypat   dosyta

1. syčet: ....
2. syn: ....
3. sypat: ...., ...
4. sýr: ....
5. sytý: ...., ...

▶ **6. Co znamenají tato slova? Spojte. Pracujte se slovníkem.**

1. dosyta
2. nenasytný
3. sýrový
4. synovec
5. syrový

A. nevařený
B. ten, kdo nemá nikdy dost (např. jídla)
C. vyrobený ze sýra
D. tak, aby člověk neměl hlad
E. syn mého bratra nebo mé sestry

▶ **7. Doplňte -i / -y nebo -í / -ý.**

1. Bydlí na s__dlišti.
2. Měla jsem s__lnou rýmu.
3. Mám rád salámovou a s__rovou pizzu.
4. S__novec mi často pos__lá e-maily.
5. Do čaje jsem si nas__pal tři lžičky cukru.
6. Dlouho nepršelo a na zahradě us__chaly stromy a květiny.
7. S__n snědl polévku a nic dalšího nechtěl, byl s__tý.
8. Nejzdravější je s__rová zelenina.
9. V zoo jsme viděli hady. Děti se jich bály, protože s__čeli.

▶ **8. Zopakujte si vyjmenovaná slova po M, P a S. Vyluštěte křížovku.**

1. druh zvířat, např. mouchy, motýli...
2. noční zvíře, umí létat
3. velký sáček (např. na brambory)
4. zavírat klíčem
5. negativní vlastnost
6. dělat sss jako had
7. prášek na květinách
8. ten, kdo snědl hodně jídla, je...
9. neuvařený
10. čistit vodou

▶ **9. Zopakujte si vyjmenovaná slova po B, L, M, P a S. Doplňte -i / -y nebo -í / -ý.**

1. sl__šet sm__ch
2. b__valé b__dlištĕ
3. říkat nesm__sly
4. vidět netop__ra
5. malá předs__ň
6. m__nulý čas
7. hnědá kob__la
8. moderní s__dlištĕ
9. nal__t čaj
10. neom__lný člověk
11. nový kl__č
12. odem__kat dveře

LEKCE 17 Investujeme, obchodujeme, podnikáme

▶ **1. Kde a jak můžete investovat peníze? Doplňte prepozici *v*, *do* nebo *na*.**

1. spořit ____ bance
2. sázet ____ dostizích
3. obchodovat ____ burze
4. nakupovat ____ dražbě
5. nakupovat ____ aukci
6. hrát ____ kasinu
7. investovat ____ rozvoje firmy
8. investovat ____ nemovitostí

▶ **2. Doplňte příbuzná slova.**

sloveso	sloveso
podnikatel	
ředitel	
faktura	
	prosperovat
	obchodovat

substantivum	adjektivum
obchodník	
	finanční
	daňový
majetek	

▶ **3. Jak podniká pan Nováček? Vyberte správné slovo.**

1. Pan Nováček je *majitel* / *majetek* firmy Novatex, kterou založil před patnácti lety.
2. Firma Novatex vyrábí a prodává látky, je to prosperující *podnik* / *podnikatel*.
3. Pan Nováček je velmi bohatý, jeho osobní *majitel* / *majetek* je vyšší než dvacet miliónů.
4. Pan Nováček ve firmě zaměstnává několik *účetnictví* / *účetních*.
5. Několikrát za rok přijde do firmy kontrola z finančního úřadu a chce si prohlédnout kompletní *účetnictví* / *účetní*.
6. Každý rok platí pan Nováček státu vysoké *daně* / *faktury*.
7. Firma Novatex posílá svým zákazníkům zboží spolu s *fakturami* / *daněmi*, hotově neplatí nikdo.
8. Pan Nováček půjde brzy do důchodu, po něm bude firmu *podnikat* / *vést* jeho syn Marek.

▶ **4. Co o podnikání říkají Karel, Kristýna a Jiří? Doplňte.**

domek	obchodovat na burze	přijmout	založili
moc velká konkurence	po revoluci	účetní	zkušenosti
na dobrém místě	podnikání	o účetnictví	pro známé značky
našel jsem si	s podnikáním	ušetřili	živila
nejnovější techniky	první tři roky	úvěr	

Karel říká:

1. Začal jsem podnikat hned ....
2. S manželkou jsme si vzali v bance ....
3. Manželka se starala ....
4. Prosperovali jsme, protože obchod byl ....
5. Dovolenou jsme neměli ....
6. Věděl jsem, že supermarket bude ....
7. Včas jsme obchod prodali a pořídili si ....
8. Protože nám zbylo na další investice, můžu teď ....

Cvičení pokračuje na následující straně.

Kristýna říká:

9. Rok po škole jsme si s kamarády .... reklamní agenturu.
10. Měli jsme ...., entusiasmus nám nechyběl, ale problém byly peníze.
11. Můj byt jsme používali jako kancelář, abychom ....
12. Vyplatila se nám investice do ....
13. Po roce jsme si mohli pronajmout kancelář a .... další zaměstnance.
14. Nyní pravidelně pracujeme ....

Jiří říká:

15. Pět let jsem měl firmu specializovanou na ...., daňové a finanční konzultace.
16. Na začátku jsem měl jen drobné klienty, ale žádnou velkou firmu, která by mě ....
17. Pořád jsem jen pracoval a byl ve stresu, pak jsem se rozhodl .... skončit.
18. .... práci v bance jako finanční manažer a jsem spokojený.
19. Můžu teď dělat věci, na které jsem při .... neměl čas.

▶ **5. Co víte o firmě Čokola? Spojte.**

1. Čokola je proslulá
2. Čokola dováží a zpracovává
3. V její nabídce jsou
4. Jméno Čokoly má
5. Po jejím zboží je
6. Čokola má obrat
7. Cena akcií Čokoly
8. Úspěch Čokoly by nebyl možný
9. Čokola nezapomíná na
10. Ředitel Čokoly říká, že je pořád
11. Podle statistik si
12. Majitel firmy je s jejími

A. také bonboniéry.
B. v příštím roce poroste.
C. bez dobré marketingové strategie.
D. velká poptávka.
E. co zlepšovat.
F. každý člověk dá čtyřikrát za týden něco sladkého.
G. svými čokoládovými výrobky.
H. dobrý zvuk.
I. dosavadními výsledky spokojen.
J. kakao.
K. internetovou reklamu.
L. 90 milionů korun ročně.

▶ **6. Doplňte otázky.**

by úspěch Čokoly nebyl možný	je Čokola proslulá	jsou akcie Čokoly dobrá investice
týdně si dá každý člověk čokoládu	je poptávka po jejím zboží	jsou pan ředitel a pan majitel spokojení
dováží	je obrat	se také objevuje v nabídce Čokoly
firma nezapomíná	je zisk	vyrábí

1. Čím .... ? – Svými výbornými čokoládovými výrobky.
2. Co .... ? – Kakao.
3. Co .... ? – Dezerty, bonbóny a čokolády.
4. Co .... ? – Bonboniéry a dárkové balíčky.
5. Jaká .... ? – Velká, na českém i mezinárodním trhu.
6. Jaký .... ? – Asi 10 milionů ročně.
7. Jaký .... ? – Asi 90 milionů korun za rok.
8. Na co .... ? – Na internetovou reklamu.
9. Proč .... ? – Protože lze očekávat, že jejich cena poroste.
10. Bez čeho .... ? – Bez dobré marketingové strategie.
11. Kolikrát .... ? – Asi čtyřikrát.
12. S čím .... ? – S jejími dosavadními výsledky.

▶ 7. Anna Dermáková je zakladatelka a majitelka kosmetické firmy Dermak. Její firma má úspěch. Přečtěte si text a vyberte vhodná slova.

168/4

1.	a) vyváží	b) dováží	c) rozváží
2.	a) český trh	b) českém trhu	c) českým trhem
3.	a) zvuk	b) obrat	c) zisk
4.	a) směrem k	b) protože	c) vzhledem k
5.	a) podnikala	b) začala	c) založila
6.	a) výroba	b) vyráběla	c) vyrábí
7.	a) zákaznice	b) zaměstnanci	c) prodavači
8.	a) vzala si	b) přijala	c) pronajala si
9.	a) řídila	b) vyřídila	c) zařídila
10.	a) bez	b) díky	c) vzhledem k
11.	a) jen	b) nejen	c) také
12.	a) nabízejí	b) zvyšují	c) rostou
13.	a) příští	b) ostatní	c) další
14.	a) podnikem	b) podnikání	c) podnikatelkou

Firma Dermak je proslulá svými kosmetickými produkty. Své pleťové krémy (1.) . . . . do mnoha evropských zemí, její výrobky jsou oblíbené i na (2.) . . . . Mezi prodejci kosmetiky mají její výrobky velmi dobrý (3.) . . . . Dermak má obrat asi 40 miliónů korun, její zisk se pohybuje kolem 5 milionů korun ročně. Akcie Dermaku stojí na burze asi 840 korun a (4.) . . . . prosperitě firmy všichni doufají, že v příštích letech cena jejích akcií ještě poroste. Dermak je rodinná firma, kterou v roce 1992 (5.) . . . . paní Dermáková. Vystudovala chemickou školu a chtěla začít podnikat. Nejdříve (6.) . . . . malé množství krémů podle starých receptur z čistě přírodních surovin. S výrobou jí pomáhali tchyně, tchán a švagrová. Účetnictví pro ni dělala její sestra. Své krémy paní Dermáková dodávala do kosmetických salónů, později si je (7.) . . . . chtěly kupovat a používat i doma. Firma rostla, a tak paní Dermáková rozšířila výrobu, (8.) . . . . dům na kraji města, kde vznikl první výrobní areál, a přijala první zaměstnance. Také si (9.) . . . . první obchody s kosmetikou ve větších městech.
Úspěch Dermaku by nebyl možný (10.) . . . . dobré marketingové strategie. Reklamu na její produkty můžete vidět (11.) . . . . v oblíbených ženských časopisech, ale i na internetu. Zboží si zákaznice mohou objednat e-mailem a přijde jim domů poštou.
Katalogy Dermaku dnes (12.) . . . . 150 různých kosmetických produktů jako jsou pleťové krémy, pleťová mléka, šampóny a pěny do koupele. V laboratořích Dermaku se ale připravují (13.) . . . . nové výrobky. Paní Dermáková je s výsledky svého (14.) . . . . spokojená a je ráda, že se před lety rozhodla riskovat a založila rodinnou firmu. Doufá, že v budoucnosti její vedení převezme její dcera.

▶ 8. Tvořte otázky podle předchozího textu. Doplňte je k odpovědím.

1. Čím . . . . ? – Kosmetickými produkty.
2. Kam . . . . ? – Do mnoha evropských zemí.
3. Kde . . . . ? – Na českém trhu.
4. Jaký . . . . ? – Asi 40 milionů korun.
5. Kdy . . . . ? – V roce 1992.
6. Podle . . . . ? – Podle starých receptur.
7. Kam . . . . ? – Do kosmetických salónů.
8. Kde . . . . ? – Na kraji města.
9. Kde . . . . ? – V ženských časopisech i na internetu.
10. Kolik . . . . ? – 150.
11. Kdo . . . . ? – Její dcera.

9. Napište věty o firmě Zdravý člověk. Pozor na čárky!

1. firma Zdravý člověk – být proslulá – výroba – vitamíny a léky

....

2. vyvážet – do – 30 zemí – nejen – v Evropě – ale i – Asie – své výrobky

....

3. lze očekávat – že její akcie – příští rok – růst – protože – lidé – investovat – do zdraví

....

4. firma – která – založit – v roce 1992 – pan Málek – dnes – zaměstnávat – 580 zaměstnanců

....

5. prosperovat – výborně – mít – roční obrat – 65 milionů

....

6. pan Málek – být spokojený – s – dosavadní výsledky

....

7. pan Málek – domnívat se – že – internetová reklama – být důležitá

....

10. Do vět doplňte spojky *ani – ani*, *nejen – ale i*, *buď – nebo*.

1. Firma vyrábí _____ mýdla, _____ šampóny.
2. Firma nevyrábí _____ mýdla, _____ šampóny. Vyrábí dekorativní kosmetiku.
3. Firma bude vyrábět _____ mýdla, _____ dekorativní kosmetiku, na obojí nemá kapacitu.
4. _____ budeme inzerovat v časopisech, _____ v televizi. Na obojí nemáme finance.
5. Budeme inzerovat _____ v časopisech, _____ na internetu.
6. Nebudeme inzerovat _____ v časopisech, _____ v televizi, budeme inzerovat na internetu.
7. Firma bude nabízet své produkty _____ na českém, _____ na evropském trhu, obojí není možné.
8. Firma nabízí své výrobky _____ na českém, _____ na evropském trhu.
9. Firma nechce nabízet své výrobky _____ na českém, _____ na evropském trhu. Chce je nabízet na asijském trhu.

11. Jaká je struktura obchodního dopisu? Seřaďte.

Jméno a adresa odesilatele
Místo, datum
Podpis
Závěrečné fráze
Jméno a adresa adresáta
Oslovení
Pozdrav
Text dopisu

1. ....
2. ....
3. ....
4. ....
5. ....
6. ....
7. ....
8. ....

▶ **12. Do obchodního dopisu doplňte slova.**

| lze | požádat | slevu | zda |

Jana Míková
Slunná 24
110 00 Praha 1

Filip Tomáš
nakladatelství Akropolis
Na Bělidle 1, 150 00 Praha
Praha, 20.9.2015

Vážený pane Tomáši,
chtěla bych vás 1. . . . . o informaci, kde 2. . . . . koupit učebnici Česky krok za krokem v Německu. Dále by mě zajímalo, 3. . . . . je možné poslat na mou adresu 20 kusů učebnic. Mohu dostat v případě objednání více kusů učebnic množstevní 4. . . . .?

S pozdravem
Alexandra Eckold

▶ **13. Spojte formulace typické pro obchodní dopis s jejich neformálními ekvivalenty.**

1. Chtěla bych Vás požádat o zaslání knížek.
2. lze
3. Prosím o potvrzení účasti.
4. schůzka se bude konat
5. Vážená paní Nováková
6. zda
7. Zúčastníte se jen vy sám?

A. Napiš mi, jestli přijdeš.
B. sejdeme se
C. Milá Lucko
D. Prosím tě, pošli mi knížky.
E. Přijdeš s někým?
F. je možné
G. jestli

▶ **14. Lucy Brownová napsala kamarádce e-mail, ale použila v něm formulace, které jsou vhodné spíš pro obchodní dopisy. Najděte je a nahraďte vhodnějšími.**

Vážená Hanko,

chtěla bych Tě požádat o zaslání těch fotek ze sobotního výletu. Také bych se Tě chtěla zeptat, zda v pátek můžeš přijít ke mně na oslavu mých narozenin. Oslava se bude konat u nás doma. Lze u nás i přespat. Prosím o potvrzení účasti a dále o informaci, zda se zúčastníš sama nebo s někým. Děkuji a velmi se těším.

Lucy

. . . .
. . . .
. . . .
. . . .

▶ **15. Pan Nguyen Trai píše firmě Videospol. Chtěl by si levně koupit novou televizi. V e-mailu ale použil výrazy, které se pro tento styl nehodí. Označte je a e-mail napište lépe.**

Nazdar všichni,

prosim vás, pošlete mi nějakej katalog s vašim zbožím. Taky prej bude nějaká prodejní výstava tady v našem městě. Napište mi, kdy to bude. Já vám pak napíšu, jestli přijdu.

Díky moc, zdravím

Pan Nguyen Trai

. . . .
. . . .
. . . .
. . . .

▶ **16. Doplňte formy instrumentálu plurálu.**

1. Byli jsme tam s / se .... (můj pes), ... (naše dítě), ... (její přítel), ... (tvůj kolega), ... (jeho kamarádka), ... (váš bratr), ... (jejich sestřenice), ... (náš průvodce), ... (moje kamarádka), ... (naše ředitelka).

2. Stáli jsme před .... (starý panelák), ... (cestovní kancelář), ... (vysoká věž), ... (otevřené okno), ... (luxusní obchod), ... (nová pizzerie), ... (zahraniční banka).

3. Mluvili jsme s .... (naše vnouče), ... (ten člověk), ... (jejich zaměstnanec), ... (náš zaměstnavatel), ... (zkušený policista), ... (ta kolegyně).

4. Pracujeme s .... (tvůj počítač), ... (vaše tiskárna), ... (jeho mobil), ... (tvoje učebnice), ... (vaše statistika).

▶ **17. S čím tito lidé nejsou spokojeni? Doplňte formy singuláru nebo plurálu.**

1. Pacient není spokojen s .... (nemocniční pokoj), ... (nemocniční strava), ... (lékaři), ... (zdravotní sestry), ... (metody léčení), ... (léky), ... (výsledky vyšetření).

2. Klientka cestovní kanceláře není spokojená s .... (hotelový pokoj), ... (švédský stůl), ... (teplota vody v bazénu), ... (český průvodce), ... (služby recepce), ... (malé snídaně), ... (výlety do okolí), ... (servírovaná jídla).

3. Studentka v jazykové škole není spokojená s .... (práce učitele), ... (stará učebnice), ... (nepraktický slovník), ... (její výsledky), ... (ostatní studenti).

4. Podnikatel není spokojen s .... (nízký obrat), ... (stagnující výroba), ... (kvalita výrobků), ... (marketingová strategie), ... (ceny konkurence), ... (noví zaměstnanci).

5. Host v restauraci není spokojen s .... (rychlost obsluhy), ... (vysoká cena jídla), ... (malá porce), ... (teplota vína), ... (nepříjemná atmosféra restaurace), ... (hlasitá hudba v restauraci).

▶ **18. S kým se kde můžete seznámit? Doplňte formy instrumentálu plurálu.**

1. Na konferenci se seznámíte s .... (další účastník), ... (zajímavý člověk) a .... (zaměstnanec jiných firem).
2. Ve škole se seznámíte s .... (nový spolužák), ... (zkušený lektor) a .... (příjemná lektorka).
3. Na policejní stanici se seznámíte s .... (mladý policisty) a .... (energická policistka).
4. Na úřadě se seznámíte s .... (nový úředník) a .... (stará úřednice).
5. V hotelu se seznámíte s .... (pomalá uklízečka), ... (sympatický recepční), ... (milý číšník) a .... (jiný host).

▶ **19. Procvičujte demonstrativní a posesivní zájmena. Doplňte jejich formy v plurálu.**

N	ti, ty, ta	moji / mí, moje / mé, moje / má	tvoji / tví, tvoje / tvé, tvoje / tvá	jeho	její	naši, naše	vaši, vaše	jejich
G	těch					našich		
D		mým			jejím			jejich
A		tvoje / tvé, tvoje/ tvé, tvoje / tvá					vaše	
L				jeho		našich		
I					jejími			

▶ **20. Vyberte správnou formu zájmen.**

1. Po konferenci nám představili *ti / ty* nové kolegy.
2. *Ti / ty* dva politici mluvili v televizní debatě o nutných reformách.
3. Martina má spoustu přátel. *Ti / ty* přátelé jí často pomáhají.
4. Naši synové mají nové kamarády. *Ti / ty* kamarády pozveme na oslavu narozenin.
5. Víš, kdo dělal v noci ten hrozný hluk? – Myslím, že *ti / ty* noví sousedé ze třetího patra.
6. Na koho ještě čekáme? – Na *ti / ty* tři problémové studenty ze třídy 2.B.
7. Kde jsou *ti / ty* formuláře k žádosti o trvalý pobyt?
8. Dcera studuje na prestižní škole. Záleží nám na *jejich / jejích* známkách.
9. Děti mají v červnu zkoušky. Na dovolenou pojedeme až po *jejich / jejích* zkouškách.
10. V kanceláři je nová kolegyně. Bohužel, pochybuju o *jejich / jejích* znalostech a praxi.

▶ **21. Doplňte *jejich* nebo *jejích*.**

1. Včera jsem mluvila s Monikou o .... problémech (problémy Moniky).
2. Včera jsem mluvila s Monikou o .... problémech (problémy Moniky a jejího manžela).
3. Včera jsem mluvila s Monikou o .... problémech (problémy dcer Moniky).
4. Včera jsem mluvila s Monikou o .... problémech (problémy dcery Moniky).
5. Včera jsem mluvila s Monikou o .... problémech (problémy vnučky Moniky).
6. Včera jsem mluvila s Monikou o .... problémech (problémy rodičů Moniky).
7. Včera jsem mluvila s Monikou o .... problémech (problémy maminky Moniky).
8. Včera jsem mluvila s Monikou o .... problémech (problémy kamarádů Moniky).

▶ **22. Procvičujte demonstrativní a posesivní zájmena. Doplňte jejich formy v plurálu.** 170/3

ti, ty, ta

1. Petr odpověděl na pozdrav _____ neznámým lidem.
2. Pozvali jsme na grilování _____ nové sousedy.
3. V divadle jsem se setkala s _____ novými kolegy z práce.
4. Při obědě jsme mluvili o _____ dvou mladých herečkách.
5. Ráno jsem šla kolem _____ nových domů na náměstí.

moji, moje, mé, má

6. Můj manžel si dobře rozumí s _____ rodiči.
7. Kolegyně si chce půjčit _____ nové večerní šaty, protože jde na operu.
8. Kamarádka se o víkendu bude starat o _____ tři kočky.
9. Na rodinné oslavě byli všichni příbuzní včetně _____ prarodičů.
10. Učitelka češtiny si stěžuje na _____ výsledky v poslední době.

tvoji, tvoje, tvé, tvá

11. Všichni se smáli _____ vtipům.
12. Jana se zlobila kvůli _____ hloupým nápadům.
13. Včera jsem na hřišti viděla _____ dvojčata, byla tam s tvojí maminkou.
14. Minulý víkend se Martina seznámila s _____ kamarády z volejbalu.
15. Na téhle fotografii jsou _____ děti?

její

16. Vladimír dopoledne potkal na ulici _____ dvě dcery.
17. Tatínek byl rozzlobený kvůli _____ známkám ve škole.
18. O _____ problémech už vědí všichni.
19. Uklidila jsem všechny _____ věci.
20. Všimla jsem si _____ drahých bot.

naši, naše

21. Pan Volák moc pomohl _____ synům.
22. Lidé v ulici mají strach z _____ dvou psů.
23. Renáta nikdy nesouhlasí s _____ plány.
24. _____ vnoučatům nechutná svíčková omáčka.
25. Přímo pod _____ okny je autobusová zastávka.

▶ **23. Výrazy v závorkách použijte ve správné formě. Pozor na zájmeno *svůj*.** 170/3

Například: Martina seděla v kině vedle svých přátel (její přátelé). Pavel seděl v kině vedle jejích přátel (její přátelé).

1. Včera jsem mluvila se .... (moji rodiče).
2. Včera můj manžel mluvil s .... (moji rodiče).
3. Vážíme si .... (naši učitelé).
4. Kamarád si váží .... (naši učitelé).
5. Šel na procházku bez .... (jejich psi).
6. Šli na procházku bez .... (jejich psi).
7. Popřála jsem k narození dítěte .... (moji kamarádi).
8. Popřál k narození dítěte .... (tvoji kamarádi).
9. Napište nám o .... (vaše starosti).
10. Napíšu jim o .... (vaše starosti).
11. Přinesla zmrzlinu pro .... (naše děti).
12. Přinesli jsme zmrzlinu pro .... (naše děti).

Pomůže vám podmět:

Martina seděla v kině vedle svých přátel (=byli to přátelé Martiny).

Pavel seděl v kině vedle jejích přátel (=byli to přátelé Martiny).

▶ **24. Čím jsou známá a proslulá tato města? Výrazy v závorkách použijte v instrumentálu sg. nebo pl.** 171/7

1. Karlovy Vary jsou proslulé .... (léčivé prameny a Becherovka).
2. Písek je známý .... (nejstarší gotický most) v Čechách.
3. Plzeň je proslulá .... (pivo Prazdroj Urquell).
4. Mladá Boleslav je známá .... (výroba aut).
5. Kutná Hora je proslulá .... (chrám svaté Barbory).
6. Jižní Čechy jsou proslulé .... (rybníky a kapři).
7. Adršpach je známý .... (zvláštní skály).
8. Město Telč je známé .... (renesanční domy).
9. Kroměříž je proslulá .... (zámek a zámecké zahrady).
10. Morava je známá .... (vynikající vína).

▶ **25. Změňte věty podle modelu.** 171/8

Například: Zklamaly mě nudné filmy na festivalu. – Byl jsem zklamaný nudnými filmy na festivalu.

1. Nadchly mě moderní stavby toho architekta.
   – Byl jsem nadšený ....
2. Potěšily mě pozitivní reakce mých kolegů.
   – Byl jsem potěšený ....
3. Rozzlobily mě jeho komentáře v novinách.
   – Byl jsem rozzlobený ....
4. Zklamaly mě internetové obchody.
   – Byl jsem zklamaný ....
5. Vyděsily mě poslední informace.
   – Byl jsem vyděšený ....
6. Potěšily mě známky našich dětí.
   – Byl jsem potěšený ....
7. Nadchly mě fotografie staré Prahy.
   – Byl jsem nadšený ....
8. Překvapila mě jeho slova.
   – Byl jsem překvapený ....
9. Zklamali mě sousedé.
   – Byl jsem zklamaný ....
10. Zaujaly mě staré české legendy.
    – Byl jsem zaujatý ....

▶ **26. Změňte věty podle modelu.** 171/8

Například: Byla jsem šokovaná jejich chováním. – Jejich chování mě šokovalo.

1. Byl jsem rozzlobený jeho reakcí.

2. Byla jsem překvapená jeho dárkem.

3. Byl jsem vyděšený tou situací.

4. Byla jsem zaujatá naším projektem.

5. Byla jsem nadšená jejich prací.

6. Byla jsem zklamaná službami hotelu.

▶ **27. Změňte věty podle modelu.** 172/2

Například: Zajímá se o české firmy. – Mluví o českých firmách, o které se zajímá.

1. Vyrábí ručně malované hrnečky.
   Mluví o ...., jsou ručně malované.
2. Propustili mladé inženýry.
   Mluví o ...., ředitel propustil.
3. Výroba aut stále roste.
   Mluví o ...., stále roste.
4. Investuje do internetové reklamy.
   Mluví o ...., investuje.
5. Vyváží své výrobky na Slovensko.
   Mluví o ...., vyváží na Slovensko.
6. S posledními výsledky je spokojen.
   Mluví o ...., je spokojen.
7. Noví zákazníci si stěžovali.
   Mluví o ...., si stěžovali.

▶ **28. Vyberte správnou formu zájmena *který*.** 172/2

1. Zaujali mě lidé, *kteří / které* jsem viděl na náměstí.
2. Zaujali mě kluci, *kteří / které* stáli na nástupišti.
3. Zaujaly mě dvě ženy, se *které / kterými* jsem jel včera ve vlaku.
4. Překvapily mě zprávy, *které / kterých* jsem včera četla v novinách.
5. Překvapili mě kolegové, *kteří / které* nezapomněli na moje narozeniny.
6. Překvapila mě zvířata v zoo, *které / která* se vůbec nebála lidí.
7. Vyděsily mě sny, ve *kterém / kterých* jsem měla na sobě pavouky.
8. Vyděsily mě zvuky, *kteří / které* jsem v noci slyšela.
9. Vyděsili mě kamarádi, *kteří / které* v noci zazvonili na moje dveře.
10. Zklamaly mě ty nové filmy, *které / kterých* měly tak dobré kritiky v novinách.
11. Zklamali mě politici, *kteří / kterým* už nikdy nebudu věřit.
12. Zklamali mě přátelé, u *kterých / kterým* jsem byl včera na návštěvě.
13. Rozzlobily mě děti, *které / která* přinesly špatné známky z matematiky.
14. Rozzlobili mě sousedé, kvůli *kterých / kterým* jsem v noci nespala, protože měli oslavu.
15. Rozzlobili mě naši psi, *kteří / která* mi v parku utekli.

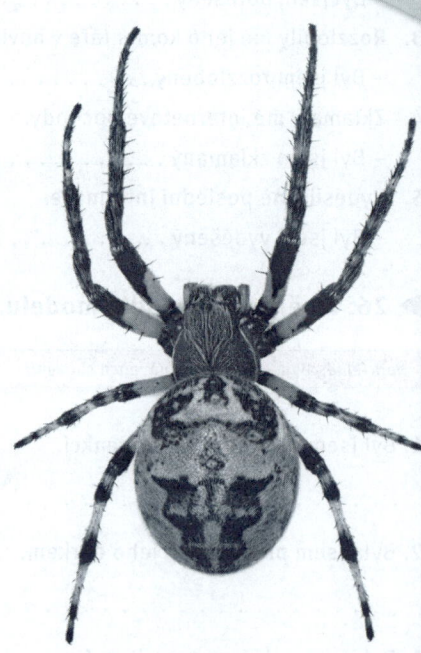

▶ **29. Přečtěte si následující text. K částem 1–6 přiřaďte titulky A–H. Dva titulky nebudete potřebovat.** 172/4+

A – Co dělat proti zlým snům?   E – Mají všichni lidé sny?
B – Co je důvodem našich snů?   F – Co je sen?
C – Proč se nám zdá o létání?   G – Kdy máme sny?
D – Znamenají sny něco?   H – Proč sní ženy víc než muži?

Cvičení pokračuje na následující straně.

1. ....
Sny jsou iluzorní obrazy nebo hlasy, které vytváří náš mozek během spánku. Často se nám zdá o událostech nemožných nebo nepravděpodobných.

2. ....

Každý člověk má asi osm až deset snů za noc, i když asi 10% lidí tvrdí, že sny nemívají. Ráno si většinou vzpomeneme aspoň na jeden sen. Ale brzy na něj zapomeneme. Není pravda, že ženy sní častěji než muži, nebo že aktivní lidé mají sny častěji než pasivní.

3. ....

Odborníci zjistili, že sny nejsou jen černobílé a že trvají i delší dobu než několik sekund, jak se myslelo dříve. První sny přicházejí asi 70 minut po usnutí. Náš spánek se dělí na dvě fáze, jmenují se REM a NREM. Fáze REM je asi čtyřikrát za noc. Sny v REM fázi bývají živé, barevné a nelogické. Sny v NREM fázi jsou obyčejné a jednoduché.

4. ....

Impulzy pro sen mohou být různé. Mohou být vnější jako nějaký zvuk nebo zima, vnitřní jako hlad nebo začínající nemoc. Třetí skupinou mohou být nedávné i staré zážitky a vzpomínky.

5. ....

Hodně lidí si myslí, že sny mají význam, a proto se snaží své sny popsat a zjistit, co znamenají. Existují dokonce knihy, kde jsou sny vykládány, jmenují se snáře. V historii si lidé mysleli, že sny mohou i předpovídat budoucnost. Vědecky se tímto tématem zabýval slavný psychiatr Sigmund Freud, který se snažil analýzou snů vysvětlit psychické problémy svých pacientů.

6. ....

Někdy se nám zdají ošklivé sny, říkáme jim noční můry. Jsou o požárech, hadech, pádech z výšky, smrti, nemožnosti utéct. Aby se nám takové sny nezdály, neměly bychom jíst před spaním těžká jídla, pít alkohol, kávu a kolu. Měli bychom chodit spát ve stejnou dobu a před spaním nepřemýšlet o problémech.

Volně podle http://cs.wikipedia.org/wiki/Sen a
http://www.prozeny.cz/magazin/zdravi-a-zivotni-styl/tajemno/23393-vime-co-znamenaji-nocni-mury-ve-snech

▶ **30. *Zdát se* nebo *mít sen*? Někdy je možné obojí.** 172/4+

1. Už jako malá holka jsem *měla sen / se mi zdálo*, že budu doktorkou. A splnilo se mi to.
2. *Zdá se mi / mám sen*, že je tu špatný vzduch. Otevřu na chvíli okno.
3. Dneska *jsem měla sen / se mi zdálo* o létání.
4. Už jsem zapomněla, co *se mi zdálo / jaký jsem měla sen*.
5. Je tu hrozné horko, nebo se *mi to zdá / mám sen*?
6. Mladí lidé mají často krásné *sny / zdá se jim* o budoucnosti. Realita ale bývá jiná.
7. Myslíš, že i zvířata *mají sny / že se i zvířatům něco zdá*?
8. Jsem realista. Nemám *žádný sen / nezdá se mi* o budoucnosti.

▶ **31. Procvičujte osobní zájmena. Vyberte správnou formu.** 172/4

1. Znám to tu dobře. Můžu *tě / ti* doporučit dobrou restauraci.
2. Pan Navrátil je zlý člověk. Bojím se *ho / něj*.
3. Marečku, už neplakej, to nic není. Zdálo se *ti / tebe* to.
4. Král Karel IV. byl moc zajímavý člověk. Hodně jsem o *něho / něm* četl.
5. Vy jste paní Špalková, že? Vzpomínám si na *vám / vás*.
6. Byli jsme na koncertě, Romana stála přímo před *nás / námi*.
7. Milena dostala nový fotoaparát, ale fotografování *ji / jí* nebaví.
8. K narozeninám jsem dostala hodně dárků. Všechny se *mi / mnou* líbily.
9. U okna stál Miloš. Věra se na *něj / něm* zamilovaně dívala.
10. V létě se narodila štěňátka. Ivana si s *jimi / nimi* denně hrála.
11. Honza a Martin Moniku hrozně zklamali. Už se s *nimi / nich* nechce znovu setkat.
12. Paní Hornová má jen jednu dceru Kateřinu. Moc jí na *ni / ní* záleží.

32. Procvičujte víceslovné prepozice. Doplňte *od*, *na*, *v*, *k*, *s*.

1. _____ důsledku poruchy elektřiny
2. _____ začátku koncertu
3. až _____ Martinu
4. daleko _____ centra
5. na rozdíl _____ kolegů
6. napravo _____ banky
7. v souvislosti _____ rekonstrukcí
8. vzhledem _____ jeho problémům
9. zároveň _____ prezentací

33. Vyberte vhodnou prepozici.

1. Není to *daleko od / blízko od* centra, jen pět minut pěšky.
2. V obchodě prodávají všechny produkty firmy Čokola *zároveň s / až na* bonboniéry.
3. *V důsledku / Na rozdíl* od tebe nemám problémy s řízením auta.
4. *Na konci / Na rozdíl* od roku vždy roste prodej čokoládových figurek.
5. *Zároveň s / V důsledku* fakturou vám posíláme i nový katalog.
6. *V souvislosti s / Vzhledem k* jeho zdravotnímu stavu mu lékař nedoporučil tento sport.
7. *V důsledku / Zároveň s* několikadenního deště přišla povodeň.
8. *V souvislosti s / Až na* rekonstrukcí obchodu musíme změnit otevírací dobu.

34. Doplňte formy substantiv a zájmen ve správném pádu singuláru nebo plurálu.

1. Vzhledem k .... (vaše úspěchy), ... (počet nemocných), ... (nízké teploty).
2. Vzhledem k .... (vaše situace), ... (vaše problémy), ... (ceny potravin), ... (to).
3. Na začátku .... (nový měsíc), ... (dnešní porada), ... (hodina češtiny), ... (přestávka).
4. Na rozdíl od .... (kamarádi), ... (jeho bratr), ... (to).
5. V důsledku .... (světová krize), ... (stoupající nezaměstnanost), ... (klesající produktivita práce), ... (to).
6. Daleko od .... (město), ... (civilizace), ... (obchody), ... (to).
7. V důsledku .... (špatné počasí), ... (přírodní katastrofa), ... (nemoc).
8. Až na .... (tvoji přátelé), ... (ptáci), ... (kolega z kanceláře), ... (to).
9. V souvislosti s .... (znečištění ovzduší), ... (lesní požár), ... (plánovaná rekonstrukce), ... (to).
10. Zároveň s .... (objevení Ameriky), ... (zkoušky v autoškole), ... (to).

35. Doplňte prepozice.

až na	na začátku	na konci	v důsledku	vzhledem k
na rozdíl od	nalevo od	nedaleko od	v souvislosti s	současně se

1. Vidíte toho muže v obleku .... naší ředitelky? To je náš hlavní účetní.
2. Dovolte mi, abych .... konference přivítal naše vzácné hosty.
3. .... zvýšením produkce o 8,5 % se nám podařilo zvýšit i kvalitu našich výrobků.
4. .... špatné situace na trhu musí firma propustit 15% zaměstnanců.
5. Prodej našich výrobků je velmi úspěšný .... bonbony Cukrátko.
6. A .... naší dnešní dlouhé porady bych vám chtěl popřát hodně sil k realizaci našich plánů.
7. Firma Bonboniery a.s. otevírá nový obchod .... Plzně.
8. .... rostoucí poptávce po našich výrobcích jsme se rozhodli přijmout několik dalších zaměstnanců.
9. .... plánovanými změnami v našem podniku musíme počítat s problémy při výrobě.
10. .... firmy Pralinka má Čokola dobrou marketingovou strategii.

▶ **36. Procvičujte výrazy *den*, *měsíc*, *rok*. Doplňte správnou formu substantiva.** 173/3

1. Byl nemocný několik . . . . (den), ... (týden), ... (rok).
2. Po dvou . . . . (den), ... (týden), ... (rok) se rozhodl odejít.
3. Viděla jsem ho před třemi . . . . (den), ... (týden), ... (rok).
4. Mluvili jsme o tom . . . . (den), ... (týden), ... (rok), kdy se to stalo.
5. Chceme strávit většinu . . . . (den), ... (týden), ... (rok) na chatě.
6. Užijeme si dva krásné . . . . (den), ... (týden), ... (rok) v Praze.

▶ **37. Procvičujte výrazy *lidé* a *děti*. Převeďte do plurálu.** 173/5

1. Mluvil o tom člověku. – Mluvil o . . . .
2. Vážil si toho člověka. – Vážil si . . . .
3. Mluvil s tím člověkem. – Mluvil s . . . .
4. Ten člověk je moc sympatický. – . . . . jsou moc sympatičtí.
5. Nové místo dostal díky tomu člověku. – Nové místo dostal díky . . . .
6. Nevšímal si toho člověka. – Nevšímal si . . . .
7. To dítě je inteligentní. – . . . . jsou inteligentní.
8. Hrál si s tím dítětem. – Hrál si s . . . .
9. Udělal to pro to dítě. – Udělal to pro . . . .
10. Vyprávěl nám o tom dítěti. – Vyprávěl nám o . . . .
11. Na dovolenou jela bez dítěte. – Na dovolenou jela bez . . . .
12. Udělala to kvůli svému dítěti. – Udělala to kvůli . . . .

▶ **38. Vyberte vhodné sloveso.** 173/5

1. Málokdy *si povídal / si všímal* se svým malým dítětem.
2. Včera *si všimla / záviděla* toho zvláštního člověka.
3. *Smál se / Vyprávěl* mu o těch komických lidech.
4. Na ulici *se bavil / potkal* známého člověka.
5. V té firmě *pracují / potřebují* chytří lidé.
6. Tady v horách *žijí / potkávám* zajímaví lidé.
7. *Myslí na / Záleží mu* na jeho dětech.
8. *Nesnáším / Vážím si* arogantní lidi.
9. *Záleží mu / Zlobí se* na své děti.
10. *Stěžuju si / Mám strach* z toho člověka.

▶ **39. Doplňte správnou formu slova v závorce.** 173/5

1. Na hřišti běhalo sem a tam několik . . . . (dítě).
2. Dnes nepřišly do školy dvě . . . . (dítě).
3. Každý podzim je spousta . . . . (dítě) nemocných.
4. Na ulici stálo asi pět . . . . (člověk).
5. V čekárně u neurologa čekali čtyři . . . . (člověk).
6. Kolik . . . . (člověk) přišlo včera na demonstraci proti vládním reformám?
7. Paní Dvořáčková byla tři . . . . (den) v nemocnici.
8. Tuhle básničku se budeš učit několik . . . . (den).
9. Vrátíme se domů asi za pět . . . . (den).
10. Na dovolené ve Španělsku budeme dva . . . . (týden).
11. Kolik . . . . (týden) budeš mít v létě volno? Můžeme jet na cestu kolem světa.
12. Pracuju tady sedm . . . . (týden).
13. V tomto domě bydlí naše rodina už dvacet . . . . (rok).
14. Naší dceři budou zítra tři . . . . (rok).
15. Syn žije v Německu už pět . . . . (rok).

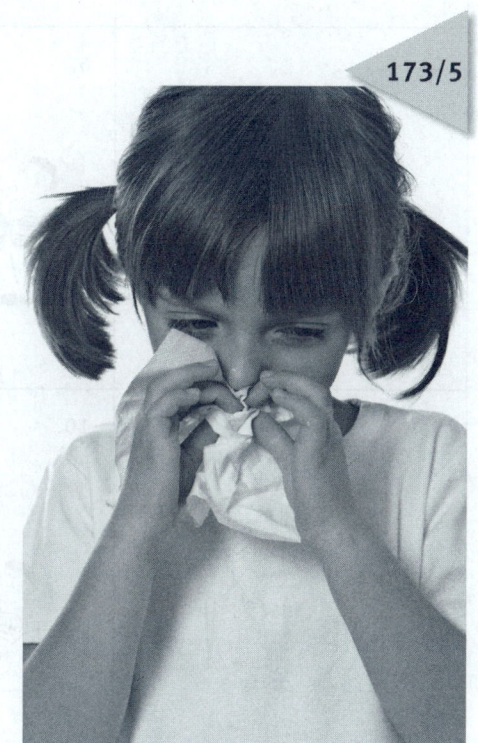

Lekce 17 • Česky krok za krokem 2 • PRACOVNÍ SEŠIT   129

40. Pan Sobotka má dvě děti. Má je moc rád a často s nimi něco dělá. Popisujte obrázky podle vzoru, používejte formy slova *dítě*, *děti* a slovesa z tabulky.

bát se o někoho	fotografovat něco	mluvit o někom	smát se někomu
brát si od někoho něco	hrát si s někým	přát někomu	ukazovat někomu něco
číst někomu něco	koupit někomu něco	psát něco s někým	volat někomu

1. Tatínek čte dítěti pohádku.
2. Tatínek ....
3. Tatínek ....
4. Tatínek ....
5. Tatínek ....
6. Tatínek ....
7. Tatínek ....
8. Tatínek ....
9. Tatínek ....
10. Tatínek ....
11. Tatínek ....
12. Tatínek ....

▶ **41. Jaká je to akce? Spojte.** 174/1

1. konference
2. konzultace
3. porada
4. prezentace
5. schůze
6. schůzka
7. školení
8. veletrh
9. zahraniční stáž

A. Vaše firma vás pošle na delší dobu do jiné země, abyste se naučil/a něco nového.
B. Je to velká akce, budete poslouchat přednášky a diskuse na odborná témata.
C. Na téhle několikahodinové nebo několikadenní akci se budete učit něco nového, např. pracovat s novým počítačovým programem.
D. Je to větší několikahodinová akce, kde hodně lidí mluví o pracovních nebo politických tématech.
E. Je to malá akce, většinou jsou na ní jen dva lidé. Můžete se při ní někoho na něco zeptat nebo si nechat poradit.
F. Může být pracovní, nebo soukromá. Sejde se při ní menší počet lidí, většinou jen dva a mluví o společných tématech.
G. Na téhle akci se sejde více lidí a řeší pracovní problémy.
H. Je to akce, při které vám někdo předvádí nějaký nový produkt a vysvětluje, jak ho používat.
I. Je to velká akce, na které se můžete seznámit s novými produkty a také si je koupit.

▶ **42. Pan Koutecký se připravuje na služební cestu do Brna a mluví se svou sekretářkou. Co mu jeho sekretářka odpovídá?** 174/3

Sekretářka:
A. Nevadí, hned ji zruším.
B. Hned vám je připravím.
C. Na tři dny.
D. Tak s tím vám nepomůžu, pane řediteli.
E. Hned vám najdu nejlepší spojení.
F. Hned jí zavolám a požádám ji, aby za vámi přišla.
G. Bohužel, já Brno vůbec neznám, ale podívám se na internet.
H. Samozřejmě, objednám ji přes internet.
I. Určitě, ale raději tam zavolám, aby mi to potvrdili.

Pan Koutecký:

1. Na jak dlouho jedu do toho Brna? – _C_
2. Už víte, jak se tam dostanu? – _____
3. Zajistíte mi zpáteční letenku? – _____
4. Tu schůzku s panem Říhou asi nestihnu. – _____
5. Mám na úterý rezervovaný pokoj v hotelu Diamant? – _____
6. Chci pozvat několik klientů na oběd. Doporučíte mi nějakou restauraci? – _____
7. Musím si ještě aktualizovat prezentaci, ale nemám nejnovější data. – _____
8. Musím si ještě domluvit s paní Novotnou postup při jednání. – _____
9. Musím si taky sbalit zavazadlo. – _____

▶ **43. Jaké problémy měl pan Koutecký na služební cestě? Doplňte vhodná slova.** 174/6

až	na pásu	objednaný	zpoždění
jestli	nepříjemnosti	slevu	ztracené
kvůli	neteče	zapomněl	žádá o

Pan Koutecký při příletu nenašel (1.) .... svůj kufr. Pracovník letiště ho (2.) .... palubní lístek, aby se mohl podívat do databáze. Žádné (3.) .... zavazadlo ale nemají, tak musí zkontaktovat kancelář v místě odletu. (4.) .... něco zjistí, tak se ozve.

Pan Koutecký volá na recepci a stěžuje si, že (5.) .... teplá voda a netopí topení. Recepční se omlouvá a vysvětluje, že topení nefungovalo (6.) .... technickým problémům. Ale do hodiny bude všechno v pořádku. Aby mu kompenzovali (7.) ...., dávají mu (8.) .... 10% z ceny ubytování.

Pan Koutecký volá do restaurace a ptá se, (9.) .... v salonku nenašli jeho mobilní telefon, který tam odpoledne (10.) .... Ale v restauraci o žádném telefonu nevědí.

Pan Koutecký volá taxislužbu, protože jeho (11.) .... taxík přijel o čtvrt hodiny později a on kvůli tomu málem přijel pozdě na letiště. V taxislužbě o žádném (12.) .... nevědí a panu Kouteckému nevěří.

Lekce 17 • Česky krok za krokem 2 • PRACOVNÍ SEŠIT 131

44. Adam Dvořák jel na služební cestu. Doplňte text. Vyberte vhodné slovo.

174/6

1.	a) zkusila	b) zrušila	c) zjistila
2.	a) pořídila	b) řídila	c) zařídila
3.	a) potvrdili	b) zjistili	c) prodloužili
4.	a) zrušil	b) přerušil	c) vyrušil
5.	a) popovídali	b) projednali	c) vyprávěli
6.	a) domluvili	b) doprovodili	c) dovolili
7.	a) vyspal	b) prospal	c) přespal
8.	a) vážil	b) všiml	c) vsadil
9.	a) dal	b) nechal	c) vzal
10.	a) doběhla	b) proběhla	c) vyběhla

Minulý týden jsem jel na služební cestu do Ostravy. Měl jsem tam několik jednání. Sekretářka mi (1.) ...., kdy jede rychlík. (2.) .... mi jízdenku a rezervovala ubytování na jednu noc v jednolůžkovém pokoji v hotelu Imperial.

Ještě před cestou jsem volal svým obchodním partnerům, aby mi (3.) .... termín. Jeden z nich schůzku (4.) .... kvůli nemoci.

Cesta rychlíkem byla příjemná. Stevardka mi nabídla časopisy a kávu, mohl jsem svůj počítač připojit na internet a vyřizovat e-mailovou poštu. Z nádraží do hotelu Imperial jsem jel taxíkem. Ubytoval jsem se v hotelu a potom odjel na první schůzku s manažerkou paní Šímovou. Sešli jsme se v její kanceláři a (5.) .... podmínky pro podpis smlouvy.

S ředitelem partnerské firmy panem Martínkem jsem se sešel na pracovní večeři v restauraci U Duchanů. Sekretářka nám předem rezervovala stůl pro dva. V příjemném prostředí jsme se (6.) .... na další spolupráci.

(7.) .... jsem v hotelu a brzy ráno jsem se vrátil zpět do Prahy. Po nástupu do rychlíku jsem si (8.) ...., že jsem v hotelovém pokoji (9.) .... důležité dokumenty. Volal jsem na recepci a tam mě uklidnili, že mi je okamžitě pošlou poštou. Jinak (10.) .... celá cesta bez problémů.

45. Pan Bílek je na služební cestě a bydlí v hotelu. V pokoji je ale spousta nedostatků. Pan Bílek jde na recepci a stěžuje si. Říká:

174/7

Promiňte, nerad to říkám, ale .... Můžete mi nějak pomoci?

1. V pokoji je hrozné horko.

2. ....

3. ....

4. ....

5. ....

6. ....

7. ....

8. ....

9. ....

▶ **46. Vyberte vhodnou spojku.** 175/8

1. Paní Spíšková pojede příští pátek do Olomouce, *proto / neboť* si musí zajistit ubytování v hotelu.
2. Karel zavolal do restaurace, *avšak / aby* rezervoval stůl pro šest osob.
3. *Jakmile / Přesto* skončí jednání, vrátím se vlakem zpět do Plzně.
4. Smlouva je připravená. Čekáme, *až / když* ji přijede obchodní partner podepsat.
5. *Aby / Protože* jsem musel připravit prezentaci nového projektu, budu dnes pracovat přesčas.
6. Pan Staněk se necítí dobře, *přesto / přestože* pojede na veletrh, *ačkoliv / aby* se mohl setkat s obchodními partnery.
7. *Kdyby / Když* bude mít vlak zpoždění, budu muset zrušit naši schůzku.
8. Sekretářka ještě zařídila šéfovi ubytování, *zatím / než* odešla z práce domů.

▶ **47. Poslechněte si znovu hlášení na nádraží a na letišti. Co je/není pravda?** 174/11

1. Vlak přijede do Liberce se zpožděním. Ano / Ne
2. Jarka je řidička. Ano / Ne
3. Časopisy jsou k dispozici zdarma. Ano / Ne
4. Rychlík z Vídně přijede asi ve 23.30. Ano / Ne
5. Letadlo přistane v Moskvě večer. Ano / Ne
6. Pasažéři se mají posadit a použít bezpečnostní pás. Ano / Ne
7. Rychlík Pendolino jede jen do Pardubic. Ano / Ne
8. Rychlík přijede do Pardubic v 10 hodin a 21 minut. Ano / Ne
9. Autobus řídí dva řidiči. Ano / Ne
10. Za čtyři hodiny bude přestávka. Ano / Ne
11. Kapitán vítá pasažéry. Ano / Ne
12. Letadlo právě teď letí nad Londýnem. Ano / Ne

 Procvičujeme pravopis

Zopakujte si

▶ **1. Pamatujete si vyjmenovaná slova z předchozích lekcí? Doplňte -i / -y nebo -í / -ý.**

1. s__rové maso
2. měsíc pros__nec
3. květiny us__chají
4. b__lý b__k
5. moderní s__dliště
6. s__tý oběd
7. b__strá otázka
8. s__rup proti kašli
9. s__rový chlebíček
10. pos__lat dopisy
11. léčivá b__lina
12. dobrý s__r
13. s__pat sůl
14. pap__rový p__tel
15. hadi s__čeli
16. s__nova přítelkyně
17. zam__lovaný s__novec
18. vymalovat b__t b__lou barvou

Pravidlo: Vyjmenovaná slova po V

V těchto slovech a slovech příbuzných vždycky píšeme po písmenu V tvrdé **-y/-ý**:

vy, vy- *(prefix)*, **vysoký, zvykat si, žvýkat**

▶ **2. Doplňte vyjmenovaná slova.**

vy   zvykat si   vysoký   žvýkat

1. zpracovávat jídlo v ústech: ....
2. přestávat mít pocit něčeho neobvyklého, cizího: ....
3. formální oslovení: ....
4. opačný než malý nebo nízký: ....

► **3. Popište, co vidíte na fotografiích. Používejte přitom vyjmenovaná slova.**

1. .... 2. .... 3. ....

► **4. Přečtěte si, co říká Jaroslav Dvořák. Doplňte vyjmenovaná slova do textu.**

žvýkačky   vysoký   vy   žvýkám   jsem si zvykl

Jsem dost konzervativní člověk a mám různé zvyky. Například když řídím, vždycky (1.) .... ovocné (2.) .... Musím je vždycky mít v autě, protože když je nemám, jsem nervózní. Před spaním (3.) .... pít silnou kávu. Moje manželka po kávě nespí, má (4.) .... tlak. Já mám ale nízký tlak a káva mi nevadí. Taky mám rád sladké a klidně si nasypu do kávy pět lžiček cukru. Moje manželka se zlobí, že to není zdravé, ale já myslím, že někteří lidé mají horší zlozvyky. A co (5.) ....? Máte taky nějaké zvyky nebo zlozvyky?

► **5. Pracujte se slovníkem. Od kterého vyjmenovaného slova jsou odvozena následující slova?**

| zvyklý | vyjet | vyndat | výška | zlozvyk | zvýšit |
| odvyknout si | vykat | vyřešit | vyšší | zvyk | žvýkačka |

1. vy: ....
2. vy-: ....
3. vysoký: ....
4. zvykat si: ....
5. žvýkat: ....

► **6. Doplňte -i / -y nebo -í / -ý.**

1. dát obraz v__š
2. v__dět film
3. zdvořile v__kat
4. špatná v__slovnost
5. v__bitý mobil
6. zajímavý v__robek
7. v__luxovat auto
8. s__lný v__tr
9. být zv__klý na zimu
10. v__borná pov__dka
11. sv__čková omáčka
12. v__dělávat v__c
13. zv__šit ceny
14. za chv__li přijdu
15. nezv__klý pohled
16. v__dlička a nůž
17. mentolová žv__kačka
18. v__myslet v__deo

► **7. Zopakujte si vyjmenovaná slova po B, L, M, P, S a V. Doplňte -i / -y nebo -í / -ý.**

1. b__t v pohodě
2. b__t psa
3. op__lý člověk
4. p__šný otec
5. bolí mě l__tko
6. um__t špinavé auto
7. m__t dobrou náladu
8. mít nové l__že
9. pros__t o sůl
10. s__pat sůl do polévky
11. op__lý člověk
12. špinavý p__tel
13. chci v__c vydělávat
14. večer se bl__skalo
15. dáme hodiny v__š

LEKCE 18 — Móda a oblečení

▶ 1. Procvičujte názvy oblečení. Doplňte.

1. nosíme je na nohou
2. oblečení do vody
3. nosíme ji na hlavě
4. oblečení na spaní
5. dámské jednodílné oblečení
6. moderní kalhoty většinou modré barvy
7. oblečení na zimu
8. nosíme ho na těle, jiné slovo top
9. nosíme ji v zimě kolem krku
10. nosíme ji na topu, když je chladno, někdy má kapuci
11. nosíme ho na hlavě, je elegantní
12. nosíme je na rukou v zimě
13. dámský kus oblečení, nosíme ji místo kalhot
14. kalhoty na sport
15. nosíme ho doma po koupání
16. elegantní dámské oblečení, nosíme ji např. pod sakem
17. krátké letní kalhoty
18. nosíme ji v zimě, sportovní oblečení
19. nosíme ho v zimě, elegantní oblečení
20. dámské oblečení, kombinace sukně a saka

Tajenka: ....

▶ 2. Co k sobě patří? Vyberte.

1. kalhoty a *pásek* / *rukáv*
2. kabát a *výstřih* / *límec*
3. sukně a *zip* / *podpatek*
4. bunda a *kapsa* / *župan*
5. mikina a *kožich* / *kapuce*
6. boty a *knoflík* / *podpatek*
7. tepláky a *nohavice* / *kapuce*
8. šaty a *podpatek* / *výstřih*
9. kabát a *nohavice* / *knoflík*

▶ 3. Co je to? Spojte.

1. výstřih
2. kapsa
3. rukáv
4. pásek
5. nohavice
6. kapuce
7. límec
8. zip
9. knoflík
10. podpatek

A. zapínáme jím bundy a kalhoty, je z kovu nebo plastu, je krátký nebo dlouhý
B. část bundy nebo mikiny, můžeme si ji dát na hlavu
C. část boty, může být vysoký nebo nízký
D. nosíme ho ke kalhotám nebo sukni, je většinou z kůže
E. část košile, svetru nebo kabátu, je krátký nebo dlouhý
F. zapínáme jím kabáty a halenky, je z kovu nebo plastu, většinou je kulatý
G. je v kalhotách, kabátu, saku nebo bundě, nosíme tam peněženku, klíče nebo kapesník
H. dvě části kalhot
I. horní část kabátu, saka nebo košile, můžeme ji dát nahoru
J. zakončení šatů, trička nebo halenky u krku

▶ **4. Které adjektivum se nehodí?**

1. Podpatek je *úzký / dlouhý / vysoký / nízký*.
2. Výstřih je *hluboký / dlouhý / špičatý / kulatý*.
3. Knoflík je *úzký / nízký / kulatý / špičatý*.
4. Rukáv je *dlouhý / krátký / úzký / nízký*.
5. Kapsa je *hluboká / úzká / vysoká / kulatá*.
6. Límec je *kulatý / špičatý / hluboký / úzký*.
7. Nohavice jsou *krátké / úzké / kulaté / široké*.
8. Sukně je *krátká / široká / úzká / vysoká*.

▶ **5. Co znamenají tyto výrazy? Spojte.**

1. srdce mu spadlo do kalhot
2. zná ho jako svoje boty
3. je pod pantoflem
4. teče mu do bot
5. má růžové brýle
6. má eso v rukávu
7. má hluboko do kapsy
8. ruka je v rukávě
9. plácnul se přes kapsu

A. je to domluvené, je to hotové
B. poslouchá doma manželku
C. nemá moc peněz
D. měl strach
E. zná ho dobře
F. má nějaké překvapivé řešení
G. koupil něco hodně drahého
H. má problém
I. vidí na všem jen to hezké

▶ **6. Používejte výrazy z levého sloupce předchozího cvičení. Doplňte je do vět.**

1. Normálně jezdíme na dovolenou na chatu, letos tatínek koupil zájezd k moři. Všichni se divili, že se tak ....
....
2. Leoš chodil s Martinem do školy a pak spolu deset let pracovali v jedné kanceláři. Martin ho nemůže překvapit, ...
....
3. Zdálo se, že projekt bude muset skončit a všichni ztratí práci. Celý tým byl nervózní, jen šéf byl úplně klidný, určitě ....
....
4. Hanka chodí dva měsíce s Romanem, pořád o něm vypráví, jak je úžasný, nevidí na něm, jeho chyby, protože ....
....
5. Ředitel naší firmy po dlouhém jednání podepsal smlouvu se zahraniční firmou. Dlouho jsme připravovali materiály a jezdili na služební cesty, všichni jsme rádi, že ....
6. Ota se chová jako silný chlap, ale my všichni víme, že doma ....
7. Karel je student, má jen stipendium a trochu peněz z víkendových brigád, nemůže moc utrácet, ...
....
8. Když začal šéf na Marka křičet, že kvůli němu firma ztratila důležitého zákazníka, ...
9. Pavel se začal učit, každý den píše domácí úkoly, maturita je už za dva měsíce a on ví, že mu ....
....

7. Co má kdo na sobě? Doplňte adjektivum ve správné formě.

květovaný	kostkovaný	kapsy	podpatek	výstřih
puntíkovaný	kabelka	kapuce	rukávy (2x)	
pruhovaný	kalhoty (2x)	límec	boty	

1. 2. 3. 4.

1. Žena má na sobě (1.) .... šaty bez (2.) .... a na nohou boty s vysokým (3.) ....

2. Muž má na sobě (4.) .... mikinu s (5.) .... a hnědé (6.) .... Na nohou má hnědé (7.) ....

3. Mladík má na sobě (8.) .... tričko s krátkými (9.) .... a malým (10.) .... Má tmavé (11.) .... Na nohou má černé boty. Ruce má v (12.) ....

4. Dívka má na sobě (13.) .... šaty s (14.) ...., na nohou letní boty. A přes rameno má (15.) ....

8. Jak umí Alena Hanušová šít? Vyberte správné sloveso.

Umíte (1.) *šít / vyšít*?
Když jsem chodila na základní školu, měli jsme předmět, který se jmenoval pracovní vyučování. Tam jsme se kromě jiného učili taky (2.) *přišívat / prošívat* knoflíky, (3.) *zašít / vyšít* malý ubrus na sváteční stůl. Nikdy jsem se ale nenaučila (4.) *přešívat / zašívat* ponožky nebo (5.) *prošít / šít* oblečení. Před lety jsem si koupila šicí stroj a umím na něm trochu šít. (6.) *Ušila / Prošila* jsem nové polštářky na pohovku a umím na něm zkrátit kalhoty nebo sukni. Kdo by dneska doma šil šaty nebo (7.) *vyšíval / přešíval* staré věci na nové?

9. Doplňte *mít na sobě* nebo *nosit*.

1. Sejdeme se v pátek na náměstí. Jsem vysoká blondýna a .... červený kostým a černý klobouk.
2. Radek dříve .... jen sportovní oblečení, teď si oblíbil elegantní obleky.
3. Když .... tmavé tričko, vypadám štíhlejší.
4. Marika ráda .... minisukně.
5. Můžete do kanceláře .... džíny?
6. Koupila jsem si novou halenku, ale ještě jsem ji ....
7. Nikdy .... kraťasy.
8. Hanko, jaké oblečení .... do divadla?
9. Vidíš tu ženu vlevo? To je hrůza, co ....!
10. Až začnu pracovat v bance, budu muset do práce .... tmavý kostým.

10. Kdo je kdo na fotografiích? Doplňte věty do textů.

A. aby neměly moc velký výstřih
B. cítím se v nich taky pohodlně
C. hodně času trávím na atletickém stadionu
D. kde máme předepsané oblečení
E. když jdeme s manželkou do divadla
F. která se s k nim hodí
G. nemám totiž co na sebe
H. nemůžu si dovolit utrácet moc peněz za oblečení
I. pak se oblékám hodně výstředně
J. stejně se převléknu do bílé uniformy
K. tam žádné speciální oblečení nepotřebuju
L. v čem se cítím pohodlně
M. žádné takové oblečení jsem neměla
N. že k sandálům a kraťasům nesmím nosit ponožky

1. .... 2. .... 3. .... 4. ....

Jitka
Móda mě moc nezajímá, občas se podívám na nějaké módní časopisy, ale stejně nosím to, (1.) .... Džíny, trička, v zimě mikiny a bundy. Když přijdu do práce, (2.) .... , jsem totiž zdravotní sestra. (3.) .... , na to potřebuju tepláky a sportovní boty. Večer většinou chodím s přáteli do kavárny nebo do klubu, a tak je moje sportovní oblečení ideální. Kdybych měla jít někdy na nějakou večerní akci, třeba na operu, měla bych problém, (4.) .... Půjčila bych si pak asi šaty od kamarádky.

Milena
Vzhledem k tomu, že jsem studentka, (5.) .... Na přednášky mi stačí sukně, kalhoty a pár triček. Odpoledne trávím v knihovně, (6.) .... , večer se doma učím. O víkendu chodíme s kamarádkami do klubu, (7.) .... Nakupuju levné věci za pár korun v second handu a pak to kombinuju.

Valerie
Pracuju v jedné velké zahraniční firmě, (8.) .... , tak zvaný dress code. Musíme nosit tmavé elegantní kostýmy a boty na vysokém podpatku, jen v pátek si smíme obléct sportovnější oblečení. Když jsem do firmy po škole nastoupila, (9.) .... , proto jsem musela rychle vyrazit na nákupy do správných obchodů. Ve skříni mám tři kalhotové a čtyři sukňové kostýmy, několik tmavých sukní a sak, (10.) .... Pořídila jsem si asi šest bílých a dvě béžové halenky. Když si je vybírám, dávám vždy pozor, (11.) .... , to by nevypadalo dobře. Musím vypadat seriózně. Samozřejmě, že si o víkendu obléknu džíny a tepláky a (12.) ....

Marián
Už od maturity mám doma oblek, ten nosím, (13.) .... Jinak nosím jen džíny a trička, doma jsem nejraději v teplákách a staré mikině. V létě mám rád kraťasy a sandály. Hrozně mě rozčiluje, když mi žena říká, (14.) .... To teda nevím, proč? Mám snad raději dostat rýmu?

▶ **11. Co víte o Blance Matragi? Označte, která věta je správná.**

1. a) Blanka Matragi žije od roku 1980 v Libanonu.
   b) Jakmile přijela do Libanonu, otevřela krejčovský salón.
   c) Do Libanonu odešla, protože tam měla bohatou klientelu.
2. a) Začala šít pro sebe už v patnácti letech modely podle časopisů.
   b) Už jako mladá dívka šila luxusní modely.
   c) Kvůli ideálnímu modelu neváhala experimentovat.
3. a) Má ráda Libanon, protože v něm za ta léta zažila jen dobré věci.
   b) Libanon ji zaujal svou přírodou a památkami.
   c) S lidmi v Libanonu není lehké se domluvit.
4. a) V Libanonu začala být slavná během občanské války.
   b) V Libanonu nejdříve neměla úspěch, protože byla cizinka.
   c) V Libanonu začala být populární, když si zaplatila reklamu v televizi.
5. a) Její zákaznice jsou velmi bohaté.
   b) Její šaty jsou nejdražší.
   c) Matragi musí své modely prodávat v New Yorku.
6. a) Matragi pořád zkouší něco nového.
   b) Inspiraci pro své modely vždy nachází v přírodě.
   c) Vzhledem k obrovskému úspěchu v Praze se rozhodla se sem přestěhovat.

▶ **12. Procvičujte slovesa z textu. Doplňte infinitiv, formy 3. osoby sg. (on-formu) a 2. osoby imperativu (ty-formu).**

infinitiv	3. sg. minulý čas	3. sg. přítomný čas	3. sg. budoucí čas	2. sg. imperativ
používat				
*	použil	---		
		vzniká		
*		---	vznikne	
				navrhuj
*		---	navrhne	
*		šije		
*	ušil	---		

▶ **13. Co si pamatujete o Blance Matragi? Do vět doplňte slova ve správné formě.**

expozice	špičkový	věnovat	zářit
náročný	úcta	vzrušující	zuřit

1. Začátek jejího života v nové kultuře byl pro Blanku Matragi ....
2. Po příjezdu do Libanonu se s .... seznamovala s jeho památkami.
3. Když si v roce 1983 založila vlastní salón, ... v Libanonu občanská válka.
4. Její zákaznice jsou velmi ...., ve svých šatech chtějí ....
5. Modely ze salónu Blanka Haute Cotoure mají .... kvalitu.
6 Kromě navrhování šatů se Matragi .... také práci se sklem a porcelánem.
7. Rozhodla se pro stálou .... své tvorby v Praze.

▶ 14. Doplňte formy sloves.

infinitiv	3.sg. minulý čas	3.sg. přítomný čas	3.sg. budoucí čas	2.sg. imperativ
oblékat (se)				
*		---	oblékne (se)	
	svlékal (se)			
*		---	svlékne (se)	
		zouvá (se)		
zout (se)*		---		zuj (se)
		šije	bude (se) obouvat	
*	obul (se)	---		

▶ 15. Maruška je malá holčička. Už umí hodně věcí sama udělat, ale maminka jí taky často musí pomáhat. Co dělá Maruška? Co dělá její maminka? Popište obrázky a používejte slovesa *svlékat (se)*, *oblékat (se)*, *obouvat (se)* a *zouvat (se)*.

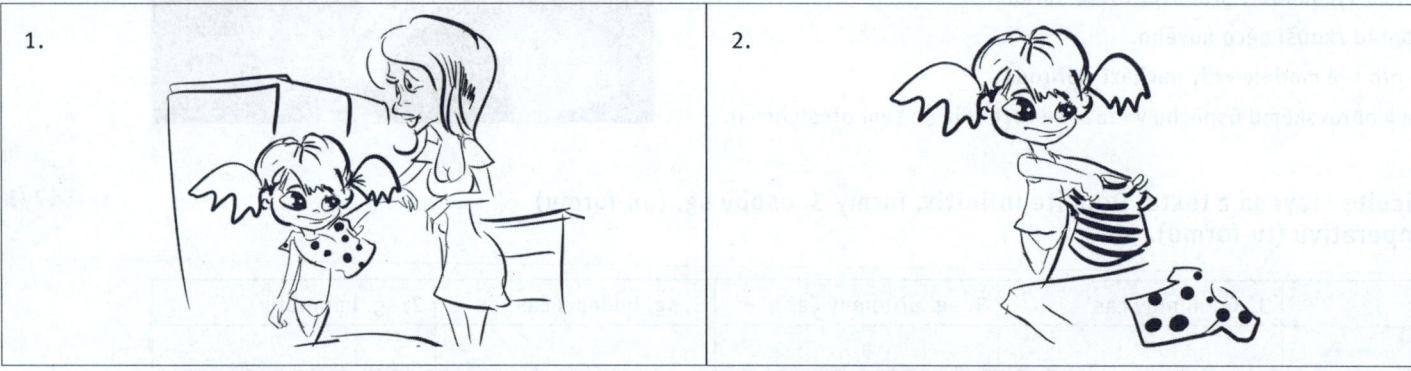

1. Maminka převléká Marušku.
2. Maruška se převléká.

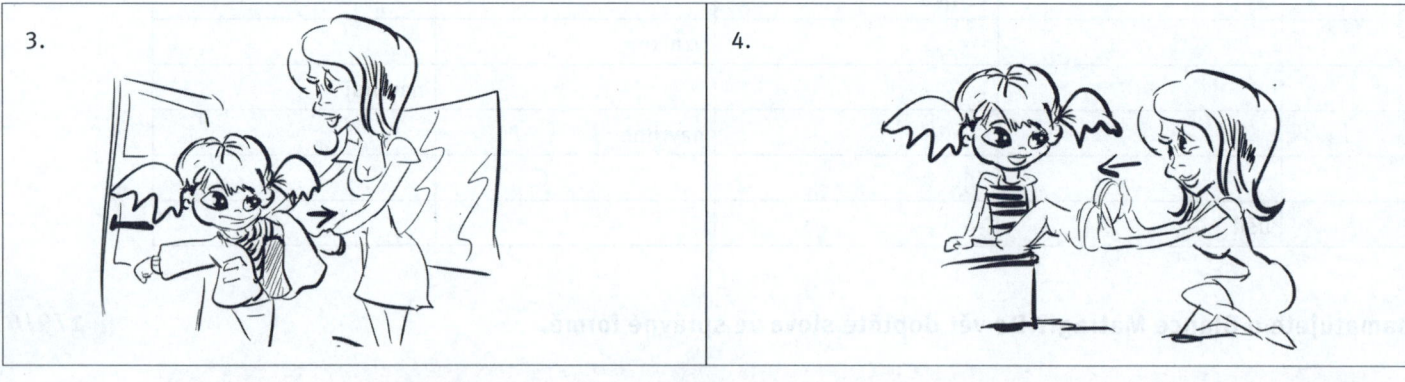

3.
4.

5.
6.

7. 	8. 
9. 	10. 

▶ **16. Doplňte *se*, *si*, nebo nedoplňujte nic.**

1. Jakmile přijdu domů, zuju _____ boty a obuju _____ pantofle.
2. Také _____ svléknu bundu a pověsím ji na věšák.
3. Malé děti _____ ráno obléká maminka, větší _____ oblékají samy.
4. Večer jdu na koncert. Musím jít domů a převléknout _____ .
5. Starší sestra _____ obula Martínkovi gumáky a šla s ním ven.
6. Je tady teplo, nechceš _____ svléknout tu mikinu?
7. Dítě se při hře ušpinilo, babička _____ ho musela převléknout do čistého oblečení.
8. Rychle _____ oblékni, musíme jít.
9. Pojď dál a nezouvej _____ !
10. Ve většině českých domácností _____ lidé po příchodu domů zouvají boty a obouvají _____ pantofle.

▶ **17. Doplňte slovesa v imperativu.**

| nesvlékej si | oblékni si | svlékni si |
| nezouvejte se | obuj si | zujte se |

1. Pane Vodičko, ... a klidně pojďte dál.
2. Martinko, ... botičky, půjdeme do parku.
3. Hanko, ... dnes tu teplejší bundu, je opravdu zima.
4. Roberte, ... ten kabát a dej ho na věšák.
5. Prosím vás, ... se přede dveřmi a sem pojďte bez bot!
6. Viktore, ... tu mikinu, bude ti zima!

▶ **18. Doplňte *sundat (si)*, *sundávat (si)*, *nandat (si)* a *nandávat (si)* ve správné formě.**

1. Když jsem přišla domů, ... boty a . . . . pantofle.
2. Také jsem . . . . bundu a pověsil ji na věšák.
3. Boty si vždy . . . . v předsíni.
4. Starší sestra . . . . Martínkovi gumáky a šla s ním ven.
5. Je tady teplo, nechceš . . . . tu mikinu?
6. Pojď dál a . . . . boty!

▶ 19. Co dělá paní Sojková, když přijede domů? Doplňte číslo obrázku a popište obrázky a používejte slovesa *sundávat (si)*, *nandávat (si)*, *vyndávat* a *přendávat*.

179/8

| Například: | __4__ | Paní Sojková v kuchyni vyndává nákup na stůl. |

_____ Paní Sojková . . . . brýle, bude si číst.
_____ Paní Sojková . . . . kabát v předsíni. Pak ho dá na věšák.
_____ Paní Sojková . . . . nákup ze stolu do ledničky.
_____ Paní Sojková . . . . polévku na talíř.
_____ Paní Sojková . . . . synovi čepici, aby si mohl jít hrát ven.
_____ Paní Sojková . . . . vajíčka z ledničky, bude vařit.
_____ Paní Sojková . . . . klíče z kabelky.
_____ Paní Sojková . . . . z poličky knihu.
_____ Paní Sojková . . . . záclony z okna, bude je prát.
_____ Paní Sojková . . . . zbylou polévku z velkého hrnce do malého.
_____ Paní Sojková je přede dveřmi, ... rukavice.

▶ **20. K čemu se hodí toto oblečení a tyto doplňky?** 180/1

1. bílá košile se hodí k . . . . (tmavý oblek)
2. růžový župan se hodí k . . . . (růžové bačkory)
3. černé punčocháče se hodí k . . . . (červená sukně)
4. tmavý klobouk se hodí k . . . . (černý kabát)
5. bílé tričko se hodí k . . . . (letní kalhoty)
6. boty na vysokém podpatku se hodí k . . . . (elegantní šaty)
7. sportovní boty se hodí k . . . . (džínové šortky)
8. stříbrné náušnice se hodí k . . . . (moderní brýle)

▶ **21. Kláře hodně záleží na tom, co nosí. Na co myslí? Doplňte správnou formu zájmena *který*.** 180/1

Klára myslí na...

1. náušnice, ... viděla v obchodě.
2. sukni, ... si včera koupila.
3. džíny, ve . . . . chodí do školy.
4. ponožku, ... hledá.
5. boty, ... dala do opravy.
6. kalhoty, ... nosí nejraději.
7. šortky, ke . . . . nosí bílé tričko.
8. brýle, bez . . . . špatně vidí.
9. výstřih, ... je příliš hluboký.
10. podpatek, ... se zlomil.
11. rukávy, ... jsou moc dlouhé.
12. halenku, ... si nechala ušít.
13. šaty, ... si nikdo nevšiml.
14. kabát, ... se kolegyně smály.

▶ **22. Která substantiva mají jenom formy plurálu? Podtrhněte je.** 180/1

ponožky   boty   rukavice
šaty   náušnice   brýle
trenýrky   hodinky   plavky
kalhoty   sukně   podkolenky

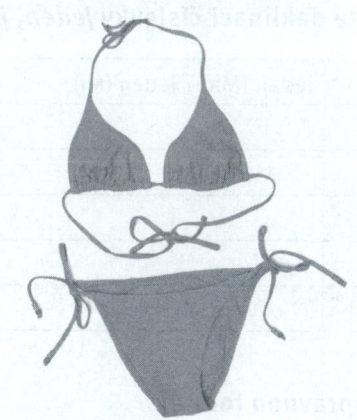

▶ **23. Co máte doma? Vyberte správnou formu číslovky.** 180/3

Doma mám...

1. *tři / troje* brýle
2. *čtyři / čtvery* pásky
3. *dvě / dvoje* hodinky
4. *tři / troje* kabelky
5. *čtyři / čtvery* šortky
6. *čtyři / čtvery* tašky
7. *tři / troje* kožichy
8. *dva / dvě / dvoje* kabáty
9. *čtyři / čtvery* trička
10. *tři / troje* plavky
11. *tři / troje* bundy
12. *čtyři / čtvery* tepláky
13. *dva / dvě / dvoje* čepice
14. *tři / čtvery* šaty
15. *dva / dvě / dvoje* šály

▶ **24. Po slově *kolik* doplňte genitiv, po slově *kolikery* akuzativ.** 180/3

1. Kolik . . . . (pásek) máš ve skříni?
2. Kolik . . . . (sukně) máš ve skříni?
3. Kolik . . . . (halenka) máš ve skříni?
4. Kolik . . . . (oblek) máš ve skříni?
5. Kolik . . . . (tričko) máš ve skříni?
6. Kolikery . . . . (kraťasy) máš ve skříni?
7. Kolikery . . . . (trenýrky) máš ve skříni?
8. Kolikery . . . . (hodinky) máš ve skříni?
9. Kolikery . . . . (šortky) máš ve skříni?
10. Kolikery . . . . (plavky) máš ve skříni?

▶ 25. Do otázky doplňte slova *kolik* nebo *kolikery* a slovem napište odpověď.

180/3

Například: Kolikery kalhoty máš? – Troje.   Kolik sukní máš? – Dvě.

1. .... kravat máš? – .... (4)
2. .... pantofle máš? – .... (2)
3. .... obleků máš? – .... (3)
4. .... šaty máš? – .... (3)
5. .... mikin máš? – .... (2)
6. .... košilí máš? – .... (6)
7. .... boty máš? – .... (8)
8. .... triček máš? – .... (10)
9. .... ponožky máš? – .... (10)

▶ 26. Marcela si ráda kupuje oblečení. Ptejte se jí, kolik kusů oblečení má. Tvořte otázky s *kolik* + genitiv plurálu nebo *kolikery* + akuzativ plurálu.

180/3

Například: Kolik triček máš? Kolikery boty máš?

1. .... (brýle) máš?
2. .... (bunda) máš?
3. .... (čepice) máš?
4. .... (džíny) máš?
5. .... (halenka) máš?
6. .... (kalhotky) máš?
7. .... (kalhoty) máš?
8. .... (klobouk) máš?
9. .... (kostým) máš?
10. .... (kožich) máš?
11. .... (kraťasy) máš?
12. .... (náušnice) máš?
13. .... (plavky) máš?
14. .... (punčocháče) máš?
15. .... (sukně) máš?
16. .... (šála) máš?
17. .... (šortky) máš?
18. .... (tepláky) máš?

▶ 27. Procvičujte deklinaci číslovky *jeden*, *jedna*, *jedno* v singuláru. Doplňte.

181/1

N	jeden (Ma) / jeden (Mi)	jedna (F)	jedno (N)
G bez			
D k, ke			
A vidím			
L o			
I s, se			

▶ 28. Vyberte správnou formu.

181/1

1. Helena se zasmála *jednomu* / *jedním* vtipu.
2. Na ulici jsme si všimli *jednom* / *jednoho* zvláštního člověka.
3. Kromě *jednoho* / *jednomu* studenta byli na výletě všichni.
4. Čte knihy *jednom* / *jednoho* populárního českého spisovatele.
5. Stále musí myslet na *jednoho* / *jeden* problém.
6. Pracuje v *jedné* / *jednou* z největších firem ve městě.
7. Chodí s *jednom* / *jedním* z nejhezčích kluků ve třídě.
8. Petr si vzpomněl na *jednoho* / *jednu* z nejlepších povídek Karla Čapka.
9. Bydlí v *jednom* / *jednoho* z nejdražších bytů v centru.
10. Jana si oblékla *jednou* / *jednu* ze svých mnoha sukní.

29. Doplňte číslovku *jeden*, *jedna*, *jedno* ve správné formě.

1. Zúčastnil jsem se .... konference a Petra se zúčastnila .... jednání.
2. Petra se podobá .... herečce a já se podobám .... herci.
3. Zeptal jsem se na to .... přítelkyně a Petra se zeptala .... přítele.
4. Na demonstraci jsem šel kvůli .... kamarádce a Petra kvůli .... kamarádovi.
5. Čekám tu na .... holku a Petra čeká na .... kluka.
6. Měl jsem strach z .... učitele ve škole a Petra měla strach z .... učitelky.
7. Pod .... židlí ležely noviny a pod .... křeslem ležela kniha.
8. Znám osobně .... politika a Petra zná .... političku.

30. Procvičujte deklinaci číslovek 2, 3, 4, 5. Doplňte.

N	dva, dvě, dvě	tři	čtyři	pět
G bez				
D k, ke				
A vidím				
L o				
I s, se				

31. Číslovky v závorce použijte ve správné formě.

1. Vzal s sebou své .... (2) psy.
2. Mluvil se .... (4) kolegyněmi.
3. Byl tam od .... (3) hodin.
4. Přišel s .... (5) kamarády.
5. Mluvil o svých .... (3) dětech.
6. Bál se o své .... (2) dcery.
7. Váží si .... (3) přátel.
8. Včera přišel bez svých .... (5) kamarádek.
9. Postavil dům díky svým .... (3) kamarádům.
10. Na poradě seděl mezi .... (2) kolegyněmi.
11. Omluvil se .... (3) sousedům.
12. Zůstal tam do .... (4) hodin.

32. Doplňte správnou formu.

Mluvili jsme o .... (dva politici), ... (dvě herečky), ... (tři sportovci), ... (čtyři zpěvačky), ... (pět režisérů).

Včera jsme šli kolem .... (dva supermarkety), ... (dvě školy), ... (tři kostely), ... (čtyři obchody), ... (pět hospod).

Setkal jsem se se .... (dva profesoři), ... (dvě učitelky), ... (tři novinářky), ... (čtyři vědci), ... (pět diplomatů).

Příští víkend pojedeme k našim .... (dva bratři), ... (dvě sestry), ... (tři neteře), ... (čtyři synovci), ... (pět tet).

Dívám se na .... (dva filmy), ... (dvě komedie), ... (tři obrazy), ... (čtyři sochy), ... (pět ilustrací).

33. Doplňte koncovky sloves -i, -y, -o, -a.

1. Na náměstí demonstroval____ lidé.
2. Na náměstí demonstroval____ asi sto lidí.
3. Na stole ležel____ dvě knihy.
4. Na stole ležel____ šest knih.
5. Přišl____ sedm kamarádů.
6. Přišl____ kamarádi.
7. Na hřišti si hrál____ děti.
8. Na hřišti si hrál____ deset dětí.
9. Ve škole byl____ padesát studentů.
10. Ve škole byl____ studenti.
11. Na ulici parkoval____ auta.
12. Na ulici parkoval____ osm aut.
13. Sedm milionářů věnoval____ peníze na charitu.
14. Milionáři věnoval____ peníze na charitu.
15. Katastrofu přežil____ patnáct mužů.
16. Muži přežil____ katastrofu.
17. Dvě zvířata v zoo byl____ nemocná.
18. Pět zvířat v zoo byl____ nemocných.
19. Dva politici mluvil____ o situaci.
20. Pět politiků mluvil____ o situaci.

34. Kdy to bylo? Odkdy to bylo?

1. v .... (1 rok)
2. ve .... (2 roky)
3. ve .... (3 roky)
4. ve .... (4 roky)
5. v .... (5 let)
6. v .... (18 let)
7. ve .... (21 let)
8. od .... (1 rok)
9. od .... (2 roky)
10. od .... (3 roky)
11. od .... (4 roky)
12. od .... (5 let)
13. od .... (18 let)
14. od .... (21 let)

35. Kdy se to stalo? Napište správnou formu.

1. před .... (2 roky)
2. před .... (4 týdny)
3. před .... (6 hodin)
4. před .... (100 let)
5. před .... (3 dny)
6. po .... (5 měsíců)
7. po .... (2 minuty)
8. po .... (2 roky)
9. po .... (3 týdny)
10. po .... (4 hodiny)

36. Kdy se to stane? Napište správnou formu.

1. za .... (2 roky)
2. za .... (4 týdny)
3. za .... (6 hodin)
4. za .... (100 let)
5. za .... (3 dny)
6. během .... (5 měsíců)
7. během .... (2 minuty)
8. během .... (2 roky)
9. během .... (4 hodiny)
10. během .... (3 týdny)

37. Doplňte správné formy.

1. Jsem v kanceláři už od .... (8 hodin).
2. Dnes budu pracovat do .... (5 hodin).
3. Před .... (20 minut) jsem byl na obědě.
4. Během .... (10 minut) jsem přepsal domácí úkol na češtinu.
5. Za .... (2 dny) pojedu na služební cestu.
6. Po .... (3 dny) dovolené u moře jsem se začal nudit.
7. Moje dcera uměla už v .... (5 let) číst.
8. Od .... (17 let) žiju v Brně.

38. Napište číslem. — 182/6

1. tři čtvrtiny – ....
2. devět desetin – ....
3. jedna polovina – ....
4. čtyři pětiny – ....
5. jedna a půl – ....
6. dva a tři čtvrtě – ....
7. žádná celá sedm desetin – ....
8. jedna celá, dvacet sedm setin – ....
9. pět celých, dvacet sedm tisícin – ....
10. jedna tisícina – ....

39. Kolik je to měsíců? — 182/6

1. půl roku – ....
2. dva a půl roku – ....
3. tři čtvrtě roku – ....
4. třetina roku – ....
5. čtvrt roku – ....
6. pět a půl roku – ....
7. rok a půl – ....
8. polovina roku – ....

40. Spojte. — 182/6

1. 50 %
2. 25 %
3. 33,3 %
4. 1 %
5. 75 %
6. 5 %
7. 10 %
8. 20 %
9. 12,5 %
10. 60 %

A. desetina
B. třetina
C. osmina
D. polovina
E. tři čtvrtiny
F. pětina
G. dvacetina
H. čtvrtina
I. tři pětiny
J. setina

41. Doplňte. — 182/6+

N	třetina	třetiny	procento	procenta
G bez	třetin____	třetin____	procent____	procent____
D k, ke	třetin____	třetin____	procent____	procent____
A vidím	třetin____	třetin____	procent____	procent____
L o	třetin____	třetin____	procent____	procent____
I s, se	třetin____	třetin____	procent____	procent____

42. Vyjádřete slovem. — 182/6+

Například: s 50 % obyvatel – s polovinou obyvatel

1. bez 1/3 studentů — bez .... studentů
2. s 1/2 dopisů — s .... dopisů
3. o 33 % smluv — o .... smluv
4. pro 25 % účastníků — pro .... účastníků
5. k 3/4 podpisů — k .... podpisů
6. v 1/4 případů — ve .... případů
7. kvůli 1/2 zaměstnanců — kvůli .... zaměstnanců
8. včetně 10 % nemocných — včetně .... nemocných

▶ **43. Studenti ve škole psali test. Jak to dopadlo? Vyjádřete slovem.**

Ve třídě je 25 studentů. Pětina (1/5) studentů v den testu nepřišla do školy.
Test tedy psalo 20 studentů. . . . . (1/2) studentů dostala dvojku, ... (1/4)
studentů dostala trojku, ... (1/5) studentů má jedničku, ... (1/20) studentů test neudělala. . . . . (3/4) studentů měly problém se zlomky.

1. Kolik studentů nepřišlo do školy? – _____
2. Kolik studentů dostalo jedničku? – _____
3. Kolik studentů dostalo dvojku? – _____
4. Kolik studentů dostalo trojku? – _____
5. Kolik studentů test neudělalo? – _____
6. Kolik studentů mělo problém se zlomky? – _____

▶ **44. Doplňte koncovky sloves -y, -o, -a.**

1. Včera byl___ ve škole třetina studentů, dvě třetiny studentů zůstal___ doma.
2. 25 % výrobků nefungoval___, čtvrtina výrobků nefungoval___.
3. Polovina lidí nemluvil___ anglicky. 50 % lidí nemluvil___ anglicky.
4. Desetina pacientů zůstal___ v nemocnici déle než dva týdny, tři desetiny pacientů zůstal__ týden.
5. 75 % žen v testu odpověděl___ správně, čtvrtina neodpověděl___ vůbec.

▶ **45. Doplňte do vět správné fráze nebo rčení.**

A. – Jeden za osmnáct, druhý bez dvou za dvacet.
B. – Po dobrém obědě si dám vždycky dvacet.
C. – Bylo nás tam pět a půl.
D. – Pracoval o sto šest.
E. – Jde to s ním od deseti k pěti.
F. – Nemá všech pět pohromadě.

1. Kamil ztratil práci, neplatí za byt, pije a všude si půjčuje peníze. _____
2. Na přednášku v osm večer nás přišlo hodně málo. _____
3. Rád si odpoledne na chvíli lehnu a spím. _____
4. Šéf včera Radkovi vynadal, že mu ještě nedal zprávy o projektu. Radek pracoval celou noc a do rána to bylo hotové. _____
5. Naše sousedka je taková divná, chová se jak blázen. _____
6. Karel a Tomáš jsou oba stejní. Karel chodí všude pozdě, Tomáš na všechno zapomíná. _____

▶ **46. Procvičujte deklinaci zájmena *tento*. Doplňte tabulku.**

	singulár				plurál			
N	tento (Ma)	tento (Mi)	tato (F)	toto (N)	tito (Ma)	tyto (Mi)	tyto (F)	tato (N)
G			této					
D				tomuto				
A						tyto		
L						těchto		těchto
I							těmito	

▶ **47. Doplňte správné formy zájmena *tento*.**

1. Kvůli _____ problémům, _____ nemoci, _____ počasí, _____ lidem, _____ stavbám.
2. Místo _____ kolegy, _____ aut, _____ obchodů, _____ firmy, _____ dítěte.
3. S _____ zlozvyky, _____ vzpomínkou, _____ vzděláním, _____ tekutinami, _____ příběhem.
4. V _____ situaci, _____ okně, _____ případech, _____ letech, _____ obleku.
5. Pro _____ úředníky, _____ spisovatelky, _____ cizince, _____ žadatelku.

▶ **48. Doplňte ve správné formě.**

| benzín | pojištění | předpisy | technický průkaz |
| lékárnička | povinné ručení | technická kontrola | značky |

1. V každém autě musí být ...., ve které je všechno potřebné pro první pomoc.
2. Před dlouhou cestou je dobré vzít ...., aby auto nezastavilo někde na silnici.
3. Policisté kontrolují doklady řidiče a ....
4. Řidiči si mohou pořídit ...., pro případ škody na vlastním autě nebo krádeže auta.
5. Každý automobil musí mít pravidelně ...., aby bylo jisté, že je v pořádku.
6. Řidiči si musí platit .... pro případ škody na jiném autě.
7. Každý řidič musí znát ...., aby na silnicích nebyl chaos.
8. Na silnicích jsou ...., které řidičům radí nebo přikazují.

▶ **49. Které sloveso se nehodí?**

1. *platit / pořídit si / koupit* povinné ručení
2. *vyřídit si / pořídit si / koupit* lékárničku
3. *brát / zaplatit si / dělat* řidičský kurz
4. *vzít / vyřídit si / koupit* benzín
5. *dělat / učit se / znát* předpisy
6. *zaplatit / brát / vyřídit si* pojištění

▶ **50. Přečtěte si text a doplňte slova.**

1.	a) kteří	b) kterou	c) která
2.	a) když	b) proto	c) kde
3.	a) na které	b) na kterou	c) do které
4.	a) totiž	b) ačkoliv	c) jakmile
5.	a) kdyby	b) když	c) až
6.	a) který	b) že	c) co
7.	a) než	b) až	c) dokud
8.	a) kdyby	b) když	c) aby
9.	a) totiž	b) protože	c) proto

Filip chce mít řidičák

Filipovi bude už brzy 18 let. Pak bude moct řídit auto. Nejdřív ale musí udělat řidičský kurz a dostat řidičák. Tatínek mu zařídil a zaplatil autoškolu. Dlouho spolu hledali tu správnou autoškolu, nechtěli tu nejlevnější, chtěli takovou, (1.) .... jim nabídne dobré služby.

Celý výcvik v autoškole trvá obvykle 6–8 týdnů a je zakončený zkouškou. Filip musel chodit na teoretickou výuku, (2.) .... se učil znát značky a předpisy, části auta, jak se o auto starat a také pravidla první pomoci. Současně chodil i na praktickou výuku. Nejdříve byl několik hodin na trenažeru, který vypadá jako opravdový vnitřek auta s volantem, brzdou, spojkou, plynem a řadicí pákou. Filip seděl uvnitř a díval se na obrazovku, (3.) .... viděl silnici s různými dopravními situacemi. Učil se na ně rychle a správně reagovat.
(4.) .... absolvoval tuhle část, mohl mít hodinu na cvičišti, to je speciální hřiště, na kterém se v opravdovém autě učil rozjíždět, zastavovat, couvat a zatáčet. (5.) .... zvládl úspěšně i tohle, mohl s instruktorem na opravdovou silnici. Nejdřív jezdili po menších silnicích na kraji města s klidnějším provozem, později začali jezdit i do centra. Bylo moc důležité, (6.) .... Filipův instruktor byl opravdový profesionál. Byl trpělivý a klidný, pořád Filipovi vše vysvětloval a radil, (7.) .... Filip opravdu všechno nepochopil. Skoro nikdy se nerozčiloval, ačkoliv na začátku Filip samozřejmě dělal spoustu chyb.

Cvičení pokračuje na následující straně.

Příští týden bude mít Filip závěrečnou zkoušku. Zaplatí za ni 700 korun. Zkouška se skládá ze tří částí: z písemného testu na dopravní předpisy, z ústní zkoušky ze znalostí částí automobilu a jeho údržby a nakonec z praktické jízdy se zkušebním komisařem, která trvá 30 minut.

(8.) . . . . některou část neudělal, mohl by ji opakovat. Filip se nejvíc bojí písemného testu. Když Filip zkoušku udělá, dostane řidičský průkaz a tatínek mu bude půjčovat auto. Zatím se tedy nemusí starat o povinné ručení, technickou kontrolu nebo pojištění.

První týdny s ním ještě bude jezdit i tatínek, který chce mít jistotu, že Filip bude dobrý a zodpovědný řidič. Podle statistik (9.) . . . . většinu vážných nehod zaviní mladí řidiči.

▶ **51. Označte, co je/není pravda.**

1. V ČR nemohou řídit auto osoby mladší než 18 let. — Ano / Ne
2. Když chcete dostat řidičský průkaz, musíte absolvovat řidičský kurz. — Ano / Ne
3. Řidičský kurz může trvat maximálně 8 týdnů. — Ano / Ne
4. Když chcete udělat zkoušku, musíte znát minimum první pomoci. — Ano / Ne
5. Pro získání řidičského průkazu není nutné vědět, jak se o auto starat. — Ano / Ne
6. Předtím, než se student autoškoly posadí do opravdového auta, musí absolvovat několik hodin na trenažeru. — Ano / Ne
7. Na cvičišti se student autoškoly učí, jak jezdit za špatného počasí. — Ano / Ne
8. Dokud student autoškoly neabsolvuje trenažér a jízdu na cvičišti, nesmí jezdit na silnici. — Ano / Ne
9. Jízdu na silnici je možné nacvičovat s každým zkušeným a trpělivým řidičem, např. s někým z rodičů. — Ano / Ne
10. Za zkoušku se neplatí žádný zvláštní poplatek. — Ano / Ne
11. Zkouška se skládá z několika částí. — Ano / Ne
12. Pokud student autoškoly neudělá některou část zkoušky, musí opakovat celou zkoušku. — Ano / Ne
13. Hned po písemném testu může student začít řídit. — Ano / Ne
14. Mladí řidiči jsou dobří řidiči, protože si z autoškoly dobře pamatují všechny předpisy. — Ano / Ne

▶ **52. Co znamenají tyto značky? Vyberte ze dvou možností vhodnou formulaci a přiřaďte ke značce.**

A. Tady nelze předjíždět.
B. Tady je třeba předjíždět.

C. Tady nemusíte jet rychleji než 60 kilometrů za hodinu.
D. Tady nesmíte jet rychleji než 60 kilometrů za hodinu.

E. Do této ulice není možné vjet.
F. Z této ulice není možné vyjet.

G. V této ulici nesmí jet žádné auto proti vám.
H. V této ulici může jet auto i proti vám.

I. Řidiči musí dávat pozor na cyklisty.
J. Cyklisti tady nesmí jezdit.

K. Tady je otáčení zakázáno.
L. Tady se lze otočit.

1. _____ 2. _____ 3. _____ 4. _____ 5. _____ 6. _____

▶ **53. Co se stane, když… Spojte.**   185/6+

1. Když řídíte opilý/á,
2. Když nemáte dost benzínu,
3. Když nemáte sluneční brýle,
4. Když používáte za jízdy mobil,
5. Když u sebe nemáte řidičský průkaz,
6. Když předjíždíte tam, kde je plná čára,
7. Když zastavíte na křižovatce na červenou,
8. Když jedete v obci rychlostí 80 km/h,
9. Když zastavíte v zatáčce,

A. auto najednou zastaví a nemůžete pokračovat v jízdě.
B. je to dopravní přestupek.
C. je to v naprostém pořádku.
D. máte kvůli alkoholu pomalé reakce a špatnou koordinaci pohybů.
E. může do vás někdo zezadu narazit.
F. dostanete pokutu, protože nemáte v pořádku doklady.
G. můžete se srazit s jiným autem, protože jste ho včas neviděl/a.
H. nemůžete se dost soustředit na řízení.
I. v ostrém slunci hůř vidíte na silnici.

▶ **54. Jak se jmenuje tato část auta?**   185/7

bezpečnostní pás	dětská sedačka	motor	sedadlo	volant
blinkr	GPS	plyn	spojka	
brzda	kufr	řadicí páka	světlo	

1. Místo, na kterém musí sedět děti, které měří méně než 150 cm nebo váží méně než 36 kg. . . . .
2. Místo, kam si můžete dát zavazadla. . . . .
3. Můžeme tím auto zpomalit nebo zastavit. . . . .
4. Řidič tím signalizuje, jestli chce jet doleva nebo doprava. . . . .
5. Místo, na kterém sedí cestující. . . . .
6. Zvyšujeme tím rychlost, udržujeme auto v pohybu. . . . .
7. Přístroj, který nám ukazuje cestu. . . . .
8. Můžeme tím měnit rychlost auta. . . . .
9. Potřebujeme to při rozjíždění a změně rychlosti. . . . .
10. Potřebujeme to, abychom viděli a aby nás ostatní viděli. . . . .
11. Řídíme tím auto. . . . .
12. Každý si ho před jízdou musí zapnout kvůli své bezpečnosti. . . . .
13. Vytváří to energii pro pohyb. . . . .

▶ **55. Doplňte spojky *dokud*, *až* a *než*.**   185/7+

Například: Nemůžu jezdit novým autem, dokud si nevyřídím povinné ručení.
Až si vyřídím povinné ručení, budu moct jezdit novým autem.
Než si vyřídím povinné ručení, nebudu moct jezdit novým autem.

1. . . . . se rozjedu, musím si zapnout bezpečnostní pásy.
2. . . . . si zapnu bezpečnostní pásy, můžu se rozjet.
3. Nemůžu se rozjet, ... si nezapnu bezpečnostní pásy.

4. Nemůžu předjíždět pomalejší auto, ... nedám blinkrem znamení.
5. . . . . začnu předjíždět pomalejší auto, musím dát blinkrem znamení.
6. . . . . dám blinkrem znamení, budu moct začít předjíždět pomalejší auto.

7. . . . . se nenaučím všechny značky a předpisy, nemůžu jít na zkoušku.
8. Na zkoušku můžu jít, ... se naučím všechny značky a předpisy.

9. . . . . udělám zkoušku v autoškole, dostanu řidičský průkaz.
10. Řidičský průkaz nedostanu, ... neudělám zkoušku v autoškole.

11. . . . . vjedu na hlavní silnici, musím dát přednost v jízdě autům, které přijíždějí zleva nebo zprava.
12. Nemůžu vjet na hlavní silnici, ... nedám přednost v jízdě autům, které přijíždějí zleva nebo zprava.

▶ **56. Poslechněte si znovu dialogy. Doplňte.**   185/8

divné	nezastaví	v obci	zajet
nechala	překročení	zabloudili	známý

1. Muž a žena jedou autem. Muž si všimne, že z motoru jsou slyšet (1.) .... zvuky. Chce zastavit a podívat se na motor, ale žena mu říká, že motorům nerozumí a že bude lepší (2.) .... do servisu. Ale ani jeden neví, jestli je nějaký servis v blízkosti. Naštěstí nedaleko bydlí mužův (3.) .... , který autům rozumí. Jdou se podívat, jestli je doma.

2. Spolujezdkyně říká řidiči, že jede (4.) .... moc rychle. Ten ji ale ignoruje, dokud je (5.) .... policisté. Kvůli (6.) .... rychlosti musí řidič zaplatit pokutu.

3. Muž a žena jedou a nevědí, kde jsou, asi (7.) .... Nemůžou se podívat do mapy, žena ji (8.) .... doma. Musí se někoho zeptat. Žena chce muži k příštím narozeninám koupit GPS.

✏ Procvičujeme pravopis

Zopakujte si

▶ **1. Pamatujete si vyjmenovaná slova po písmenech B, L, M, P, S a V? Doplňte -i / -y nebo -í / -ý.**

1. zv__tězit na olympiádě
2. s__lná žena
3. sb__rka známek
4. m__chat kávu
5. nejv__šší hora
6. m__čka nádobí
7. není obl__bený
8. pol__kat
9. nové b__dliště
10. staří ob__vatelé
11. s__rové maso
12. zab__té zvíře
13. kl__dný den
14. l__žařská bunda
15. sp__sovatel
16. s__tá polévka
17. b__valá manželka
18. to se mi nel__bí
19. kel__mek piva
20. vyb__rat dárek
21. čas pl__ne

> *Pravidlo: Vyjmenovaná slova po Z*
> V těchto slovech a slovech příbuzných vždycky píšeme po písmenu Z tvrdé **-y/-ý**:
> **brzy, jazyk, nazývat se**

▶ **2. Doplňte vyjmenovaná slova po Z.**

1. to, co máme v ústech a s pomocí čeho artikulujeme: ....
2. jmenovat se (formálně, ne o lidech): ....
3. ne pozdě: ....

▶ **3. Přečtěte si, co říká Martina Janáčková. Rozumíte?**

Moje vnučka chodí do třetí třídy a nedávno se učila vyjmenovaná slova. Z legrace jsem se jí zeptala, jestli zná vyjmenovaná slova po z: drzý jazyk, brzy Ruzyň. Vnučka je neznala, tak jsem jí musela vysvětlit, že je to starý vtip, který se říkal za komunizmu. Ruzyň nebo Ruzyně není jenom část Prahy, kde je letiště, ale je tam také známé vězení, ve kterém „seděl" Václav Havel a další čeští disidenti. Jsem moc ráda, že tenhle vtip už dneska neplatí!

▶ **4. Od kterého vyjmenovaného slova jsou odvozena následující slova? Pracujte se slovníkem.**

název   jazykověda   dvojjazyčný   jazykový   jazykovědec

1. nazývat se: ....
2. jazyk: ....

▶ **5. Doplňte do vět slova z předchozího cvičení.**

1. .... je věda o jazyku neboli lingvistika
2. Nemůžu vymyslet .... textu, který jsem napsal.
3. Hledám nějaký dobrý .... kurz.
4. Potřebuju nějaký kvalitní .... slovník.
5. Roman Osipovič Jakobson byl ruský ....

▶ **6. Doplňte -i / -y nebo -í / -ý.**

1. jaz__ková učebnice
2. velká z__ma
3. ruský jaz__k
4. přijď brz__ domů
5. z__mní kabát
6. slavný jaz_kovědec
7. nějaký ciz__nec
8. jednojaz__čný slovník
9. přijet poz__tří

▶ **7. Zopakujte si všechna vyjmenovaná slova. Od kterého z nich jsou odvozena následující slova?**

být   pýcha   lyže   myslet   plynout   vysoký
mlýn   jazyk   mýlit se   mýt   syn   žvýkat

1. .... : mycí, myčka, mýdlo
2. .... : byt, obyvatel, bydlet
3. .... : omyl, neomylný
4. .... : výška, výš
5. .... : myšlenka
6. .... : žvýkačka
7. .... : synovec
8. .... : lyžovat, lyžař, lyžařský,
9. .... : mlynář
10. .... : plyn
11. .... : jazykový
12. .... : pyšný

▶ **8. Najděte 10 vyjmenovaných slov.**

	A	B	C	D	E	F	G	H	I	J
1	ň	m	é	ť	b	y	s	t	r	ý
2	m	a	g	ť	h	m	y	z	s	é
3	j	b	b	i	g	p	g	s	y	ú
4	a	l	ý	p	p	o	c	y	č	p
5	z	ý	k	ý	t	l	q	p	e	ř
6	y	t	ť	c	v	y	p	a	t	j
7	k	k	j	h	u	k	v	t	v	ě
8	r	o	u	a	l	a	k	i	f	x
9	ň	n	ú	t	p	t	ň	u	u	w
10	f	e	é	k	o	b	y	l	a	ň

▶ **9. Doplňte -i / -í nebo -y / -ý.**

1. Co to říkáš? To je nesm__sl!
2. Synovec se učil o netop__rech.
3. Potřebuju prostředek na m__tí oken.
4. Kamila má nový b__t na s__dlišti.
5. Na stole byla v__s__paná sůl.
6. Ty fotografie jsou jeho vzpom__nky na mládí.
7. To je zajímavá m__šlenka.
8. Nedávno jsem četl pov__dky Jana Nerudy.
9. Žena na fotografii měla zajímavý obl__čej.
10. Nesmím zapomenout zal__t květiny v ob__váku.
11. Děti ve škole zp__vají l__dové p__sničky.
12. Honza našel ztracené kl__če.
13. Musím požádat šéfa, aby mi zv__šil plat.
14. Včerejší noc byla mraz__vá.
15. Radek byl na jaz__kovém kurzu v Berlíně.
16. Jan Gebauer byl známý český jaz__kovědec.

LEKCE 19 Česká historie: 1948–1989

▶ 1. Doplňte slova *dějiny* a *dějepis* ve správné formě. 187/1

1. Syn včera ve škole dostal pětku z ....
2. Koupil jsem si knihu o .... České republiky.
3. Pavel Voska učí na gymnáziu .... a zeměpis.
4. .... střední Evropy jsou moc zajímavé.
5. Dcera ztratila učebnici .... Musím koupit novou.
6. Vždycky jsem se zajímal o .... hudby.

▶ 2. Procvičujte slovní zásobu z textu Jak se žilo za komunismu. Škrtněte, co se nehodí. 188/2

1. vyhrát *vlastnická práva / volby*
2. zvolit *zboží / prezidenta*
3. stát *frontu / pomník*
4. shánět *lidská práva / zboží*
5. spáchat *trest smrti / sebevraždu*
6. odsoudit *k trestu smrti / vlastnická práva*
7. odhalit *pomník / volby*
8. znárodnit *statky / církve a věřící*
9. uvěznit *k trestu smrti / statisíce lidí*
10. zbavit majitele *fronty / vlastnických práv*

▶ 3. Jak znáte novodobé české dějiny? Doplňte časové údaje. 188/2

do roku 1955	po tzv. „Vítězném únoru"	v noci z 20. na 21. srpna 1968
v roce 1946	do roku 1989	v roce 1977
v únoru 1948	v listopadu 1989	
po okupaci	v padesátých letech	

1. Po tzv. „sametové revoluci" .... byl prezidentem zvolen Václav Havel.
2. Od roku 1949 .... se stavěl gigantický pomník Stalina na Letné.
3. .... byla publikována Charta 77.
4. .... v roce 1968 se opět zhoršila cenzura.
5. .... komunisté vyhráli volby a dostali se do vlády.
6. .... obsadily Československo armády ostatních socialistických zemí.
7. .... začaly masovější demonstrace proti režimu.
8. .... vyprovokovali komunisté vládní krizi a komunistický puč.
9. Totalitní režim trval ....
10. .... byl prezidentem zvolen Klement Gottwald.
11. .... se v Československu konaly vykonstruované politické procesy.

▶ 4. Opravte nepravdivé informace. 188/2

1. V roce 1948 komunisté vyhráli volby a dostali se do vlády.
   ....
2. Po roce 1948 byly znárodněny jenom velké továrny.
   ....
3. V padesátých letech byly pronásledovány a vězněny stovky lidí.
   ....
4. Totalitní režim trval do šedesátých let.
   ....
5. Režim odsoudil k smrti a popravil tisíce lidí.
   ....

Cvičení pokračuje na následující straně.

6. Stalinův pomník na Letné stojí dodnes.
   ....

7. Ideologické plakáty nevisely ve školách.
   ....

8. Lidé stáli fronty jen na exotické ovoce.
   ....

9. Po okupaci v srpnu 1968 následovalo Pražské jaro.
   ....

10. Lidé si některé knihy opisovali, protože jich v obchodě bylo málo.
    ....

11. Všichni lidé dostávali za práci bony.
    ....

12. Za socialismu nebyl žádný problém sehnat si byt.
    ....

13. Lidé si mohli koupit byt v paneláku.
    ....

14. V roce 1977 publikovali čeští disidenti Chartu 77, ve které požadovali návrat znárodněných továren jejich majitelům.
    ....

15. Demonstrace proti komunistickému režimu vyvrcholily tzv. Vítězným únorem.

▶ 5. Procvičujte slovesa z textu. Doplňte infinitiv, formy 3. osoby sg. a 2. osoby imperativu. — 188/2

infinitiv	3. sg. minulý čas	3. sg. přítomný čas	3. sg. budoucí čas	2. sg. imperativ
shánět				
*	sehnal	---		
			bude odevzdávat	
		---		odevzdej
			bude obsazovat	
	obsadil	---		
vrcholit				
	vyvrcholil	---		

▶ 6. Procvičujte slovesa z textu. Doplňte imperfektivní nebo perfektivní sloveso. — 188/2

1. dodržovat / ....
2. znárodňovat / ....
3. zbavovat / ....
4. zahajovat / ....
5. odhalovat / ....
6. popravovat / ....
7. odevzdávat / ....
8. obsazovat / ....

9. .... / uvěznit
10. .... / spáchat
11. .... / zvolit
12. .... / umřít / zemřít
13. .... / zbourat
14. .... / vyvrcholit
15. .... / postavit
16. .... / sehnat

▶ 7. Přečtěte si text o české političce Miladě Horákové. Pak seřaďte chronologicky výrazy v tabulce.

boj za práva žen	organizace Věrni zůstaneme	studium na Právnické fakultě
časopis Vlasta	poprava	svatba
členka ČSNS	protest proti komunistickému režimu	uvěznění
návrat do politiky	setkání s manželem	uvěznění a politický proces

Před válkou
1. ....
2. ....
3. ....
4. ....

Během války
5. ....
6. ....

Po válce
7. ....
8. ....
9. ....
10. ....
11. ....
12. ....

Na fotografii vidíte scénu z vykonstruovaného politického procesu proti JUDr. Miladě Horákové. Byla to česká politička. V padesátých letech byla uvězněna a jako jediná žena odsouzena k smrti a popravena. Stala se symbolem boje proti totalitní vládě komunistické strany. Narodila se v Praze v roce 1901. Maturovala na pražském gymnáziu a vystudovala na Právnické fakultě Univerzity Karlovy. Vdala se za redaktora Bohuslava Horáka, narodila se jí dcera Jana.
Od roku 1929 byla členkou České strany národně sociální (ČSNS). Byla významnou českou feministkou. Bojovala za práva žen. Byla také členkou Československého červeného kříže a řady dalších organizací.
V době 2. světové války pomáhala lidem a bojovala proti fašismu v organizaci Věrni zůstaneme. V roce 1940 byla gestapem uvězněna, později byla v koncentračním táboře v Terezíně.
Po válce v květnu 1945 se vrátila do Prahy a setkala se se svým manželem, který byl také vězněn. Znovu vstoupila do politiky. Se svými spolupracovnicemi založila ženský časopis Vlasta, který vychází dodnes.
Po Únoru 1948 protestovala proti komunistickému puči a nesouhlasila s vládou Komunistické strany Československa. V září 1949 byla uvězněna. Její manžel emigroval do Ameriky a o jejich dceru Janu se v té době starala Miladina sestra. V roce 1968 také emigrovala do Ameriky.
Od května do června 1950 se proti Miladě Horákové a dalším dvanácti lidem odehrával vykonstruovaný politický proces. Horáková byla odsouzena k trestu smrti a 27. 6. 1950 ráno byla popravena. Proti trestu smrti protestovaly osobnosti jako Albert Einstein nebo Winston Churchill.
Před popravou v červnu 1950 psala Milada Horáková dopisy své dceři, ale komunisté je Janě Horákové nedali. Mohla si je přečíst až v roce 1990.

▶ 8. Odpovídejte na otázky.

1. Co vystudovala Milada Horáková? – ....
2. Čím byl její manžel? – ....
3. Odkdy byla členkou České strany národně sociální? – ....
4. V jaké organizaci bojovala za války proti fašismu? – ....
5. Kdy byla gestapem uvězněna? – ....
6. Jak se jmenoval koncentrační tábor, ve kterém byla vězněna? – ....
7. Co dělal za války její manžel? – ....
8. Proč byla uvězněna v roce 1949? – ....
9. Co dělal po jejím uvěznění její manžel? – ....
10. Kdo protestoval proti její popravě? – ....
11. Kolik let bylo Miladě Horákové, když byla popravena? – ....

9. Která spojení slov nejsou obvyklá? Škrtněte je.

1. vládní budova / vládní krize / vládní program / vládní zboží
2. shánět radost / shánět informace / shánět zboží / shánět kolegu
3. dodržování pracovní doby / dodržování pomníku / dodržování lidských práv / dodržování rychlosti na dálnici
4. spáchat sebevraždu / spáchat zločin / spáchat dobro / spáchat vraždu
5. nedostatek času / nedostatek peněz / nedostatek krize / nedostatek zboží
6. základní potraviny / základní škola / základní čas / základní lidská práva

10. Kdy to bylo? Doplňte tabulku.

To byla...	To se stalo na začátku / v polovině / na konci / od / do ...	To se stalo...
		ve dvacátých letech
	třicátých let	
čtyřicátá léta		
	padesátých let	
		v šedesátých letech
	sedmdesátých let	
osmdesátá léta		
	devadesátých let	

11. Kdy to bylo? Doplňte údaj z tabulky.

Například: v roce 1965 – v polovině šedesátých let

1. v roce 1971 – ....
2. v letech 1920 – 1929 – ....
3. v letech 1950 – 1959 – ....
4. do roku 1989 – ....
5. od roku 1941 – ....
6. v letech 1978 – 1979 – ....
7. do roku 1949 – ....
8. v roce 1935 – ....

12. Co znamenají tyto zkratky? Spojte.

1. apod.
2. atd.
3. mj.
4. např.
5. tj.
6. tzv.
7. viz

A. to je
B. podívejte se
C. takzvaný
D. a podobně
E. například
F. mimo jiné
G. a tak dále

13. Doplňte do vět vhodnou zkratku z předchozího cvičení.

1. Některé zboží bylo nutné shánět, ... dlouho chodit po obchodech a stát fronty.
2. Základní potraviny jako mléko, chleba .... byly dotovány státem.
3. Československo bylo v srpnu 1968 obsazeno armádami socialistických zemí, ... Sovětského svazu.
4. Období demokratizace na začátku roku 1968, ... Pražské jaro, znamenalo naději pro všechny Čechy a Slováky.
5. Po Vítězném únoru byly znárodňovány továrny, statky, obchody ....
6. Fronty se musely stát .... na banány a pomeranče.
7. Za dolary, libry a marky dostávali lidé speciální peníze, ... bony.
8. Ideologické plakáty k výročím KSČ, MDŽ .... visely v obchodech, školách i kancelářích.
9. Některé knihy vycházely ilegálně v samizdatu, ... v samostatném vydavatelství.
10. Prvním polistopadovým prezidentem se stal Václav Havel, ... www.wikipedia.cz

14. Co říkají Josef, Dana a Adéla o tom, jak se žilo za komunismu? Doplňte do textu.

bála se	neměli	nesměl	sháněla
cestovat	nadává	pamatuje	vstoupil
honila	nedostal se	přinese	vystoupil

Pan Josef

Pan Josef (1.) .... do KSČ jako mladý kluk po válce, protože ho zklamalo, že kapitalistické země před válkou nepomohly Československu proti Hitlerovi. Také si myslel, že komunismus (2.) .... sociální spravedlnost. O politických procesech moc nevěděl, o nich se začalo mluvit až v šedesátých letech. Po okupaci v roce 1968 z KSČ (3.) .... Jeho syn měl kvůli tomu problémy, (4.) .... na vysokou školu, dva roky musel pracovat a až pak mohl vystudovat chemii. Po revoluci v roce 1989 se Josef bál, že přijde tvrdý kapitalismus, ale teď je spokojený. Říká, že lidé se mají dobře a mají všeho dost.

Dana

Za komunistů se lidé (5.) .... tak špatně, jídla bylo dost, jen něco se muselo shánět, ale chudoba tady nebyla. Nejhorší byla nesvoboda. Člověk (6.) .... říct, co si myslí: že chodí do kostela, že čte nějaké knihy ze samizdatu, doma se mluvilo jinak a ve škole taky jinak. Lékaři nebo vědci, kteří chtěli pracovat a dělat kariéru, museli vstoupit do KSČ. V polovině osmdesátých let začaly reformy a demonstrace. Dana na ně taky chodila, ale (7.) .... V lednu 1989 je policie (8.) .... po Václaváku. V listopadu 1989 byla šťastná. Teď jsou také problémy, ale svoboda za to stojí.

Adéla

Adélin tatínek říká, že za komunistů se měli líp, všichni měli práci. On je teď nezaměstnaný, celý den sedí u televize a (9.) .... Adéla byla za komunismu dítě, v listopadu 1989 jí bylo 9 let. Adéla si z doby komunismu (10.) .... jen červené plakáty ve škole a že maminka pořád něco (11.) ...., třeba banány a mandarinky na Vánoce. V jednu dobu dokonce nebyl ani toaletní papír. Adéla si už dnes neumí představit, že by nemohla (12.) .... nebo že by kvůli práci a škole musela vstoupit do KSČ.

15. Martina je mladá manažerka. Co o ní víme? Doplňte *se* nebo *si*.

1. Bojí _____ bouřky.
2. Dovolenou u moře _____ moc užila.
3. Ráda _____ směje vtipům o blondýnkách.
4. Málo _____ věří.
5. Myslí _____ , že je tlustá.
6. Pronajala _____ dvoupokojový byt.
7. Občas _____ dělá legraci ze svého kolegy.
8. Nikdy _____ nepamatuje, kdy má sestra narozeniny.
9. Váží _____ své profesorky z fakulty.
10. Chce _____ pořídit malé auto.
11. Někdy _____ představuje, jakou bude mít svatbu.
12. Minulý týden _____ zúčastnila konference v Brně.
13. Podobá _____ mamince.
14. Její rodiče _____ rozvedli.
15. Na koncertě _____ seznámila s Romanem.
16. Včera _____ stěžovala na šéfa.
17. Ráno _____ pohádala se sousedkou.
18. V pondělí _____ jí to nehodí, ale může _____ s námi sejít v pátek.

16. Co víme o Pavlovi a jeho rodině? Změňte věty podle modelu. Na první pozici použijte formy *sebe* nebo *sobě*.

Například: Koupil si auto. – Sobě koupil auto a manželce kolo.

1. Oblékl si bílou košili. _____ oblékl bílou košili a synovi pruhované tričko.
2. Zašil si ponožky. _____ zašil ponožky a synovi punčocháče.
3. Obul se. _____ obul, dceři nechal na nohou pantofle.
4. Uvařil si polévku. _____ uvařil polévku a dětem kaši.
5. Přinesl si z automatu kávu. _____ přinesl z automatu kávu a manželce přinesl čaj.
6. Učesal se. _____ učesal a syna neučesal.
7. Našel si dvoupokojový byt. _____ našel dvoupokojový byt a bratrovi našel třípokojový byt.
8. Omluvil se v práci. _____ omluvil v práci a syna omluvil ve škole.
9. Nalil si čaj. _____ nalil čaj a manželce kávu.
10. Vyžehlil si košili. _____ vyžehlil košili a manželce halenku.

17. Pan Sovák a pan Wonka jsou bratranci, ale jsou každý jiný. Přečtěte si o nich a doplňte formy *sebe*, *sobě* a *sebou*.

1. Pan Sovák mluví často se sousedy. – Pan Wonka mluví jenom sám se _____ .
2. Pan Sovák si stěžuje kamarádovi. – Pan Wonka si stěžuje jen sám _____ .
3. Pan Sovák koupil knížku pro sestru. – Pan Wonka koupil knížku pro _____ .
4. Pan Sovák se stará o nemocnou babičku. – Pan Wonka se stará jen sám o _____ .
5. Pan Sovák dělá všechno kvůli rodině. – Pan Wonka dělá všechno kvůli _____ .
6. Pan Sovák myslí jen na své děti. – Pan Wonka myslí jen na _____ .
7. Pan Sovák je spokojený se svou rodinou. – Pan Wonka je spokojený sám se _____ .
8. Pan Sovák má psa u kamarádky. – Pan Wonka má psa u _____ .
9. Pan Sovák věří manželce. – Pan Wonka věří jen sám _____ .

18. Doplňte *si* nebo *sobě* a *sebe*.

1. Pro _____ uvařil polévku.
2. _____ uvařil polévku.
3. Uvařil _____ polévku.
4. Koupila jsem novou šálu pro _____ .
5. Koupila jsem _____ novou šálu.
6. Koupila jsem novou šálu _____ .
7. Pořídil _____ nový počítač.
8. Nový počítač pořídil _____ .
9. Pro _____ pořídil počítač.
10. _____ nalil víno.
11. Nalil _____ víno.
12. Víno nalil pro _____ .

19. Doplňte *sebe*, *sobě*, *pro sebe*, *na sebe*, *o sobě*, *na sobě*, *se sebou*.

1. Je sobecký, myslí jenom _____ .
2. Nikdy nemluví _____ .
3. Ten nový kabát koupil _____ .
4. Není _____ spokojený.
5. Váží si jenom sám _____ .
6. Často se zlobí sám _____ .
7. Občas _____ pochybuje.
8. Záleží mu jenom _____ .
9. Má rád jenom _____ .

20. Změňte věty podle modelu.

Například: Jana a Petr se líbají. – Jana líbá Petra a Petr líbá Janu.
Jana a Petr si telefonují. – Jana telefonuje Petrovi a Petr telefonuje Janě.

1. Syn si rozumí s rodiči. – Syn rozumí .... a rodiče rozumí ....
2. Tomáš se včera viděl s Alicí. – Tomáš včera viděl .... a Alice viděla ....
3. Jirka a Lenka si pomáhají s úkoly. – Jirka pomáhá .... a Lenka pomáhá ....
4. Náš pes a kočka se mají rádi. – Náš pes má rád .... a naše kočka má ráda ....
5. Bratr a sestra se podobají. – Bratr se podobá .... a sestra se podobá ....
6. .... – Pan Dvořák na ulici pozdravil paní Samkovou a paní Samková pozdravila pana Dvořáka.
7. .... – Můj tatínek volá často mamince do práce a maminka volá často tatínkovi.
8. .... – Filip zná Miloše a Miloš zná Filipa.
9. .... – Kolega ruší v kanceláři kolegyni a kolegyně ruší kolegu.
10. .... – Spolužák půjčuje knihy spolužačce a spolužačka půjčuje knihy spolužákovi.

▶ 21. Co se kde dělá? Tvořte věty s reflexivním pasivem.

Například: Rozbité boty .... v opravně bot. – Rozbité boty se opravují v opravně bot.

čistit	léčit	péct	prát	vařit
chovat	opravovat	pěstovat	prodávat	vyrábět

1. Auta .... v továrně.
2. Obilí .... na poli.
3. Prádlo .... v pračce.
4. Pivo .... v pivovaru.
5. Kabáty .... v čistírně.
6. Krávy .... v kravíně.
7. Noviny .... v trafice.
8. Pacienti .... v nemocnici.
9. Brýle .... v oční optice.
10. Chleba .... v pekárně.

▶ 22. Čím se to dělá? Tvořte věty s reflexivním pasivem podle modelu. Používejte substantiva v instrumentálu.

hřeben	blinkr	prací prášek	výtah
kladivo	nůž	propiska	zapalovač
bankovka	plyn	štětec	žárovka

1. Hřebík do dřeva (zatloukat) – Hřebík se do dřeva zatlouká kladivem.
2. Vlasy (česat) ....
3. Prádlo (prát) ....
4. Dopisy (psát) ....
5. Nahoru (jezdit) ....
6. Když je tma, (svítit) ....
7. Změna směru jízdy (signalizovat) ....
8. Za zboží (platit) ....
9. Cigareta (zapalovat) ....
10. Potraviny (krájet) ....
11. Obrazy (malovat) ....
12. V budovách (topit) ....

▶ 23. Co bylo v Česku vždycky obvyklé? Změňte věty podle modelu.

Například: V Česku se vaří svíčková. – V Česku se vždycky vařila svíčková.
V Česku se mluví česky. – V Česku se vždycky mluvilo česky.

1. V Česku se na Štědrý den jí kapr. – V Česku se vždycky .... kapr.
2. V Česku se pije pivo. – V Česku se vždycky .... pivo.
3. V Česku se vyrábí bižuterie. – V Česku se vždycky .... bižuterie.
4. V Česku se hraje karetní hra mariáš. – V Česku se vždycky .... hra mariáš.
5. V Česku se na Nový rok jí čočka. – V Česku se vždycky .... čočka.
6. V Česku se vyrábí sklo. – V Česku se vždycky .... sklo.
7. V Česku se na Vánoce peče cukroví. – V Česku se vždycky .... cukroví.
8. V Česku se v hospodě mluví o politice. – V Česku se v hospodě vždycky .... o politice.
9. V Česku se chodí do hospody. – V Česku se vždycky .... do hospody.
10. V Česku se hodně čte. – V Česku se vždycky hodně ....
11. V Česku se vyká starším lidem. – V Česku se vždycky .... starším lidem.
12. V Česku se hodně jí. – V Česku se vždycky hodně ....
13. V Česku se hodně jezdí ve škodovkách. – V Česku se vždycky .... ve škodovkách.
14. V Česku se slaví narozeniny. – V Česku se vždycky .... narozeniny.
15. V Česku se nosí ponožky ke kraťasům. – V Česku se vždycky .... ponožky ke kraťasům.

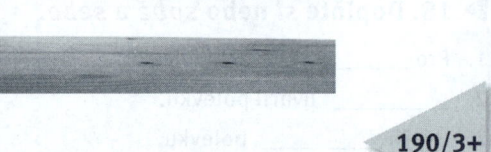

24. Co se dělalo v této restauraci? Změňte věty podle modelu.

Například: Tady se .... (pít) čaj. – Tady se pil čaj.
Tady se .... (pít) hodně čaje. – Tady se pilo hodně čaje.

1. Tady se .... (vařit) dobrá polévka.
   Tady se .... (vařit) hodně dobré polévky.

2. Tady se .... (péct) hodně kuřat.
   Tady se .... (péct) kuřata.

3. Tady se .... (smažit) hodně řízků.
   Tady se .... (smažit) řízky.

4. Tady se .... (poslouchat) písničky.
   Tady se .... (poslouchat) hodně písniček.

5. Tady se .... (nalévat) alkohol.
   Tady se .... (nalévat) hodně alkoholu.

6. Tady se .... (jíst) hodně guláše.
   Tady se .... (jíst) guláš.

7. Tady se .... (mýt) sklenice.
   Tady se .... (mýt) hodně sklenic.

8. Tady se .... (kouřit) cigarety.
   Tady se .... (kouřit) hodně cigaret.

25. Změňte věty podle modelu. Používejte reflexivní pasivum.

Například: Nikdo neočekává problémy. – Neočekávají se problémy.

1. Lidé o tom hodně mluvili. – O tom ....
2. V té vesnici už každý topí plynem. – V té vesnici ....
3. Nikdo o tom ještě neví. – O tom ....
4. V té firmě všichni používají internet. – V té firmě ....
5. My tady často jíme omáčky s knedlíkem. – Tady ....
6. Tady všichni začínají pracovat v 8.30. – Tady ....
7. V tomto podniku lidé vyrábějí hračky. – V tomto podniku ....
8. Tady nikdo nevybírá vstupné. – Tady ....
9. Tam ještě nikdo netřídí plasty. – Tam ....
10. My tady často pořádáme oslavy. – Tady ....

26. Přečtěte si text Jak se žilo na začátku dvacátého století. Co je/není pravda?

1. Aloisie Zikanová se narodila v devadesátých letech osmnáctého století. Ano / Ne
2. Jako dítě se nudila, protože doma neměli rádio ani televizi. Ano / Ne
3. Rodiče Aloisie Zikanové celý den pracovali ve svém stánku na trhu. Ano / Ne
4. Její rodiče prodávali kromě potravin také květiny. Ano / Ne
5. V sobotu se dělaly domácí práce. Ano / Ne
6. Maminka Aloisie Zikanové nebyla tak přísná jako její tatínek. Ano / Ne
7. Aloisie Zikanová musela celou sobotu a neděli pomáhat rodičům. Ano / Ne
8. Maso se nejedlo každý den. Ano / Ne
9. Večer se rodina scházela se sousedy. Ano / Ne

27. Jak se žilo před 50 lety? Vytvořte reflexivní pasivum.

Například: Lidé nejedli tolik masa. – Nejedlo se tolik masa.

1. Lidé nejezdili každý rok na dovolenou k moři. – .... na dovolenou k moři.
2. Lidé nechodili cvičit do fitcenter. – .... do fitcenter.
3. Lidé nevařili v mikrovlnce. – .... v mikrovlnce.
4. Lidé chodili víc pěšky. – .... víc pěšky.
5. Lidé nekupovali tolik ovoce a zeleniny. – .... tolik ovoce a zeleniny.
6. Lidé nenakupovali v supermarketech. – .... v supermarketech.
7. Lidé nežili tak hekticky. – .... tak hekticky.
8. Lidé nejezdili v Praze metrem. – V Praze .... metrem.
9. Lidé poslouchali víc rádio. – .... víc rádio.

▶ **28. Pan Valenta se ještě pořád bojí manželky a taky šéfa. Nechce nikomu nic říct přímo, tak raději používá věty s reflexivním pasivem. Změňte věty podle modelu.**

190/5

Například: Manželka připálila jídlo. Pan Valenta říká: To jídlo se asi připálilo.

1. Šéf nevypnul před odchodem kávovar. – Pan Valenta říká: Ten kávovar . . . .
2. Šéf ztratil důležitou smlouvu. – Pan Valenta říká: Ta smlouva . . . .
3. Šéf rozlil kávu na dokumenty. – Pan Valenta říká: Ta káva . . . .
4. Šéf rozbil tiskárnu. – Pan Valenta říká: Ta tiskárna . . . .
5. Manželka při praní obarvila tričko na růžovo. – Pan Valenta říká: To tričko . . . .
6. Manželka rozvařila brambory. – Pan Valenta říká: Ty brambory . . . .
7. Manželka nezavřela dveře do bytu. – Pan Valenta říká: Ty dveře . . . .
8. Manželka nechala na sporáku zkazit polévku. – Pan Valenta říká: Ta polévka . . . .

▶ **29. Doplňte správnou formu deskriptivního pasiva.**

191/tab.

byl opraven – byla opravena – byly opraveny

1. Budova radnice . . . .
2. Domy na náměstí . . . .
3. Pomník na náměstí . . . .

byla pozvána – byli pozváni – byly pozvány

4. Jedna kolegyně z naší kanceláře . . . . na víkendovou konferenci.
5. Dvě spolužačky ze třídy . . . . na víkendovou konferenci.
6. Učitelé z celé školy . . . . na víkendovou konferenci.

byla ztracena – byl ztracen – byly ztraceny

7. Při stěhování úřadu . . . . smlouvy o pronájmu.
8. Při stěhování úřadu . . . . smlouva o pronájmu.
9. Při stěhování úřadu . . . . originál smlouvy o pronájmu.

byli rozhodnuti – bylo rozhodnuto – byly rozhodnuty

10. Dvě pacientky . . . . pro nový způsob léčení.
11. Pět pacientů . . . . pro nový způsob léčení.
12. Čtyři pacienti . . . . pro nový způsob léčení.

▶ **30. Co se dělo nebo bude dít v kultuře? Do forem deskriptivního pasiva doplňte sloveso *být* ve správném čase a formě.**

191/tab.

1. Ten román . . . . napsán v minulém století.
2. Obrazy tohoto malíře . . . . nyní vystaveny v Národní galerii v Praze.
3. Film Amadeus . . . . natočen v roce 1984.
4. Knihy Karla Čapka . . . . čteny ještě v příštím století.
5. V příštích měsících . . . . restaurovány fresky v rotundě v našem městě.
6. Kino Svět . . . . minulou neděli kvůli rekonstrukci na několik měsíců zavřeno.
7. Výstava impresionistických malířů . . . . zahájena příští neděli.
8. Tyto obrazy . . . . namalovány v roce 1880.
9. V nejbližších dnech . . . . na náměstí nainstalovány plastiky avantgardního umělce.
10. Zítra . . . . v kavárně na náměstí čteny básně Jaroslava Seiferta.
11. Galerie na náměstí . . . . od ledna příštího roku opět otevřena.
12. Sochy v zámeckém parku . . . . vytvořeny v baroku.

▶ **31. Doplňte správné koncovky -, -a, -o, -i, -y.** 191/tab.

1. Ani dnes není zodpovězen____ otázka, jestli byl____ Mozart otráven____.
2. Domácí zvířata byl____ člověkem chován____ již 5 000 let př.n.l. (před naším letopočtem).
3. Zemětřesení v moři je často doprovázen____ vlnou tsunami.
4. V naší ulici byl____ postaven____ dva nové domy.
5. V těchto lázních byl____ léčen____ známí pacienti.
6. Víno do skleniček byl____ nalit____ a čekalo se na slova vzácného hosta.
7. Pasivum byl____ procvičován____ několik dnů.
8. Zahradní lavička byl____ natřen____ na bílo.
9. Pět koncertů musel____ být zrušen____.
10. Všechny důležité informace už byl____ řečen____.
11. Kolik studentů byl____ letos přijat____ na vysokou školu?
12. Hledaný muž byl____ podle policie naposledy viděn____ v pondělí večer na parkovišti.
13. Podmínky pro realizaci toho projektu byl____ pevně dán____.
14. Výpůjční doba knihy byl____ prodloužen____ o jeden měsíc.
15. Ve městě byl____ otevřen____ nové galerie.

Wolfgang Amade Mozart.

▶ **32. Přečtěte si zajímavosti o České republice. Věděli jste, že...? Do vět doplňte formy pasivního participia.** 191/2

chován	otevřeno	tvořeny	vydávány	zkonstruován
natočen	postavena	napsána	vyrobena	znárodněny
oslovováni	přeložen	uvařeno	založena	

1. Lidové noviny jsou .... od roku 1893.
2. Funkcionalistická vila Tugendhat zapsaná v seznamu UNESCO byla .... v Brně v roce 1930.
3. Česká píseň Škoda lásky byla .... v roce 1927, stala se největším hitem 2. světové války.
4. Haškův román Osudy dobrého vojáka Švejka byl .... do víc než třiceti jazyků.
5. První kostka cukru byla .... v Dačicích v roce 1831.
6. Národní divadlo bylo poprvé .... 11. června 1881.
7. Hranice České republiky jsou z 30% .... řekami.
8. Po roce 1948 byly .... všechny podniky, na rozdíl např. od Maďarska nebo Polska tady neexistovaly ani malé podniky v soukromém vlastnictví.
9. Třeboňský kapr je v jihočeské Třeboni .... od 14. století.
10. Automobilka Škoda byla .... v roce 1905.
11. První český zvukový film Tonka Šibenice byl .... v roce 1930.
12. Po roce 1948 byli lidé místo „pane" a „paní" .... „soudruhu" a „soudružko".
13. První pivo plzeňského typu bylo .... v roce 1842.
14. Staroměstský orloj byl .... v roce 1410.

▶ **33. Deskriptivní pasivum se používá hlavně v úředních nebo odborných textech. Rozhodněte, ve kterých větách není pasivum stylisticky vhodné a tyto věty upravte.**

> *Například:* Návrh byl přijat všemi přítomnými. ✔
> Klíče byly ztraceny minulý týden synem. – Syn ztratil minulý týden klíče.

1. Polévka byla uvařena matkou. – ....
2. Kniha básní byla vydána v roce 1856. – ....
3. Plán na příští rok byl změněn. – ....
4. Ponožka byla oblečena mnou. – ....
5. Porcelánové talíře byly umyty otcem. – ....
6. Obraz s květinami byl namalován před 150 lety. – ....
7. Moje nová sukně byla všemi obdivována. – ....
8. Holčička byla učesána babičkou. – ....
9. Úkol byl napsán žákem. – ....
10. Při reklamaci se zjistilo, že obuv byla nošena i v mrazu. – ....
11. Všechno pivo bylo vypito hosty. – ....

▶ **34. Zopakujte si, jak se žilo za komunismu. Změňte věty podle modelu.**

> *Například:* Komunistický režim pronásledoval věřící. – Věřící byli pronásledováni komunistickým režimem.

1. Parlament v roce 1948 zvolil Klementa Gottwalda prezidentem. –
   Klement Gottwald ....
2. Komunisté zakázali některé knihy. –
   Některé knihy ....
3. Stát dotoval základní potraviny. –
   Základní potraviny ....
4. Stát znárodnil továrny a obchody. –
   Továrny a obchody ....
5. Totalitní režim zbavil majitele továren majetkových práv. –
   Majitelé továren ....
6. Studenti organizovali demonstrace. –
   Demonstrace ....
7. Socialističtí umělci malovali ideologické plakáty. –
   Ideologické plakáty ....
8. V roce 1977 disidenti publikovali Chartu 77. –
   Charta 77 ....
9. Lidé opisovali zakázané knihy. – Zakázané knihy ....

▶ **35. Tvořte pasivní participium. Doplňte slovesa do tabulky podle koncovek této formy.**

domluvit	projednat	prominout	ušít	zachránit
napsat	představit	rozdělit	uveřejnit	zavolat
očekávat	překonat	rozhodnout	věnovat	zlevnit
označit	přestavět	umožnit	vybavit	zpozorovat
pozorovat	připravit	upřesnit	vykácet	zapomenout

-án	-en	-t
napsán	domluven	prominut

164 Lekce 19 • Česky krok za krokem 2 • **PRACOVNÍ SEŠIT**

36. Procvičujte deskriptivní pasivum. Změňte věty podle modelu. Pozor na čas!

Například: Přijali ho na vysokou školu. – Byl přijat na vysokou školu.

1. Zítra zbourají dům v naší ulici. – Zítra .... dům v naší ulici.
2. Statek prodali před rokem. – Statek .... před rokem.
3. Rekonstruují muzeum. – Muzeum ....
4. Martina pozvali na příští týden. – Martin .... na příští týden.
5. Zítra o tom projektu rozhodnou. – Zítra .... o tom projektu.
6. Příští rok budou volit prezidenta. – Příští rok .... prezident.
7. Pronásledovali nepřátele režimu. – Nepřátelé režimu ....
8. Brzy postaví nové školy a školky. – Brzy .... nové školy a školky.
9. České sklo obdivují po celém světě. – České sklo .... po celém světě.
10. Zítra otevřou novou školu. – Zítra .... nová škola.

37. Co víte o Národním divadle v Praze? Doplňte správný výraz.

| namalovány | pochopen | poprvé otevřeno | shromážděny | znovu otevřeno |
| napsána | položen | postaveno | vybrán | zrenovováno |

1. Na stavbu divadla musely být .... finanční prostředky.
2. Základní kámen byl .... v roce 1868.
3. Divadlo bylo .... v roce 1881.
4. Jeho požár byl .... jako celonárodní katastrofa.
5. Během krátké doby byl .... milion zlatých.
6. Divadlo bylo .... v roce 1883.
7. Divadlo bylo .... podle návrhu architekta Zítka.
8. Fresky uvnitř divadla byly .... předními českými malíři.
9. Pro první představení byla .... opera Libuše.
10. V sedmdesátých letech dvacátého století bylo divadlo kompletně ....

38. Městská komise v Brumberku měla schůzi. Přečtěte si zápis z jednání a vytvořte formy deskriptivního pasiva.

Zápis z jednání městské komise města Brumberku ze dne 23. 1. 2015

Přítomno: 12 členů (viz prezenční listina)
Omluveni: Stopková, Nýbrt
Host: Radek Studnička, ředitel hudební školy

Program:
1. Zahájení a přivítání hostů
2. Plnění úkolů z minulého jednání
3. Vánoční trhy – zhodnocení
4. Městské muzeum – dotace
5. Koncert žáků hudební školy
6. Diskuse
7. Závěr

Cvičení pokračuje na následující straně.

1) V 18.30 bylo jednání (1.) .... (zahájit) panem předsedou Hounkem. Byli (2.) .... (přivítat) členové i host, pan ředitel Studnička.

2) Bylo (3.) .... (projednat) plnění úkolů z minulého jednání a bylo (4.) .... (konstatovat), že zadané úkoly byly (5.) .... (splnit).

3) Vánoční trhy na Náměstí Svobody a Kruhovém náměstí proběhly bez potíží, do zápisu bylo (6.) .... (dát), že v příštím roce musí být zajištěna větší nabídka vánočního zboží, od prodejců bylo (7.) .... (vybrat) 24 000 Kč za nájemné za prodejní stánky.

4) Byla (8.) .... (schválit) dotace pro Městské muzeum ve výši 85 000 korun, za tuto částku bude (9.) .... (vytvořit) nová expozice o historii městské části Kotlářka.

5) Členové komise byli (10.) .... (informovat) panem ředitelem Studničkou o přípravách každoročního koncertu žáků hudební školy v místním zámečku. Jeho koncertní síň bude pro účely koncertu žáků (11.) .... (pronajmout) bezplatně. Dále bylo (12.) .... (rozhodnout) o dotaci ve výši 1 000 Kč na zakoupení drobných dárků pro nejlepší žáky a pořízení fotografické dokumentace z koncertu. Obojí bude zajištěno paní Zíkovou.

6) Paní Cenková chtěla vědět, proč je otvírací doba Městského muzea tak omezená. Ve všední dny je (13.) .... (otevřít) jen do pěti hodin. Pan ředitel Studnička odpověděl, že v létě bude otvírací doba (14.) .... (prodloužit).

7) Předseda komise poděkoval členům za účast. Schůze byla (15.) .... (ukončit) ve 21.15.

Zapsala Linda Rochová

▶ 39. Co je typické pro české svátky? Vytvořte verbální substantiva a doplňte je do následujících výrazů. Pak řekněte, kdy se to dělá – na Velikonoce, na Vánoce, na čarodějnice, nebo na Silvestra?

mrskat	dávat	smažit
pálit	zdobit	péct
barvit	zapalovat	pít

1. .... dárků
2. .... stromečku
3. .... cukroví
4. .... kapra
5. .... svíček
6. .... holek a žen
7. .... vajíček
8. .... „čarodějnic"
9. .... šampaňského

▶ 40. Co dělá Radek Musil rád a nerad? Změňte věty podle modelu.

Například: Rád maluju. – Mám rád malování.

1. Rád bruslí. – Má rád ....
2. Rád cestuje. – Má rád ....
3. Rád cvičí. – Má rád ....
4. Rád mlčí. – Má rád ....
5. Rád pozoruje ptáky. – Má rád ....
6. Nerad čeká. – Nemá rád ....
7. Nerad se holí. – Nemá rád ....
8. Nerad létá. – Nemá rád ....
9. Nerad půjčuje knihy. – Nemá rád .... knih.
10. Nerad řeší problémy. – Nemá rád .... problémů.

▶ **41. Vytvořte věty s verbálním substantivem.**

Například: V příštím roce opět zdraží elektřinu. Zdražení elektřiny se projeví i v cenách potravin.

1. Děti se klouzaly na klouzačce. Všechny děti milují .... na klouzačce.
2. Začal jsem se místo koupání sprchovat. Četl jsem, že .... je zdravější.
3. Učitel nám včera vysvětlil novou gramatiku. Jeho .... jsem moc nerozuměl.
4. V sedmdesátých letech Američané přistáli na měsíci. .... v televizi sledovaly tisíce lidí.
5. V lednu hodně lidí začíná hubnout. .... je obvyklé novoroční předsevzetí.
6. Rekonstrukce silnice do okresního města trvala tři měsíce. Po celou dobu .... rekonstrukce byly na objízdné trase velké zácpy.
7. Na podzim se brzy stmívá. Rád se při .... procházím po ulicích a pozoruju lampy.
8. Janička se řízla do prstu. To .... naštěstí nebylo nebezpečné.
9. Bratr rád kreslí auta. Při .... si vždycky odpočine.

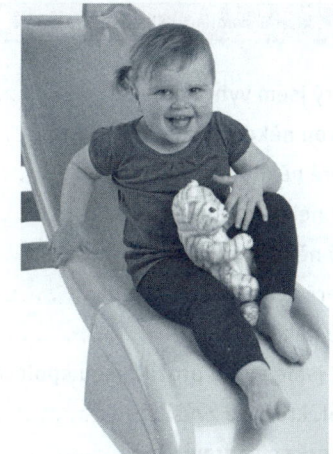

▶ **42. Změňte věty. Použijte předložky *kvůli* a *při* a verbální substantivum.**

Například: Trafika je zavřená, protože trafikant onemocněl. – Kvůli onemocnění trafikanta je trafika zavřená.
Když maminka žehlí, zpívá si. – Při žehlení si zpívá.

1. Když syn krájel chleba, říznul se do prstu. – .... chleba se řízl do prstu.
2. Manžel neslyšel zvonek, protože se sprchoval. – .... neslyšel zvonek.
3. Když pes pronásledoval kočku, ztratil se. – .... kočky se ztratil.
4. Dcera musela rychle na pohotovost, protože vdechla malou kuličku. – .... malé kuličky musela rychle na pohotovost.
5. Když se sestra učila, poslouchala klasickou hudbu. – .... poslouchala klasickou hudbu.
6. Bratr neměl skoro žádný čas pro rodinu, protože podnikal. – .... neměl skoro žádný čas pro rodinu.
7. Přítel se vrátil o dva dny dřív, protože mě chtěl překvapit. – .... se vrátil o dva dny dříve.
8. Když tchyně couvala s autem, vždycky se bála. – .... se vždycky bála.

▶ **43. Co to je? Tvořte věty podle modelu. Pozor na formu zájmena *který*.**

Například: Snědená polévka je polévka, kterou někdo snědl.

1. Přečtená kniha je kniha, ... někdo ....
2. Zavřené okno je okno, ... někdo ....
3. Podepsaná smlouva je smlouva, ... někdo ....
4. Zaplacený kurz je kurz, ... někdo ....
5. Uklizený byt je byt, ... někdo ....
6. Opravený budík je budík, ... někdo ....
7. Smazaná tabule je tabule, ... někdo ....
8. Připálené jídlo je jídlo, ... někdo ....
9. Vyplněný formulář je formulář, ... někdo ....
10. Zničená příroda je příroda, ... někdo ....
11. Odložený kabát je kabát, ... někdo ....
12. Ostříhaný kamarád je kamarád, ... někdo ....
13. Označená věta je věta, ... někdo ....
14. Pojištěný dům je dům, ... někdo ....
15. Pozvaný host je host, ... někdo ....

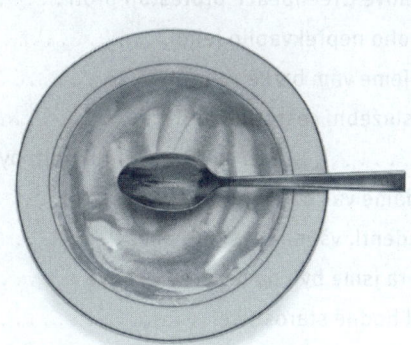

▶ **44. Jaké to je, když je to hotové nebo dokončené? Vytvořte verbální adjektiva.** 193/7

Například: Sukně, kterou švadlena ušila, je ušitá sukně.

1. Závod, který jsem vyhrála, je .... závod.
2. Kniha, kterou někdo vydal, je .... kniha.
3. Jablko, které někdo umyl, je .... jablko.
4. Dort, který někdo upekl, je .... dort.
5. Dům, který někdo postavil, je .... dům.
6. Peníze, které někdo ztratil, jsou .... peníze.
7. Víno, které někdo vypil, je .... víno.
8. Léta, která jsme spolu prožili, jsou společně .... léta.
9. Cholesterol, který se zvýšil, je .... cholesterol.
10. Pacient, který se uzdravil, je .... pacient.
11. Dveře, které někdo otevřel, jsou .... dveře.
12. Dítě, které někdo rozmazlil, je .... dítě.
13. Lidé, které někdo pronásledoval, jsou .... lidé.
14. Byt, který někdo pronajal, je .... byt.
15. Muž, který se oholil, je .... muž.

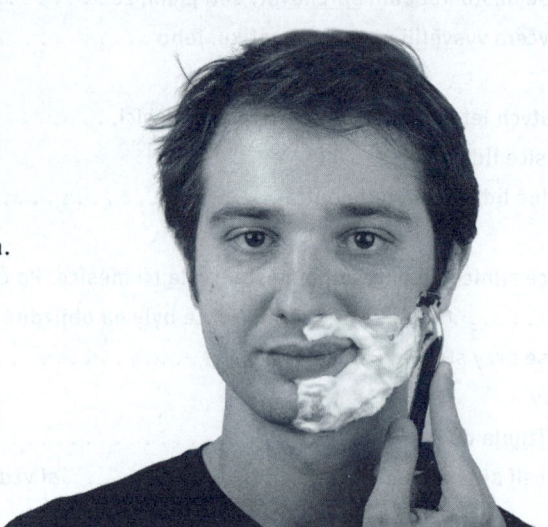

▶ **45. Paní Valentová je opět v lázních a kontroluje pana Valentu. Ptá se, co už má hotové. Tvořte verbální adjektiva.** 193/7

Například: Uvařil jsem večeři. – Mám uvařenou večeři.

1. Vyžehlil jsem prádlo. – Mám .... prádlo.
2. Nakoupil jsem jídlo na oslavu tvého příjezdu. – Mám .... jídlo.
3. Umyl jsem nádobí. – Mám .... nádobí.
4. Opravil jsem kolo. – Mám .... kolo.
5. Konečně jsem vyrobil polici. – Mám .... polici.
6. Včera jsem natřel stůl na balkóně. – Mám .... stůl.
7. Přišil jsem knoflík na sako. – Mám .... knoflík.
8. Zaplatil jsem složenku. – Mám .... složenku.
9. Vybral jsem v katalogu novou pohovku. – Mám .... pohovku.
10. Vynesl jsem koš. – Mám .... koš.

▶ **46. Tvořte verbální adjektiva nebo substantiva. Pozor, v některých větách je musíte deklinovat.** 193/3,7+

1. Už dlouho chci přestat s .... (kouřit).
2. Při zlaté svatbě děkoval dědeček babičce za ten krásně .... (prožít) společný život.
3. Při testech mi zjistili .... (zvýšit) cholesterol.
4. O víkendu očekáváme na celém území České republiky .... (sněžit).
5. V kurzu první pomoci jsme nacvičovali .... (dýchat) z úst do úst.
6. Členové Greenpeace protestují proti .... (kácet) deštných pralesů.
7. Nikoho nepřekvapilo jeho .... (rozhodnout) odejít z firmy.
8. Přejeme vám brzké .... (uzdravit).
9. Ze služební cesty se vrátil s .... (podepsat) smlouvou.
10. V .... (uklidit) bytě se cítila mnohem lépe.
11. Žádáme vás o .... (vrátit) knihy do knihovny do deseti pracovních dnů.
12. Studenti, všimněte si prosím .... (označit) věty v článku.
13. Včera jsme byli na večeři v té nově .... (otevřít) restauraci.
14. Měl hodně starostí se .... (založit) své nové firmy.
15. Na poradu přišel s pečlivě .... (připravit) prezentací.

▶ **47. Pan Vondra žije sám a musí doma všechno sám dělat. Co jsou jeho oblíbené a co neoblíbené domácí práce?**

193/8

1. Pan Vondra nemá rád mytí oken, ...
2. Pan Vondra má rád ....

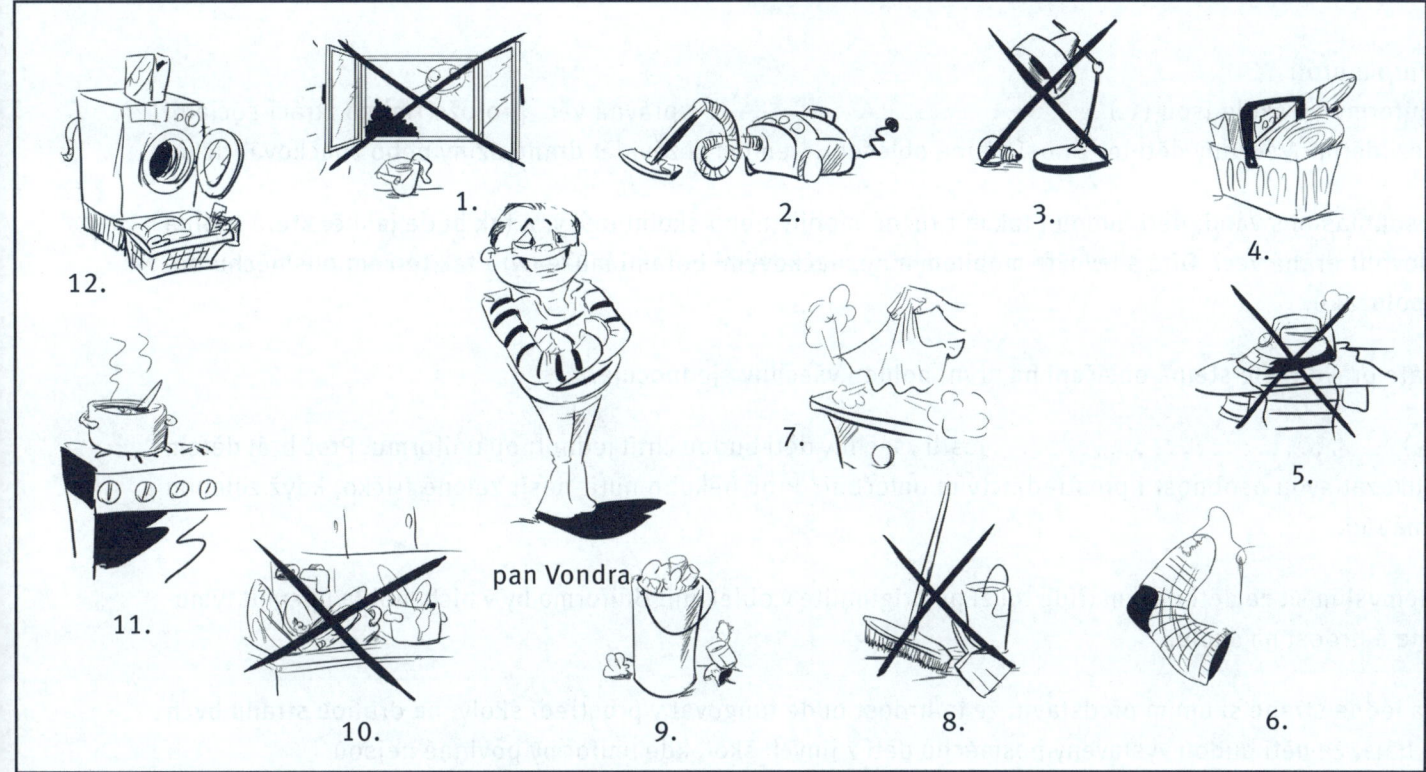

▶ **48. Přesto v sobotu dopoledne všechno udělá a má všechno hotové.**

193/8

1. okna jsou umytá
2. koberec je ....
3. žárovka je ....
4. jídlo je ....

5. čisté prádlo je ....
6. ponožka je ....
7. prach je ....
8. podlaha je ....

9. koš je ....
10. nádobí je ....
11. polévka je ....
12. špinavé prádlo je ....

▶ **49. Doplňte názvy předmětů, které se učí na základní nebo na střední škole.**

194/1

1. č__sk__ j__z__k
2. t__locv__k
3. ch__m__ __
4. přír__dop__s
5. m__t__m__t__k__
6. d__j__p__s
7. f__z__k__
8. z__měp__s

▶ **50. Pavel a Klára jsou spolužáci ze základní školy. Potkali se na ulici. Doplňte jejich dialog.**

194/4

| na fildě | na maturu | na peďáku | na učnák |
| na vejšku | na Karlovce | přijímačky | na gympl |

Klára: Ahoj Pavle!

Pavel: Jé, čau Kláro, co pořád děláš? Ještě chodíš (1.) .... ?

Klára: Chodím. Teď zrovna končím čtvrťák a učím se (2.) ....

Pavel: A kdy maturuješ?

Klára: V květnu.

Pavel: A chceš pak jít (3.) ...., nebo si už budeš hledat práci?

Klára: No, jestli udělám (4.) ...., tak bych chtěla studovat češtinu (5.) .... v Praze.

Pavel: To se studuje (6.) .... nebo (7.) .... ?

Klára: Tam i tam, ale asi se spíš dostanu na ten peďák, takže ze mě bude úča. A co děláš ty? Ty jsi šel po základce (8.) ...., ne?

Pavel: Jo, šel. Vyučil jsem se na automechanika a už pracuju. Je to supr, fakt mě to baví a dost i vydělám.

Klára: No, tak to já si budu muset ještě počkat. Spíš jenom semtam dělám nějaký brigády.

51. Vedení jedné pražské základní školy uvažuje o zavedení školních uniforem. Rodiče žáků o tom diskutují na internetu. Přečtěte si diskusi a doplňte text. Pak odpovídejte na otázky.

> A. naprosto souhlasím
> B. nejsem si jistá
> C. podle mého názoru
> D. to je úplná blbost

Uniformy pro a proti

Radek: Uniformy ve škole jsou (1.) .... správná věc, protože tím se ztrácí sociální rozdíly mezi dětmi. Všechny děti totiž nosí stejné oblečení. Nemusí si závidět drahé džíny nebo značková trička.

Lucka: Nesouhlasím s vámi, děti budou i tak mít různé mobily nebo školní tašky, a tak bude jasné, která rodina si může dovolit drahé věci. Dítě s levným mobilem a neznačkovými botami může být i tak terčem posměchu bohatších spolužáků.

Radek: Máte pravdu, ale stejné oblečení na první pohled všechny sjednocuje.

Hanka: (2.) ...., jestli všechny děti budou chtít jednotnou uniformu. Proč brát dětem možnost ukázat svou osobnost i prostřednictvím oblečení? Proč někoho nutit nosit zelené tričko, když zelenou barvu nemá rád.

Renata: Nemyslím si, že děti v první třídě touží po originalitě v oblékání. Uniforma by v nich mohla upevnit týmového ducha a hrdost na školu.

Hanka: Na jedné straně si umím představit, že ta hrdost bude fungovat v prostředí školy, na druhou stranu bych se trochu bála, že děti budou vystaveny posměchu dětí z jiných škol, kde uniformy povinné nejsou.

Simona: (3.) ...., odpoledne po vyučování ve škole děti přece chodí do jazykových škol, sportovních klubů nebo domů mládeže na keramiku, zpěv nebo kreslení. A tam mezi jinými dětmi bude uniforma nápadná.

Jarka: Přesně tak. Uniformy se možná líbí malým dětem do deseti let, ale puberťáci se v nich nemůžou cítit dobře. Nechtějí vypadat stejně jako ostatní, chtějí být zvláštní a zajímaví.

Šárka: To není pravda. Mladí kolem 14 let dnes nosí skoro stejné oblečení, džíny, trička, boty. Tak už můžou mít rovnou pěknou uniformu.

Jarka: (4.) .... Uniforma znamená vždycky omezování a reakcí na omezování je protest.

Kamil: Máte naprostou pravdu. Ještě bych k tomu chtěl připomenout pořizovací náklady. Kalhoty, sukně, mikina, tričko – to stojí aspoň 5 000 korun.

Radek: Ale prosím vás, oblečení musíte koupit tak jako tak. A na školní uniformy je možné sehnat sponzora. Nakonec to může být levnější, než normální oblečení.

1. Je víc lidí pro uniformy, nebo proti nim? – ....
2. Kdo je pro uniformy? – ....
3. Kdo si myslí, že uniformy jsou drahé? – ....
4. Kdo si myslí, že uniforma by dětem vzala kreativitu a originalitu? – ....
5. Kdo si myslí, že by se dětem v uniformách smály děti bez nich? – ....
6. Kdo si myslí, že ani uniforma nezmenší sociální rozdíly mezi dětmi? – ....

▶ 52. Přečtěte si znovu text Systém školství v České republice. Co je/není pravda?

1. Děti od tří do šesti let chodí do jeslí. — Ano / Ne
2. Ve školce se děti tři roky připravují na školu. — Ano / Ne
3. Od šesti let mohou děti chodit na základní školu. — Ano / Ne
4. Po základní škole jdou všechny děti do učení. — Ano / Ne
5. Jedním z typů středních škol je gymnázium. — Ano / Ne
6. Na vysoké škole mohou dál studovat jen absolventi gymnázia s maturitou. — Ano / Ne
7. Studium na gymnáziu trvá čtyři, šest nebo osm let. — Ano / Ne
8. Na gymnáziu můžete studovat, jen když uděláte přijímací zkoušky. — Ano / Ne
9. Střední školy jsou většinou čtyřleté. — Ano / Ne
10. Bakalářské studium trvá tři roky. — Ano / Ne
11. Na veřejných vysokých školách se nikdy neplatí školné. — Ano / Ne

Procvičujeme pravopis

Zopakujte si

▶ 1. Zopakujte si všechna vyjmenovaná slova. Doplňte křížovku.

1. zvyk, tradice
2. velký sáček, např. na brambory
3. člověk, který snědl dost jídla, je…
4. zavírat dveře klíčem
5. místo, kde se vyrábí mouka
6. prášek na květinách, sbírají ho včely
7. v blízké době
8. čeština je slovanský…
9. zpracovávat něco zuby
10. běžet (o čase, o vodě)
11. negativní vlastnost, člověk si o sobě moc myslí
12. nízká zelená rostlina
13. trpět bez vody (o rostlinách)

Pravidlo: Psaní -i a -y v nominativu a akuzativu plurálu Ma

*Musíme dávat pozor na nominativ a akuzativ plurálu Ma vzoru student po obojetných souhláskách (b, f, l, m, p, s, v, z) a po d, t a n. V nominativu píšeme vždy **-i** (To jsou studenti.) V akuzativu píšeme **-y** (Vidím studenty.).*

▶ 2. Doplňte -i, -y.

1. Standa a Martin jsou výborní muzikant__.
2. Na okno přiletěli tři holub__.
3. Zlobím se na své kamarád__.
4. Po parku běhali čtyři ps__.
5. Pro Evropan__ je důležitý stav životního prostředí.
6. Had__ jsou symbolem zla.
7. Na výstavě jsem potkal tři známé fotograf__.
8. V pohádce Lotrando a Zubejda jsme viděli dva drvoštěp__.

▶ 3. Označte, co je správně.

1. *Krmili jsme / Na ulici jsou* holubi.
2. *Na návštěvu jsme pozvali / Na návštěvu přijeli* kamarády.
3. *Ve filmu jsme viděli / Ve filmu byli* piráti.
4. *Na konferenci se setkali / Na konferenci novináři fotografovali* prezidenty.

5. *V teráriu jsme pozorovali / V teráriu lezli* hady.
6. *Na dovolenou jeli i jeho / Na dovolenou vzal i své* psi.
7. *Ve volbách jsme volili / Ve volbách kandidujou* demokraty.
8. *Na konferenci jsme přivítali také / Na konferenci přijeli také* Dány.
9. *Na louce létali / Na louce jsme chytali* motýly.
10. *V ZOO jsme se dlouho dívali na / V kleci klidně leželi dva* lvy.

> **Pravidlo: Psaní -i a -y v instrumentálu plurálu Ma**
>
> *V instrumentálu plurálu Ma vzoru* student *po obojetných souhláskách (b, f, l, m, p, s, v, z) a po tvrdých souhláskách (h, ch, k, r, d, t, n) píšeme vždy* **-y** (Učitel mluvil se student**y**.)
>
> *Pozor! Ma zakončená na -tel deklinujeme většinou jako vzor* muž, *a proto v instrumentálu píšeme* **-i** (Student mluvil s učitel**i**.).

▶ **4. Doplňte -i, -y.**

1. Zloděj utíkal před ps__.
2. Seznámila jsem se s jeho kamarád__.
3. Radek přišel na oslavu i se svými přátel__.
4. Děti pojedou na výlet se svými učitel__.
5. Ministr kultury se sešel s několika skladatel__, dirigent__, klavírist__ a operními režisér__.

▶ **5. Doplňte -i, -y.**

1. Jana se na kurzu seznámila s několika Španěl__ a Dán__.
2. Kamila se cítí moc dobře mezi umělc__.
3. Simona se včera na vernisáži setkala s několika malíř__.
4. Roman se zná se slavnými překladatel__ a spisovatel__.
5. Olga ráda mluví s filozof__, sociolog__, politik__, novinář__ a ekonom__.
6. Na konferenci Lenka mluvila s ředitel__ firem, manažer__, podnikatel__ a marketingovými stratég__.
7. Šárka běhala po louce mezi motýl__.

> **Pravidlo: Psaní ti a ty.**
>
> *Formu* **ti** *používáme v nominativu plurálu Ma, například* **Ti** (studenti) *jedou do Ostravy.*
> *Formu* **ty** *používáme v nominativu plurálu Mi a F, například* **Ty** (vlaky, studentky) *jedou do Ostravy, a také v akuzativu plurálu maskulin (životných i neživotných) a feminin, například* Viděl jsem **ty** studenty, vlaky, studentky.

▶ **6. Doplňte ti nebo ty.**

1. Na hřišti běhají malí kluci. ____ ale křičí!
2. Ve škole nebyly dvě studentky. ____ musely jít k lékaři.
3. Na zastávce stojí dva pánové. ____ také pojedou autobusem do centra.
4. V kanceláři včera zůstali dva kolegové do osmi hodin. ____ pracují na tom novém projektu.
5. V tom filmu hrají ____ dva slavní herci. – Ale ____ já nemám ráda.
6. Ještě tu nejsou Pavel a Martin. No jo, na ____ se vždycky musí čekat.
7. Máme v galerii dva nové Muchovy plakáty. – ____ jsem ještě neviděl.
8. Lukáše a Martina nesnáším. __ to dobře vědí.

▶ **7. Doplňte ti nebo ty.**

1. Roman se zajímá o ____ architekty z Polska.
2. Kdy přijedou do Prahy ____ slavné maďarské umělkyně?
3. Nevíš, o čem budou psát ____ novináři z Blesku?
4. Budeš ještě potřebovat ____ fotografie?
5. Zlobím se na ____ sousedy, dělají v noci hrozný hluk.
6. Líbí se mi ____ obrazy v galerii.
7. Už jste se dívali na ____ filmy režiséra Hřebejka?
8. ____ holubi seděli blízko nás a vůbec se nás nebáli.
9. Nesnáším ____ lidi, co bydlí vedle.
10. Jak se mají ____ dva chlapci, o kterých jsi mi vyprávěl?
11. Kdo se postará o ____ tvoje kočky, když budeš v nemocnici?
12. ____ dvě herečky jsou nominovány na Oscara.

LEKCE 20 Čteme česky

▶ **1. Zopakujte si literární žánry. Spojte.** 197/1

1. báseň
2. drama
3. pověst
4. povídka
5. román

A. lidový žánr, vypráví o různých událostech, místech a lidech, obsah není vždy historicky pravdivý
B. velký prozaický epický žánr, má komplikovaný děj
C. má formu dialogů postav
D. většinou má rýmy a dělí se na sloky, může být lyrická nebo epická
E. kratší prozaický žánr, má jednodušší děj

▶ **2. Kdo je to?** 197/2

1. píše poezii
2. převádí text z jednoho jazyka do druhého
3. píše divadelní hry
4. píše texty filmů a televizních seriálů
5. dostal nějakou cenu, např. Nobelovu
6. je typický pro nějaký umělecký směr
7. píše do novin a časopisů
8. (t)
9. píše slova písní
10. stojí na začátku něčeho nového, např. uměleckého směru

Tajenka: ....

▶ **3. Najděte 11 jmen českých spisovatelů, dramatiků a básníků.**

	A	B	C	D	E	F	G	H	I	J	K
1	s	e	i	f	e	r	t	t	ň	í	n
2	č	a	p	e	k	h	f	u	ě	k	e
3	b	w	j	v	r	a	p	ť	ů	u	z
4	é	v	i	n	c	v	í	m	p	n	v
5	s	w	ř	ě	h	e	s	á	ř	d	a
6	g	u	á	m	o	l	v	c	r	e	l
7	g	k	s	c	v	f	ě	h	w	r	š
8	a	y	e	o	š	r	a	l	a	t	t
9	t	p	k	v	k	z	á	h	z	š	e
10	ň	á	w	á	ý	é	k	d	ó	ě	y
11	j	l	b	e	r	k	o	v	á	r	ú

a) básník českého undergroundu: J. H. ....
b) publicistka a scénáristka: Alexandra ....
c) autor žijící ve Francii: Milan ....
d) básník, nositel Nobelovy ceny za literaturu: Jaroslav ....
e) autor historických románů a dramat: Alois ....
f) autorka Babičky: Božena ....
g) dramatik, herec, textař, píše pro divadlo Járy Cimrmana: Zdeněk ....
h) představitel českého surrealismu a avantgardy: Vítězslav ....
i) spisovatel, dramatik, básník, prezident: Václav ....
j) spisovatel, dramatik, novinář, překladatel, autor pohádky O princezně solimánské: Karel ....
k) představitel českého romantismu: Karel Hynek ....

▶ **4. Přečtěte si v učebnici dvě legendy ze Starých pověstí českých. Co je/není pravda?** 198/5

1. Předkové Čechů žili vždy na stejném místě jako dnes. Ano / Ne
2. Praotec Čech odešel se svým lidem z rodné země kvůli nepřátelům a nedostatku potravin. Ano / Ne
3. Čech se svými lidmi vystoupil na horu a přespal na ní. Ano / Ne
4. Čech zůstal se svými lidmi v zemi pod horou, protože tam bylo dost potravin. Ano / Ne
5. Novou zemi pojmenovali podle Čecha. Ano / Ne
6. Spolu s Čechem vládl také vévoda Krok. Ano / Ne
7. Když Krok umřel, vládla jeho nejstarší dcera Libuše. Ano / Ne
8. Jeden rozzlobený muž řekl, že Libuše vládne špatně, protože je žena a ženy jsou hloupé. Ano / Ne
9. Libuše si vzala Přemysla. Ano / Ne
10. Libuše uměla předpovídat budoucnost. Ano / Ne
11. Libuše nevěřila v budoucnost českého národa. Ano / Ne

▶ **5. Vyberte správné slovo.** 198/5

1. *Předkové / Praotcové* Čechů žili kdysi dávno v rovinách na východě. Jejich zemi se ale chtěli *bojovat / zmocnit* nepřátelé.
2. Proto se rozhodli odejít a hledat novou zemi. Po čase přišli do *rodné / líbezné* země.
3. Chtěli tady zůstat, protože v řekách bylo hodně *ryb / vody*, v lesích hodně zvěře, ptáků a *medu / stromů*.
4. Rozhodli se ji pojmenovat jménem svého *předka / vévody* Čecha.
5. Po Čechově smrti se stal *zakladatelem / vládcem* Krok. Měl tři dcery, Kazi, Tetu a Libuši, která *řídila / předpovídala* zemi, když Krok umřel.
6. Jednou Libuše rozhodla *hádku / krajinu* dvou mužů o majetek. Ten, který prohrál, s rozhodnutím ale nesouhlasil a řekl. „*Bída / běda* mužům, kterým žena vládne!"
7. Proto se Libuše vdala za Přemysla, *zakladatele / vévodu* dynastie Přemyslovců.
8. Libuše *se zmocnila / předpověděla* slávu Prahy.
9. Město se jmenuje po člověku, který *se dotýká / tesá* práh svého domu.
10. V opeře Bedřicha Smetany Libuše zpívá: „Můj drahý národ český *neskoná / překoná*, on pekla hrůzy slavně *neskoná / překoná*."

▶ **6. Přečtěte si text o hoře Říp. Do textu doplňte části vět.** 198/5+

| A. význam tohoto místa | C. jako praotec Čech | E. nejkrásnější výhled |
| B. aspoň jednou za život | D. můžete vyjít | F. prohlédnout románskou rotundu |

Hora, kterou zná každý Čech

Horu Říp najdete v rovinaté krajině na severu Čech blízko města Roudnice nad Labem. Hora je vysoká 455 metrů. Ano, možná se smějete. Není to moc. Vlastně bychom měli říkat, že je to kopec Říp. Ale není důležitá výška, důležitý je (1.) .... Každé malé dítě vám odpoví na otázku, jak se jmenuje hora, na kterou vyšel praotec Čech, uviděl krásnou českou zemi a rozhodl se, že tady se svými lidmi zůstane. Takové důležité a legendární místo nemůžete nazývat kopec, to prostě musí být hora.

Na horu Říp (2.) .... po turistické cestě. Ale jestli se chcete orientovat podle kompasu, zažijete překvapení. Nebude vám tady fungovat, protože Říp je částečně z kamene magnetovec.

Na Řípu si můžete (3.) .... z 12. století, kterou založil kníže Soběslav I. Kousek dál stojí turistická chata postavená v roce 1907. V ní se můžete najíst a napít a přečíst si starý nápis „Co Mohamedu Mekka, to Čechu Říp." Znamená to, že každý Čech by se sem měl (4.) .... podívat.

Cvičení pokračuje na následující straně.

Od poloviny 19. století se zde konaly národní manifestace a v roce 1868 byl odtud odvezen kámen, který je v základech Národního divadla. Z vrcholu Řípu se také můžete (5.) .... rozhlédnout do kraje, ale budete to mít těžší. Dřív byl Říp holý, dnes je tady les. Musíte najít vyhlídku, jsou tady celkem tři. Z jedné se můžete dívat směrem na Prahu, z druhé na Mělník, (6.) .... je ale z té třetí, ze které uvidíte město Roudnice a celé České středohoří.

▶ **7. Co je správně?**

1.
a) Říp patří k nejvyšším horám v České republice.
b) Říp je důležitý kvůli pověsti o příchodu prvních Čechů.
c) Všechny české děti znají výšku této hory.

2.
a) Vystoupit na Říp je fyzicky náročné.
b) Na Řípu neukazuje ručička kompasu na sever.
c) Bez mapy a kompasu se na Říp nedostanete.

3.
a) Na Řípu stojí dvě budovy.
b) Každý Čech by měl navštívit rotundu na Řípu.
c) Stará turistická chata už dnes nefunguje.

4.
a) Kameny z Řípu se používaly pro stavbu Národního divadla.
b) V současnosti je na Řípu hodně stromů.
c) Z Řípu uvidíte celou Českou republiku.

▶ **8. Přečtěte si úryvek z knihy Babička. Co znamenají tato slova? Vyberte.**

198/7

1. řemeslník
a) člověk, který něco vlastníma rukama vyrábí
b) člověk, který něco vlastníma rukama pěstuje

2. chaloupka
a) malý vesnický dům
b) malá horská chata

3. vrstevnice
a) žena, která má stejné zájmy
b) žena, která je stejně stará

4. pohřeb
a) obřad na hřbitově, když člověk umře
b) obřad v kostele, když se člověk narodí

5. křest
a) obřad na hřbitově, když člověk umře
b) obřad v kostele, když se člověk narodí

6. list
a) jiné slovo pro pozvánku
b) jiné slovo pro dopis

7. touha
a) intenzivní pocit, že něco chcete, potřebujete
b) jiné slovo pro lásku

8. údolí
a) místo u řeky
b) místo mezi dvěma kopci

9. přímluva
a) prosba o pomoc pro sebe
b) prosba o pomoc pro někoho

10. kněžna
a) aristokratka
b) manželka kněze

▶ **9. Procvičujte slovní zásobu z úryvku románu Babička. Co to znamená? Spojte.**

198/7

1. mít pochopení
2. porozumět touze
3. přijít o rozum
4. vést domácnost
5. získat si něčí srdce

A. starat se o dům a zahradu
B. zbláznit se
C. rozumět někomu, být tolerantní
D. pochopit, co si někdo moc přeje
E. stát se oblíbeným

▶ **10. Přečtěte si životopis Karla Čapka. Seřaďte části textu (1–5).**

3 – E Jeho próza Válka s mloky protestuje proti válce a fašismu, zatímco knihy Krakatit a Továrna na absolutno upozorňují na nebezpečné zbraně a vynálezy. Populární jsou jeho Povídky z jedné a z druhé kapsy, které mají detektivní tematiku. Pro děti napsal knihu o své fence Dášeňka a Devatero pohádek. Významná jsou také jeho dramatická díla.

_– A Karel a Olga však spolu žili jako manželé pouze čtyři roky. Když fašistické Německo v říjnu roku 1938 obsadilo pohraniční oblasti Československa, byla to pro něho osobní tragédie. Zemřel v prosinci v roce 1938.

_– B Jeho protiválečné drama Bílá nemoc a hra o robotech R.U.R. byla známá po celém světě. V letech 1925–1933 se stal prvním předsedou Československého PEN klubu. Čapek byl přítelem prvního prezidenta Československa Tomáše Garrigua Masaryka. Napsal o něm knihu Hovory s TGM. Karel Čapek měl hodně koníčků.

_– C Od roku 1921 začal Karel Čapek pracovat jako novinář v Lidových novinách. V letech 1921–23 byl také dramaturgem pražského Vinohradského divadla. Psal cestopisy a překládal poezii z francouzštiny, do české kultury se ale nejvíc zapsal jako spisovatel a dramatik.

_– D Spisovatele Karla Čapka už znáte. V lekci 11 jste si přečetli adaptaci jeho pohádky O princezně solimánské. Karel Čapek se narodil v roce 1890 v rodině lékaře. Po studiích na filozofické fakultě v Praze, v Berlíně a v Paříži se stal novinářem. Jeho starší bratr Josef byl slavný malíř a ilustrátor.

_– F Rád pracoval na zahradě svého domu, velmi rád fotografoval a kreslil. V roce 1935 se oženil se svou dlouholetou přítelkyní herečkou Olgou Scheinpflugovou. Seznámili se v roce 1920, jí bylo osmnáct a jemu třicet let. Jeho rodina se svatbou nesouhlasila.

▶ **11. Co víte o Karlu Čapkovi? Co je / není pravda?**

1. Karel Čapek zemřel relativně mladý. — Ano / Ne
2. Karel Čapek měl několik povolání. — Ano / Ne
3. Mezi ním a jeho ženou byl velký věkový rozdíl. — Ano / Ne
4. Vzali se brzy po seznámení. — Ano / Ne
5. Karel Čapek se věnoval mnoha literárním žánrům. — Ano / Ne
6. Díla Karla Čapka čtou jen dospělí čtenáři. — Ano / Ne
7. Karel Čapek uměl dobře francouzsky. — Ano / Ne
8. Karel Čapek nebyl za svého života známá osobnost. — Ano / Ne

▶ **12. Přečtěte si Čapkovu povídku Případ s dítětem. Co je / není pravda?**

1. Komisař Bartoška hned pochopil, že případ s dítětem je opravdu vážný. — Ano / Ne
2. Komisař si uměl představit, co potřebuje tříměsíční dítě. — Ano / Ne
3. Komisař si nejdřív myslel, že paní Landová pláče kvůli manželovi. — Ano / Ne
4. Komisař Bartoška se ptal maminky, jak její holčička vypadá. — Ano / Ne
5. Maminka dala komisaři dobrý popis holčičky. — Ano / Ne
6. Když se komisař díval na svou fenu a její štěňata, dostal nápad. — Ano / Ne
7. Policisté zastavovali všechny ženy s kočárky a brali je na policii. — Ano / Ne
8. Jedna žena nechtěla, aby policista pochválil její dítě. — Ano / Ne
9. Ta žena ukradla dítě, aby dál dostávala alimenty. — Ano / Ne
10. Její vlastní dítě jednou v noci umřelo. — Ano / Ne
11. Paní Landová byla šťastná a dala komisaři dítě do ruky. — Ano / Ne
12. Komisař Bartoška dostal za nalezení dítěte deset tisíc. — Ano / Ne

▶ **13. Procvičujte slovní zásobu z textu Případ s dítětem. Doplňte slova do vět.** 199/11

baculaté	fena	kojit	pochválit
faldíčky	klečet	mrně	škaredě
fara	kočárek	obdivovat	tušení

1. Když někdo o něčem nic neví, nemá o tom ....
2. Rodiče v tom vozí malé děti, které ještě nechodí: ....
3. Malé dítě není tlusté, ale je ....
4. Říct o někom nebo o něčem něco hezkého: ....
5. Jiné slovo pro ošklivě: ....
6. Na tlustém břichu nebo nohou se dělají ....
7. Dávat dítěti pít z prsu mateřské mléko: ....
8. Místo blízko kostela, kde bydlí kněz: ....
9. Muž a žena, kocour a kočka, pes a ....
10. Malé dítě: ....
11. Být v pozici na kolenou: ....
12. Být něčím nadšený, mluvit o pozitivech něčeho: ....

▶ **14. Procvičujte slovesa z textu. Doplňte infinitiv, formy 3. osoby sg. (on-formu) a 2. osoby imperativu (ty-formu).**

infinitiv	3. sg. minulý čas	3. sg. přítomný čas	3. sg. budoucí čas	2. sg. imperativ
plakat*				
	uklidňoval			
		---	pochválí	
*		---	ukradne	
*		---		najdi
vzít*		---		
*	přivedl	---		

▶ **15. Přečtěte si text o Karlu Hynku Máchovi. Rozhodněte, která informace není pravdivá.** 201/13+

a) Mácha byl fyzicky silný a měl rád pohyb.
b) Mácha byl nejen talentovaný básník a spisovatel, ale uměl také kreslit a hrát divadlo.
c) Mácha byl vzorný otec rodiny a milující manžel.

Básník Karel Hynek Mácha je pro mnoho Čechů symbolem romantika, ale ve skutečnosti to byl velmi temperamentní a energický mladý muž. Svůj krátký život žil opravdu naplno.
Mácha je představitel českého romantismu, zakladatel moderní české poezie. Zemřel velmi mladý – ve 26 letech. Rok 1836, kdy zemřel, byl pro něho velmi intenzivní. V tomto roce vyšla jeho nejvýznamnější báseň Máj.
Kromě ní napsal ještě další básně a prózy, nejznámější jsou povídky Marinka a Cikáni. Mácha si psal i deníky. Velmi otevřený je jeho deník z roku 1835, kde popisuje svůj vztah s Lori. Nešlo o platonickou lásku, ale vztah plný sexu. Deník byl zašifrovaný, až na konci 19. století ho přečetl jiný spisovatel. Deník byl ale vydán až na konci 20. století.
Mácha miloval divadlo. Často do divadla chodil, ale dokonce i sám hrál. Velmi rád cestoval. Většinou chodil pěšky, navštěvoval romantická místa, hlavně staré hrady, kreslil je a psal o nich ve svých denících. Celkem navštívil 90 českých hradů. Cestoval sám i s kamarády, často chodil v noci a denně ušel i 60 kilometrů. Za 6 týdnů došel do severní Itálie a zpátky.

Cvičení pokračuje na následující straně.

Mácha měl několik lásek. Nejznámější je ta poslední – Lori. Seznámili se v divadle, chodili spolu tři roky. Vztah byl velmi dramatický, Mácha na Lori žárlil a dělal jí scény. V říjnu 1836 se jim narodil syn, proto naplánovali svatbu na 8. listopadu.

Mácha kromě psaní, cestování a hraní divadla také studoval. Vystudoval právo a v září 1836 nastoupil do svého prvního a posledního zaměstnání u advokáta v Litoměřicích v severních Čechách. Několikrát pěšky navštívil Lori a svého syna v Praze. Na konci října onemocněl, pravděpodobně dostal choleru, a 6. listopadu 1836 v Litoměřicích zemřel. Pohřeb měl v Litoměřicích 8. listopadu 1836, v den, kdy se měla konat jeho svatba s Lori.

Jejich syn zemřel za několik měsíců. Lori se později vdala, dožila se vysokého věku, ale na Máchu nikdy nezapomněla.

Zajímavé je, že přesně nevíme, jak Mácha vypadal. Na pražském Petříně přesto stojí jeho socha, která symbolizuje mládí a lásku. Zamilovaní k ní chodí a líbají se u ní. Nejvíc lidí tam samozřejmě chodí 1. května – v první den měsíce máje, o kterém Mácha napsal svou slavnou báseň.

▶ **16. Odpovídejte.**

1. Ve kterém roce se Mácha narodil? – ....
2. Kdy se oženil? – ....
3. Byl Mácha básník nebo spisovatel? – ....
4. Jak se jmenuje jeho nejznámější dílo? – ....
5. Jaký byl nejčastější cíl jeho výletů? – ....
6. Jak dlouho trval Máchův vztah s Lori? – ....
7. Jak dlouho Mácha po studiu pracoval? – ....
8. Proč chodí milenci na Petřín? – ....

▶ **17. Doplňte rýmy do Máchovy básně. Mají strukturu ABBA.**

| háj | hlas | pěl | žel |

Byl pozdní večer – první máj –
večerní máj – byl lásky čas.
Hrdliččin zval ku lásce 1. ....,
kde borový zaváněl 2. ....

O lásce šeptal tichý mech,
kvetoucí strom lhal lásky 3. ....,
svou lásku slavík růži 4. ....,
růžinu jevil vonný vzdech.

▶ **18. Přečtěte si báseň Karla Hynka Máchy. Co znamenají tato slova? Spojte.**

1. borový
2. háj
3. hrdlička
4. jevil
5. ku
6. mech
7. pěl
8. slavík
9. vonný
10. zaváněl
11. žel

A. druh ptáka podobný holubovi
B. les
C. zpívat
D. ke
E. ukazoval
F. velmi nízká rostlina, která roste v lese a tvoří zelený „koberec"
G. voněl
H. voňavý
I. borovicový
J. smutek
K. pták, který krásně zpívá

▶ **19. Některá slova v předchozím cvičení jsou neobvyklá – jsou básnická nebo zastaralá. Najděte aspoň 3 takové výrazy.**

....
....

▶ 20. Přečtěte si báseň Vladimíra Holana. Seřaďte verše.

____ voda, stále táž,
____ jsi moje ustavičná přítomnost, ó jistě!
____ on stále zůstává na stejném místě...
_1_ I když mi, lásko, stále unikáš,
____ Tak jako vodopád: i když ho stále opouští

▶ 21. Najděte v Holanově básni synonyma.

1. trvající ....
2. utíkáš, ztrácíš se ....
3. stejná ....
4. pořád ....

▶ 22. Přečtěte si báseň Františka Gellnera. Doplňte vokály.

Má milá, rozmilá, n___pl___k___j!
Ž___v___t už není jinakej.
Dn___s budem ještě veselí

na naší bílé p___st___l___.
Zejtra, co zejtra? Kd___p___k ví?
Zejtra si l___hn___m do rakví.

▶ 23. Která slova Gellnerovy básně mají formy obecné češtiny?

....

▶ 24. Přečtěte si báseň Vítezslava Nezvala. Dokončete slova.

Miláč___, máš v ústech zralou třešni.
J___ chutná ti?
Takové odpole___ jako dnešní
se nevrátí.

Miláč___, máš v ústech plno jahod
a v oč___ vřes.
A já, jenž žiji celý ži___ z náhod,
js___ šťasten dnes.

▶ 25. Přečtěte si báseň Jaroslava Seiferta. Doplňte verše.

a každá je jiná.
a v paprscích lásky veliké a hřejné,
sedm mostů ji spíná,

Uprostřed města dlouhá řeka teče,
1. ....
po nábřeží chodí tisíc krásných dívek
2. ....
Od srdce k srdci jdeš si zahřát ruce
3. ....
po nábřeží chodí tisíc krásných dívek
a všechny jsou stejné.

▶ 26. Přečtěte si báseň J. H. Krchovského. Doplňte slova.

| dvojtečka | konec | odpověď | on |

Za smrtí tečka, (1.) .... či otazník...
Vznik, život, zánik... (2.) .... nebo znovu vznik?
(3.) .... neznám, nechci ji znát, zatím ne
– zemřu-li, ztratím život! Ne, (4.) .... ztratí mne...

▶ 27. Pamatujete si báseň Václava Havla? Jaké slovo je místo xxx v básni?

a) svoboda   b) filosof   c) život

xxx xxx xxx
xxx xxx xxx
xxx xxx xxx
xxx xxx xxx
xxxx xxx xxx xxx xxx xxx xxxx
xxxx xxx xxx xxx xxx xxx xxxx
xxxx xxx xxx xxx xxx xxx xxxx
xxx xxx xxx
xxx xxx xxx
xxx xxx xxx
xxx xxx xxx
xxx xxx xxx
xxx xxx xxx
xxx xxx xxx
xxx xxx xxx

▶ 28. Přečtěte si úryvek z románu Žert. Seřaďte chronologicky věty.

____ Ludvík byl pozván na sekretariát.
_1__ Ludvík chodil s Markétou.
____ Ludvík napsal Markétě provokativní pohlednici.
____ Ludvík se chtěl po letech pomstít.
____ Ludvík dostal dopis od Markéty, kde mu psala, že se jí na školení líbí.
____ Ludvík si vzpomněl na pohlednici.
____ Ludvíka vyhodili ze školy.
____ Markéta odjela na školení.
____ Tři studenti v komisi se zajímali o jeho názor na optimismus.

▶ 29. Co je/není pravda?

1. Ludvík byl na školení na zámku. Ano / Ne
2. Markéta poslala Ludvíkovi dopis ze školení. Ano / Ne
3. Markéta byla se školením spokojená. Ano / Ne
4. Ludvíkovi se nelíbilo, co Markéta napsala o brzké revoluci. Ano / Ne
5. Ludvík poslal Markétě pohlednici, ve které si dělá legraci z optimismu. Ano / Ne
6. Ludvík byl student vysoké školy a k tomu pracoval ve Svazu studentstva. Ano / Ne
7. Ludvíka pozvali na stranický sekretariát a tam se ho vysokoškoláci vyptávali. Ano / Ne
8. Hned v první otázce se ho ptali na pohlednici, kterou poslal Markétě. Ano / Ne
9. Vysokoškoláci chtěli vědět, jestli se považuje za optimistu. Ano / Ne
10. Ludvík řekl, že se považuje za optimistu, protože má rád legraci a je veselý. Ano / Ne
11. Ludvík si myslel, že veselý může být i nihilista. Ano / Ne
12. Vysokoškoláci v komisi ho obvinili, že nechce, aby se u nás vybudoval socialismus. Ano / Ne
13. Kvůli pohlednici Markétě musel Ludvík odejít z vysoké školy. Ano / Ne
14. Po letech se Ludvík Markétě pomstil. Ano / Ne

▶ **30. Co znamenají tyto věty? Vyberte.** 202/15

1. Byl přesvědčený komunista.
   a) Věřil v komunismus.
   b) Pochyboval o komunismu.

2. Vytanulo mu to před očima.
   a) Uviděl to.
   b) Vzpomněl si na to.

3. Na školení vládne zdravý duch.
   a) Na školení je dobrá atmosféra.
   b) Na školení se žije zdravě.

4. Položili mu otázku.
   a) Neodpověděli mu.
   b) Zeptali se ho na něco.

5. Pokrčil rameny.
   a) Nevěděl to.
   b) Nesouhlasil s tím.

6. Považuje se za optimistu.
   a) Není si jistý, jestli je optimista.
   b) Myslí si, že je optimista.

▶ **31. Vyberte vhodné slovo.** 202/15

1. Hlavní *postava / osoba* románu je Ludvík Jahn.
2. Na začátku padesátých let byl *představený / přesvědčený* komunista.
3. Souhlasil vlastně se vším, co Markéta v dopise *tvrdila / toužila*.
4. Ludvík začal *tušit / toužit*, proč ho pozvali na sekretariát.
5. Snažil se *ztvrdit / zlehčit* tón výslechu.
6. Podle vysokoškoláků nechce Ludvík *postavit / vybudovat* socialismus.
7. Ludvík se *nepovažuje / nepokračuje* za nihilistu.
8. Pavel zinscenoval jeho *vyloučení / sloučení* ze strany a univerzity.
9. Ludvík se chce Pavlovi *poroučet / pomstít*.

▶ **32. Přečtěte si úryvek ze hry Dobytí severního pólu. Spojte.** 202/15

1. Jára Cimrman ve skutečnosti nikdy nežil,
2. Překládat hry o něm je těžké
3. Jsou v nich časté
4. Ve hře Dobytí severního pólu se dozvíme,
5. Cimrman začal studovat polární tematiku,
6. K severnímu pólu odjeli
7. Jedním z nich je lékárník,
8. Frištenský nevěří,
9. Náčelníkovi je líto,
10. Kdyby měli míč,
11. Naštěstí učitel složil
12. Všichni se učí zpívat píseň o Češích,

A. narážky na českou historii.
B. aby mohl napsat živý obraz „Češi na severním pólu".
C. měli by lepší náladu.
D. že i když stojí na místě, driftují k severu.
E. čtyři Češi.
F. kteří překonají hrůzy severu.
G. ve vlaku píseň.
H. že zapomněli ve vlaku míč.
I. kterému je smutno.
J. kvůli typickému slovnímu humoru.
K. je to fiktivní postava.
L. kdo byl na tomto místě planety jako první.

▶ **33. Přečtěte si úryvek z povídky Když se táta s mámou... Do vět doplňte slova *máma*, *táta* a *Karel* ve správné formě.** 202/16

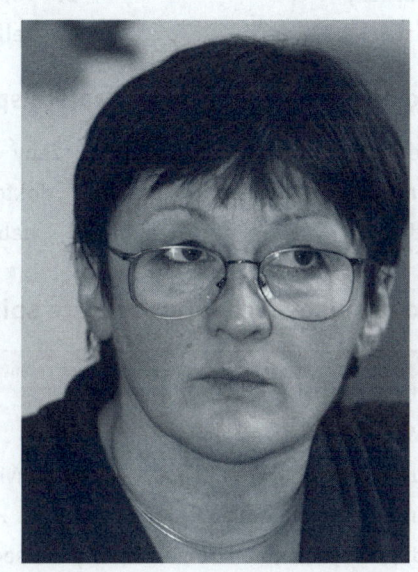

1. .... se bude muset vdávat, ale nechce.
2. Máma šla s .... do kina.
3. Máma si nechce vzít ....
4. .... jí řekl, že spolu chodí.
5. Za týden přišel .... na návštěvu.
6. .... slyšel, že .... s někým chodí.
7. .... mu řekla, že čeká dítě.
8. Karel chce .... sehnat doktora.
9. .... řekl ...., že má pochopit, že muž jako on má starosti.
10. .... chce mít vždy uvařeno a uklizeno.
11. .... řekl, že ho .... nemá rozčilovat.
12. .... kouří další cigaretu.

▶ 34. Ve kterém díle jste si přečetli tyto věty?

1. Běda mužům, kterým žena vládne.
2. Byl pozdní večer, první máj, večerní máj, byl lásky čas.
3. Domů. Do Prahy. Do Podolí. Do prdele, to je mi smutno.
4. Šťastná to žena.
5. To je ta země zaslíbená, plná zvěře, ptáků a medu.
6. Tvým! Tvým jménem ať se jmenuje!
7. Veselý může být i nihilista.
8. Vidím město veliké, jehož sláva hvězd se bude dotýkat.
9. Zejtra, co zejtra? Kdopak ví? Zejtra si lehnem do rakví.
10. Dlouhé vlasy, krátký rozum!

A. Smoljak, Svěrák: Dobytí severního pólu
B. Němcová: Babička
C. Jirásek: Pověst o Libuši
D. Jirásek: Pověst o Libuši
E. Mácha: Máj
F. Jirásek: Pověst o praotci Čechovi
G. Jirásek: Pověst o praotci Čechovi
H. František Gellner: báseň
I. Jirásek: Pověst o Libuši
J. Kundera: Žert

▶ 35. Označte slova nebo formy slov z obecné češtiny.

1. oni / voni
2. ešte / ještě
3. jablko / jabko
4. postaví / postavěj
5. bílé víno / bílý víno
6. dobrej čaj / dobrý čaj
7. létat / lítat
8. mlejn / mlýn
9. hlasitějc / hlasitěji
10. upekl / upek
11. půjdu / pudu
12. řikám / říkám
13. pane Novák / pane Nováku
14. maso s knedlíky / maso s knedlíkama

▶ 36. Rozumíte obecné češtině? Napište tyto věty spisovnou češtinou.

1. Do toho salátu určitě dávaj volej a vocet. – Do toho salátu určitě ....
2. Pudem pomalejc, jo? – .... ?
3. To je dobrej sejra. – To je ....
4. Nevim, kerý vokno je votevřený. – .... je ....
5. Napíšem štyry věty. – .... věty.
6. Dneska jsme pryč, ale zejtra budem vopravdu doma. – Dneska jsme pryč, ale .... doma.
7. Co se ti nelíbí? Dyť dýlka tý sukně je dobrá. – Co se ti nelíbí? .... sukně je dobrá.
8. Včera jsem nemoh bejt v práci. – Včera jsem .... v práci.

▶ 37. Spojte výrazy s koncovkou adjektiv v obecné češtině se spisovnými formami.

1. velký auto
2. velký ptáci
3. velký stromy
4. velký spolužačky
5. velký štěňata

A. velké (N pl. Mi)
B. velcí (N pl. Ma)
C. velká (N pl. N)
D. velké (N pl. F)
E. velké (N sg. N)

▶ 38. Místo nespisovné koncovky napište spisovnou koncovku adjektiva.

1. bílý ___ kotě
2. velký ___ města
3. nový ___ domy
4. starý ___ ženy
5. dobrý ___ doktoři
6. smutný ___ babičky
7. zajímavý ___ zprávy
8. velký ___ piva
9. praktický ___ rady
10. český ___ slovíčka
11. hodný ___ dítě
12. široký ___ ramena

▶ 39. Místo nespisovných forem napište spisovné formy instrumentálu plurálu.

Například: Miloš se seznámil se známejma herečkama. – se známými herečkami

1. Petr se zná s hezkejma Češkama. – Petr se zná s ....
2. Honza mluví s chytrejma Polákama. – Honza mluví s ....
3. Jana pracuje s malejma dětma. – Jana pracuje s ....
4. Hanka sedí pod vysokejma stromama. – Hanka sedí pod ....

5. Lucka stojí před moderníma domama. – Lucka stojí před ....
6. Renata čeká před novejma obchodama. – Renata čeká před ....
7. Milena se procházela za novejma vilama. – Milena se procházela za ....
8. Klára spala s otevřenejma oknama. – Klára spala s ....
9. Šárka se seznámila s vysokejma klukama. – Šárka se seznámila s ....
10. Tomáš včera tancoval s mladejma Slovenkama. – Tomáš včera tancoval s ....

▶ 40. Jaká je ve spisovné češtině správná forma vokativu?

Například: pane doktor – pane doktore

1. pane Vokáč – pane ....
2. pane Svoboda – pane ....
3. pane ministr – pane ....
4. pane Dvořák – pane ....
5. pane Jaroš – pane ....
6. pane Lebeda – pane ....
7. pane učitel – pane ....
8. pane Sochor – pane ....

▶ 41. Místo formy zájmena *ňákej* z obecné češtiny doplňte spisovnou formu *nějaký* ve správné formě.

Například: Dám si ňákej guláš. – nějaký guláš

1. Tady leží ňáká knížka, nevíš, čí je? – .... knížka
2. Linda ve škole mluvila s ňákym učitelem, ale jméno si nepamatuje. – s .... učitelem
3. Vezmi na výlet i ňáký jídlo. – .... jídlo
4. Mluvili o ňákejch knížkách. – o .... knížkách
5. V tom autě seděly ňáký holky. – .... holky
6. Kamila přišla na oslavu s ňákejma kamarádama. – s .... kamarády
7. Vedle kostela je ňákej supermarket a tam na tebe budu čekat. – .... supermarket
8. Na hřišti si hrálo ňáký dítě. – .... dítě
9. Honza to řekl ňákejm holkám u nich v práci. – .... holkám u nich v práci.

▶ 42. Místo spojky *co* typické pro obecnou češtinu použijte zájmeno *který* ve správné formě.

Například: Snídala jsem ten koláč, co jsem včera upekla. – který

1. Nelíbí se mi ten dům, co loni postavili na náměstí. – ....
2. Mluvila jsem s tou paní, co se nastěhovala vedle nás. – ....
3. Ráno jsem potkala toho kluka, co jsme viděli včera v klubu. – ....
4. Jak se jmenuje ta herečka, co včera hrála v té detektivce? – ....
5. Uvaříme ty jahodové knedlíky, co ti minule chutnaly. – ....
6. Pracuju v té budově, co má ta velká plastová okna. – ....
7. Ráno jsem v metru potkala ty lidi, *co* s námi byli v létě na dovolené. – ....
8. Večer si ve vinárně dáme to víno, co jsme pili v létě ve Španělsku. – ....
9. O víkendu se sejdu s kamarády z Maďarska, *co* přijeli na týden do Prahy. – ....
10. Půjčila jsem si v knihovně tu knížku, co jsi potřeboval do školy. – ....

▶ 43. Rozumíte výrazům z obecné češtiny? Spojte.

1. jo
2. prachy
3. barák
4. chlap
5. cvok
6. starej
7. kecat
8. chlastat

A. manžel
B. říkat blbosti, povídat si
C. muž
D. blázen
E. pít (alkohol)
F. peníze
G. ano
H. dům

▶ **44. Doplňte výrazy z obecné češtiny do vět.**

barák	chlapa	jo	prachy
cvok	chlastat	kecaly	starej

1. Nemam .... Můžeš mi pučit tisícovku?
2. ...., večer budu doma. Můžeš přijít.
3. Pavel a Lenka si pořídili .... za pět miliónů.
4. Kamil zase začal .... Každej večer je prej v hospodě.
5. Můj bratranec je .... Chce nechat studia na matematicko-fyzikální fakultě a místo toho odejít na vesnici a pracovat tam někde na statku.
6. Včera jsem byla s Radkou na víně .... jsme asi dvě hodiny o všem možném.
7. Sousedka říkala, že její .... už dva měsíce nemá práci.
8. Viděla jsi toho .... tam vzadu? Jak má tu džínovou bundu? To je můj kolega z práce.

204/tab.

▶ **45. Znáte text české hymny? Doplňte.**

206/1

květ	můj	voda
lučinách	pohled	země

Kde domov (1.) ....,
kde domov můj,
(2.) .... hučí po (3.) ....,
bory šumí po skalinách, v sadě skví

se jara (4.) ....,
zemský ráj to na (5.) ....
A to je ta krásná (6.) ....,
země česká, domov můj, země česká, domov můj.

▶ **46. Doplňte do tabulky názvy historických období a typické osobnosti.**

206/3

Česká republika	Karel IV., Rudolf II.
České království	Klement Gottwald, Gustav Husák
Československá republika	kníže Svatopluk a jeho synové
Československá socialistická republika	Tomáš Garrigue Masaryk, Edvard Beneš
Velkomoravská říše	Václav Havel, Václav Klaus

	název (zjednodušeně)	období (zjednodušeně)	osobnosti
1.		9.–10. století	
2.		11. století – 1918	
3.		1918 – 1939	
4.		1948 – 1989	
5.		1993 – současnost	

▶ **47. Znáte názvy českých pohoří, hor, řek a měst? Pracujte s mapou ČR. Doplňte je do tabulky.**

206/4

Berounka	Dyje	Morava	Sázava
Beskydy	Jeseníky	Olomouc	Sněžka
České Budějovice	Ještěd	Praděd	Šumava
Českomoravská vrchovina	Jihlava	Říp	Zlín

	pohoří	hory	řeky	města
1.				
2.				
3.				
4.				

▶ **48. Co se nehodí? A proč?**

1. Sázava – Sněžka – Berounka – Morava
2. Zlín – Říp – Praděd – Ještěd
3. Beskydy – Krkonoše – Dyje – Jeseníky
4. Jihlava – Olomouc – Zlín – Šumava
5. Říp – Ještěd – Praděd – Beskydy

▶ **49. Kde to je? Zopakujte si lokál.**

1. Město Olomouc je na Morav(a) ___.
2. Město Jihlava je na Českomoravsk(á) ___ vrchovin(a) ___.
3. Město Sušice je na Šumav(a) ___.
4. Město Rožnov pod Radhoštěm je v Beskyd(y)___.
5. Hora Sněžka je v Krkonoš(e) ___.
6. Hora Ještěd je v Krušn(é) ___ hor(y) ___.
7. Hora Praděd je v Jeseník(y) ___.
8. Řeka Berounka teče ve střední ___ Čech(y) ___.

▶ **50. Kde leží…? Vyberte.**

1. Zlín leží na východ od *Brna / Brně*.
2. Město Opava leží blízko *Ostravě / Ostravy*.
3. Olomouc leží na severovýchod od *Zlíně / Zlína*.
4. Třeboň je blízko *Českého Krumlova / Českém Krumlově*.
5. Město Klatovy leží na jih od *Plzni / Plzně*.
6. Pardubice leží na jih od *Hradci Královém / Hradce Králové*.
7. Liberec leží hned vedle *Jablonce / Jablonci*.
8. Ústí na Labem je blízko *Děčíně / Děčína*.
9. Karlovy Vary leží na západ od *Kladně / Kladna*.
10. Mladá Boleslav leží na sever od *Nymburce / Nymburka*.

▶ **51. Přečtěte si informace. Potom doplňte do vět správné komparativy adjektiv nebo adverbií.**

> Mariánské Lázně 628 metrů nad mořem / Děčín 132 metrů nad mořem
> pramen Vřídlo v Karlových Varech 73° / Celsia Rudolfův pramen v Mariánských Lázních 10° Celsia
> Ostrava 320 000 obyvatel / Olomouc 100 000 obyvatel
> Vltava 430 kilometrů / Berounka 140 kilometrů
> Sněžka 1602 metrů / Praděd 1 491 metrů
> Černé jezero hloubka 40,6 metrů / Čertovo jezero hloubka 37 metrů
> Liberec 107 kilometrů od / Kutná Hora 74 kilometrů od Prahy
> Národní park Krkonoše od roku 1963 / Národní park České Švýcarsko od roku 1999
> fotbalový klub Slavie byl založen v roce 1892 / fotbalový klub Sparta byl založen v roce 1893

1. Mariánské Lázně mají .... nadmořskou výšku než Děčín.
2. Děčín leží .... nad mořem než Mariánské Lázně.
3. Rudolfův pramen je .... než pramen Vřídlo.
4. Ostrava má .... obyvatel než Olomouc.
5. V Olomouci žije .... obyvatel než v Ostravě.
6. Počet obyvatel Ostravy je .... než počet obyvatel Olomouce.
7. Vltava je .... než Berounka.
8. Berounka je .... než Vltava.
9. Když stojíte na Sněžce, jste .... než na Pradědu.
10. Praděd je .... než Sněžka.
11. Černé jezero je .... než Čertovo jezero.
12. V Černém jezeře se můžete potopit .... než v Čertově jezeře.
13. Liberec je .... od Prahy než Kutná Hora.
14. Z Prahy do Kutné Hory je to .... než z Prahy do Liberce.
15. Národní park Krkonoše je .... než národní park České Švýcarsko.
16. Národní park České Švýcarsko byl založen .... než národní park Krkonoše.
17. Fotbalový klub Slavie byl založen .... než fotbalový klub Sparta.
18. Fotbalový klub Sparta je .... než fotbalový klub Slavie.
19. Historie fotbalového klubu Slavie je o rok .... než historie fotbalového klubu Sparta.

▶ 52. Česká nej... Doplňte adjektiva v superlativu. 206/4

častý (62 obcí)	navštěvovaný (kolem 250 tisíc návštěvníků ročně)	velký (4,89 km²)
dlouhý (433 km)	nízký (-42,2 °C, 11. 2. 1929)	vysoký (1602 metrů nad mořem)
lidnatý (asi 371 400 obyvatel)	starý (konec 13. století)	západní
malý (3163 km²)	teplý (720 °C)	známý

1. Sněžka je . . . . hora České republiky.
2. Karlovy Vary jsou . . . . lázně.
3. Karlštejn je . . . . hrad.
4. Rožmberk je . . . . rybník.
5. Brno je druhé . . . . město v České republice.
6. Kamenný most v Písku je . . . .
7. Vltava je . . . . řeka.
8. Vřídlo je . . . . minerální pramen.
9. Liberecký kraj je . . . . v České republice.
10. Nová Ves je . . . . název obce.
11. Krásná u Aše je . . . . obec.
12. V Litvínovicích u Českých Budějovic byla naměřena . . . . teplota.

▶ 53. Doplňte. 206/6

lípa	odvážejí	proslulá	sousedí
nejnavštěvovanější	patří	rozloha	území

Česká republika leží ve střední Evropě, někdy se říká, že leží přímo v srdci Evropy.

Na severu (1.) . . . . s Polskem, na severu a západě s Německem, na východě se Slovenskem a na jihu s Rakouskem.

Hlavní město je Praha s milionem obyvatel, k dalším velkým městům (2.) . . . . Brno, Ostrava, Plzeň, Liberec a Olomouc.

Česká republika se skládá ze tří historických (3.) . . . . , Čech, Moravy a Slezska. Všechna území jsou zastoupena ve státním znaku, ve znaku Čech je lev, ve znaku Moravy černá orlice a ve znaku Slezska červenobílá orlice. Národním stromem je (4.) . . . .

V České republice žije deset a půl milionu obyvatel, její (5.) . . . . je 78 866 kilometrů čtverečních.

Je zde obrovské množství hradů a zámků, (6.) . . . . jsou určitě Karlštejn, Hluboká, Konopiště, Český Krumlov.

Česká republika je (7.) . . . . také svými lázněmi, některé mají i velmi dlouhou tradici. Nejznámější jsou asi Karlovy Vary, Mariánské Lázně nebo třeba Poděbrady.

Cizinci si jako suvenýry obvykle (8.) . . . . pivo, bižuterii, sklo nebo porcelán.

Kromě toho je Česká republika známá auty Škoda, hokejem a animovanými filmy, např. Krtečkem.

▶ 54. Jaký vztah mají k České republice Agniezka, Luis, Susan a Adam? Označte správnou informaci. 207/7

Dialog 1
A. Agniezka přijela do Prahy před rokem.
B. Většina Čechů se chodí k Agniezce poradit.
C. Agniezku okouzlil Karlův most v ranní mlze.
D. Agniezku v Praze už nic nepřekvapí.

Dialog 2
A. Luisova manželka bydlí na jižní Moravě.
B. Moraváci se podobají Brazilcům svou povahou.
C. Moravské tance Luisovi připomínají sambu.
D. Luis chce už deset let vyměnit byt v Brně za dům na jižní Moravě.

Dialog 3
A. Susan jezdí na výlety s roztrhanou mapou.
B. Susan a její manžel už navštívili skoro všechny hrady a zámky.
C. Susan si stěžuje, že kvůli hradům musí chodit do kopce.
D. Susan obdivuje českou historii a architekturu.

Dialog 4
A. Adam nejraději jezdí po horách na kole.
B. Adam bydlí na vesnici na horách.
C. Kromě turistiky a cyklistiky se Adam v létě věnuje také vodním sportům.
D. Když jezdí na kole, nebere si s sebou nic kromě dobré mapy.

▶ 55. Doplňte do textu chybějící slova. 207/7

| umí překvapit | při první návštěvě | označují | připomínají |
| turistické značky | neměnil by | polovina | něco nového |

Podle Agniezky je Praha nejkrásnější město na světě. Byla nadšená hned (1.) .... Přečetla o Praze všechno a prý zná Prahu lépe než většina Čechů. Praha ji ale pořád (2.) .... Karlův most brzy ráno v mlze, to je magický zážitek.

Luis je z Brazílie, ale už deset let žije v Brně a (3.) .... Jeho manželka pochází z Moravy. Často navštěvují její rodinu. Všichni na jižní Moravě jsou přátelští a srdeční a Luisovi (4.) .... Brazilce, protože také rádi slaví, tancují a zpívají.

Susan a její manžel jsou z Ameriky. V České republice je fascinuje historie a památky. Ona i její manžel často navštěvují hrady a zámky, doma si ve speciální mapě (5.) ...., kde už byli. Ještě jim asi (6.) .... hradů a zámků chybí. Také se jí líbí, že kvůli hradům musí sportovat, většinou totiž leží na kopci.

Adam chodí po Česku pěšky nebo jezdí na kole. Líbí se mu hlavně hory. Obdivuje dobře viditelné (7.) .... a myslí si, že když máte mapu, nemůžete se v Česku ztratit. Letos zkusí (8.) ....: pojede poprvé s kamarády na vodu.

▶ 56. Co víte o státním a politickém uspořádání České republiky? 207/10

1. Český prezident je volen na
   a) 4 roky
   b) 5 let
   c) 6 let

2. Český prezident je volen
   a) Parlamentem ČR
   b) vládou
   c) přímo občany ČR

3. Parlament ČR má
   a) jednu komoru
   b) dvě komory
   c) tři komory

4. Volby do Poslanecké sněmovny jsou jednou za
   a) 3 roky
   b) 4 roky
   c) 6 let

5. V Poslanecké sněmovně hlasuje 200
   a) poslanců
   b) senátorů
   c) ministrů

6. Vláda ČR má
   a) zákonodárnou moc
   b) výkonnou moc

7. Premiér je obvykle předseda
   a) strany, která vyhrála volby
   b) Poslanecké sněmovny

8. Ministerstvo vnitra se stará o
   a) hranice státu
   b) bezpečnost uvnitř státu
   c) rozvoj hospodářství

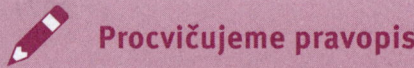
Procvičujeme pravopis

Zopakujte si

▶ **1. Doplňte -i, -y.**

1. Ve škole jsme se setkali s pedagog__, student__, trenér__, kuchař__, školník__ a ředitel__.
2. V zoo žijí lv__, divocí ps__ dingo, leopard__, had__, slon__, medvěd__ a krokodýl__.
3. Když jdu ve městě po ulici, vidím policist__, student__, úředník__, holub__, ps__, žebrák__ a fotograf__.
4. V nemocnici jsem mluvila s lékař__, chirurg__, specialist__, operatér__ a primář__.
5. Na veletrhu knih jsme se setkali se spisovatel__, ilustrátor__, překladatel__, grafik__, vydavatel__, novinář__, majitel__ knihkupectví a čtenář__.

▶ **2. Doplňte ti nebo ty.**

1. Kdo jsou ___ lidé u okna? – Nevím, ___ neznám.
2. Vidíš ___ chlapce s míčem? ___ sem chodí každý týden.
3. O čem včera mluvili ___ politici v televizi? – Nevím, ___ jsem neposlouchal.
4. V parku jsem pozorovala ___ kluky našich sousedů. ___ se ale podobají mamince.
5. Nemám ráda ___ moderní malíře. ___ vůbec neumějí malovat!

Pravidlo: Psaní -ovi / -ovy a -ini/-iny u posesivních adjektiv v nominativu a akuzativu plurálu

Formy **-ovi** *a* **-ini** *používáme v nominativu plurálu Ma, například* Pet**rovi** studenti / Len**čini** studenti.

Formy **-ovy** *a* **-iny** *používáme v nominativu plurálu Mi a F, například* Pet**rovy** romány / Len**činy** romány *a* Pet**rovy** studentky / Len**činy** studentky, *a také v akuzativu plurálu maskulin (životných i neživotných) a feminin, například* Znám Pet**rovy** studenty, romány a studentky / Len**činy** studenty, romány a studentky.

▶ **3. Co je špatně? Škrtněte.**

1. Erikovi *sousedi / sousedky*
2. Katčini *kadeřníci / kadeřnice*
3. Karlovy *doktorky / doktoři*
4. Jitčiny *žákyně / žáci*
5. Václavovi *trenéři / trenérky*
6. Marceliny *sestřenice / bratranci*
7. Milošovy *maséři / masérky*
8. Jáchymovi *učitelé / učitelky*

▶ **4. Doplňte -i, -y.**

1. Na návštěvu k nám přijdou Martinov__ dědečkové, Martinov__ babičky, Martinov__ sestry a Martinov__ bratři.
2. Mám rád bratrov__ kamarády, bratrov__ kolegyně, bratrov__ papoušky, bratrov__ rybičky.
3. Mám strach o Kamilin__ sousedy, Kamilin__ kočky, Kamilin__ kamarádky a Kamilin__ bratrance.
4. Na fotografii jsou Hančin__ kolegyně, Hančin__ obrazy, Hančin__ oblíbení spisovatelé, Hančin__ nejlepší přátelé a Hančin__ nejlepší přítelkyně.

▶ **5. Doplňte -i, -y.**

1. Zítra poznám manželov__ kamarády a manželov__ kolegyně.
2. Mám ráda Hrabalov__ romány a Hrabalov__ povídky.
3. V kavárně se sešli Honzov__ kamarádi a Honzov__ kamarádky.
4. Znáš Karlov__ bratry a Karlov__ sestry?
5. To jsou Petrov__ dcery a Petrov__ synové.
6. Na oslavu narozenin přijdou i tatínkov__ kolegové a tatínkov__ kolegyně.
7. Líbí se mi Lenčin__ psi a Lenčin__ kočky.
8. Novináři fotografovali ministrov__ sekretářky a ministrov__ asistenty.

> **Pravidlo: Psaní koncovek -ovi / -ami a -emi v dativu a lokálu sg. Ma a instrumentálu pl. F**
>
> V koncovce dativu a lokálu singuláru Ma (ke student**ovi**, o student**ovi**) píšeme vždy **-i**.
> V koncovkách instrumentálu plurálu feminin **-ami** a **-emi** (se studentk**ami**, s kolegyn**ěmi**) píšeme také vždy **-i**.
> České děti si pamatují pomůcku: -ami, -emi slyš, měkké i vždy piš!

▶ **6. Doplňte -ovi, -ami nebo -emi.**

1. Půjdu ke kamarád_____.
2. Sešla jsem se s kamarádk_____.
3. Mluvíme o Richard_____.
4. Pojedu na dovolenou se svými kolegyn_____.
5. Děti, už jste slyšeli pohádku o drak_____?
6. Miloš seděl v kině mezi dvěma spolužačk_____.
7. Na závodech se seznámil s několika sportovkyn_____.
8. Seznámil jsem se se dvěma Němk_____.
9. Malý Honzík se podobá dědečk_____.
10. Nový ředitel mluvil v továrně s dělníky i dělnic_____.

▶ **7. Doplňte -i, -y.**

1. Potřebují to Martinov__ dcery. – Dej to Martinov__. – Potkal jsme Martinov__ dcery.
2. Zavolala jsem Radkov__. – Neznám Radkov__ syny. – To jsou Radkov__ synové.
3. Je podobný Pavlov__. – To jsou Pavlov__ kočky. – Viděla jsem Pavlov__ kočky.
4. To je pro Robertov__ strýčky. – To jsou Robertov__ strýčkové. – Děti se smály Robertov__.
5. Kde sedí Tomášov__ tety? – Večer půjdu k Tomášov__. – Nikde nevidím Tomášov__ tety.

▶ **8. Doplňte -i, -y.**

1. Rád si povídá s biolog__ a bioložkam__.
2. Seznámil se s několika atletkam__ a atlet__.
3. Znám se s několika Španělkam__ a Španěl__.
4. Včera jsem mluvila se dvěma umělc__ a třemi umělkyněm__.
5. Paní učitelka přišla se svými žák__ a žákyněm__.

Klíč

LEKCE 11

Cv. 1 1. G 2. D 3. I 4. J 5. A 6. H 7. B 8. F 9. E 10. C

Cv. 2 1. povinnost 2. nudná 3. vesnice 4. malebná 5. řešit 6. zábavné 7. venkově 8. rozdělit 9. dýchat 10. rozdílné

Cv. 3 1. řešit 2. od rána do večera 3. před usnutím 4. spolupracovat 5. dýchat 6. být

Cv. 4 1. stará o 2. vypnout 3. poslední dobou 4. si stěžuje 5. skoro 6. pořád nemocný 7. podnikat 8. s účetnictvím 9. nestíhá 10. na uklidnění 11. přijal 12. zvládá líp 13. nezastaví 14. všeho nechá 15. topí v krbu 16. si užít

Cv. 5 1. vypnout 2. dostanu se do postele 3. jsem na tom byla špatně 4. začal podnikat 5. jsem něco nestihla zařídit 6. přijal 7. zvládám 8. neužil 9. všeho nechám

Cv. 6 1. se 2. se 3. se 4. se 5. si 6. si 7. si 8. si

Cv. 7 1. – se 2. – se – 3. – si 4. – si – 5. se – 6. – se – 7. – se 8. – – se 9. – se 10. – se – 11. si – – 12. – si – 13. si – 14. – si –

Cv. 8 1. princezně 2. rozbitý počítač 3. dobře 4. květiny 5. nahlas 6. problém 7. sebe na dovolenou

Cv. 9 1. E 2. H 3. A 4. G 5. C 6. B 7. D 8. F 9. J 10. I

Cv. 10 1. ji 2. jí 3. jí 4. mu 5. ji 6. ji 7. jí 8. ji 9. jí 10. jí 11. mu 12. ji 13. ho 14. ho 15. ho 16. jim 17. mu 18. nimi 19. něj/ného 20. jim 21. ní 22. ho 23. mu 24. mu 25. ji 26. ni 27. ně 28. ním 29. jí 30. je 31. jí

Cv. 11 1. roste 2. vyrostl, rostou 3. uzdraví 4. uzdravuje 5. uzdraví 6. vyléčil 7. léčíš 8. voní 9. zavoněla 10. probudíš 11. probouzím, probudila 12. potkal 13. potkávám 14. směješ 15. zasmála

Cv. 12

infinitiv	3. sg., minulý čas	3. sg., přítomný čas	3. sg., budoucí čas
léčit	léčil	léčí	bude léčit
vyléčit	vyléčil	---	vyléčí
smát se*	smál se	směje se	bude se smát
zasmát se*	zasmál se	---	zasměje se
probouzet se	probouzel se	probouzí se	bude se probouzet
probudit se	probudil se	---	probudí se
potkávat	potkával	potkává	bude potkávat
potkat	potkal	---	potká
růst*	rostl	roste	bude růst
vyrůst*	vyrostl	---	vyroste

Cv. 13 1. Ing., paní inženýrko 2. JUDr., pane doktore 3. Mgr., slečno magistro 4. Bc., pane bakaláři 5. prof., paní profesorko 6. MUDr., paní doktorko

Cv. 14 1. sluší 2. nezajímá/nudí 3. bolí 4. hodí 5. nechutná 6. je 7. baví 8. chybí 9. nejde 10. je 11. mrzí 12. nezajímá

Cv. 15

nominativ	já	ty	on/ono	ona	my	vy	oni
dativ	mi	ti	mu	jí	nám	vám	jim
akuzativ	mě	tě	ho	ji	nás	vás	je

Cv. 16 1. ho 2. ho 3. ji 4. mu 5. jí 6. jim 7. jim 8. jí 9. ji 10. jim 11. ho 12. ji 13. jim 14. ho 15. ji 16. mu

Cv. 17 1. divadlo 2. kniha 3. film 4. básničky 5. prst 6. nohy 7. ucho 8. ruka 9. jejich nový byt 10. jeho auto 11. její kočka 12. její boty 13. jeho přítelkyně 14. koncert 15. studium 16. lidé

Cv. 18 1. -a 2. -o, -o 3. -a 4. – 5. -o 6. -a 7. -o 8. -o 9. -o/-a 10. -o 11. -o 12. -o

Cv. 19 1. -y 2. -a 3. -y 4. -y 5. -y 6. -i 7. -y 8. -i 9. -a 10. -y

Cv. 20 -a, –, -a, -a, -a, –, -a, -o, -o, –; . . -a, -a, -a, -a, -a, -y, -y, -a

Cv. 21 1. pojď 2. jdi/běž 3. jdi/běž 4. pojď 5. jdi/běž 6. jdi/běž 7. pojď 8. jdi/běž 9. jdi/běž 10. pojď 11. jdi/běž 12. pojď 13. jdi/běž 14. pojď

Cv. 22 1. tady 2. tam 3. sem 4. tady 5. tam 6. sem 7. tady 8. tady 9. tam 10. tam

Cv. 23 1. sněz 2. půjč 3. ukliď 4. jez 5. pojď 6. jeď 7. vezmi 8. vrať 9. nezapomeň

Cv. 24 1. nehrajte 2. nemluvte 3. nejezte 4. neotvírejte 5. nedělejte 6. nespěte 7. nezpívejte 8. neběhejte 9. nečtěte

Cv. 25 1. zhubni 2. zkus 3. zavři 4. vyhoď 5. spi 6. nepij 7. nezapomeň 8. netykej 9. nestěžuj si 10. nesměj se

Cv. 26

infinitiv	oznamovací způsob 3. osoba pl. (oni-forma)	imperativ 2. osoba sg. (ty-forma)
otvírat	otvírají	otvírej
zavřít*	zavřou	zavři
pozvat*	pozvou	pozvi
volat	volají	volej
vypít*	vypijou	vypij
psát*	píšou	piš
naučit se	naučí se	nauč se
počkat	počkají	počkej
pospíšit si	pospíší si	pospěš si
kupovat	kupujou	kupuj

Cv. 27 1. nejez 2. sněz 3. neotvírej 4. otevři 5. nepospíchej 6. pospěš 7. zavolej 8. nevolej 9. neber 10. vezmi 11. vypij 12. nepij 13. zasměj 14. nesměj 15. nezavírej 16. zavři 17. umyj se 18. nemyj se 19. neuč 20. nauč 21. počkej 22. nečekej 23. ukliď 24. neuklízej 25. udělej 26. nedělej 27. nezvi 28. pozvi

Cv. 28 1. neber 2. nezapínej 3. nedívej se 4. neběhej 5. nemaluj 6. nejez 7. nevyndávej 8. nezpívej 9. nepij 10. neoblékej si 11. neotvírej 12. neplač/neplakej

Cv. 29 1. nebere 2. nepije 3. nedívá 4. neběhá 5. nemaluje 6. nejí 7. neobléká 8. nezpívá

Cv. 30 1. dávej 2. zaplať 3. vyluxuj 4. kup 5. myj 6. oprav 7. nechoď 8. vynášej 9. uklízej 10. vyper 11. sněz 12. vyměň 13. choď 14. kupuj 15. nejez 16. zavolej

Cv. 31 1. kupuje 2. nejí 3. nechodí 4. vyluxuje 5. zaplatí 6. opraví 7. myje 8. vypere

Cv. 32 1. vyměnil 2. koupil 3. snědl 4. zavolal 5. chodil 6. vyluxoval 7. vynášel 8. dával

Cv. 33 1. nehrál 2. neprohrává 3. si dal 4. si najde 5. chodil 6. žije 7. přestal 8. neutrácí 9. zhubl 10. se obléká 11. se seznámil 12. si nepůjčuje

Cv. 34 1. kouřit 2. nemluví 3. s uklízením 4. na pivo 5. sportovat 6. květiny 7. stejné boty 8. na fotbal 9. oblečení 10. mamince 11. nejde na fotbal 12. ve fitcentru 13. chodí na víno s kolegy 14. svíčkovou 15. moderně 16. byt

Cv. 35 1. nenosí 2. přestal 3. pomáhá 4. mluvil 5. nechodí 6. přinesl 7. sportuje 8. nedíval 9. telefonuje 10. neutrácí 11. netráví 12. nechodila 13. uvaří 14. neoblékala 15. neuklízí 16. šla

Cv. 36 1. aby 2. ať 3. ať 4. aby 5. aby 6. ať 7. ať 8. ať 9. aby 10. ať 11. aby 12. ať

Cv. 37 1. čelo 2. uši 3. stehno 4. lýtko 5. boky 6. kotník 7. brada 8. prst 10. koleno 11. záda 12. hýždě 13. rty 14. rameno 15. hlava 16. hrudník. TAJENKA: „Čistota půl zdraví."

Cv. 38 1. se 2. se 3. se 4. si 5. si 6. si

Cv. 39 1. vymkl jsem si 2. zácpu 3. nastydl jsem 4. uhodil jsem se 5. zlomil jsem si 6. otřes mozku 7. říznul jsem se 8. zápal plic 9. průjem 10. spálil jsem si

Cv. 40 1. Tomáši, neřízni se. 2. Aleši, nezlom si. 3. Eliško, neplakej/neplač. 4. Filipe, nespadni. 5. Julie, neuhoď se. 6. Aneto, nespal se. 7. Honzo, nepolij se. 8. Lucie, neotvírej.

Cv. 41 1. B 2. F 3. H 4. E 5. D 6. A 7. J 8. G 9. C 10. I

Cv. 42 1. na prohlídku 2. do prstu 3. otřes mozku 4. obvaz 5. spadl 6. v krku 7. nemocenskou 8. kartičku pojištěnce

Cv. 43 1. náplast 2. receptu 3. sirup 4. prášek 5. sádru 6. kapky 7. obvaz 8. berle 9. mast

Cv. 44 1. na oční 2. k zubaři 3. na psychiatrii 4. ke gynekoložce 5. na alergologii 6. k dětské lékařce 7. na chirurgii 8. ke kardiologovi 9. na ortopedii 10. na ušní 11. k neurologovi 12. k praktickému lékaři

Cv. 45 1. pojišťovnu 2. potíže 3. svlékněte se 4. zhluboka 5. nastydnutí 6. berte 7. neschopenku 8. kontrolu

Cv. 46 1. Co vám chybí? 2. Aha, tak se položte. 3. A jak dlouho vás to bolí? 4. Máte teplotu? 5. Zvracíte? 6. Musíte do nemocnice na chirurgii na vyšetření.

Cv. 47 1. E 2. H 3. D 4. A 5. B 6. C 7. I 8. J 9. G 10. F

Cv. 48 1. zápal plic 2. brát 3. poradil 4. na vyšetření 5. rakovinu žaludku 6. zastavila 7. polila 8. na klinice popálenin 9. na sjezdovce 10. narazil 11. otřesem mozku 12. bez berlí

LEKCE 11 Pravopis

Cv. 1 1. C 2. B 3. A 4. A 5. C 6. B 7. A 8. C 9. B 10. A 11. B 12. C

Cv. 2 1. přijeli 2. fungovaly 3. vysvětlovali 4. byly 5. povídali 6. dělaly 7. používali 8. fungovaly 9. připravili 10. byli

Cv. 3 1. seděly 2. seděli 3. seděli 4. žili 5. smály 6. smáli 7. běhaly 8. mluvili

Cv. 4 1. pracovali, měli 2. byli, fotografovali 3. jely, těšily 4. stály, řídily 5. řekly 6. vyprávěli 7. jely, smály 8. líbily

LEKCE 12

Cv. 1 1. hlediště 2. jeviště 3. orchestr 4. dirigent 5. sedadlo 6. opona 7. hudebník 8. řada 9. obecenstvo 10. noty

Cv. 2 1. sochaři 2. malíři 3. dirigenti 4. režiséři 5. hudebníci 6. diváci 7. básníci 8. scenáristi/scenáristé 9. spisovatelé 10. skladatelé

Cv. 3 1. režisér 2. báseň 3. sedadlo 4. básník 5. scénář 6. povídka 7. sbírka 8. socha 9. jeviště 10. píseň 11. opona 12. poezie 13. obecenstvo 14. dějství 15. představení 17. skladatel 18. hlediště 19. role 20. román 21. hudebník 23. plátno. TAJENKA: „Žádná píseň není tak dlouhá."

Cv. 4 1. do třetí řady, sedadla 2. opona 3. tři dějství 4. skladatel 5. noty 6. na jeviště 7. první sbírka 8. povídka 9. celé hlediště 10. sochař, nové sochy

Cv. 5 1. kamera 2. próza 3. role 4. povídka 5. socha 6. scénář

Cv. 6 1. -ě, -i, -i, -u/-ě, -u/-e, -í, -e, -u 2. -i, -e, -ě 3. -ě, -u, –, -a 4. -ce, -še, -ně, -í, -u, -ce, -ni, -i 5. -em, -ou, -em, -ou, -ou

Cv. 7 1. animované 2. dokumentární 3. němý 4. historické 5. černobílé 6. abstraktní 7. detektivní 8. hudební

Cv. 8 1. E 2. G 3. K 4. A 5. B 6. I 7. J 8. C 9. D 10. F 11. H

Cv. 9 1. přemluvil 2. hrůza 3. nedávno 4. skvělá 5. zase 6. skvělý 7. zážitek 8. pohádali 9. skoro 10. antikvariátu 11. výjimka 12. úžasní

Cv. 10 6, 10, 7, 12, 8, 5, 13, 14, 9, 2, 1, 4, 3, 11

Cv. 11 1. G 2. A 3. J 4. H 5. D 6. B 7. I 8. C 9. F 10. E

Cv. 12 1. zjistil 2. dávat operu 3. zamluvil lístky 4. nový účes 5. kvůli dopravní zácpě 6. dorazili do divadla 7. uvaděč 8. mlčky ukázal 9. odtáhli 10. sepsat protokol 11. propustili 12. proseděli noc 13. policejní hlídka 14. vyhodila 15. někdo ukradl 16. velmi úspěšná

Cv. 13

infinitiv	3. sg., minulý čas	3. sg., přítomný čas	3. sg., budoucí čas
propouštět	propouštěl	propouští	bude propouštět
propustit	propustil	---	propustí
odmítat	odmítal	odmítá	bude odmítat
odmítnout*	odmítl	---	odmítne
odtahovat	odtahoval	odtahuje	bude odtahovat
odtáhnout*	odtáhl	---	odtáhne
krást*	kradl	krade	bude krást
ukrást*	ukradl	---	ukradne

Cv. 14

infinitiv	3. osoba pl. (oni-forma) oznamovací způsob	2. osoba sg. (ty-forma) imperativ
dát si	dají si	dej si
dojít	dojdou	dojdi
hledat	hledají	hledej
počkat	počkají	počkej
podívat se	podívají se	podívej se
přemýšlet	přemýšlí/přemýšlejí	přemýšlej
vrátit se	vrátí se	vrať se
vyžehlit	vyžehlí	vyžehli
zaplatit	zaplatí	zaplať
zkusit	zkusí	zkus
podepsat	podepíšou	podepiš

Cv. 15 1. přemýšlejte 2. vyžehlete si 3. dojděte si 4. zaplaťte 5. vraťte se 6. počkejte 7. dejte si 8. zkuste 9. hledejte 10. podívejte se

Cv. 16 1. H 2. I 3. D 4. F 5. C 6. E 7. A 8. G 9. B

Cv. 17 1. rozcuchané vlasy 2. vejdu do sukně 3. o deset procent dražší 4. nádražní hodiny 5. podepsat smlouvu 6. stihnout termín 7. sáhla do tašky 8. vyrazili jsme na dovolenou 9. klíče od kanceláře

Cv. 18 1. přestože 2. protože 3. proto 4. že, kde 5. když, že 6. ale, protože 7. kde 8. ani, ani, proto 9. což, proto 10. kde 11. až 12. když, že

Cv. 19 1. ani – ani 2. buď – nebo 3. ani – ani 4. ani – ani 5. buď – nebo 6. buď – nebo 7. ani – ani 8. buď – nebo

Cv. 20 1. když 2. aby 3. přestože 4. a 5. ačkoliv 6. jakmile 7. proto 8. kteří 9. protože 10. ačkoliv 11. jakmile 12. jak 13. ani 14. ani 15. a proto 16. jakmile 17. když 18. což 19. jestli 20. a jestli 21. že 22. ani kdyby

Cv. 21 1. Protože už několik let nebyla v divadle. 2. Ve druhé řadě. 3. Ne, přišli skoro pozdě. 4. Protože scéna byla hodně moderní. 5. Ne, nelíbila se mu. 6. Usnul. 7. Že manžel třetí dějství neprospal. 8. Ne, nechce.

Cv. 22 1. Rakousku 2. Itálii 3. Dánsku 4. Itálii 5. Rusku 6. Švýcarsku 7. Německu 8. Velké Británii 9. Francii 10. Číně 11. Německu 12. Německu

Cv. 23 1. A 2. H 3. I 4. F 5. D 6. E 7. B 8. G 9. C 10. J

Cv. 24 1. bonbónů, sladkostí, zákusků 2. cigaret, drinků, hospod 3. klobás, párků, salámů 4. aut, kamarádů, kin 5. klidných nocí, rán v posteli, večerů v klubu

Cv. 25 1. chyb, špatně formulovaných vět 2. krádeží, stop 3. bot, pásků 4. účesů, vlasů 5. nosů, rtů 6. kazů, zubů

Cv. 26 1. dobrých herců, nových technologií, nových vynálezů, vzdělaných lidí, zkušených lékařů 2. dlouhých monologů, hloupých nápadů, nepraktických mužů, pomalých úředníků, populistických politiků

Cv. 27 2. bakterií 3. jízdních kol 4. lidí 5. strašidel 6. zubařů 7. léků 8. Francouzů 9. žen 10. hodin 11. myšlenek 12. uzavřených prostorů 13. počítačů 14. psů 15. strojů 16. ptáků 17. parazitů 18. slov 19. cizinců

Cv. 28 1. luxusních restaurací 2. zajímavých zahrad 3. moderních obchodů 4. starých paneláků 5. mých rodičů 6. našich přátel 7. tvých kolegů 8. mých kamarádek 9. našich učitelů 10. mých babiček 11. našich sousedů 12. milých studentek 13. starších lidí 14. jeho sester 15. mých bratrů 16. tvých tet 17. našich kluků

Cv. 29 2. pavouků 3. doktorů 4. injekcí 5. koňů/koní 6. známek 7. učitelů 8. psů 9. aut 10. policistů 11. dětí 12. koťat

Cv. 30 1. Beskyd 2. Českého středohoří 3. Krkonoš 4. Šumavu 5. Aše 6. Brna 7. Českých Budějovic 8. Domažlic 9. Chebu 10. Jihlavy 11. Karlových Varů/Var 12. Kolína 13. Litoměřic 14. Luhačovic 15. Mariánských Lázní 16. Ostravy 17. Plzně 18. Poděbrad 19. Strakonic 20. Ústí nad Labem

Cv. 31 1. eur 2. koruny 3. rubl 4. rublů 5. eura 6. korun 7. dolar 8. liber 9. liber 10. koruny 11. libra 12. dolarů

Cv. 32 1. dolarů 2. dongů 3. solivarů 4. hřiven 5. franků 6. korun 7. liber 8. šekelů 9. rupií 10. rublů 11. eur 12. zlotých

Cv. 33 1. dekagramů/dek 2. kilometrů 3. kilogramů 4. metrů 5. centimetrů 6. tun 7. decilitrů/deci 8. litrů 9. mililitrů 10. milimetrů

Cv. 34 1. D 2. G 3. F 4. E 5. A 6. H 7. C 8. B

Cv. 35 2. vína 3. vody 4. džusu 5. oliv 6. rohlíků 7. housek 8. paprik 9. chlebíčků 10. zákusků 11. dortu 12. okurek 13. rajčat 14. balonků

Cv. 36

To je…	To jsou…	To je hodně…
1. dítě	děti	dětí
2. přítel	přátelé	přátel
3. okno	okna	oken
4. X	peníze	peněz
5. člověk	lidi/lidé	lidí
6. ruka	ruce	rukou
7. vejce	vejce	vajec
8. pes	psi	psů
9. houba	houby	hub
10. ucho	uši	uší
11. lžíce	lžíce	lžic
12. přítelkyně	přítelkyně	přítelkyň

Cv. 37 1. vajec 2. zvířata 3. aut 4. televizí 5. kluci 6. lžic a nožů 7. děti 8. bank 9. přátelé 10. dnů/dní

Cv. 38 1. je 2. je 3. jsou 4. je 5. jsou 6. jsou 7. je 8. jsou 9. je 10. jsou 11. je 12. je

Cv. 39

Potřebuju jeden/jednu/jedno + akuzativ sg.	Chci dva/dvě + akuzativ pl.	Mám pět + genitiv pl.
1. jedno jablko	dvě jablka	pět jablek
2. jeden pomeranč	dva pomeranče	pět pomerančů
3. jednu čokoládu	dvě čokolády	pět čokolád
4. jednu bonboniéru	dvě bonboniéry	pět bonboniér
5. jeden jogurt	dva jogurty	pět jogurtů
6. jeden knedlík	dva knedlíky	pět knedlíků
7. jedno pivo	dvě piva	pět piv
8. jednu brokolici	dvě brokolice	pět brokolic
9. jedno vejce	dvě vejce	pět vajec

Cv. 40 1. Evina 2. Evin 3. Evino 4. Luciin 5. Luciina 6. Luciino 7. Milanův 8. Milanovo 9. Milanova 10. Leošova 11. Leošův 12. Leošova 13. Ondřejův 14. Ondřejova 15. Ondřejovo 16. Kateřinin 17. Kateřinina 18. Kateřinina

Cv. 41 1. Eriky 2. Vlaďky 3. Hanky 4. Blanky 5. Olgy 6. Moniky 7. Radky 8. Petry

Cv. 42 1. Barbořino 2. Dagmařina 3. Věřin 4. Klářin 5. Veroničina 6. Zdenčin 7. Tamařino 8. Eliščina

Cv. 43

	Ma	Mi	F	N
	kamarádi	problémy	dcery	auta
Petr	Petrovi	Petrovy	Petrovy	Petrova
Jana	Janini	Janiny	Janiny	Janina
Kamil	Kamilovi	Kamilovy	Kamilovy	Kamilova
maminka	maminčini	maminčiny	maminčiny	maminčina
Emil	Emilovi	Emilovy	Emilovy	Emilova
teta	tetini	tetiny	tetiny	tetina
bratr	bratrovi	bratrovy	bratrovy	bratrova
sousedka	sousedčini	sousedčiny	sousedčiny	sousedčina
Miloš	Milošovi	Milošovy	Milošovy	Milošova
Linda	Lindini	Lindiny	Lindiny	Lindina
básník	básníkovi	básníkovy	básníkovy	básníkova
Sofie	Sofiini	Sofiiny	Sofiiny	Sofiina

Cv. 44 1. Adélini 2. Petrovi 3. malířovi 4. kolegovi 5. Martinovi 6. Hančini 7. synovy 8. Tomášovi 9. Katčiny 10. Marečkova

Cv. 45 1. A 2. C 3. F 4. B 5. D 6. E, 1. ne 2. ne 3. ne 4. ne

Cv. 46 1. -ova 2. -ův 3. -in 4. -ovo 5. -ův 6. -ova 7. -ina 8. -ina 9. -ova 10. -ova 11. -ina 12. -ova 13. -ovy 14. -iny 15. -iny 16. -ova 17. -ině 18. -ově 19. -ině 20. -ině 21. -ovu 22. -ovu 23. -ově 24. -ův 25. -ova 26. -inu 27. -ina 28. -ova 29. -ův 30. -ovu 31. -ova 32. -in 33. -ově 34. -ově 35. -ově 36. -ově 37. -ově 38. -ově 39. -ově 40. -ově 41. -ovým 42. -iným 43. -iným 44. -ovým 45. -ovou 46. -ovým 47. -iným 48. -iným

Cv. 47 1. synovým 2. šéfovu 3. sousedovo 4. kolegova 5. Romanova 6. Lindině 7. Arnoštově 8. Zuzaninu 9. Karlově 10. Renatinu

Cv. 48 1. Havlovu esej Moc bezmocných, Formanovy Vlasy, Kunderovu Nesnesitelnou lehkost bytí, Kubrickovu 2001: Vesmírnou Odysseu, Svěrákova Kolju 2. Čapkovy povídky, Haškova Dobrého vojáka Švejka 3. Bizetovu Carmen, Beethovenovu Symfonii č. 9, Dvořákovu Rusalku, Mozartovu Malou noční hudbu, Stingovy písničky 4. Leonardovu Monu Lisu, Manetovu Snídani v trávě, Michelangelova Davida

Cv. 49 1. G 2. D 3. F 4. A 5. C 6. E 7. B

Cv. 50 Jiří Novotný 3, 1, 4, 2 Jarmila Malá 1, 3, 6, 5, 2, 4 Pavel Synek 6, 1, 3, 5, 4, 2

Cv. 51 1. G 2. A 3. B 4. C 5. D 6. H 7. E 8. F

Cv. 52 1. napínavý 2. strašidelný 3. dojemný 4. vtipná 5. nádherný 6. skvělý 7. slabý 8. lidský 9. působivý

LEKCE 12 Pravopis

Cv. 1 tvrdé konsonanty: h, ch, k, r, d, t n; měkké konsonanty: ž, š, č, ř, c, j, ď, ť, ň

Cv. 2 1. důchodkyně 2. hudebník 3. štíhlý 4. zahýbat 5. týden 6. tykat 7. řídit 8. rýma 9. tichý 10. rybník 11. pohyb 12. chytat 13. chodit 14. životopis 15. jízdenka 16. kyselý 17. ušít 18. pocit 19. rozdíl 20. nic 21. šikovný

Cv. 3 1. být 2. bystrý 3. bylina 4. býk 5. kobyla 6. obyčej

Cv. 4 1. bylina 2. býk 3. kobyla 4. bystrý 5. byliny

Cv. 5 1. obyčej 2. býka 3. kobyla 4. bystrá 5. byliny 6. bylin

Cv. 6 obyčej; bylina

Cv. 7 1. obývák 2. obyvatel 3. bydliště 4. ubytování 5. byt 6. nábytek

Cv. 8 1. bílá 2. byla 3. nábytku 4. biftek 5. bít 6. být 7. bystrý 8. obývák 9. sbírat 10. býk 11. zabít 12. bydlet 13. bylinkový 14. bydliště 15. obyvatel

LEKCE 13

Cv. 1 1. mamince 2. bratrovi 3. dědečkovi 4. babičce 5. otci 6. strýci

Cv. 2 1. mi 2. mu 3. nám 4. ti 5. vám 6. komu

Cv. 3 1. velké oči; mamince Renatě 2. velké, dědovi Milošovi 3. dlouhý; babičce Veronice 4. široký; tatínku Zdeňkovi 5. oválný; strýci Honzovi 6. velké nohy; babičce Julii 7. velké zuby; pradědečku Mirkovi 8. široká ramena; dědečku Karlovi

Cv. 4 1. náladový 2. bezstarostný 3. lhostejný 4. tichý

Cv. 5 1. naštvaný 2. nafoukaný 3. puntičkářský 4. protivný 5. upovídaný 6. stydlivý 7. lhostejný

Cv. 6 1. nepořádný 2. nafoukaný 3. upovídaný 4. spolehlivý 5. stydlivý 6. protivný 7. šikovný 8. puntičkářský

Cv. 7 Milan 1. nečte pohádky a nechodí na procházky/je aktivní a podnikavý 2. přes sedmdesát 3. detektivky 4. je puntičkářský, Dana 5. je na všechny kolem naštvaná 6. je kreativní, vtipná a zábavná 7. je nesystematická a nepořádná 8. hodně mluvit, Agáta 9. pořád se hádají a nedá se s nimi o ničem mluvit 10. Agáta 11. je energická a ctižádostivá 12. dává si na to pozor

Cv. 8 podnikavý, společenská, zábavný, nafoukaný

Cv. 9 1. ano 2. ano 3. ano 4. ne 5. ano 6. ne 7. ne 8. ano 9. ne 10. ne 11. ne

Cv. 10 1. se rozešly 2. neměly tušení 3. vzdala 4. dokončila 5. si vybrala 6. uveřejnila 7. zažila 8. rozeznat 9. tvrdí 10. přiznávají 11. se pohádaly 12. se našly

Cv. 11

infinitiv	3. sg., minulý čas	3. sg., přítomný čas	3. sg., budoucí čas
hádat se	hádal se	hádá se	bude se hádat
pohádat	pohádal se	---	pohádá se
přiznávat	přiznával se	přiznává se	bude se přiznávat
přiznat	přiznal	---	přizná
rozcházet* se	rozcházel se	rozchází se	bude se rozcházet
rozejít* se	rozešel se	---	rozejde se
rozvádět se	rozváděl se	rozvádí se	bude se rozvádět
rozvést* se	rozvedl se	---	rozvede se
uveřejňovat	uveřejňoval	uveřejňuje	bude uveřejňovat

infinitiv	3. sg., minulý čas	3. sg., přítomný čas	3. sg., budoucí čas
uveřejnit	uveřejnil	---	uveřejní
vybírat si	vybíral si	vybírá si	bude si vybírat
vybrat* si	vybral si	---	vybere si
vzdávat se	vzdával se	vzdává se	bude se vzdávat
vzdát se	vzdal se	---	vzdá se

Cv. 12 1. rozešly 2. vzdala 3. uveřejnila 4. dokončila 5. pohádaly 6. přiznat 7. vybíral, vybral 8. zažil 9. se našly

Cv. 13 1. vybrat 2. vlastnost 3. vzdalo 4. tušení 5. tvrdí 6. uznal 7. povaha 8. pochází 9. přiznal 10. vlastnila 11. si vybírá 12. podobnost 13. nevzdala 14. rozeznáš 15. uveřejnila

Cv. 14 1. nějakého milionáře 2. Martinou 3. známého politika 4. Šárku 5. Miluška a Kamil 6. Eliškou Přemyslovnou 7. spolužačku ze školy 8. toho kluka z obchodu 9. Leonou Kludskou 10. Ondřej a Marta

Cv. 15 1. se vdala 2. si vzala 3. se vzali 4. si vzal 5. si vzal 6. se oženil 7. se vdala 8. si vzala 9. se oženil 10. si vzal

Cv. 16

infinitiv	3. sg. oznamovací způsob (oni-forma)	2. sg. imperativ (ty-forma)
brát si	berou si	ber si, neber si!
vzít si	vezmou si	vezmi si!
vdávat se	vdávají se	vdávej se, nevdávej se!
vdát se	vdají se	vdej se!
ženit se	žení se	žeň se, nežeň se!
oženit se	ožení se	ožeň se!
rozvádět se	rozvádějí se	rozváděj se, nerozváděj se!
rozvést se	rozvedou se	rozveď se!
rozcházet se	rozcházejí se	rozcházej se, nerozcházej se!
rozejít se	rozejdou se	rozejdi se!

Cv. 17 1. neber si 2. vezmi si 3. vdej se 4. nevdávej se 5. nežeň se 6. ožeň se 7. rozveď se 8. nerozváděj se 9. rozejdi se 10. nerozcházej se

Cv. 18 1. brát 2. vdala 3. nevzali 4. vdávat 5. vezmou 6. vzali 7. vdává 8. ženit 9. vezme

Cv. 19 1. ano 2. ne 3. ano 4. ne 5. ne 6. ano 7. ano 8. ne 9. ne

Cv. 20 1. porodnice, porodila 2. se narodila 3. se učí 4. vyučený 5. se naučit 6. učí 7. učeň 8. učenec 9. se rodil

Cv. 21 1. malý 2. vysoký 3. dobrý 4. suchý 5. dlouhý 6. energický 7. úzký 8. krátký 9. špatný 10. lehký

Cv. 22 1. větší 2. nižší 3. zdravější 4. mladší 5. širší 6. pořádnější 7. těžší 8. sladší 9. dražší 10. hezčí 11. chytřejší 12. čistější/čistší

Cv. 23 1. kaloričtější 2. ekologičtější 3. praktičtější 4. romantičtější 5. sympatičtější 6. lidštější 7. logičtější 8. přátelštější 9. puntičkářštější 10. vědečtější

Cv. 24 1. rychlejší 2. milejší/příjemnější 3. zajímavější 4. menší 5. lehčí 6. užší 7. tmavší 8. delší 9. bohatší/bohatější 10. vyšší 11. sladší 12. měkčí

Cv. 25 1. delší 2. velký 3. bohatší/bohatější 4. naštvanější 5. protivná 6. nejnudnější 7. barevnější 8. lehčí 9. malebnější 10. populární

Cv. 26 1. -á, veselejší 2. -ý, starší 3. -é, tučnější 4. -í, inteligentnější 5. -á, šťastnější 6. -í, kvalitnější 7. -á, dražší 8. -á, vyšší 9. -í, luxusnější 10. -ý, sladší 11. -é, novější 12. -ý, romantičtější 13. -í, profesionálnější 14. -á, lehčí 15. -í, mladší 16. -é, chytřejší 17. -í, čerstvější 18. -é, nižší 19. -á, dražší 20. -čtí, praktičtější

Cv. 27 1. stará, starší, mladší 2. nejvyšší, vyšší, nejmenší, vyšší 3. těžší, nejtěžší, lehčí 4. delší, nejdelší, nejkratší 5. nejhezčí, hezčí 6. přátelštější, nejpřátelštější

Cv. 28 1. lehčí 2. starší 3. více/víc 4. méně/míň 5. více/víc 6. méně/míň

Cv. 29 1. se zvýšila 2. se zhoršilo 3. se zvýšila 4. se zhoršilo 5. se zlepšila 6. se zvýšilo

Cv. 30 1. zvětšit – zmenšit 2. zvýšit – snížit 3. zlepšit – zhoršit 4. zdražit – zlevnit

Cv. 31 1. zvětší 2. zlepší 3. zvýší 4. zlepší 5. sníží 6. zlepší 7. zlevní 8. sníží 9. zlepší 10. zlepší

Cv. 32 1. trapně 2. trapná 3. elegantní 4. elegantně 5. tvrdý 6. tvrdě 7. krásně 8. krásné 9. lehce 10. lehký 11. suché 12. sucho 13. dlouho 14. dlouhý 15. krátkou 16. krátce 17. zdravý 18. zdravě 19. nebezpečně 20. nebezpečný

Cv. 33 1. šít 2. být 3. bydlet 4. mluvit 5. házet 6. vypadat 7. jíst 8. zhubnout 9. žít 10. oblékat se

Cv. 34 1. teplo 2. suše 3. jasno 4. těžce 5. sucho 6. dlouho 7. jasně 8. těžko 9. chladno 10. těžce

Cv. 35 1. sucho 2. suše 3. jasno 4. jasně 5. těžko 6. těžce 7. teple 8. teplo 9. chladno 10. chladně 11. dlouho 12. dlouze

Cv. 36 1. dobře 2. málo 3. vysoko 4. dlouho 5. nízko 6. brzy/brzo 7. daleko 8. blízko 9. špatně 10. moc, hodně

Cv. 37 1. lépe/líp 2. méně/míň 3. více/víc 4. dříve/dřív 5. blíže/blíž 6. dráže/dráž 7. výše/výš 8. déle/dýl

Cv. 38 1. levněji 2. pomaleji 3. vážněji 4. spolehlivěji 5. slavnostněji 6. hlasitěji 7. elegantněji 8. zdvořileji 9. osaměleji 10. pečlivěji 11. upřímněji 12. naštvaněji

Cv. 39 1. romantičtěji 2. praktičtěji 3. logičtěji 4. umělečtěji 5. optimističtěji 6. klasičtěji 7. energičtěji 8. typičtěji 9. kritičtěji 10. pesimističtěji

Cv. 40 1. naštvaněji 2. hlasitěji 3. pečlivěji 4. levněji 5. osaměleji 6. kritičtěji 7. logičtěji 8. pomaleji

Cv. 41 1. tišeji 2. klidněji 3. systematičtěji 4. dříve/dřív 5. pomaleji 6. blíže/blíž 7. častěji 8. více/víc 9. chytřeji 10. veseleji

Cv. 42 1. méně/míň 2. levnější 3. elegantněji 4. starší 5. delší 6. rychleji 7. větší 8. světlejší 9. později 10. vyšší

Cv. 43 1. nejrychleji 2. hůře/hůř 3. výše/výš 4. lépe/líp 5. nejvíce/nejvíc 6. nejdále/nejdál 7. nejdražší 8. nižší 9. delší 10. praktičtější 11. nejchytřejší 12. nejtěžší

Cv. 44 1. nelépe 2. nejlepší 3. tepleji 4. teplejší 5. elegantnější 6. elegantněji 7. nejtrapněji 8. nejtrapnější 9. horší 10. hůř 11. lépe 12. lepší 13. delší 14. déle

Cv. 45 1. blíže/blíž 2. vyšší 3. lépe/líp 4. delší 5. hůře/hůř 6. lehčí 7. častěji 8. nižší 9. dražší 10. klidnější

Cv. 46 Lucie dnes 2. kratší 3. elegantněji 4. dražší 5. hůř 6. zdravěji 7. rychlejším 8. méně, Lucie dříve 1. většího 2. sportovněji 3. více/víc 4. delší 5. levnější 6. lépe/líp 7. sympatičtěji 8. pohodlnější

Cv. 47 1. dále/dál 2. blíže/blíž 3. více/víc 4. méně/míň 5. více/víc 6. starší 7. méně/míň 8. mladší 9. více/víc 10. vyšší 11. nižší 12. pomaleji 13. rychleji 14. vyšší 15. menší 16. mladší 17. starší

Cv. 48 1. Prostřední děti 2. Nejmladší děti 3. Jedináčci 4. Nejstarší

Cv. 49 1. G 2. D 3. F 4. B 5. L 6. C 7. E 8. A 9. J 10. H 11. I 12. K

Cv. 50 1. společenští 2. zodpovědní 3. rozmazlení 4. sobečtí 5. soutěživé 6. ambiciózní 7. bezstarostní 8. dominantní

Cv. 51 1. horší 2. hůře/hůř 3. hezčí 4. rychleji 5. lépe/líp 6. více/víc 7. chytřejší 8. více/víc

Cv. 52 1. déle, lépe 2. lepší, rychleji 3. levněji, horší 4. déle, lepší 5. častěji, lépe 6. starší, hůř 7. starší, lépe 8. delší, kratší

Cv. 53 1. déle, spokojenější 2. častěji, méně/míň 3. rychleji, více/víc 4. méně/míň, více/víc 5. dražší, méně/míň 6. déle, hůře/hůř 7. zajímavější, déle

Cv. 54 1. co nejlépe/nejlíp 2. co nejpomaleji 3. co nejdříve/nejdřív 4. co nejtepleji 5. co nejdále/nejdál 6. co nejdříve/nejdřív 7. co nejdéle 8. co nejblíže/nejblíž 9. co nejméně/nejmíň

Cv. 55 1. se – – 2. – – – 3. – se 4. – se – 5. – se – 6. – – 7. – se – 8. – – 9. se – – – 10. – – – 11. – – se 12. se – 13. se – – 14. – – 15. se –

Cv. 56 1. sopok 2. gramant 3. matrix 007 4. mitmat 5. Pitko 6. Zacharias 7. Kytka 8. matrix 007

Cv. 57 1. NF 2. F 3. NF 4. NF 5. F 6. F 7. F 8. F 9. F 10. F 11. NF 12. NF

Cv. 58 1. kolik 2. že 3. jak 4. proč 5. že 6. co 7. abys 8. aby

Cv. 59 1. To nevadí. /To je jedno. 2. To nevadí. /To je jedno. 3. To nevadí. /To je jedno. 4. To nevadí. /To je jedno. 5. To je jedno. 6. To je jedno. 7. To nevadí. /To je jedno. 8. To nevadí. /To je jedno.

Cv. 60 1. vztahu 2. koš 3. utracené 4. vliv 5. nutné 6. v přítomnosti 7. řekl 8. vulgární

Cv. 61 1. A 2. E 3. G 4. F 5. D 6. H

Cv. 62 1. ano 2. ne 3. ne 4. ne 5. ano 6. ne 7. ano 8. ne

LEKCE 13 Pravopis

Cv. 1 1. obýváku 2. býk 3. obyčejný 4. sbírka 5. zabil 6. obyvatel 7. nabít 8. bydlel 9. nábytek 10. zlobilo 11. byt 12. bydliště

Cv. 2 1. lýtko 2. mlýn 3. lyže 4. polykat 5. plynout 6. blýská se

Cv. 3 1. lýtko 2. mlýn 3. blýská se 4. slyšet 5. lyže; 1. se blýská 2. lyže 3. mlýn 4. plyne 5. lýtka

Cv. 4 1. lyže 2. mlýnu 3. plynul 4. slyšeli 5. se blýská 6. polykat 7. lýtka

Cv. 5 1. uslyšet, slyšitelný 2. mlynář 3. lyžař, lyžovat, lyžování 4. plyn, plynový

Cv. 6 1. sporák 2. čaj 3. zvuk 4. studentka 5. člověk 6. pokoj

Cv. 7 1. líbí, lyže 2. blízko, mlýn 3. plyne 4. bolí, lýtko 5. blýskalo 6. klidně, plynula 7. oblíbený 8. kelímky 9. lyžařů 10. naliješ 11. slyšel 12. lidové

LEKCE 14

Cv. 1 1. E 2. C 3. F 4. J 5. H 6. G 7. B 8. A 9. D 10. I

Cv. 2 1. zprávy z domova 2. zprávy z kultury 3. sportovní zprávy 4. kurzy akcií 5. zprávy ze světa 6. program televize 7. inzeráty 8. vtipy

Cv. 3 2. soutěž 3. reklama 4. předpověď 5. zprávy 6. recenze 7. komentář 8. křížovka 9. recept 10. vtip 11. dopis 12. polemika. TAJENKA: „Bulvární tisk."

Cv. 4 1. vyšší 2. pochází 3. let 4. kteří 5. aby 6. získat 7. ně 8. zvýšit

Cv. 5 1. ano 2. ano 3. ano 4. ano 5. ne 6. ano

Cv. 6 1. -ém -ím -u 2. -ém -u 3. -ém -i 4. -é -ě 5. -u 6. -u, 7. -i 8. -u 9. -ě 10. -é -ě 11. -í -ce 12. -ě -ce 13. -ém -u 14. -é -ze 15. -ém -ovi 16. -ém -i 17. -u 18. -u 19. -ře 20. -ém -ovi 21. -ém -u 22. -ím -u 23. -u 24. -ře 25. -ce

Cv. 7 1. zvyklý 2. nepoužívá 3. pořád 4. tisk 5. nechápe 6. sedí 7. stahuje 8. seriály 9. časopis 10. nemohl 11. hledá 12. blbosti 13. pouští 14. ani 15. půjčí

Cv. 8 5, 3, 1, 7, 6, 4, 2

Cv. 9 1. E 2. G 3. J 4. H 5. C 6. L 7. K 8. A 9. D 10. I 11. F 12. B

Cv. 10 článek z černé kroniky: 5. C, 6. L, 8. A, 9. D sportovní zprávy: 4. H, 10. I zprávy z domova: 7. K, 11. F, 12. B politické komentáře: 1. E, 2. G, 3. J

Cv. 11 1. K 2. E 3. I 4. B 5. A 6. L 7. H 8. J 9. D 10. G 11. F 12. C 13. zranilo, zranění 14. upozornila, upozornění 15. zatkla, zatčení 16. znásilnil, znásilnění 17. přepadení, přepadl 18. vybavit, vybavení 19. vyřešil, řešení 20. porušila, porušení

Cv. 12 1. menšinám G. sledovala; 2. vede E. skončil; 3. patří A. odpovídají; 4. upozornila, na porušování B. dodržuje; 5. zatkla, přepadl C. znásilnil; 6. navštívit F. díla; 7. řešení D. vracejí

Cv. 13 1. upozorňuje 2. upozornila 3. nedodržovali 4. nedodržel 5. vraceli 6. vrátila 7. umožnil 8. umožňují

Cv. 14

infinitiv	3. sg., minulý čas	3. sg., přítomný čas	3. sg., budoucí čas	2. sg. imperativ
upozorňovat	upozorňoval	upozorňuje	bude upozorňovat	upozorňuj
upozornit	upozornil	---	upozorní	upozorni
dodržovat	dodržoval	dodržuje	bude dodržovat	dodržuj
dodržet	dodržel	---	dodrží	dodrž
umožňovat	umožňoval	umožňuje	bude umožňovat	umožňuj
umožnit	umožnil	---	umožní	umožni
vracet se	vracel se	vrací se	bude se vracet	vracej se
vrátit se	vrátil se	---	vrátí se	vrať se

Cv. 15 1. který 2. kterou 3. kterého 4. která 5. kterým 6. kterou 7. které 8. který 9. kterých 10. kteří

Cv. 16 1. C 2. J 3. G 4. A 5. H 6. D 7. F 8. B 9. E 10. I; 11. 6., 12. 1., 13. 10., 14. 7., 15. 3., 16. 4., 17. 5., 18. 8., 19. 9., 20. 2.

Cv. 17 1. okamžik 2. postižené 3. zaměřený 4. vydaný 5. oblastech 6. činnosti 7. událostí 8. tržní 9. místní

Cv. 18 1. přírodních katastrofách 2. nezaměstnaných ženách 3. marketingových akcích 4. velkých demonstracích 5. úspěšných sportovcích 6. nebezpečných zločincích 7. zajímavých výstavách 8. vysokých cenách 9. čerstvých absolventech 10. klidných průvodech 11. velkých průzkumech 12. politických skandálech 13. sportovních zápasech 14. neziskových organizacích 15. problémových lokalitách 16. zatčených zločincích 17. tolerantních postojích 18. slavných lidech

Cv. 19 1. práci 2. nakupování/nákupech 3. hraní/hrách 4. drogách 5. alkoholu 6. kouření/cigaretách 7. krádežích 8. čokoládě

Cv. 20 1. se – – 2. ses/se – – 3. – se – – 4. – – se 5. – – se – – 6. se – – 7. – – – – se 8. – – se – 9. ses – – – –

Cv. 21 1. – se 2. – ses – 3. se – – 4. – ses – 5. – se – – 6. – ses – 7. – se – 8. – se –

Cv. 22 1. sestrách 2. sirupech 3. náplastech 4. lécích 5. mastech 6. obvazech 7. vitamínech 8. receptech 9. injekcích 10. pacientech 11. plátnech 12. štětcích 13. obrazech 14. modelkách 15. tužkách 16. barvách

Cv. 23 1. co 2. kam 3. kdy 4. jestli 5. kolik 6. s kým 7. o kom 8. jak dlouho 9. komu 10. koho 11. kde 12. jak

Cv. 24 1. se 2. se 3. si 4. se 5. se 6. si 7. si 8. se 9. si 10. si 11. si 12. si 13. se 14. se 15. se 16. se

Cv. 25 1. v 2. v 3. v 4. po 5. po 6. v 7. v 8. po/v 9. po 10. po

Cv. 26 1. při 2. po 3. při 4. při 5. po 6. při 7. po 8. při 9. při 10. při 11. po

Cv. 27 1. o 2. na 3. na 4. o 5. o 6. na 7. na 8. o 9. o 10. po 11. na 12. na 13. o 14. o 15. na 16. ve 17. o 18. na 19. na 20. o 21. o 22. ve

Cv. 28 1. jsou kamna 2. jsou hodinky 3. jsou housle 4. jsou kleště 5. jsou dveře 6. jsou tepláky 7. je ovoce 8. jsou plavky 9. je nábytek 10. je brusle 11. jsou šaty 12. jsou nůžky 13. je dřevo 14. jsou kalhoty 15. je sukně

Cv. 29 1. dřevo 2. mince 3. policie 4. náušnice 5. země 6. ramena 7. pohlednice 8. čarodějnice 9. svátek 10. ponožky

Cv. 30

singulárová substantiva (mají jen formy singuláru)	plurálová substantiva (mají jen formy plurálu)
cukroví, doprava, dřevo, nábytek, nezaměstnanost, ovoce, policie, vzduch, zelenina	České Budějovice, dveře, hodiny, kalhoty, Karlovy Vary, kleště, Krkonoše, lázně, narozeniny, nůžky, peníze, plavky, ústa, Vánoce, volby, záda

Cv. 31 1. jsou 2. je 3. jsou 4. jsou 5. je 6. jsou 7. je 8. jsou 9. je 10. jsou 11. jsou 12. jsou 13. jsou 14. je

Cv. 32 1. jarních prázdninách 2. zdravých potravinách 3. dlouhých vlasech 4. drahých lyžích 5. luxusních hodinkách 6. budoucích/příštích Velikonocích 7. hezkých kalhotách 8. dlouhých šatech 9. Spojených státech amerických 10. českých horách

Cv. 33 1. -ích, -ách , -ích 2. -cích/-ách, -ách, -ách, -ech 3. -ech, -ách, -ích 4. -ách, -ách, -ách, -ích 5. -ežích, -ách 6. -ech, -ích, -ách 7. -ách, -ách, -ách

Cv. 34

-ech	-ách	-ích
Karlových Varech Beskydech, Poděbradech, Klatovech, Bílých Karpatech, Rokycanech	Krušných horách Jizerských horách, Orlických horách, Velkých Losinách, Jeseníkách	Mariánských Lázních Domažlicích, Moravských Budějovicích, Krkonoších, Otrokovicích, Litoměřicích, Teplicích, Pardubicích, Strakonicích

Cv. 35 1. Beskydech 2. Klatovech 3. Strakonicích 4. Litoměřicích 5. Českých Budějovicích 6. Mariánských Lázních 7. Velkých Losinách 8. Orlických horách

Cv. 36 1. Jeseníků 2. Krkonoš 3. Pardubic 4. Prachatic 5. Domažlic 6. Otrokovic 7. Karlových Varů/Var 8. Poděbrad

Cv. 37 1. Karlových Varech 2. Poděbradech 3. Velkých Losinách 4. Františkových Lázních 5. Mariánských Lázních 6. Luhačovicích

Cv. 38 1. ne 2. ano 3. ne 4. ne 5. ano 6. ano 7. ne 8. ne 9. ne 10. ano

Cv. 39 1. japonské 2. anglický 3. australské 4. italské 5. ruská 6. čínské 7. mexické 8. brazilská 9. argentinské 10. španělské 11. francouzské 12. libanonské

Cv. 40

-i	-i/-é, nebo jenom -é	-i/-ové, nebo jenom -ové
Portugalci, Češi, Poláci, Ukrajinci	Rakušani/Rakušané, Američani/Američané, Angličani/Angličané, Číňani/Číňané, Španělé	Irové Britové, Indové, Rusové, Skoti/Skotové, Švédi/Švédové

Cv. 41 1. Japonci, japonsky 2. Němci, německy 3. Rakušani/-é, německy 4. Irové, anglicky 5. Norové, norsky 6. Francouzi, francouzsky 7. Maďaři, maďarsky 8. Slováci, slovensky 9. Češi, česky 10. Španělé, španělsky 11. Američani/-é, anglicky 12. Číňani/-é, čínsky 13. Indové, hindsky 14. Švédi/-ové, švédsky

Cv. 42 1. d 2. a 3. i 4. g 5. b 6. c 7. f 8. e 9. h; B 6c, C 1d, D 3i, E 7f, F 2a, G 8e, H 9h, I 4g

Cv. 43 1. znamená 2. každý 3. podle 4. především 5. poznat 6. na 7. nálada 8. ztrácí 9. nich 10. celé 11. i 12. najít

Cv. 44 1. ano 2. ano 3. ano 4. ano 5. ne 6. ano 7. ne

Cv. 45 1. stahovat 2. surfovat 3. ukládat 4. skenovat 5. tisknout 6. odvirovávat 7. vypalovat 8. ukládat

Cv. 46 1. instalovat 2. skenovat 3. googlovat 4. surfovat 5. ukládat 6. vypalovat 7. emailovat 8. chatovat 9. odvirovávat 10. upravovat 11. stahovat 12. tisknout

Cv. 47

infinitiv	3. sg., minulý čas	3. sg., přítomný čas	3. sg., budoucí čas	2. sg. imperativ
klikat	klikal	kliká	bude klikat	klikej
kliknout*	kliknul/klikl	---	klikne	klikni
posílat	posílal	posílá	bude posílat	posílej
poslat*	poslal	---	pošle	pošli
stahovat	stahoval	stahuje	bude stahovat	stahuj
stáhnout*	stáhl	---	stáhne	stáhni
tisknout*	tiskl	tiskne	bude tisknout	tiskni
vytisknout*	vytisknul/vytiskl	---	vytiskne	vytiskni
ukládat	ukládal	ukládá	bude ukládat	ukládej
uložit	uložil	---	uloží	ulož

Cv. 48 1. Hanko, stáhni 2. Honzo, nehraj 3. Tomáši, vytiskni 4. Sofie, pošli 5. Katko, vypal 6. Ondro, klikni 7. Miloši, neskypuj 8. Simono, odviruj 9. Paní Sitková, upravte 10. Pane Svobodo, uložte

Cv. 49 1. šla 2. chatovala 3. surfování 4. stáhla 5. upravila 6. vytiskla 7. vypálit

Cv. 50 1. D 2. G 3. I 4. B 5. J 6. H 7. E 8. C 9. A 10. F

Cv. 51 1. jana_sukova@seznam.cz 2. www.ujop.cuni.cz /cce/index_cs.php 3. Petře! Co jsi to udělal? 4. Olina říká: To není možné!

Cv. 52 1. klávesnici 2. sluchátka 3. myší 4. kopírce 5. tiskárnu 6. skener 7. webkameru 8. flešce

Cv. 53 1. nutné 2. vědět 3. všechno 4. půjčit 5. chodili 6. neobvyklého 7. nemusíme

LEKCE 14 Pravopis

Cv. 1 1. obyčej 2. bydliště 3. kobyla 4. býk 5. plynout 6. mlýn 7. polykat 8. bystrý 9. lýtko

Cv. 2 1. hmyz 2. zamykat 3. mýt 4. mýlit se

Cv. 3 1. hmyz 2. myš 3. mýt se 4. zamykat 5. myslet

Cv. 4 1. my 2. umýt 3. myslela si 4. myš 5. myš 6. mýlila 7. myš 8. hmyz 9. zamykat

Cv. 5 1. mycí, myčka, mýdlo, umyvadlo 2. vymyslet, myšlenka, nesmysl, pomyslet si, průmysl 3. myší 4. omyl 5. odemykat

Cv. 6 1. C 2. A 3. E 4. F 5. G 6. B 7. D

Cv. 7 1. my 2. mi 3. myslím, zamiloval 4. myčku 5. nesmysl 6. míchat 7. místnosti, mít 8. minulý, umyl 9. hmyzu 10. omyl

Cv. 8 1. bílé umyvadlo 2. klidný 3. omyl 4. míčem 5. lidská 6. bolí lýtka 7. lyžařské 8. myš 9. listopad 10. neobyčejný

LEKCE 15

Cv. 1 1. G 2. I 3. D 4. C 5. K 6. E 7. A 8. B 9. F 10. H 11. J

Cv. 2 1. žít 2. být 3. mít 4. mít 5. brát 6. žít 7. být 8. mít 9. být 10. dostat se 11. mít 12. mít 13. žít 14. zažít

Cv. 3 1. měl úspěch 2. příjem 3. v přepychu 4. moc 5. v nejistotě 6. pracovní neúspěch 7. dostal do problémů 8. být osamělý 9. brát sociální dávky 10. dostane se až na společenské dno

Cv. 4 1. úspěch 2. beznaděj 3. osaměla 4. společnosti 5. osamělí 6. osamělosti 7. úspěšný 8. uspělo 9. beznadějná 10. přepychu 11. přepychový 12. společenský 13. závislý 14. chudnou 15. chudý 16. závisí 17. bohatnou 18. moc 19. závislost 20. bohatství 21. mocná 22. chudoby 23. bohatí

Cv. 5 1. vzhled 2. vzdělání 3. rodina 4. víra 5. přátelství 6. svoboda 7. zdraví 8. práce 9. vlast 10. láska 11. majetek

Cv. 6 1. ne 2. ne 3. ano 4. ano 5. ano 6. ano 7. ano 8. ne 9. ne 10. ne

Cv. 7 1. náboženství 2. náboženství 3. víra 4. víra 5. církev, církev 6. církev 7. náboženství 8. víra

Cv. 8

infinitiv	3. sg., minulý čas	3. sg., přítomný čas	3. sg., budoucí čas	2. sg. imperativ
zapomínat	zapomínal	zapomíná	bude zapomínat	zapomínej
zapomenout*	zapomněl	---	zapomene	zapomeň
vzpomínat	vzpomínal	vzpomíná	bude vzpomínat	vzpomínej
vzpomenout si*	vzpomněl si	---	vzpomene si	vzpomeň si
pamatovat si	pamatoval si	pamatuje se	bude si pamatovat	pamatuj si
zapamatovat si	zapamatoval si	---	zapamatuje si	zapamatuj si

Cv. 9 1. na 2. – 3. – 4. na 5. – 6. – 7. – 8. – 9. – 10. na 11. – 12. –

Cv. 10 1. vzpomenout, zapomínám 2. vzpomínáme 3. nepamatuje 4. vzpomenout 5. zapomněla 6. pamatovat 7. nezapomeň 8. zapamatovat 9. vzpomínáš si 10. pamatuju si, zapomenu

Cv. 11 1. vzpomeň si 2. nezapomeň 3. zapamatujte si 4. nezapomínej 5. pamatuj si 6. vzpomínejte 7. nezapomeň

Cv. 12 1. stydlivý 2. zamyšlený 3. slavný 4. výjimečný 5. zraněný 6. úžasný 7. úspěšný 8. žádaný

Cv. 13

infinitiv	3. sg., minulý čas	3. sg., přítomný čas	3. sg., budoucí čas	2. sg. imperativ
pomáhat	pomáhal	pomáhá	bude pomáhat	pomáhej
pomoct*	pomohl	---	pomůže	pomoz
vyrůstat*	vyrůstal	vyrůstá	bude vyrůstat	vyrůstej
vyrůst*	vyrostl	---	vyroste	vyrosť
posílat	posílal	posílá	bude posílat	posílej
poslat*	poslal	---	pošle	pošli
smiřovat se	smiřoval se	smiřuje se	bude se smiřovat	smiřuj se
smířit se	smířil se	---	smíří se	smiř se
balit	balil	balí	bude balit	bal
sbalit	sbalil	---	sbalí	sbal
soustřeďovat se	soustřeďoval se	soustřeďuje se	bude se soustřeďovat	soustřeďuj se
soustředit se	soustředil se	---	soustředí se	soustřeď se

Cv. 14 1. pošlu 2. smířit 3. soustřeď 4. balím 5. pomoct 6. vyrostl 7. soustřeďoval 8. pomáhat 9. smiřuju 10. posílám

Cv. 15 1. pomáhejte 2. pomoz 3. soustřeď se 4. pošlete 5. sbal 6. neposílej 7. smiřte se 8. posílejte

Cv. 16 1. – se – 2. – se – 3. – se – 4. – mu – 5. – – mu 6. – – jí 7. – – jí 8. – – ho 9. – – – je – 10. nás –

Cv. 17 1. užíváte 2. zažít 3. užij 4. užívat 5. zažiju 6. prožila 7. přežil 8. prožívá

Cv. 18 1. nevyšla 2. nestala 3. neupekl 4. nesešel 5. neřekla 6. nepronajala 7. nerozbil 8. neutekl 9. nezapomněl 10. neukradla 11. neusnul 12. nevezla 13. nevedl 14. nečetla 15. nevzala 16. neobula 17. nesnědl 18. nenatřel

Cv. 19 1. zazvonil 2. nepřišla bych 3. nepřišla 4. neujel 5. neujel 6. nečekala bych 7. nečekala 8. nepřišla bych 9. kdybych nepřišla 10. stihla bych 11. kdybych stihla 12. se nezlobil 13. nezlobil 14. nemusela bych 15. nemusela 16. nepracovala bych 17. kdybych nepracovala 18. mohla bych 19. kdybych šla 20. by nešel

Cv. 20 1. kdyby sis 2. kdyby ses 3. kdyby sis 4. kdyby sis 5. kdyby sis 6. kdyby ses 7. kdyby sis 8. kdyby ses 9. kdyby sis 10. kdyby sis 11. kdyby ses 12. kdyby ses 13. kdyby sis 14. kdyby ses

Cv. 21 2. Kdybych si nezlomil nohu 3. Kdybych neztratil klíče 4. Kdybych neměl rozbité auto 5. Kdyby nepršelo 6. Kdybych se neříznul do prstu 7. Kdybych neměl moc práce 8. Kdyby mi neujela tramvaj 9. Kdybych neměl chřipku/nebyl nemocný 10. Kdybych nezaspal

Cv. 22 1. Kdyby se šéf nerozčiloval 2. Kdybys odevzdával 3. Kdybychom spolu mluvili 4. Kdybychom si rozdělovali 5. Kdyby kolega přestal chodit 6. Kdyby se někteří kolegové nesmáli 7. Kdyby si vzali 8. Kdyby pan Novák našel 9. Kdyby se paní Nováková konečně rozhodla 10. Kdyby se Standa rozvedl 11. Kdyby si Jolana byla jistá 12. Kdyby oba našli 13. Kdyby se oba domluvili 14. Kdybychom se všichni dohodli 15. Kdyby rodiče mohli 16. Kdybychom si vybrali

Cv. 23 1. kdybych 2. kdybych 3. jestli 4. jestli 5. kdybychom 6. kdyby 7. jestli 8. jestli 9. jestli 10. kdyby

Cv. 24 1. půjde, šel 2. dostane, dostal 3. odjede, odjel 4. bude pracovat, pracoval 5. se stane, se stal

Cv. 25 1. B 2. H 3. G 4. J 5. C 6. I 7. D 8. F 9. A 10. E

Cv. 26 1. bude muset pracovat 2. měla by 3. budou moct jít 4. šla by 5. vyžehlí 6. zůstala by, četla by si 7. upekla by 8. stráví 9. odvezla by

Cv. 27 1. L 2. K 3. J 4. I 5. H 6. G 7. B 8. C 9. A 10. E 11. D 12. F

Cv. 28 1. aby 2. aby 3. abych 4. aby 5. abychom 6. abyste 7. abys 8. abychom 9. abyste

Cv. 29 1. aby si stáhla 2. aby nejezdily 3. aby víc pracovala 4. aby podala 5. aby si užil 6. abyste se šli 7. abychom šetřili 8. abych cvičil/-a

Cv. 30 1. abych vyhrál 2. abys věděl 3. abychom měli 4. abych se zlepšil 5. abych reklamoval 6. protože chci koupit 7. protože chci vidět 8. protože chci být 9. protože chci vědět 10. protože chci být

Cv. 31 1. že 2. abys 3. abys 4. že 5. že 6. abys 7. abych 8. že 9. že 10. abyste

Cv. 32 1. aby sis 2. aby ses 3. aby sis 4. aby ses 5. aby sis 6. aby ses 7. aby ses 8. aby sis 9. aby sis 10. aby ses 11. aby sis

Cv. 33 1. aby manžel opravil lux 2. abych měla víc času 3. aby ses se mnou nehádal 4. aby dcera chodila včas domů 5. abychom všichni byli víc spolu 6. aby syn dostával lepší známky 7. abychom mohli jet k moři 8. abych nemusela ráno brzo vstávat 9. aby sousedé nedělali oslavy až do rána 10. abys přišel někdy na návštěvu

Cv. 34 1. – 2. protože 3. abych 4. – 5. že 6. protože 7. že 8. abych 9. že 10. aby 11. –

Cv. 35 protože, abych, že, když, když, abych, –, protože, aby, protože, když, abych, že, aby

Cv. 36 aby, který, protože, když, která, že, a, ale, proto, aby, a, že, aby, přesto, jak, že, když, že

Cv. 37 1. můžeš 2. musíš 3. máš 4. nesmíš 5. nemůžeš 6. nemusíš 7. nemáš 8. smíš

Cv. 38 1. nesmíte 2. nemůžete 3. můžete 4. musíte 5. nemůžete 6. nemusíte 7. nemůžete

Cv. 39 1. měl by 2. měl 3. měl 4. neměl 5. měl by 6. neměl by 7. neměl 8. měl 9. měl 10. by měl

Cv. 40 1. spíš 2. asi 3. asi 4. spíš 5. asi 6. samozřejmě 7. prý 8. prý 9. samozřejmě 10. prý 11. určitě 12. snad 13. snad 14. určitě 15. určitě

16. třeba 17. opravdu 18. opravdu 19. třeba 20. opravdu 21. rozhodně 22. pravděpodobně 23. pravděpodobně 24. rozhodně 25. pravděpodobně

Cv. 41 1. pravděpodobně 2. určitě 3. rozhodně 4. pravděpodobně, spíš 5. třeba 6. asi, spíš 7. určitě 8. samozřejmě

Cv. 42 1. aby víc pracoval a oženil se s milionářkou 2. aby držela dietu a víc se pohybovala 3. aby se každý den učily a psaly úkoly 4. aby si vybrali typ auta a šli do autosalonu 5. abyste napsali životopis a četli inzeráty 6. aby sis zlepšil angličtinu a aby ses naučil lépe pracovat na počítači 7. aby zhubla a chodila mezi lidi 8. abys chodil spát ve stejnou dobu a abys měl v ložnici ticho 9. aby ses víc usmívala a aby ses zajímala o ostatní 10. abychom našli jiný byt a prodali byt starý

Cv. 43 1. nelze, je třeba 2. je třeba 3. není nutné 4. není vhodné 5. lze 6. je nutné 7. není vhodné 8. nelze 9. nelze 10. není vhodné 11. je nutné 12. je vhodné

Cv. 44 2. D 3. B 4. A 5. C 6. B 7. D 8. A 9. C 10. B

Cv. 45 1. a 2. i když 3. protože 4. ale 5. aby 6. kde 7. co 8. ale 9. protože 10. že 11. aby 12. která 13. že 14. jaké 15. jestli

Cv. 46 1. měnit 2. vybírat si 3. posílat, vyzvednout si 4. platit, vyplňovat 5. dostávat 6. zakládat 7. rušit 8. vyplňovat 9. dostávat 10. převádět 11. brát si 12. vkládat 13. házet 14. posílat

Cv. 47 1. si – 2. si – 3. si – 4. si – 5. – si – 6. – si – 7. – si – 8. – si – 9. – – si 10. – – si 11. – – si – 12. si – –

Cv. 48 1. vyměnit peníze 2. vzít hypotéku 3. vybrat peníze z bankomatu 4. poslat jako balík 5. vyplnit podací lístek 6. dostávám výpis z účtu 7. hodit do schránky 8. zrušit 9. složenkou 10. založit

Cv. 49 1. G 2. I 3. B 4. C 5. A 6. D/E 7. E/D 8. J 9. F 10. H

Cv. 50

Cv. 55 1. ukradl 2. na bezpečnostní linku 3. zablokovat 4. dopisy 5. doporučeně 6. podací lístek 7. zrušit 8. občanský průkaz 9. poplatky

LEKCE 15 Pravopis

Cv. 1 1. omyl 2. plynový 3. mi 4. vybitý 5. bystřina 6. bydliště 7. sbírat 8. miminko 9. klidný 10. minulosti 11. mít 12. neslyšel 13. polykat 14. myšlenka 15. být 16. bít 17. mlýn 18. mýdlo 19. myš 20. zamilovaná 21. nalít

Cv. 2 1. třpytit se 2. netopýr 3. pyl 4. pýcha 5. pytel

Cv. 3 1. netopýr 2. pytel 3. třpytit se 4. pyl 5. pýcha

Cv. 4 1. netopýr 2. netopýři 3. netopýr 4. se třpytila 5. pyl 6. pyšný 7. netopýr 8. pytel 9. netopýr 10. do pytle

Cv. 5 1. pyšný 2. pivo 3. pití 4. pytlík 5. opylují 6. spisovatel 7. písničky 8. špinavá 9. netopýři 10. třpytily

Cv. 6 1. míchat 2. neobyčejný 3. nábytek 4. umyj 5. mlýn 6. hmyz 7. zamykat 8. pyl 9. pilný 10. rozbité 11. sbírka pivních 12. průmysl

LEKCE 16

Cv. 1 1. nedostatek ropy 2. globální oteplování 3. chudoba 4. válečné konflikty 5. znečištění životního prostředí 6. nedostatek vody a potravin 7. kácení pralesů 8. sucho 9. povodeň 10. záplavy 11. zemětřesení 12. přírodní katastrofa 13. nízká životní úroveň 14. nedodržování lidských práv

Cv. 2 1. zemětřesení 2. povodní 3. nedostatek ropy 4. globálnímu oteplování 5. znečištění životního prostředí 6. nedostatek vody a potravin 7. kácí pralesy 8. dodržováním lidských práv 9. přírodním katastrofám 10. životní úroveň

infinitiv	3. sg., minulý čas	3. sg., přítomný čas	3. sg., budoucí čas	2. sg. imperativ
posílat	posílal	posílá	bude posílat	posílej
poslat*	poslal	---	pošle	pošli
vyplňovat	vyplňoval	vyplňuje	bude vyplňovat	vyplňuj
vyplnit	vyplnil	---	vyplní	vyplň
vybírat	vybíral	vybírá	bude vybírat	vybírej
vybrat*	vybral	---	vybere	vyber
převádět	převáděl	převádí	bude převádět	převádej
převést*	převedl	---	převede	převeď
vyzvedávat	vyzvedával	vyzvedává	bude vyzvedávat	vyzvedávej
vyzvednout*	vyzvedl	---	vyzvedne	vyzvedni
zakládat	zakládal	zakládá	bude zakládat	zakládej
založit	založil	---	založí	založ

Cv. 51 1. pošli 2. vyplňte 3. si vyber 4. převeď 5. nevyplňuj 6. nevybírej 7. založte si 8. nezakládej si

Cv. 52 1. jak 2. proto 3. pokud 4. než 5. že 6. aby 7. a 8. kdyby

Cv. 53 2. G 3. C 4. F. 5. E 6. B

Cv. 54 1. potkala 2. přistěhoval 3. jestli 4. si založit 5. převody 6. kvůli 7. mluví 8. rozdíl 9. z 10. vybral

Cv. 3

infinitiv	3. sg., minulý čas	3. sg., přítomný čas	3. sg., budoucí čas	2. sg. imperativ
třídit	třídil	třídí	bude třídit	třiď
roztřídit	roztřídil	---	roztřídí	roztřiď
vyhazovat	vyhazoval	vyhazuje	bude vyhazovat	vyhazuj
vyhodit	vyhodil	---	vyhodí	vyhoď
vypínat	vypínal	vypíná	bude vypínat	vypínej
vypnout*	vypnul	---	vypne	vypni
znečišťovat	znečišťoval	znečišťuje	bude znečišťovat	znečišťuj
znečistit	znečistil	---	znečistí	znečisti

Cv. 4 1. D 2. E 3. G 4. H 5. F 6. I 7. C 8. B 9. A
Cv. 5 1. vyhazovat do speciálního kontejneru 2. jezdit městskou hromadnou dopravu 3. koupat v plné vaně 4. se zajímat o jeho složení 5. vypnout 6. zateplit 7. se zajímat o to, kolik energie spotřebuje
Cv. 6 1. zhasínejte 2. vypínejte 3. choďte 4. perte 5. šetřete 6. kupte si 7. regulujte 8. nenechávejte 9. přemýšlejte 10. používejte 11. podporujte 12. recyklujte
Cv. 7 1. třídila 2. se nekoupala 3. bude jezdit 4. si nechala 5. dávala 6. si netiskla 7. si koupí 8. nosila 9. bude zhasínat 10. nenechávala 11. používala 12. bude vypínat
Cv. 8 1. nemá cenu 2. daně 3. starat 4. ničí 5. třídit odpad 6. šetří 7. auto 8. na charitativní sbírky 9. podle něho 10. pořídil si 11. solární panely 12. používá
Cv. 9 1. C 2. H 3. J 4. I 5. G 6. A 7. E 8. F 9. D 10. B
Cv. 10 1. v kanceláři 2. ekologii 3. z parfému 4. pole 5. bioprodukty 6. životní prostředí 7. krajinu 8. na hospodaření 9. s někým k někomu 10. dobře
Cv. 11 1. hospodaří 2. s pomocí 3. dostal 4. pěstuje 5. chová 6. uvažuje 7. zvládat 8. zajímá se 9. nadšení 10. používají 11. i když 12. podporuje 13. neznečišťují 14. z donucení 15. trpěly 16. vydělává 17. dovolit
Cv. 12 1. jak 2. kde 3. z čeho 4. o čem 5. komu 6. jak 7. co 8. čím 9. proč 10. koho 11. jak 12. o čem 13. kdy 14. jaký 15. proč 16. jaké 17. co 18. jaké 19. o čem 20. co
Cv. 13 1. který 2. kterém 3. kterých 4. které 5. které 6. kteří 7. která 8. kteří 9. kterou 10. které 11. kteří 12. které 13. které 14. kterých 15. které 16. kterých 17. kterém 18. kterým 19. kteří

Cv. 14

Cv. 15 1. nepoužívej 2. použij 3. pěstujte 4. neodmítejte 5. zjisti 6. podpořte 7. dodejte 8. uvažujte
Cv. 16 1. představil 2. dostavěli 3. přestavěli 4. zastaví 5. vystavit 6. si představit
Cv. 17 1. našim kolegům 2. jejím sousedům 3. těm manažerům 4. tvým kamarádkám 5. tvým starostem 6. vašim problémům 7. jejím dopisům 8. těm otázkám 9. těm dětem 10. našim psům 11. některým lidem 12. tvým přátelům
Cv. 18 1. hloupým komediím, sexistickým vtipům 2. malým dětem, úspěšným lidem 3. krizovým situacím, problémům v zaměstnání 4. volebním programům, zprávám v televizi 5. jejím přátelům, kolegům z práce
Cv. 19 1. kvůli nemocnému dítěti 2. kvůli vyšším cenám 3. kvůli ošklivým snům 4. díky hodným přátelům 5. kvůli starým rodičům 6. díky výbornému lékaři 7. kvůli nemocným očím 8. kvůli vysokému nájmu 9. díky internetu
Cv. 20 1. jejímu těhotenství 2. počtu chybějících studentů 3. opakovaným stížnostem 4. jeho špatnému zdravotnímu stavu 5. jeho studijním výsledkům 6. našim plánům
Cv. 21 1. těm stromům 2. těm sochám 3. těm autům 4. těm budovám 5. turistickým autobusům 6. ošklivým panelákům 7. červeným tramvajím 8. moderním výtahům
Cv. 22 1. starší 2. mu 3. mamince 4. tatínkovi 5. něm 6. Radkovi 7. mladšímu bratrovi 8. učitelem 9. vysoké škole 10. biologii 11. přírodovědecké fakultě 12. synům 13. práci 14. Brně 15. mladším bratrem 16. jim 17. muzice 18. elektrickou kytaru

infinitiv	3. sg., minulý čas	3. sg., přítomný čas	3. sg., budoucí čas	2. sg. imperativ
dostávat	dostával	dostává	bude dostávat	dostávej
dostat*	dostal	---	dostane	dostaň
používat	používal	používá	bude používat	používej
použít*	použil	---	použije	použij
pěstovat	pěstoval	pěstuje	bude pěstovat	pěstuj
vypěstovat	vypěstoval	---	vypěstuje	vypěstuj
odmítat	odmítal	odmítá	bude odmítat	odmítej
odmítnout*	odmítl	---	odmítne	odmítni
podporovat	podporoval	podporuje	bude podporovat	podporuj
podpořit	podpořil	---	podpoří	podpoř
zjišťovat	zjišťoval	zjišťuje	bude zjišťovat	zjišťuj
zjistit	zjistil	---	zjistí	zjisti

platit složenky. 4. Není mi sympatický, proto si ho nevšímám. 5. Budeme

N		já	ty	on/ono	ona	my	vy	jich
G	krátké formy	mě	tě	ho	jí	nás	vás	jich
	formy po	mě	tebe	něho/něj	ní	nás	vás	nich
	akcentované	mě	tebe	jeho	jí	nás	vás	jich
D	krátké formy	mi	ti	mu	jí	nám	vám	jim
	formy po	mně	tobě	němu	ní	nám	vám	nim
	akcentované	mně	tobě	jemu	jí	nám	vám	jim
A	krátké formy	mě	tě	ho	ji	nás	vás	je
	formy po	mě	tebe	něho/něj	ni	nás	vás	ně
	akcentované	mě	tebe	jeho	ji	nás	vás	je
L	formy po	mně	tobě	něm	ní	nás	vás	nich
I	krátké formy	mnou	tebou	jím	jí	námi	vámi	jimi
	formy po	mnou	tebou	ním	ní	námi	vámi	nimi
	akcentované	mnou	tebou	jím	jí	námi	vámi	jimi

Cv. 23

Cv. 24 1. něj 2. něj 3. něj/něho 4. něj 5. něho/něj 6. něj 7. něho/něj 8. něj 9. něho/něj 10. něj

Cv. 25 1. jemu 2. jí 3. ho 4. tebe 5. je 6. mně 7. němu 8. jeho 9. ho 10. nimi

Cv. 26 1. Jeho miluje. 2. Tobě se směje. 3. Jeho si váží. 4. Tebe nezná. 5. Jemu nevěří. 6. Jeho se nebojí. 7. Tebe se na to zeptá. 8. Mně závidí. 9. Jemu nerozumí. 10. Tebe neslyší.

Cv. 27 1. C 2. A 3. B 4. F 5. D 6. E 7. H 8. I 9. G 10. L 11. K 12. J

Cv. 28 1. jí, ji 2. mu, ji 3. jí, ho 4. mu, ji 5. mu, ho 6. jim, je 7. jí, je 8. mu, ho 9. jim, je 10. jí, ho

Cv. 29 1. ni 2. jeho 3. ním 4. jim 5. ji 6. ní 7. jeho 8. ní 9. jí 10. nim 11. jí 12. nimi 13. jemu 14. ní 15. jich

Cv. 30 1. barevných kravat 2. dobrých kamarádek 3. nových paneláků 4. drahé kabelky 5. mladší sourozence 6. tragických povodních 7. novým informacím 8. nových slibech 9. bývalým spolužákům

Cv. 31 1. jak 2. kde 3. odkud 4. co 5. kdo 6. kam 7. jaký

Cv. 32 1. kterou 2. kterým 3. jaká 4. které 5. jaký 6. jaké 7. který

Cv. 33 1. i když 2. přestože 3. avšak 4. a tak 5. pokud 6. jestli 7. co 8. neboť

Cv. 34 1. takže 2. takže 3. avšak 4. takže 5. neboť 6. takže 7. avšak 8. neboť 9. avšak 10. neboť

Cv. 35 1. Venku je pod nulou, přesto si Renata vzala jen ten lehký kabát. 2. Ačkoliv je Renata nemocná, šla do práce 3. Renatu bolí noha, přesto jde běhat. 4. Ačkoliv Renata neviděla Lucku od maturity, hned ji poznala. 5. Renatě se nikdy nelíbila opera, přesto půjde dnes večer s Karlem na Dona Giovanniho. 6. Ačkoliv Renata už rok šetří, novou škodovku si pořád nemůže dovolit.

Cv. 36 1. C 2. A 3. B 4. E 5. F 6. D 7. H 8. I 9. G 10. L 11. K 12. J

Cv. 37 1. jakmile 2. než 3. dokud 4. než 5. dokud 6. jakmile 7. dokud 8. jakmile 9. než 10. jakmile 11. dokud 12. než

Cv. 38 1. Třídím odpad, protože chci něco dělat pro přírodu. 2. Dnes bude zima, proto si obléknu teplý svetr. 3. Půjdu na poštu, protože musím zaplatit složenky. 4. Není mi sympatický, proto si ho nevšímám. 5. Budeme večeřet řízek s chlebem, protože jsem přesolila brambory. 6. Řízl jsem se do prstu, proto potřebuju náplast.

Cv. 39 1. přesto 2. proto 3. protože 4. protože 5. proto 6. přesto 7. protože 8. přesto 9. proto

Cv. 40 1. proto 2. ačkoliv 3. přesto 4. takže 5. než 6. zatímco 7. kdyby 8. než 9. dokud 10. ačkoliv

Cv. 41 1. protože měl chřipku 2. jakmile nakoupila 3. dokud nepřečtu celý protokol 4. když uklízím 5. protože pravidelně studoval 6. dokud neukončíme celý experiment 7. když/jakmile se jí narodila dcera 8. když připravovala projekt nové třídírny odpadu

Cv. 42 2. pila hodně alkoholu 3. šla na procházku 4. chce zhubnout/je tlustý 5. se obouvá 6. je venku špatné počasí 7. jedla jahody 8. bere léky 9. jde na rande 10. se zranil/zakopnul/zakopl 11. hraje tenis 12. jde k lékaři

Cv. 43 1. mokrá 2. prudká 3. malý 4. řídký 5. řídký 6. prudká

Cv. 44 1. jsou 2. padají 3. je 4. padá 5. svítí 6. stoupá 7. fouká 8. je

Cv. 45 2. kabát, šálu, deštník, prší, chladno, podzim 3. letní šaty, klobouk, teplo, léto 4. svetr, čepici, rukavice, hrnek, zima 5. bundu, mráz, zima 6. zimní bundu, teplou čepici, šálu, mrzne, zima

Cv. 46

	včera	teď	zítra
1.	mrzlo*	mrzne	bude mrznout
2.	sněžilo	mrzne	bude sněžit
3.	padal sníh	padá sníh	bude padat sníh
4.	klouzalo to*	klouže to	bude to klouzat
5.	bylo náledí	je náledí	bude náledí
6.	byla bouřka	je bouřka	bude bouřka
7.	hřmělo	hřmí	bude hřmět
8.	blýskalo se	blýská se	bude se blýskat
9.	bylo zataženo	je zataženo	bude zataženo
10.	pršelo	prší	bude pršet
11.	foukal vítr	fouká vítr	bude foukat vítr
12.	padaly kroupy	padají kroupy	budou padat kroupy
13.	byly přeháňky	jsou přeháňky	budou přeháňky

Cv. 47 -o, -o, -o, -a, -o, -o, -o, -o, -o, -o, –

Cv. 48 1. prší 2. bude sněžit 3. byla bouřka 4. se blýskalo a hřmělo 5. bude foukat 6. mrzlo 7. byly nízké teploty 8. bylo teplo 9. svítilo slunce 10. padá/padal sníh 11. bylo náledí 12. padají/padaly kroupy 13. byla mlha 14. bude padat sníh

Cv. 49 1. foukal vítr 2. byl/padal nový sníh 3. mrzlo 4. byla bouřka 5. se blýskalo 6. byla mlha

Cv. 50 1. bylo náledí, klouzalo by 2. nepršelo, bylo by sucho 3. byla bouřka, blýskalo by se a hřmělo by 4. mrzlo, byla by zima 5. bylo hodně zataženo, padaly by kroupy 6. pršelo a foukal vítr, bylo by ošklivo

Cv. 51 1. odpoledne sněžilo, stavěla by s tatínkem sněhuláka 2. několik dní mrzlo, mohla by jít bruslit na rybník 3. se příští týden ochladí, dostane kašel a rýmu 4. ráno byla mlha, bála by se jít sama do školy 5. se vyjasní, půjde si hrát s dětmi na hřiště 6. pršelo, obula by si gumové boty a hrála by si venku 7. večer bude bouřka, bude sedět u okna a dívat se 8. hodně svítilo slunce, šla by fotografovat k řece

Cv. 52 2. Kdyby mrzlo, potřeboval/-a bych brusle. 3. Kdyby foukal vítr, potřeboval/-a bych čepici. 4. Kdyby bylo horko/svítilo sluníčko, potřeboval/-a bych plavky. 5. Kdyby slunce vycházelo/zapadalo, potřeboval/-a bych fotoaparát. 6. Kdyby byla tma, potřeboval/-a bych baterku. 7. Kdyby bylo chladno, potřeboval/-a bych svetr. 8. Kdyby pršelo, potřeboval/-a bych deštník. 9. Kdyby padal sníh, potřeboval/-a bych teplý kabát.

Cv. 53 1. bude 2. na základě 3. ale přesto 4. obilí 5. snažili 6. pochází 7. pamatovali 8. nacházíme

Cv. 54 1. H 2. D 3. G 4. C 5. A 6. F 7. E 8. B

Cv. 55 1. G 2. C 3. B 4. D 5. E 6. H 7. F 8. A

LEKCE 16 Pravopis

Cv. 1 1. umýt 2. mít 3. nábytek 4. líto 5. plynový 6. pyšný 7. nabít 8. vypité 9. balíček 10. mlynář 11. mýdlo 12. netopýr 13. polykat 14. opylovat 15. pilný 16. lyžař 17. nesmyslný 18. pytlík 19. nesmyslný omyl 20. zamilovaný 21. pyšný

Cv. 2 1. syčet 2. syrový 3. usychat 4. sytý 5. sypat

Cv. 3 1. syn 2. syčet 3. sýr 4. usychat 5. sypat 6. sytý

Cv. 4 1. synem 2. syčel 3. sýrem 4. sytý 5. sypal 6. usychá

Cv. 5 1. – 2. synovec 3. nasypat, vysypat 4. sýrový 5. nenasytný, dosyta

Cv. 6 1. D 2. B 3. C 4. E 5. A

Cv. 7 1. sídlišti 2. silnou 3. sýrovou 4. synovec, posílá 5. nasypal 6. usychaly 7. syn, sytý 8. syrová 9. syčeli

Cv. 8 1. hmyz 2. netopýr 3. pytel 4. zamykat 5. pýcha 6. syčet 7. pyl 8. sytý 9. syrový 10. mýt

Cv. 9 1. slyšet smích 2. bývalé bydliště 3. nesmysly 4. netopýra 5. předsíň 6. minulý 7. kobyla 8. sídliště 9. nalít 10. neomylný 11. klíč 12. odemykat

LEKCE 17

Cv. 1 1. v 2. na 3. na 4. v 5. na 6. v 7. do 8. do

Cv. 2 podnikat, řídit, fakturovat, prosperita, obchod, obchodní, finance, daň, majetkový/majetný

Cv. 3 1. majitel 2. podnik 3. majetek 4. účetních 5. účetnictví 6. daně 7. fakturami 8. vést

Cv. 4 1. po revoluci 2. úvěr 3. o účetnictví 4. na dobrém místě 5. první tři roky 6. moc velká konkurence 7. domek 8. obchodovat na burze 9. založili 10. zkušenosti 11. ušetřili 12. nejnovější techniky 13. přijmout 14. pro známé značky 15. účetní 16. živila 17. s podnikáním 18. našel jsem si 19. podnikání

Cv. 5 1. G 2. J 3. A 4. H 5. D 6. L 7. B 8. C 9. K 10. E 11. F 12. I

Cv. 6 1. je Čokola proslulá 2. dováží 3. vyrábí 4. se také objevuje v nabídce Čokoly 5. je poptávka po jejím zboží 6. je zisk 7. je obrat 8. firma nezapomíná 9. jsou akcie Čokoly dobrá investice 10. by úspěch Čokoly nebyl možný 11. týdně si dá každý člověk čokoládu 12. jsou pan ředitel a pan majitel spokojeni

Cv. 7 1. vyváží 2. českém trhu 3. zvuk 4. vzhledem k 5. založila 6. vyráběla 7. zákaznice 8. pronajala si 9. zařídila 10. bez 11. nejen 12. nabízejí 13. další 14. podnikání

Cv. 8 1. je proslulá firma Dermak 2. vyváží své výrobky 3. jsou její výrobky oblíbené 4. obrat má Dermak 5. paní Dermáková založila firmu 6. čeho nejdříve vyráběla krémy 7. dodávala své krémy 8. si pronajala dům 9. můžete vidět reklamu na její produkty 10. produktů nabízejí katalogy Dermaku 11. převezme rodinnou firmu

Cv. 9 1. Firma Zdravý člověk je proslulá výrobou vitamínů a léků. 2. Vyváží své výrobky do 30 zemí nejen v Evropě, ale i v Asii. 3. Lze očekávat, že její akcie příští rok budou růst, protože lidé investují do zdraví. 4. Firma, kterou založil v roce 1992 pan Málek, dnes zaměstnává 580 zaměstnanců. 5. Prosperuje výborně, má roční obrat 65 milionů. 6. Pan Málek je spokojený s dosavadními výsledky. 7. Pan Málek se domnívá, že internetová reklama je důležitá.

Cv. 10 1. nejen, ale i 2. ani, ani 3. buď, a nebo 4. buď, a nebo 5. nejen, ale i 6. ani, ani 7. buď, a nebo 8. nejen, ale i 9. ani, ani

Cv. 11 1. jméno a adresa odesílatele 2. jméno a adresa adresáta 3. místo, datum 4. oslovení 5. text dopisu 6. závěrečné fráze 7. pozdrav 8. podpis

Cv. 12 1. požádat 2. lze 3. zda 4. slevu

Cv. 13 1. D 2. F 3. A 4. B 5. C 6. G 7. E

Cv. 14 Např. Ahoj Hanko,
můžeš mi poslat fotky ze sobotního výletu? A ještě se chci zeptat, přijdeš v pátek ke mně domů na mou narozeninovou party? Můžeš u nás i přespat. Napiš, jestli přijdeš a jestli sama nebo s někým?
Díky.
Těším se
Lucy

Cv. 15 Dobrý den,
žádám o zaslání katalogu s Vaším zbožím. Dále se chci zeptat, zda se bude konat prodejní výstava v našem městě. Pokud ano, tak v jakém termínu. V případě konání výstavy bych potvrdil svou účast.
Předem děkuji.
S pozdravem
Nguyen Trai

Cv. 16 1. mými psy, našimi dětmi, jejími přáteli, tvými kolegy, jeho kamarádkami, vašimi bratry, jejich sestřenicemi, našimi průvodci, mými kamarádkami, našimi ředitelkami 2. starými paneláky, cestovními kancelářemi, vysokými věžemi, otevřenými okny, luxusními obchody, novými pizzeriemi, zahraničními bankami 3. našimi vnoučaty, těmi lidmi, jejich zaměstnanci, našimi zaměstnavateli, zkušenými policisty, těmi kolegyněmi 4. tvými počítači, vašimi tiskárnami, jeho mobily, tvými učebnicemi, vašimi statistikami

Cv. 17 1. nemocničním pokojem, nemocniční stravou, lékaři, zdravotními sestrami, metodami léčení, léky, výsledky vyšetření 2. hotelovým pokojem, švédským stolem, teplotou vody v bazénu, českým průvodcem, službami recepce, malými snídaněmi, výlety do okolí, servírovanými jídly 3. prací učitele, starou učebnicí, nepraktickým slovníkem, svými výsledky, ostatními studenty 4. nízkým obratem, stagnující výrobou, kvalitou výrobků, marketingovou strategií, cenami konkurence, novými zaměstnanci 5. rychlostí obsluhy, vysokou cenou jídla, malou porcí, teplotou vína, nepříjemnou atmosférou restaurace, hlasitou hudbou v restauraci

Cv. 18 1. dalšími účastníky, zajímavými lidmi, zaměstnanci jiných firem 2. novými spolužáky, zkušenými lektory, příjemnými lektorkami 3. mladými policisty, energickými policistkami 4. novými úředníky, starými úřednicemi 5. pomalými uklízečkami, sympatickými recepčními, milými číšníky, jinými hosty

Cv. 19

Cv. 20 1. ty 2. ti 3. ti 4. ty 5. ti 6. ty 7. ty 8. jejich 9. jejich 10. jejich

Cv. 21 1. jejich 2. jejich 3. jejich 4. jejich 5. jejich 6. jejich 7. jejich 8. jejich

Cv. 22 1. těm 2. ty 3. těmi 4. těch 5. těch 6. mými 7. moje/mé 8. moje/mé 9. mých 10. moje/mé 11. tvým 12. tvým 13. tvoje/tvá 14. tvými 15. tvoje/tvé 16. její 17. jejím 18. jejich 19. její 20. jejich 21. našim 22. našich 23. našimi 24. našim 25. našimi

Cv. 23 1. svými rodiči 2. mými rodiči 3. svých učitelů 4. našich učitelů 5. jejich psů 6. svých psů 7. svým kamarádům 8. tvým kamarádům 9. svých starostech 10. vašich starostech 11. naše děti 12. svoje/své děti

Cv. 24 1. léčivými prameny a Becherovkou 2. nejstarším gotickým mostem 3. pivem Prazdroj Urquell 4. výrobou aut 5. chrámem sv. Barbory 6. rybníky a kapry 7. zvláštními skalami/skálami 8. renesančními domy 9. zámky a zámeckými zahradami 10. vynikajícími víny

Cv. 25 1. moderními stavbami 2. pozitivními reakcemi 3. jeho komentáři 4. internetovými obchody 5. posledními informacemi 6. známkami našich dětí 7. fotografiemi staré Prahy 8. jeho slovy 9. sousedy 10. starými českými legendami

Cv. 26 1. Jeho reakce mě rozzlobila. 2. Jeho dárek mě překvapil. 3. Ta situace mě vyděsila. 4. Náš projekt mě zaujal. 5. Jejich práce mě nadchla. 6. Služby hotelu mě zklamaly.

Cv. 27 1. hrnečcích/-ách, které 2. inženýrech, které 3. výrobě aut, která 4. internetové reklamě, do které 5. výrobcích, které 6. výsledcích, se kterými 7. zákaznících, kteří

Cv. 28 1. které 2. kteří 3. kterými 4. které 5. kteří 6. která 7. kterých 8. které 9. kteří 10. které 11. kterým 12. kterých 13. které 14. kterým 15. kteří

Cv. 29 1. F 2. E 3. G 4. B 5. D 6. A

Cv. 30 1. měla sen/se mi zdálo 2. zdá se mi 3. jsem měla sen/se mi zdálo 4. se mi zdálo/jsem měla sen 5. se mi to zdá 6. mají krásné sny 7. mají sny/se zdá 8. žádný sen

Cv. 31 1. ti 2. ho 3. ti 4. něm 5. vás 6. námi 7. ji 8. mi 9. něj 10. nimi 11. nimi 12. ní

Cv. 32 1. v 2. na 3. na 4. od 5. od 6. od 7. s 8. k 9. s

Cv. 33 1. daleko od 2. až na 3. na rozdíl od 4. na konci 5. zároveň s 6. vzhledem k 7. v důsledku 8. v souvislosti s

Cv. 34 1. vašim úspěchům, počtu nemocných, nízkým teplotám 2. vaší situaci, vašim problémům, cenám potravin, tomu 3. nového měsíce, dnešní

	ti, ty, ta	moji/mí, moje/mé, moje/má	tvoji/tví, tvoje/tvé, tvoje/tvá	jeho	její	naši, naše	vaši, vaše	jejich
N								
G	těch	mých	tvých	jeho	jejích	našich	vašich	jejich
D	těm	mým	tvým	jeho	jejím	našim	vašim	jejich
A	ty/ty/ta	moje/mé, moje/mé, moje/má	tvoje/tvé, tvoje/tvé, tvoje/tvá	jeho	její	naše	vaše	jejich
L	těch	mých	tvých	jeho	jejích	našich	vašich	jejich
I	těmi	mými	tvými	jeho	jejími	našimi	vašimi	jejich

porady, hodiny češtiny, přestávky 4. kamarádů, jeho bratra, toho 5. světové krize, stoupající nezaměstnanosti, klesající produktivity práce, toho 6. města, civilizace, obchodů, toho 7. špatného počasí, přírodních katastrof, nemoci 8. tvoje/tvé přátele, ptáky, kolegy z kanceláře, to 9. znečištěním ovzduší, lesním požárem, plánovanou rekonstrukcí, tím 10. objevením Ameriky, zkouškami v autoškole, tím

Cv. 35 1. nalevo od 2. na začátku 3. současně se 4. v důsledku 5. až na 6. na konci 7. nedaleko od 8. vzhledem k 9. v souvislosti s 10. na rozdíl od

Cv. 36 1. dnů/dní, týdnů, let/roků 2. dnech, týdnech, letech/rocích 3. dny, týdny, lety/roky 4. dnu/dni, týdnu, roku 5. dne, týdne, roku 6. dny/dni, týdny, roky

Cv. 37 1. těch lidech 2. těch lidí 3. těmi lidmi 4. ti lidé 5. těm lidem 6. těch lidí 7. ty děti 8. těmi dětmi 9. ty děti 10. těch dětech 11. dětí 12. svým dětem

Cv. 38 1. si povídal 2. si všimla 3. vyprávěl 4. potkal 5. pracují 6. žijí 7. záleží 8. nesnáším 9. zlobí se 10. mám strach

Cv. 39 1. dětí 2. děti 3. dětí 4. lidí 5. lidi/lidé 6. lidí 7. dny/dni 8. dnů/dní 9. dnů/dní 10. týdny 11. týdnů 12. týdnů 13. let 14. roky 15. let

Cv. 40 2. si hraje s dětmi 3. ukazuje dětem ptáka 4. koupil dítěti zmrzlinu 5. píše s dítětem úkol 6. fotografuje děti 7. se bojí o dítě 8. mluví o dětech 9. přeje dítěti k narozeninám 10. si bere od dítěte auto 11. volá dítěti 12. se směje dětem

Cv. 41 1. B 2. E 3. G 4. H 5. D 6. F 7. C 8. I 9. A

Cv. 42 2. E 3. H 4. A 5. I 6. G 7. B 8. F 9. D

Cv. 43 1. na pásu 2. žádá o 3. ztracené 4. až 5. neteče 6. kvůli 7. nepříjemnosti 8. slevu 9. jestli 10. zapomněl 11. objednaný 12. zpoždění

Cv. 44 1. zjistila 2. zařídila 3. potvrdili 4. zrušil 5. projednali 6. domluvili 7. přespal 8. všiml 9. nechal 10. proběhla

Cv. 45 2. okno je rozbité 3. není vysypaný koš 4. po podlaze leze hmyz 5. na nočním stolku je rozlité víno 6. sklenička (na čištění zubů) je špinavá 7. teče voda/kape kohoutek 8. nefunguje televize 9. na posteli není polštář a deka

Cv. 46 1. proto 2. aby 3. jakmile 4. až 5. protože 6. přesto, aby 7. když 8. než

Cv. 47 1. ne 2. ne 3. ano 4. ano 5. ne 6. ano 7. ne 8. ne 9. ano 10. ano 11. ano 12. ne

LEKCE 17 Pravopis

Cv. 1 1. syrové 2. prosinec 3. usychají 4. bílý býk 5. sídliště 6. sytý 7. bystrá 8. sirup 9. sýrový 10. posílat 11. bylina 12. sýr 13. sypat 14. papírový pytel 15. syčeli 16. synova 17. zamilovaný synovec 18. byt, bílou

Cv. 2 1. žvýkat 2. zvykat si 3. vy 4. vysoký

Cv. 3 1. žvýkačka 2. vysoký 3. vykat

Cv. 4 1. žvýkám 2. žvýkačky 3. jsem si zvykl 4. vysoký 5. vy

Cv. 5 1. vykat 2. vyjet, vyřešit, vyndat 3. výška, vyšší, zvýšit 4. zvyklý, odvyknout si, zlozvyk, zvyk 5. žvýkačka

Cv. 6 1. výš 2. vidět 3. vykat 4. výslovnost 5. vybitý 6. výrobek 7. vyluxovat 8. silný vítr 9. zvyklý 10. výborná povídka 11. svíčková 12. vydělávat víc 13. zvýšit 14. chvíli 15. nezvyklý 16. vidlička 17. žvýkačka 18. vymyslet video

Cv. 7 1. být 2. bít 3. opilý 4. pyšný 5. lýtko 6. umýt 7. mít 8. lyže 9. prosit 10. sypat 11. opilý 12. pytel 13. víc 14. blýskalo 15. výš

LEKCE 18

Cv. 1 1. boty 2. plavky 3. čepice 4. pyžamo 5. šaty 6. džíny 7. kožich 8. tričko 9. šála 10. mikina 11. klobouk 12. rukavice 13. sukně 14. tepláky 15. župan 16. halenka 17. kraťasy 18. bunda 19. kabát 20. kostým. TAJENKA: „Bližší košile než kabát."

Cv. 2 1. pásek 2. límec 3. zip 4. kapsa 5. kapuce 6. podpatek 7. nohavice 8. výstřih 9. knoflík

Cv. 3 1. J 2. G 3. E 4. D 5. H 6. B 7. I 8. A 9. F 10. C

Cv. 4 1. dlouhý 2. dlouhý 3. nízký 4. nízký 5. vysoká 6. hluboký 7. kulaté 8. vysoká

Cv. 5 1. D 2. E 3. B 4. H 5. I 6. F 7. C 8. A 9. G

Cv. 6 1) 9., 2) 2., 3) 6., 4) 5., 5) 8., 6) 3., 7) 7., 8) 1., 9) 4.

Cv. 7 1. květované 2. rukávů 3. podpatkem 4. kostkovanou 5. kapucí 6. kalhoty 7. boty 8. pruhované 9. rukávy 10. límcem 11. kalhoty 12. kapsách 13. puntíkované 14. výstřihem 15. kabelku

Cv. 8 1. šít 2. přišívat 3. vyšít 4. zašívat 5. šít 6. ušila 7. přešíval

Cv. 9 1. budu mít na sobě 2. nosil 3. mám na sobě 4. nosí 5. nosit 6. neměla na sobě 7. nenosím 8. nosíš 9. má na sobě 10. nosit

Cv. 10 Jitka (obrázek 2) 1. L 2. J 3. C 4. G, Milena (obrázek 1) 5. H 6. K 7. I, Valerie (obrázek 3) 8. D 9. M. 10. F 11. A 12. B, Marián (4) 13. E 14. N

Cv. 11 1. a 2. c 3. b 4. a 5. a 6. a

Cv. 12

infinitiv	3. sg., minulý čas	3. sg., přítomný čas	3. sg., budoucí čas	2. sg. imperativ
používat	používal	používá	bude používat	používej
použít*	použil	---	použije	použij
vznikat	vznikal	vzniká	bude vznikat	vznikej
vzniknout*	vznikl	---	vznikne	vznikni
navrhovat	navrhoval	navrhuje	bude navrhovat	navrhuj
navrhnout*	navrhl	---	navrhne	navrhni
šít*	šil	šije	bude šít	šij
ušít*	ušil	---	ušije	ušij

Cv. 13 1. vzrušující 2. úctou 3. zuřila 4. náročné, zářit 5. špičkovou 6. věnuje 7. expozici

Cv. 14

infinitiv	minulý čas	přítomný čas	budoucí čas	imperativ
oblékat (se)	oblékal (se)	obléká (se)	bude (se) oblékat	oblékej (se)
obléknout (se)*	oblékl (se)	---	oblékne (se)	oblékni (se)
svlékat (se)	svlékal (se)	svléká (se)	bude (se) svlékat	svlékej (se)
svléknout (se)*	svlékl (se)	---	svlékne (se)	svlékni (se)
zouvat (se)	zouval (se)	zouvá (se)	bude (se) zouvat	zouvej (se)
zout (se)*	zul (se)	---	zuje (se)	zuj (se)
obouvat (se)	obouval (se)	obouvá (se)	bude (se) obouvat	obouvej (se)
obout (se)*	obul (se)	---	obuje (se)	obuj (se)

Cv. 15 3. Maminka svléká Marušku. 4. Maminka obouvá Marušku. 5. Maruška se obouvá. 6. Maruška se svléká. 7. Maminka obléká Marušku. 8. Maruška se zouvá. 9. Maruška se obléká. 10. Maminka zouvá Marušku.

Cv. 16 1. si, si 2. si 3. –, se 4. se 5. – 6. si 7. – 8. se 9. se 10. si, si

Cv. 17 1. nezouvejte se 2. obuj si 3. oblékni si 4. svlékni si 5. zujte se 6. nesvlékej si

Cv. 18 1. sundala jsem si, nandala jsem si 2. si sundal 3. sundávám/nandávám 4. nandala 5. si sundat 6. sundej si

Cv. 19 12 si nandává, 3 si sundává, 5 přendává, 9 nandává, 6 nandává, 8 vyndává, 2 vyndává, 11 sundává, 7 sundává, 10 přendává, 1 sundává

Cv. 20 1. tmavému obleku 2. růžovým bačkorám 3. červené sukni 4. černému kabátu 5. letním kalhotám 6. elegantním šatům 7. džínovým šortkám 8. moderním brýlím

Cv. 21 1. které 2. kterou 3. kterých 4. kterou 5. které 6. které 7. kterým 8. kterých 9. který 10. který 11. které 12. kterou 13. kterých 14. kterému

Cv. 22 šaty, trenýrky, kalhoty, hodinky, brýle, plavky

Cv. 23 1. troje brýle 2. čtyři pásky 3. dvoje hodinky 4. tři kabelky 5. čtvery šortky 6. čtyři tašky 7. tři kožichy 8. dva kabáty 9. čtyři trička 10. troje plavky 11. tři bundy 12. čtvery tepláky 13. dvě čepice 14. čtvery šaty 15. dvě šály

Cv. 24 1. pásků 2. sukní 3. halenek 4. obleků 5. triček 6. kraťasy 7. trenýrky 8. hodinky 9. šortky, 10. plavky

Cv. 25 1. kolik, čtyři 2. kolikery, dvoje 3. kolik, tři 4. kolikery, troje 5. kolik, dvě 6. kolik, šest 7. kolikery, osmery 8. kolik, deset 9. kolikery, desatery

Cv. 26 1. kolikery brýle 2. kolik bund 3. kolik čepic 4. kolikery džíny 5. kolik halenek 6. kolikery kalhotky 7. kolikery kalhoty 8. kolik klobouků 9. kolik kostýmů 10. kolik kožichů 11. kolikery kraťasy 12. kolikery náušnice 13. kolikery plavky 14. kolikery punčocháče 15. kolik sukní 16. kolik šál 17. kolikery šortky 18. kolikery tepláky

Cv. 27

N	jeden (Ma) / jeden (Mi)	jedna (F)	jedno (N)
G *bez*	jednoho	jedné	jednoho
D *k, ke*	jednomu	jedné	jednomu
A *vidím*	jednoho/jeden	jednu	jedno
L *o*	jednom	jedné	jednom
I *s, se*	jedním	jednou	jedním

Cv. 28 1. jednomu 2. jednoho 3. jednoho 4. jednoho 5. jeden 6. jedné 7. jedním 8. jednu 9. jednom 10. jednu

Cv. 29 1. jedné, jednoho 2. jedné, jednomu 3. jedné, jednoho 4. jedné, jednomu 5. jednu, jednoho 6. jednoho, jedné 7. jednou, jedním 8. jednoho, jednu

Cv. 30

N	dva, dvě	dvě	tři	čtyři	pět
G *bez*	dvou	dvou	tří/třech	čtyř/čtyřech	pěti
D *k, ke*	dvěma	dvěma	třem	čtyřem	pěti
A *vidím*	dva, dvě	dvě	tři	čtyři	pět
L *o*	dvou	dvou	třech	čtyřech	pěti
I *s, se*	dvěma	dvěma	třemi	čtyřmi	pěti

Cv. 31 1. dva 2. čtyřmi 3. tří/třech 4. pěti 5. třech 6. dvě 7. tří/třech 8. pěti 9. třem 10. dvěma 11. třem 12. čtyř/čtyřech

Cv. 32 dvou politicích, dvou herečkách, třech sportovcích, čtyřech zpěvačkách, pěti režisérech; dvou supermarketů, dvou škol, tří/třech kostelů, čtyř/čtyřech obchodů, pěti hospod; dvěma profesory, dvěma učitelkami, třemi novinářkami, čtyřmi vědci, pěti diplomaty; dvěma bratrům, dvěma sestrám, třem neteřím, čtyřem synovcům, pěti tetám; dva filmy, dvě komedie, tři obrazy, čtyři sochy, pět ilustrací.

Cv. 33 1. -i 2. -o 3. -y 4. -o 5. -o 6. -i 7. -y 8. -o 9. -o 10. -i 11. -a 12. -o 13. -o 14. -i 15. -o 16. -i 17. -a 18. -o 19. -i 20. -o

Cv. 34 1. jednom roce 2. dvou letech 3. třech letech 4. čtyřech letech 5. pěti letech 6. osmnácti letech 7. dvaceti jedna/jedenadvaceti letech 8. jednoho roku 9. dvou let 10. tří/třech let 11. čtyř/čtyřech let 12. pěti let 13. osmnácti let 14. dvaceti jedna/jedenadvaceti let

Cv. 35 1. dvěma roky 2. čtyřmi týdny 3. šesti hodinami 4. sto lety 5. třemi dny 6. pěti měsících 7. dvou minutách 8. dvou rocích/letech 9. třech týdnech 10. čtyřech hodinách

Cv. 36 1. dva roky 2. čtyři týdny 3. šest hodin 4. sto let 5. tři dny 6. pěti měsíců 7. dvou minut 8. dvou roků/let 9. čtyř/čtyřech hodin 10. tří/třech týdnů

Cv. 37 1. osmi hodin 2. pěti hodin 3. dvaceti minutami 4. deseti minut 5. dva dny 6. třech dnech 7. pěti letech 8. sedmnácti let

Cv. 38 1. 3/4 2. 9/10 3. 1/2 4. 4/5 5. 1,5 6. 2,75 7. 0,7 8. 1,27 9. 5,027 10. 0,001

Cv. 39 1. šest měsíců 2. třicet měsíců 3. devět měsíců 4. čtyři měsíce 5. tři měsíce 6. šedesát šest měsíců 7. osmnáct měsíců 8. šest měsíců

Cv. 40 1. D 2. H 3. B 4. J 5. E 6. G 7. A 8. F 9. C 10. I

Cv. 41

N	třetina	třetiny	procento	procenta
G *bez*	třetin**y**	třetin	procent**a**	procent
D *k, ke*	třetin**ě**	třetin**ám**	procent**u**	procent**ům**
A *vidím*	třetin**u**	třetiny	procent**o**	procent**a**
L *o*	třetin**ě**	třetin**ách**	procent**u**	procent**ech**
I *s, se*	třetin**ou**	třetin**ami**	procent**em**	procent**y**

Cv. 42 1. (jedné) třetiny 2. polovinou 3. třetině 4. čtvrtinu 5. třem čtvrtinám 6. (jedné) čtvrtině 7. polovině 8. desetiny

Cv. 43 polovina, čtvrtina, pětina, dvacetina, tři čtvrtiny 1. pět 2. čtyři 3. deset 4. pět 5. jeden 6. patnáct

Cv. 44 1. -a, -y 2. -o, -a 3. -a, -o 4. -a, -y 5. -o, -a

Cv. 45 1. E 2. C 3. B 4. D 5. F 6. A

Cv. 46

	singulár				plurál			
N	tento (Ma)	tento (Mi)	tato (F)	toto (N)	tito (Ma)	tyto (Mi)	tyto (F)	tato (N)
G	tohoto	tohoto	této	tohoto	těchto	těchto	těchto	těchto
D	tomuto	tomuto	této	tomuto	těmto	těmto	těmto	těmto
A	tohoto	tento	tuto	toto	tyto	tyto	tyto	tyto
L	tomto	tomto	této	tomto	těchto	těchto	těchto	těchto
I	tímto	tímto	touto	tímto	těmito	těmito	těmito	těmito

Cv. 47 1. těmto, této, tomuto, těmto, těmto 2. tohoto, těchto, těchto, této, tohoto 3. těmito, touto, tímto, těmito, tímto 4. této, tomto, těchto, těchto, tomto 5. tyto, tyto, tyto, tuto

Cv. 48 1. lékárnička 2. benzín 3. technický průkaz 4. pojištění 5. technickou kontrolu 6. povinné ručení 7. předpisy 8. značky

Cv. 49 1. koupit 2. vyřídit si 3. brát 4. vyřídit si 5. dělat 6. brát

Cv. 50 1. která 2. kde 3. na které 4. jakmile 5. když 6. že 7. dokud 8. kdyby 9. totiž

Cv. 51 1. ano 2. ano 3. ne 4. ano 5. ne 6. ano 7. ne 8. ano 9. ne 10. ne 11. ano 12. ne 13. ne 14. ne

Cv. 52 1. K 2. J 3. A 4. E 5. D 6. G

Cv. 53 1. D 2. A 3. I 4. H 5. F 6. G 7. C 8. B 9. E

Cv. 54 1. dětská sedačka 2. kufr 3. brzda 4. blinkr 5. sedadlo 6. plyn 7. GPS 8. řadicí páka 9. spojka 10. světlo 11. volant 12. bezpečnostní pás 13. motor

Cv. 55 1. než 2. až 3. dokud 4. dokud 5. než 6. až 7. dokud 8. až 9. až 10. dokud 11. než 12. dokud

Cv. 56 1. divné 2. zajet 3. známý 4. v obci 5. nezastaví 6. překročení 7. zabloudili 8. nechala

LEKCE 18 Pravopis

Cv. 1 1. zvítězit 2. silná 3. sbírka 4. míchat 5. nejvyšší 6. myčka 7. oblíbený 8. polykat 9. bydliště 10. obyvatelé 11. syrové 12. zabité 13. klidný 14. lyžařská 15. spisovatel 16. sytá 17. bývalá 18. nelíbí 19. kelímek 20. vybírat 21. plyne

Cv. 2 1. jazyk 2. nazývat se 3. brzy

Cv. 3 ---

Cv. 4 1. název 2. jazykověda, dvojjazyčný, jazykový, jazykovědec

Cv. 5 1. jazykověda 2. název 3. jazykový 4. dvojjazyčný 5. jazykovědec

Cv. 6 1. jazyková 2. zima 3. jazyk 4. brzy 5. zimní 6. jazykovědec 7. cizinec 8. jednojazyčný 9. pozítří

Cv. 7 1. mýt 2. být 3. mýlit se 4. vysoký 5. myslet 6. žvýkat 7. syn 8. lyže 9. mlýn 10. plynout 11. jazyk 12. pýcha

Cv. 8 Řešení

	A	B	C	D	E	F	G	H	I	J
1					b	y	s	t	r	ý
2				h	m	y	z	s		
3	j		b			p		s	y	
4	a	l	ý	p		o		y	č	
5	z	ý	k	ý		l		p	e	
6	y		t		c		y	a	t	
7	k	k		h		k		t		
8		o		a		a				
9						t				
10				k	o	b	y	l	a	

Cv. 9 1. nesmysl 2. netopýrech 3. mytí 4. byt, sídlišti 5. vysypaná 6. vzpomínky 7. myšlenka 8. povídky 9. obličej 10. zalít, obýváku 11. zpívají lidové písničky 12. klíče 13. zvýšil 14. mrazivá 15. jazykovém 16. jazykovědec

LEKCE 19

Cv. 1 1. dějepisu 2. dějinách 3. dějepis 4. dějiny 5. dějepisu 6. dějiny

Cv. 2 1. vlastnická práva 2. zboží 3. pomník 4. lidská práva 5. trest smrti 6. vlastnická práva 7. volby 8. církve a věřící 9. k trestu smrti 10. fronty

Cv. 3 1. v listopadu 1989 2. do roku 1955 3. v roce 1977 4. po okupaci 5. v roce 1946 6. v noci z 20. na 21. srpna 1968 7. v polovině osmdesátých let 8. v únoru 1948 9. do roku 1989 10. po tzv. „Vítězném únoru" 11. v padesátých letech

Cv. 4 1. v roce 1946 2. továrny, statky, firmy a obchody 3. statisíce 4. do konce osmdesátých let/do roku 1989 5. 250 lidí 6. byl zbourán 7. visely všude 8. na různé zboží 9. po Pražském jaru následovala okupace 10. protože některé knihy nemohly legálně vycházet 11. lidé, kteří pracovali v zahraničí 12. byl velký problém 13. lidé byt v paneláku dostávali zadarmo 14. svobodu a dodržování lidských práv 15. „sametovou revolucí"

Cv. 10

To byla...	To se stalo na začátku / v polovině / na konci / od / do ...	To se stalo...
dvacátá léta	dvacátých let	ve dvacátých letech
třicátá léta	třicátých let	ve třicátých letech
čtyřicátá léta	čtyřicátých let	ve čtyřicátých letech
padesátá léta	padesátých let	v padesátých letech
šedesátá léta	šedesátých let	v šedesátých letech
sedmdesátá léta	sedmdesátých let	v sedmdesátých letech
osmdesátá léta	osmdesátých let	v osmdesátých letech
devadesátá léta	devadesátých let	v devadesátých letech

Cv. 11 1. na začátku sedmdesátých let 2. ve dvacátých letech 3. v padesátých letech 4. do konce osmdesátých let 5. od začátku čtyřicátých let 6. na konci sedmdesátých let 7. do konce čtyřicátých let 8. v polovině třicátých let

Cv. 12 1. D 2. G 3. F 4. E 5. A 6. C 7. B

Cv. 5

infinitiv	3. sg., minulý čas	3. sg., přítomný čas	3. sg., budoucí čas	2. sg. imperativ
shánět	sháněl	shání	bude shánět	sháněj
sehnat*	sehnal	---	sežene	sežeň
odevzdávat	odevzdával	odevzdává	bude odevzdávat	odevzdávej
odevzdat	odevzdal	---	odevzdá	odevzdej
obsazovat	obsazoval	obsazuje	bude obsazovat	obsazuj
obsadit	obsadil	---	obsadí	obsaď
vrcholit	vrcholil	vrcholí	bude vrcholit	vrchol
vyvrcholit	vyvrcholil	---	vyvrcholí	vyvrchol

Cv. 6 1. dodržet 2. znárodnit 3. zbavit 4. zahájit 5. odhalit 6. popravit 7. odevzdat 8. obsadit 9. uvězňovat 10. páchat 11. volit 12. umírat 13. bourat 14. vrcholit 15. stavět 16. shánět

Cv. 7 1. studium na Právnické fakultě 2. svatba 3. členka ČSNS 4. boj za práva žen 5. organizace Věrni zůstaneme 6. uvěznění 7. setkání s manželem 8. návrat do politiky 9. časopis Vlasta 10. protest proti komunistickému režimu 11. uvěznění a politický proces 12. poprava

Cv. 8 1. Právnickou fakultu 2. redaktor 3. od roku 1929 4. Věrni zůstaneme 5. v roce 1940 6. Terezín 7. byl také vězněn 8. protestovala proti komunistickému puči, nesouhlasila s vládou KSČ 9. emigroval do Ameriky 10. např. Einstein, Churchill 11. 49 let

Cv. 9 1. vládní zboží 2. shánět radost 3. dodržování pomníku 4. spáchat dobro 5. nedostatek krize 6. základní čas

Cv. 13 1. tj. 2. apod. /atd. 3. mj. 4. tzv. 5. atd. 6. např. 7. tzv. 8. apod. 9. tj. 10. viz

Cv. 14 1. vstoupil 2. přinese 3. vystoupil 4. nedostal se 5. neměli 6. nesměl 7. bála se 8. honila 9. nadává 10. pamatuje 11. sháněla 12. cestovat

Cv. 15 1. se 2. si 3. se 4. si 5. si 6. si 7. si 8. si 9. si 10. si 11. si 12. se 13. se 14. se 15. se 16. si 17. se 18. se, se

Cv. 16 1. sobě 2. sobě 3. sebe 4. sobě 5. sobě 6. sebe 7. sobě 8. sebe 9. sobě 10. sobě

Cv. 17 1. sebou 2. sobě 3. sebe 4. sebe 5. sobě 6. sebe 7. sebou 8. sebe 9. sobě

Cv. 18 1. sebe 2. sobě 3. si 4. sebe 5. si 6. sobě 7. si 8. sobě 9. sebe 10. sobě 11. si 12. sebe

Cv. 19 1. na sebe 2. o sobě 3. sobě/pro sebe 4. se sebou 5. sebe 6. na sebe 7. o sobě 8. na sobě 9. sebe

Cv. 20 1. rodičům, synovi 2. Alici, Tomáše 3. Lence, Jirkovi 4. kočku, psa 5. sestře, bratrovi 6. Pan Dvořák a paní Samková se na ulici pozdravili. 7. Můj tatínek a moje maminka si často volají do práce. 8. Filip a Miloš se znají. 9. Kolega a kolegyně se v kanceláři ruší. 10. Spolužák a spolužačka si půjčují knihy.

Cv. 21 1. se vyrábí/vyrábějí 2. se pěstuje 3. se pere 4. se vaří 5. se čistí 6. se chovají 7. se prodávají 8. se léčí 9. se opravují 10. se peče

Cv. 22 2. se češou hřebenem 3. se pere pracím práškem 4. se píšou propiskou 5. se jezdí výtahem 6. svítí se žárovkou 7. se signalizuje blinkrem 8. se platí bankovkou 9. se zapaluje zapalovačem 10. se krájí nožem 11. se malují štětcem 12. se topí plynem

Cv. 23 1. jedl 2. pilo 3. vyráběla 4. se hrála 5. jedla 6. vyrábělo 7. peklo 8. mluvilo 9. chodilo 10. četlo 11. vykalo 12. jedlo 13. jezdilo 14. slavily 15. nosily

Cv. 24 1. vařila, vařilo 2. peklo, pekla 3. smažilo, smažily 4. poslouchaly, poslouchalo 5. naléval, nalévalo 6. jedlo, jedl 7. myly, mylo 8. kouřily, kouřilo

Cv. 25 1. se hodně mluvilo 2. se topí plynem 3. se ještě neví 4. se používá internet 5. se jedí omáčky s knedlíkem 6. se začíná pracovat v 8.30 7. se vyrábí/vyrábějí hračky 8. se nevybírá vstupné 9. se ještě netřídí plasty 10. se často pořádají oslavy

Cv. 26 1. ne 2. ne 3. ne 4. ano 5. ano 6. ne 7. ne 8. ano 9. ano

Cv. 27 1. nejezdilo se 2. nechodilo se 3. nevařilo se 4. chodilo se 5. nekupovalo se 6. nenakupovalo se 7. nežilo se 8. se nejezdilo 9. poslouchalo se

Cv. 28 1. se nevypnul 2. se ztratila 3. se rozlila 4. se rozbila 5. se obarvilo 6. se rozvařily 7. se nezavřely 8. se zkazila

Cv. 29 1. byla opravena 2. byly opraveny 3. byl opraven 4. byla pozvána 5. byly pozvány 6. byli pozváni 7. byly ztraceny 8. byla ztracena 9. byl ztracen 10. byly rozhodnuty 11. bylo rozhodnuto 12. byli rozhodnuti

Cv. 30 1. byl 2. jsou 3. byl 4. budou 5. budou 6. bylo 7. bude 8. byly 9. budou 10. budou 11. bude 12. byly

Cv. 31 1. -a, –, – 2. -a, -a 3. -o 4. -y, -y 5. -i, -i 6. -o, -o 7. -o, -o 8. -a, -a 9. -o, -o 10. -y, -y 11. -o, -o 12. –, – 13. -y, -y 14. -a, -a 15. -y, -y

Cv. 32 1. vydávány 2. postavena 3. napsána 4. přeložen 5. vyrobena 6. otevřeno 7. tvořeny 8. znárodněny 9. chován 10. založena 11. natočen 12. osloveni 13. uvařeno 14. zkonstruován

Cv. 33 1. Matka uvařila polévku. 2. – 3. – 4. Oblékl jsem si ponožku. 5. Otec umyl porcelánové talíře. 6. – 7. Všichni obdivovali moji novou sukni. 8. Babička učesala holčičku. 9. Žák napsal úkol. 10. – 11. Hosti/hosté vypili všechno pivo.

Cv. 34 1. byl zvolen prezidentem v roce 1948 parlamentem 2. byly zakázány komunisty 3. byly dotovány státem 4. byly znárodněny státem 5. byli zbaveni totalitním režimem majetkových práv 6. byly organizovány studenty 7. byly malovány socialistickými umělci 8. byla publikována disidenty v roce 1977 9. byly opisovány lidmi

Cv. 35

-án	-en	-t
napsán, očekáván, pozorován, projednán, překonán, věnován, zavolán, zpozorován	domluven, označen, představen, přestavěn, připraven, rozdělen, umožněn, upřesněn, uveřejněn, vybaven, vykácen, zachráněn, zlevněn	prominut, rozhodnut, ušit, zapomenut

Cv. 36 1. bude zbourán 2. byl prodán 3. je rekonstruováno 4. je pozván 5. bude rozhodnuto 6. bude volen 7. byli pronásledováni 8. budou postaveny 9. je obdivováno 10. bude otevřena

Cv. 37 1. shromážděny 2. položen 3. poprvé otevřeno 4. pochopen 5. vybrán 6. znovu otevřeno 7. postaveno 8. namalovány 9. napsána 10. zrenovováno

Cv. 38 1. zahájeno 2. přivítáni 3. projednáno 4. konstatováno 5. splněny 6. dáno 7. vybráno 8. schválena 9. vytvořena 10. informováni 11. pronajata 12. rozhodnuto 13. otevřeno 14. prodloužena 15. ukončena

Cv. 39 1. dávání 2. zdobení 3. pečení 4. smažení 5. zapalování 6. mrskání 7. barvení 8. pálení 9. pití

Cv. 40 1. bruslení 2. cestování 3. cvičení 4. mlčení 5. pozorování 6. čekání 7. holení 8. létání 9. půjčování 10. řešení

Cv. 41 1. klouzání 2. sprchování 3. vysvětlení 4. přistání 5. hubnutí 6. trvání 7. stmívání 8. říznutí 9. kreslení

Cv. 42 1. při krájení 2. kvůli sprchování 3. při pronásledování 4. kvůli vdechnutí 5. při učení 6. kvůli podnikání 7. kvůli překvapení 8. při couvání

Cv. 43 1. kterou, přečetl 2. které, zavřel 3. kterou, podepsal 4. který, zaplatil 5. který, uklidil 6. který, opravil 7. kterou, smazal 8. které, připálil 9. který, vyplnil 10. kterou, zničil 11. který, odložil 12. kterého, ostříhal 13. kterou, označil 14. který, pojistil 15. kterého, pozval

Cv. 44 1. vyhraný 2. vydaná 3. umyté 4. upečený 5. postavený 6. ztracené 7. vypité 8. prožitá 9. zvýšený 10. uzdravený 11. otevřené 12. rozmazlené 13. pronásledovaní 14. pronajatý 15. oholený

Cv. 45 1. vyžehlené 2. nakoupené 3. umyté 4. opravené 5. vyrobenou 6. natřený 7. přišitý 8. zaplacenou 9. vybranou 10. vynesený

Cv. 46 1. kouřením 2. prožitý 3. zvýšený 4. sněžení 5. dýchání 6. kácení 7. rozhodnutí 8. uzdravení 9. podepsanou 10. uklizeném 11. vrácení 12. označené 13. otevřené 14. založením 15. připravenou

Cv. 47 1. vyměňování žárovky, žehlení, zametání, mytí nádobí 2. luxování, nakupování, zašívání, utírání prachu, vynášení odpadků, vaření, praní

Cv. 48 2. vyluxovaný 3. vyměněná 4. nakoupené 5. vyžehlené 6. zašitá 7. utřený 8. zametená 9. vynesený 10. umyté 11. uvařená 12. vyprané

Cv. 49 1. český jazyk 2. tělocvik 3. chemie 4. přírodopis 5. matematika 6. dějepis 7. fyzika 8. zeměpis

Cv. 50 1. na gympl 2. na maturu 3. na vejšku 4. přijímačky 5. na Karlovce 6. na fildě 7. na peďáku 8. na učňák

Cv. 51 1. C 2. B 3. A 4. D 1. proti nim 2. Radek, Šárka 3. Kamil 4. Hanka 5. Hanka 6. Lucka

Cv. 52 1. ne 2. ne 3. ano 4. ne 5. ano 6. ne 7. ano 8. ano 9. ano 10. ano 11. ano

LEKCE 19 Pravopis

Cv. 1 1. obyčej 2. pytel 3. sytý 4. zamykat 5. mlýn 6. pyl 7. brzy 8. jazyk 9. žvýkat 10. plynout 11. pýcha 12. bylina 13. usychat. TAJENKA: „Český pravopis."

Cv. 2 1. muzikanti 2. holubi 3. kamarády 4. psi 5. Evropany 6. hadi 7. fotografy 8. drvoštěpy

Cv. 3 1. Na ulici jsou 2. Na návštěvu jsme pozvali 3. Ve filmu byli 4. Na konferenci novináři fotografovali 5. V teráriu jsme pozorovali 6. Na dovolenou jeli i jeho 7. Ve volbách jsme volili 8. Na konferenci jsme přivítali také 9. Na louce jsme chytali 10. V ZOO jsme se dlouho dívali na

Cv. 4 1. psy 2. kamarády 3. přáteli 4. učiteli 5. skladateli 6. dirigenty 7. klavíristy 8. režiséry

Cv. 5 1. Španěly, Dány 2. umělci 3. malíři 4. překladateli, spisovateli 5. filozofy, sociology, politiky, novináři, ekonomy 6. řediteli, manažery, podnikateli, stratégy 7. motýly

Cv. 6 1. ti 2. ty 3. ti 4. ti 5. ti, ty 6. ty 7. ty 8. ti

Cv. 7 1. ty 2. ty 3. ti 4. ty 5. ty 6. ty 7. ty 8. ti 9. ty 10. ti 11. ty 12. ty

LEKCE 20

Cv. 1 1. D 2. C 3. A 4. E 5. B

Cv. 2 1. básník 2. překladatel 3. dramatik 4. scénárista 5. nositel 6. představitel 7. žurnalista 9. textař 10. zakladatel. TAJENKA: „Spisovatel."

Cv. 3 a) Krchovský b) Berková c) Kundera d) Seifert e) Jirásek f) Němcová g) Svěrák h) Nezval i) Havel j) Čapek k) Mácha

Cv. 4 1. ne 2. ne 3. ne 4. ano 5. ano 6. ne 7. ano 8. ano 9. ano 10. ano 11. ne

Cv. 5 1. předkové; zmocnit 2. líbezné 3. ryb; zvěře, ptáků, medu 4. vévody 5. vládcem; řídila 6. hádku; běda 7. zakladatele 8. předpověděla 9. tesá 10. neskoná; překoná

Cv. 6 1. význam tohoto místa 2. můžete vyjít 3. prohlédnout románskou rotundu 4. aspoň jednou za život 5. jako praotec Čech 6. nejkrásnější výhled

Cv. 7 1. b) 2. b) 3. a) 4. a)

Cv. 8 1. a) 2. a) 3. b) 4 a) 5. b) 6. b) 7. a) 8. b) 9. b) 10. a)

Cv. 9 1. C 2. D 3. B 4. A 5. E

Cv. 10 1. D 2. C 3. E 4. B 5. F 6. A

Cv. 11 1. ano 2. ano 3. ano 4. ne 5. ano 6. ne 7. ano 8. ne

Cv. 12 1. ne 2. ne 3. ano 4. ano 5. ne 6. ano 7. ne 8. ano 9. ano 10. ano 11. ano 12. ne

Cv. 13 1. tušení 2. kočárek 3. baculaté 4. pochválit 5. škaredě 6. faldíčky 7. kojit 8. fara 9. fena 10. mrně 11. klečet 12. obdivovat

Cv. 14

infinitiv	3. sg., minulý čas	3. sg., přítomný čas	3. sg., budoucí čas	2. sg. imperativ
plakat*	plakal	pláče	bude plakat	plač/plakej
uklidňovat	uklidňoval	uklidňuje	bude uklidňovat	uklidňuj
pochválit	pochválil	---	pochválí	pochval
ukrást*	ukradl	---	ukradne	ukradni
najít*	našel	---	najde	najdi
vzít*	vzal	---	vezme	vezmi
přivést*	přivedl	---	přivede	přiveď

Cv. 15 c)

Cv. 16 1. 1810 2. nikdy/neoženil se 3. Byl básník i spisovatel. 4. Máj 5. romantická místa, staré hrady 6. tři roky 7. od září do listopadu 1836 6. je tam socha Máchy

Cv. 17 1. hlas 2. háj 3. žel 4. pěl

Cv. 18 1. I 2. B 3. A 4. E 5. D 6. F 7. C 8. K 9. H 10. G 11. J

Cv. 19 háj, jevil, ku, pět, zaváněl, žel

Cv. 20 4, 2, 5, 1, 3

Cv. 21 1. ustavičná 2. unikáš 3. táž 4. stále

Cv. 22 neplakej, život, dnes, posteli, kdopak, lehnem

Cv. 23 jinakej, budem, zejtra, lehnem

Cv. 24 miláčku, jak, odpoledne, miláčku, očích, život, jsem

Cv. 25 1. sedm mostů ji spíná 2. a každá je jiná 3. a v paprscích lásky veliké a hřejné

Cv. 26 1. dvojtečka 2. konec 3. odpověď 4. on

Cv. 27 c)

Cv. 28 5, 1, 4, 9, 3, 6, 8, 2, 7

Cv. 29 1. ne 2. ano 3. ano 4. ano 5. ano 6. ano 7. ano 8. ne 9. ano 10. ano 11. ano 12. ano 13. ano 14. ano

Cv. 30 1. a) 2. b) 3. a) 4. b) 5. a) 6. b)

Cv. 31 1. postava 2. přesvědčený 3. tvrdila 4. tušit 5. zlehčit 6. vybudovat 7. nepovažuje 8. vyloučení 9. pomstít

Cv. 32 1. K 2. J 3. A 4. L 5. B 6. E 7. I 8. D 9. H 10. C 11. G 12. F

Cv. 33 1. máma 2. tátou 3. Karla 4. táta 5. Karel 6. Karel, máma 7. máma 8. mámě 9. Karel, mámě 10. Karel 11. Karel, máma 12. Karel

Cv. 34 1. C/D/I 2. E 3. A 4. B 5. F/G 6. F/G 7. J 8. C/D/I 9. H 10. C/D/I

Cv. 35 1. voni 2. eště 3. jabko 4. postavěj 5. bílý víno 6. dobrej čaj 7. lítat 8. mlejn 9. hlasitějc 10. upek 11. pudu 12. řikám 13. pane Novák 14. maso s knedlíkama

Cv. 36 1. dávají olej a ocet 2. půjdeme pomaleji, ano 3. dobrý sýr 4. nevím, které okno je otevřené 5. napíšeme čtyři 6. zítra budeme opravdu 7. vždyť je ta délka 8. nemohl být

Cv. 37 1. E 2. B 3. A 4. D 5. C

Cv. 38 1. -é 2. -á 3. -é 4. -é 5. -ří 6. -é 7. -é 8. -á 9. -é 10. -á 11. -é 12. -á

Cv. 39 1. hezkými Češkami 2. chytrými Poláky 3. malými dětmi 4. vysokými stromy 5. moderními domy 6. novými obchody 7. novými vilami 8. otevřenými okny 9. vysokými kluky 10. mladými Slovenkami

Cv. 40 1. Vokáči 2. Svobodo 3. ministře 4. Dvořáku 5. Jaroši 6. Lebedo 7. učiteli 8. Sochore

Cv. 41 1. nějaká 2. nějakým 3. nějaké 4. nějakých 5. nějaké 6. nějakými 7. nějaký 8. nějaké 9. nějakým

Cv. 42 1. který 2. která 3. kterého 4. která 5. které 6. která 7. kteří 8. které 9. kteří 10. kterou

Cv. 43 1. G 2. F 3. H 4. C 5. D 6. A 7. B 8. E

Cv. 44 1. prachy 2. jo 3. barák 4. chlastat 5. cvok 6. kecaly 7. starej 8. chlapa

Cv. 45 1. můj 2. voda 3. lučinách 4. květ 5. pohled 6. země

Cv. 46 1. Velkomoravská říše, kníže Svatopluk a jeho synové 2. České království, Karel IV., Rudolf II. 3. Československá republika, Tomáš Garrigue Masaryk, Edvard Beneš 4. Československá socialistická republika, Klement Gottwald, Gustav Husák 5. Česká republika, Václav Havel, Václav Klaus

Cv. 47

	pohoří	hory	řeky	města
1.	Beskydy	Ještěd	Berounka	České Budějovice
2.	Českomoravská vrchovina	Praděd	Dyje	Jihlava
3.	Jeseníky	Říp	Morava	Olomouc
4.	Šumava	Sněžka	Sázava	Zlín

Cv. 48 1. Sněžka (hora, ne řeka) 2. Zlín (město, ne hora) 3. Dyje (řeka, ne pohoří) 4. Šumava (pohoří, ne město) 5. Beskydy (pohoří, ne hora)

Cv. 49 1. -ě 2. -é, -ě 3. -ě 4. -ech 5. -ích 6. -ých, -ách 7. -ách/-cích 8. -ch, -ách

Cv. 50 1. Brna 2. Ostravy 3. Zlína 4. Českého Krumlova 5. Plzně 6. Hradce Králové 7. Jablonce 8. Děčína 9. Kladna 10. Nymburka

Cv. 51 1. vyšší 2. níž 3. studenější 4. více/víc 5. méně/míň 6. vyšší 7. delší 8. kratší 9. výše/výš 10. nižší 11. hlubší 12. hlouběji/hloub 13. dále/dál 14. blíže/blíž 15. starší 16. později 17. dříve/dřív 18. mladší 19. delší

Cv. 52 1. nejvyšší 2. nejznámější 3. nejnavštěvovanější 4. největší 5. nejlidnatější 6. nejstarší 7. nejdelší 8. nejteplejší 9. nejmenší 10. nejčastější 11. nejzápadnější 12. nejnižší

Cv. 53 1. sousedí 2. patří 3. území 4. lípa 5. rozloha 6. nejnavštěvovanější 7. proslulá 8. odvážejí

Cv. 54 1. C 2. B 3. D 4. A

Cv. 55 1. při první návštěvě 2. umí překvapit 3. neměnil by 4. připomínají 5. označují 6. polovina 7. turistické značky 8. něco nového

Cv. 56 1. b) 2. c) 3. b) 4. b) 5. a) 6. b) 7. a) 8. b)

LEKCE 20 Pravopis

Cv. 1 1. pedagogy, studenty, trenéry, kuchaři, školníky, řediteli 2. lvi, psi, leopardi, hadi, sloni, medvědi, krokodýli 3. policisty, studenty, úředníky, holuby, psy, žebráky, fotografy 4. lékaři, chirurgy, specialisty, operatéry, primáři 5. spisovateli, ilustrátory, překladateli, grafiky, vydavateli, novináři, majiteli, čtenáři

Cv. 2 1. ti, ty 2. ty, ti 3. ti, ty 4. ty, ti 5. ty, ti

Cv. 3 1. sousedky 2. kadeřnice 3. doktoři 4. žáci 5. trenérky 6. bratranci 7. maséři 8. učitelky

Cv. 4 1. Martinovi, Martinovy, Martinovy, Martinovi 2. bratrovy, bratrovy, bratrovy, bratrovy 3. Kamiliny, Kamiliny, Kamiliny, Kamiliny 4. Hančiny, Hančiny, Hančini, Hančiny

Cv. 5 1. manželovy, manželovy 2. Hrabalovy, Hrabalovy 3. Honzovi, Honzovy 4. Karlovy, Karlovy 5. Petrovy, Petrovi 6. tatínkovi, tatínkovy 7. Lenčini, Lenčiny 8. ministrovy, ministrovy

Cv. 6 1. kamarádovi 2. kamarádkami 3. Richardovi 4. kolegyněmi 5. drakovi 6. spolužačkami 7. sportovkyněmi 8. Němkami 9. dědečkovi 10. dělnicemi

Cv. 7 1. Martinovy, Martinovi, Martinovy 2. Radkovi, Radkovy, Radkovi 3. Pavlovi, Pavlovy, Pavlovy 4. Robertovy, Robertovi, Robertovi 5. Tomášovy, Tomášovi, Tomášovy

Cv. 8 1. biology, bioložkami 2. atletkami, atlety 3. Španělkami, Španěly 4. umělci, umělkyněmi 5. žáky, žákyněmi

LÍDA HOLÁ
Pražské legendy

MARTINA TRCHOVÁ
Brněnské legendy

Každý z dvojice těchto samostatných svazků z edice Adaptovaná česká próza přináší studentům 10 nejznámějších legend Prahy a Brna. V Pražských legendách se čtenáři seznámí například s pověstí o Golemovi, Loretě či mistru staroměstského orloje Hanušovi. V Brněnských legendách se zase dozví, proč na Staré radnici v Brně visí vycpaný krokodýl a dřevěné kolo nebo proč se v katedrále na Petrově zvoní poledne o hodinu dřív. Publikaci vedle ilustrací a fotografií vždy doprovází soubor gramatických a lexikálních cvičení ke každému textu, česko-anglicko-německo-ruský slovníček a klíč ke cvičením. Součástí je i audio CD s kompletní nahrávkou knihy. Kniha je určena studentům češtiny od úrovně A2.

**Pražské legendy 84 str.,
flexovazba, 1 audio CD,
225 Kč vč. DPH**
ISBN 978-80-87481-51-6

**Brněnské legendy 112 str.,
flexovazba, 1 audio CD,
225 Kč vč. DPH**
ISBN 978-80-7470-157-3

LÍDA HOLÁ
Staré pověsti české a moravské

Staré pověsti české a moravské z edice Adaptovaná česká próza představují v deseti pověstech nejslavnější jména a události české národní mytologie a historie: praotce Čecha, Libuši a Přemysla, Libušinu věštbu, Horymíra se svým věrným koněm Šemíkem, dívčí válku, knížete Václava, krále Ječmínka a další. Studenti tak mají možnost seznámit se s postavami, ději a výroky, které tvoří základ národního a historického povědomí snad každého Čecha. Svazek doprovázejí názorné ilustrace a fotografie míst, ke kterým se české a moravské pověsti váží. Dále obsahuje soubor gramaticko-lexikálních cvičení ke každému textu, česko-anglicko-německo-ruský slovníček a klíč ke cvičením. Součástí svazku je i audio CD s kompletní nahrávkou knihy. Publikace je určena studentům češtiny jako cizího jazyka od úrovně B1.

**96 str., flexovazba,
1 audio CD
225 Kč vč. DPH**
ISBN 978-80-87481-59-2

JAN NERUDA / LÍDA HOLÁ
Povídky malostranské

Básník, prozaik a novinář Jan Neruda (1834–1891) patří k nejznámějším českým autorům 19. století, a tak není divu, že jeho populární Povídky malostranské vycházejí i v rámci řady Adaptované české prózy. Nerudovo jméno nese jedna z ulic u Pražského hradu, kde se v domě U Dvou slunců narodil. Jeho povídky s jemnou ironií a psychologickou věrností představují lidi a lidičky z pražské Malé Strany. Díky nim máme možnost objevovat kouzlo starého světa, ale i nadčasové portréty lidských charakterů. Publikace přináší stručný autorův medailon, 6 jeho adaptovaných povídek a krátkou informaci o domovních znameních staré Prahy. Dále obsahuje soubor gramaticko-lexikálních cvičení, česko-anglicko-německo-ruský slovníček, klíč ke cvičením a audio CD s kompletní nahrávkou knihy určené studentům úrovně B1.

**100 str., flexovazba,
1 audio CD
225 Kč vč. DPH**
ISBN 978-80-87481-60-8

MODERNÍ **UČEBNICE ČEŠTINY** JAKO CIZÍHO JAZYKA

LÍDA HOLÁ
Pohádky

Pohádky z edice Adaptovaná česká próza, určené studentům češtiny jako cizího jazyka, přináší tradiční pohádky české i zahraniční provenience. Kratší pohádky O veliké řepě, O kohoutkovi a slepičce, Tři prasátka, O perníkové chaloupce a Červená Karkulka, i klasické příběhy, jako jsou Popelka, Sněhurka, Šípková Růženka, O dvanácti měsíčkách nebo Princ Bajaja, představují vhodnou, nenáročnou četbu nejen pro děti, ale i pro dospělé studenty češtiny. Každou z 12 pohádek doprovázejí názorné ilustrace, které přibližují děj a podstatně napomáhají procvičení a osvojení slovní zásoby. Publikace obsahuje soubor gramaticko-lexikálních cvičení, česko-anglicko-německo-ruský slovníček a klíč ke cvičením. Součástí je i audio CD s kompletní nahrávkou textů. Kniha je určena studentům češtiny od úrovně A2.

**124 str., flexovazba,
1 audio CD
225 Kč vč. DPH**
ISBN 978-80-87481-98-1

PETR ŠABACH / PETRA BULEJČÍKOVÁ / SILVIE PŘEVRÁTILOVÁ
První láska a jiné povídky

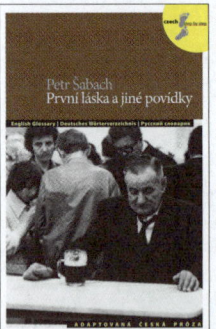

Souborem adaptovaných textů Petra Šabacha (1951–2017) se edice Adaptovaná česká próza orientuje na současnou českou prózu. Petr Šabach patří v současnosti mezi nejčtenější české autory a jeho prózy se staly námětem několika diváky úspěšných filmů (Šakalí léta, Pelíšky či Pupendo). Vybraných 10 povídek vychází z knih Hovno hoří, Šakalí léta, Babičky & Čtyři muži na vodě. V textech, které spojuje humorný styl vyprávění, se objevují témata jako rodinný život, mezilidské vztahy, odlišnost pohledu na svět mužů a žen. Povídky doprovázejí gramaticko-lexikální cvičení ke každému textu, česko-anglicko-německo-ruský slovníček, klíč ke cvičením a audio CD s kompletní nahrávkou knihy. Kniha je určena studentům od úrovně B1.

**144 str., flexovazba,
1 audio CD
225 Kč vč. DPH**
ISBN 978-80-7470-054-5

HALINA PAWLOWSKÁ / PETRA BULEJČÍKOVÁ / SILVIE PŘEVRÁTILOVÁ
Košík plný milenců

Další soubor edice Adaptovaná česká próza přináší čtenářům povídky jedné z nejznámějších současných českých spisovatelek (* 1955). Vybrané texty vychází z povídek a fejetonů a spojuje je jednoduchý styl vyprávění, sebeironie a smysl pro humor. Autorka vypráví 10 příběhů ze svého života, o rodině, dětství, lásce a mezilidských vztazích. Povídky doprovázejí ilustrace, konverzační, gramatická a lexikální cvičení zaměřená na rozvoj všech komunikačních dovedností – čtení i poslechu, ale i mluvení a psaní. Knihu dále doplňuje česko-anglicko-německo-ruský výběrový slovníček, klíč ke cvičením a audio CD s kompletní nahrávkou knihy. Texty lze využít k samostatné četbě nebo jako materiál k práci v hodinách češtiny jako cizího jazyka. Kniha je určena studentům od úrovně B2.

**128 str., flexovazba,
1 audio CD
225 Kč vč. DPH**
ISBN 978-80-7470-100-9

...DA HOLÁ / PAVLA BOŘILOVÁ
...eská gramatika v kostce

Česká gramatika v kostce je čtyřstránková příručka určená začátečníkům a středně pokročilým studentům češtiny jako cizího jazyka, k občasnému nahlédnutí ji však využijí i pokročilí mluvčí. Představuje jednoduchý přehled základních gramatických a lexikálních jevů, důležitých pro úspěšnou každodenní komunikaci, který je vždy po ruce. Nekopíruje mechanicky tradiční gramatická pravidla, ale přizpůsobuje výklad vnímání a potřebám cizojazyčných mluvčích (například využívá barevné kódování pro značení gramatického rodu nebo zjednodušené schéma ilustrující vyjadřování směru a lokace).

...trany, 60 Kč vč. DPH

...lická verze	ISBN 978-80-87481-11-0
...ská verze	ISBN 978-80-7470-021-7
...ská verze	ISBN 978-80-7470-020-0
...couzská verze	ISBN 978-80-7470-018-7
...ská verze	ISBN 978-80-7470-028-6
...ngolská verze	ISBN 978-80-87481-09-7
...necká verze	ISBN 978-80-87481-58-5
...ská verze	ISBN 978-80-86903-77-4
...ká verze	ISBN 978-80-87481-12-7
...nělská verze	ISBN 978-80-87481-58-5
...ajinská verze	ISBN 978-80-87481-07-3
...tnamská verze	ISBN 978-80-87481-08-0

LÍDA HOLÁ / PAVLA BOŘILOVÁ
Česky krok za krokem 2

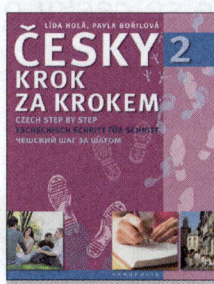

Druhý díl řady Česky krok za krokem, učebnice Česky krok za krokem 2, je určen všem studentům, kteří chtějí dosáhnout úrovně B1. Ve 20 lekcích přináší opakování gramatické látky prvního dílu a zároveň výrazně rozšiřuje slovní zásobu a komunikační kompetence studentů. Učebnice systematicky rozvíjí všechny jazykové dovednosti. Vstupní texty se orientují na témata ze všech základních oblastí lidské činnosti, zatímco závěrečná část každé lekce nazvaná Čeština pro každý den přibližuje studentům každodenní život v ČR a jeho praktické potřeby. Učební komplet sestává z učebnice, gramatické a lexikální Přílohy a dvou CD (vše pouze v češtině).
Manuál pro učitele a všechny nahrávky ve formátu MP3 zdarma na www.czechstepbystep.cz.

Učebnice 212 str.,
příloha 84 + 8 str.,
brož., 2 audio CD,
849 Kč vč. DPH

ISBN 978-80-86903-92-7

ZDENA MALÁ
Česky krok za krokem 2 / Pracovní sešit
Lekce 1—10

Pracovní sešit Zdeny Malé je doplňkem publikace Lídy Holé a Pavly Bořilové Česky krok za krokem 2. Nabízí množství aktivit a cvičení k procvičení jevů probíraných v jednotlivých lekcích učebnice, přičemž důraz je kladen na slovní zásobu a gramatiku. Zařazena jsou i obtížnější cvičení, která jsou vhodná pro rychlejší či náročnější studenty a ocení je i studenti ze slovanských zemí. Tato rozšiřující cvičení jsou označena znaménkem +. Všechny úkoly, komentáře a vysvětlení jsou pouze v češtině. Slovní zásoba použitá ve cvičeních či textech koresponduje se slovníčkem k učebnici Česky krok za krokem 2. Pracovní sešit lze používat nejen jako doplněk v hodinách češtiny, ale i pro samostatnou domácí přípravu a samostudium. Nezbytnou součástí proto je i klíč ke cvičením, zařazený v závěru publikace.

176 str., brož.,
440 Kč vč. DPH

1. díl, lekce 1–10
ISBN 978-80-87481-66-0

...ENA NEKOVÁŘOVÁ
...ština pro život

Konverzační příručka pro středně až pokročilé studenty, kteří se chtějí zdokonalit ve svém vyjadřování tak, aby mluvili jako rodilí Češi. Umožňuje zdokonalení v 15 tématech týkajících se situací každodenního života. Východiskem každé lekce jsou úvodní otázky k danému tématu a vstupní text. Otázky k textu prověří porozumění čtenému textu a schopnost samostatného vyjadřování. Následují gramatická cvičení a konverzační blok, který vede studenty k samostatnému ústnímu vyjadřování. Oddíl nabízí množství podnětů jak pro týmovou práci, tak i pro individuální přípravu. Poslechová cvičení (2 CD) posilují zapamatování nově osvojené frazeologie. Součástí knihy jsou klíč s řešeními, přepisy poslechů, stručný přehled gramatiky, drilová cvičení a přeložená slovní zásoba. Další informace na www.czechforlife.cz.

... stran, flexovazba,
...obarevné, 2 CD,
... Kč vč. DPH

...licko-německá verze	ISBN 978-80-86903-80-4
...couzsko-ruská verze	ISBN 978-80-87481-32-5

ALENA NEKOVÁŘOVÁ
Čeština pro život 2

Druhý díl úspěšné konverzační příručky přináší dalších 15 témat týkajících se běžných situací každodenního života, mezi něž patří aktuální témata jako Moderní komunikace, Ve světě českých médií, Jak být dlouho fit? apod.
Východiskem každé lekce jsou úvodní otázky doplněné ilustracemi. Vstupní text a následující úkoly prověří porozumění a schopnost samostatného vyjadřování.
V učebnici je posílen konverzační blok, který obohacují fotografie, ilustrace, grafy a křížovky. Poslechová cvičení (na CD) zároveň dávají návod, jak reagovat v konkrétní situaci. Novinkou jsou krátké články vybrané z denního tisku. Součástí učebnice jsou klíč, přepisy poslechových cvičení, stručný přehled české gramatiky a slovní zásoba s německým a anglickým překladem. Úspěšná práce s učebnicí předpokládá znalost češtiny na úrovni B2. Další informace na www.czechforlife.cz.

360 stran, flexovazba,
plnobarevné, 2 CD
599 Kč vč. DPH

ISBN 978-80-87481-52-3

LÍDA HOLÁ / PAVLA BOŘILOVÁ
Čeština expres 3–4

Řada učebních materiálů Čeština expres je vhodná pro základní seznámení s jazykem, pro studenty češtiny jako druhého jazyka, pro krátkodobé kurzy a pro kurzy „pro přežití". Druhý a třetí díl, tj. učebnice Čeština expres 3 a 4, pokrývají jazykovou úroveň A2. Každý svazek obsahuje 7 prakticky zaměřených lekcí, které studenty naučí orientovat se v mnoha důležitých komunikačních situacích (např. Rodinné vztahy, Místo, kde bydlím, Jak být zdvořilý, Na úřadě a v bance, Počítač a internet, Školství v ČR, Poznáváme ČR). Gramatika je zde maximálně zjednodušena a studenti ji sami objevují prostřednictvím textů a přehledných tabulek. Každý svazek je bohatě vybavený fotografiemi, obrázky a komiksy. Učební komplet sestává z učebnice a pracovního sešitu (pouze v češtině), gramatické a lexikální Přílohy (přeložené jazykové verze, viz níže) a CD. Manuál pro učitele a všechny nahrávky ve formátu MP3 zdarma na www.czechstepbystep.cz.

Učebnice 112 a 120 str.,
příloha 100 a 84 (88) str.,
brož., 1 audio CD,
440 Kč vč. DPH

anglická verze	ISBN 978-80-7470-032-3 a 978-80-7470-205-1
německá verze	ISBN 978-80-7470-033-0 a 978-80-7470-206-8
ruská verze	ISBN 978-80-7470-034-7 a 978-80-7470-207-5

Učte se česky odkudkoliv na světě

Czech online Tutor

Standardní a konverzační kurzy češtiny přes Skype

www.czechonlinetutor.com

- standardní kurzy podle učebnic Česky krok za krokem 2, New Czech Step by Step/Tschechisch Schritt für Schritt, Czech Express
- konverzační kurzy na základě autentických audiovizuálních materiálů a další služby formou konzultací
- interaktivní a flexibilní výuková metoda přizpůsobená vašim potřebám
- první ukázková lekce zdarma

www.eshop.czechstepbystep.cz

Český a anglický e-shop

Vše
Čeština expres 1
Čeština expres 2
Čeština expres 3
Čeština expres 4
Česky krok za krokem 1
Česky krok za krokem 2
Gramatika v kostce
Adaptovaná próza
Dříve vydané

PLATBA KARTOU — EXPEDICE DO CELÉHO SVĚTA — VŠECHNY NAŠE UČEBNICE